Arthur Groos / Hans-Jochen Schiewer (Hgg.)

Kulturen des Manuskriptzeitalters

Transatlantische Studien zu Mittelalter und Früher Neuzeit – Transatlantic Studies on Medieval and Early Modern Literature and Culture
Band 1

Herausgegeben von
Ann Marie Rasmussen, Arthur Groos,
Volker Mertens und Hans-Jochen Schiewer

Arthur Groos / Hans-Jochen Schiewer
(Hgg.)

unter Mitarbeit von Jochen Conzelmann

Kulturen des Manuskriptzeitalters

Ergebnisse der Amerikanisch-Deutschen Arbeitstagung an der Georg-August-Universität Göttingen vom 17. bis 20. Oktober 2002

V&R unipress

Bibliografische Information Der Deutschen Bibliothek

Die Deutsche Bibliothek verzeichnet diese Publikation in der Deutschen Nationalbibliografie; detaillierte bibliografische Daten sind im Internet über ⟨http://dnb.ddb.de⟩ abrufbar

1. Aufl. 2004

Gedruckt auf säurefreiem, total chlorfrei gebleichtem Werkdruckpapier. Alterungsbeständig.

Printed in Germany

ISBN 3-89971-161-0

Inhalt

Vorwort

Dieses Buch dokumentiert die Ergebnisse eines Arbeitsgesprächs zwischen nordamerikanischen und deutschen Mediävisten und eröffnet zugleich eine neue Reihe, die es sich zum Ziel gesetzt hat, ein Forum des Gedankenaustauschs und des Transfers mediävistischer Forschung zwischen Nordamerika und Europa zu sein. Bei Gesprächen mit Kollegen aus dem deutschen Sprachraum, den USA und Kanada wurde immer wieder deutlich, wie sporadisch die Wahrnehmung der Forschungsthemen, -methoden und -ergebnisse der jeweils anderen Seite ist. Dies führte zu einem ersten Colloquium, das zum Thema »Nature and Nurture – *art* und *lêre* in der mittelhochdeutschen Literatur« an der Cornell University, Ithaca vom 29. September – 1. Oktober 2000 stattfand. Organisiert wurde es von Arthur Groos, unterstützt von Volker Mertens und Hans-Jochen Schiewer. Das zweite Treffen in Göttingen, organisiert von den beiden Herausgebern des Bandes, machte den Versuch, mit dem Thema »Kulturen des Manuskriptzeitalters« eine hochaktuelle Fragestellung transkontinental zur Diskussion zu stellen.

Die Debatten der vergangenen Jahre um die Rolle des Autors, um die Relevanz von Oralität, Körper und Ritual in der mittelalterlichen Kultur haben eine entscheidende Einsicht gefördert: Die Modi des Verstehens unterscheiden sich einerseits signifikant von uns vertrauten Mustern oder werden andererseits in eine ›trügerische‹ Nähe zu einer postmodernen Kulturmatrix gerückt. Wie sich mittelalterliches von neuzeitlichem Verstehen unterscheidet, wo die Epochenschwellen der Verstehensparadigmen liegen und welche Konsequenzen diese Einsichten für den Umgang mit den Objekten mittelalterlicher Kultur haben, ist theoretisch weit entwickelt, aber an den Artefakten mittelalterlicher Kultur nur unzureichend geklärt.

Die Forschungsparadigmen der jüngsten Vergangenheit (New Philology, New Historicism, Literarische Interessenbildung, Kultur-wissenschaft, Historische Anthropologie, Cultural Poetics, Überlieferungsgeschichtliche Forschung etc.) haben den Weg geebnet, um die Frage nach dem Zusammenhang von Verstehen und produktiver Rezeption zu stellen. Aber was lernen wir über die Prozesse des Verstehens, wenn wir uns mit den materiellen Ergebnissen dieser Prozesse auseinandersetzen?

Unser Interesse richtet sich auf mittelalterliche Eliten (Hof, Kloster, Stadt, Universität). Ästhetische und intellektuelle Erfahrung ist dort stets auch Teil einer sinnlich-dinglichen Alltagskultur, die sich in ikonographischen Symbolen auf Alltagsgegenständen verdichtet und auch in Handschrift und Druck ›in Szene‹ setzt. Der mediale Wechsel hat Rückwirkungen auf die Möglichkeiten des Verstehens und Deutens. Die verdinglichte Repräsentanz von Sinn steht in einem Spannungsverhältnis zur textlich konstituierten Sinnstiftung. Manuskriptzeitalter bedeutet also nicht eine Reduktion des Themas auf die handschriftliche Repräsentanz von Texten. Diese Aspekte sind Kern unserer Fragestellung, da mittelalterliches ›Verstehen‹ in der ›Inszenierung‹ eines Textes und seinen Metamorphosen unmittelbar faßbar zu sein scheint.

Die Beiträger haben unseren thematischen Rahmen in gewünschter methodischer und inhaltlicher Breite aufgenommen und durchgespielt. Martin Baisch (Berlin) greift die die ›Fassungs‹-Diskussion auf und diskutiert exemplarisch die signifikante Differenz zwischen *G- und *D-Fassung des ›Parzival‹. Kirsten M. Christensen (Notre Dame) wendet sich den vernachlässigten Interferenzen von Katechese und Mystik zu und diskutiert die Fragestellung exemplarisch bei Meister Eckhart, Margaretha Ebner, Magdalena Beutler und Maria van Hout. Arthur Groos (Cornell) untersucht die Gahmuretgeschichte im ›Parzival‹ in Hinblick auf die Problematik der Orientalismusdebatte in Mittelalter und Neuzeit. Albrecht Hausmann (Göttingen) führt am Beispiel des Autorbildes Süßkinds von Trimberg aus der Manessischen Handschrift vor, wie erkenntnisfördernd eine programmatisch bildimmanente Interpretation ist. Gerd Hübner (Leipzig) beschreibt die Relevanz epochenspezifischer Paradigmen für das Verstehen von Metaphern. Marianne Kalinke (Champaign-Urbana) kann anhand zweier bislang unbeachteter isländischer Übersetzungen verlorener deutscher Versionen der ›Oswald‹- und ›Heinrich und Kunigunde‹-Legenden die Literarisierungsstrategien beschreiben, die zu den erhaltenen deutschen Fassungen (›Münchner Oswald‹; Ebernand von Erfurt) führen. William Layher (Washington) beschäftigt sich mit Siegfried-Bildern, nicht der Neuzeit oder der mediävistischen Forschung, sondern des Spätmittelalters selbst und beschreibt die Textmutationen, die Siegfried zu einem Riesen machen, und die Bemühungen, seine Überreste in Worms als empirischen Beweis seiner Riesenhaftigkeit zu finden. Freimut Löser (Augsburg) arbeitet einen Aspekt mediävistischer Forschungsgeschichte auf und zeigt, daß die überlieferungsgeschichtlich orientierte Mediävistik in Deutschland die Überlegungen der sog. ›New Philology‹ immer schon antizipiert hat, mithin die ›Neue Philologie‹ so neu nicht ist. Matthias Meyer (Berlin) deckt die Relevanz der Autor-Schreiber-Identität als Authentisierungsstrategie in der Gattung ›Märe‹ auf. Volker Mertens (Berlin) dechiffriert die mikro- und makrohistorischen ›Realitäts-Fenster‹ im ›Parzival‹ als Historisierungsmuster in Anlehnung an Antikenroman und Heldenepos. Marian Polhill (Puerto Rico) liest Bestiarien als Quellen nicht unter tierallegorischen Gesichtspunkten, sondern in dem Bemühen, deren Rezeption in der medizinischen Literatur zu erfassen und zeigt, wie Lesefehler sinnbildend bei der Konstruktion von Gruppenidentitäten wirken können. James Rushing (Rutgers) sieht in der Schnittstelle zwischen litteratem und illiteratem Bereich den entscheidenden Ausgangspunkt, der zu Illustrationszyklen volkssprachiger Epen führt und prüft diese These am Beispiel der ›Aeneis‹-Rezeption seit der Spätantike. Uta Störmer-Caysa (Mainz) bietet einen Schlüssel zum Verständnis der Zeitstruktur in der ›Crône‹ Heinrichs von dem Türlin. Sarah Westphal (Rice) beschäftigt sich mit den wenigen Minnereden, die den Sprung vom Codex in den Druck geschafft haben, und wählt als Beispiel die Ausgabe der ›Mörin‹ durch Johann Adelphus Muling von 1512, die sie im Rückgriff auf Einleitung und textuelle Einbettung vor einem humanistischen Hintergrund interpretiert.

Die benutzten Abkürzungen folgen den Gepflogenheiten des ›Verfasserlexikons‹ (^{2}VL).[1]

Abschließend gilt es noch Dank abzustatten. Besonderer Dank gilt all denen, die an dem Zustandekommen des Bandes beteiligt

---

[1] Die deutsche Literatur des Mittelalters. Verfasserlexikon. Begr. von WOLFGANG STAMMLER, fortgef. von KARL LANGOSCH. 2., völlig neu bearb. Aufl., hg. von KURT RUH [u. a.] Bd. 1ff. Berlin/New York 1978ff.

waren und mit viel Mühe und Ausdauer mitwirkten, ihn in der vorliegenden Form entstehen zu lassen: Es sind Madlen Dörr, Björn Michael Harms, Balasz Nemes, Stefan Seeber und Carola Redzich. Den Satz besorgte Jochen Conzelmann. Dem Verlag, vertreten durch Frau Susanne Franzkeit, gilt unser Dank für die Aufnahme der neuen Reihe in das Programm und für die Unterstützung bei der Drucklegung.

Ithaca und Freiburg, im August 2004

Arthur Groos
Hans-Jochen Schiewer

Martin Baisch

Die Bedeutung der Varianz

Zu den auktorialen Selbstentwürfen im ›Parzival‹ Wolframs von Eschenbach

Die folgenden Überlegungen zur Überlieferung des ›Parzival‹ Wolframs von Eschenbach stehen im Kontext der Diskussion um die Fassungen und Bearbeitungen höfischer Romane.[1] Zentrale Untersuchungsgegenstände in dieser Debatte, die hier in ihren einzelnen Positionen nicht dargestellt werden soll, waren und sind Fragen einerseits nach dem Status von Autorschaft und andererseits nach der spezifischen Textualität der mittelalterlichen Manuskriptkultur. Insbesondere der Zusammenhang von Stabilität und Variabilität der Überlieferung wurde in den meist theoretisch orientierten Beiträgen intensiv diskutiert. Einblicke in das Zusammenspiel von textueller Varianz und Konstanz sollen auch die hier vorgelegten Untersuchungen zur handschriftlichen Überlieferung einiger metapoetischen Passagen in Wolframs ›Parzival‹ geben.

Seit LACHMANNS textkritischen Analysen zur Überlieferung von Wolframs ›Parzival‹ ist bekannt, daß der Roman im 13. Jahrhundert in zwei Fassungen zur Verfügung steht.[2] Der in der Münchner Wolfram-Handschrift Cgm 19 tradierte ›Parzival‹-Text kann als Repräsentant der einen Fassung des Werkes gelten; er unterscheidet sich durch Textauslassungen und -umformulierungen vom in anderen Überlieferungszeugen tradierten Text.[3] Die folgenden Betrachtungen

---

1 Vgl. hierzu zuletzt THOMAS BEIN, Einführung in das Rahmenthema: Überlieferungsgeschichte – Textgeschichte – Literaturgeschichte, Jahrbuch für Internationale Germanistik 34/2 (2002), S. 89–104 (mit ausführlichem Literaturverzeichnis); HANS-JOCHEN SCHIEWER, Acht oder Zwölf. Die Rolle der Meierstochter im ›Armen Heinrich‹ Hartmanns von Aue, in: Literarische Leben. Rollenentwürfe in der Literatur des Hoch- und Spätmittelalters. Festschrift für Volker Mertens zum 65. Geburtstag, hg. von MATTHIAS MEYER/HANS-JOCHEN SCHIEWER, Tübingen 2002, S. 649–667.

2 Vgl. Wolfram von Eschenbach, Parzival. Studienausgabe. Mittelhochdeutscher Text nach der sechsten Ausgabe von KARL LACHMANN, Übersetzung von PETER KNECHT, Einführung zum Text von BERND SCHIROK, Berlin/New York 1998.

3 Vgl. hierzu THOMAS KLEIN, Die Parzivalhandschrift Cgm 19 und ihr Umkreis, Wolfram Studien 12 (1992), S. 32–66.

zur Bedeutung der Varianz im ›Parzival‹ setzen sich allerdings nicht die Aufgabe, die historische Genese der Textdifferenzen zu beleuchten; sie wollen keine Textstufen rekonstruieren.[4] Textvarianz – auch jene in Wolframs Roman – ist die Folge einzelner Verstehensakte; in jedem dieser Rezeptionsakte können spezifische Sinndimensionen aktualisiert werden. Die Abschrift des vorgängigen Texts erweist sich so als komplexe Umschrift. Mit einer Auffassung von Text als wiederaufgenommener, kommunikativer Handlung wird der methodisch begründete Versuch unternommen, den einzelnen Codex und den in ihm überlieferten Text auf die hier verwirklichten Sinnangebote für historisch argumentierende Fragestellungen hin zu öffnen.[5] Dieser Ansatz ist als Reaktion auf jene philologische Skepsis zu werten, die das optimistische Vertrauen auf die Möglichkeiten, einzelne Textstufen hinreichend sicher erschließen zu können, aufgegeben hat.

Die hier vorgelegten Untersuchungen zur Textvarianz des ›Parzival‹ orientieren sich daher an den ältesten erhaltenen Handschriften. In die Überlegungen werden neben der Münchner Wolfram-Handschrift Cgm 19 und der St. Galler Handschrift D zwei weitere Münchner Handschriften der *G-Fassung herangezogen, die noch aus dem 13. Jahrhundert stammen: G^k (Cgm 18)[6] und G^m (Cgm 61).[7] Es kann nicht deutlich genug gesagt werden, daß die Analyse dieses Textmaterials exemplarisch orientiert ist.[8] Die Untersuchung beruht

---

4 Vgl. hierzu auch die Überlegungen von Michael Stolz, Wolframs ›Parzival‹ als unfester Text. Möglichkeiten einer überlieferungsgeschichtlichen Ausgabe im Spannungsfeld traditioneller Textkritik und elektronischer Darstellung, Wolfram-Studien 17 (2002), S. 294–321.

5 Vgl. hierzu Peter Strohschneider, Textualität der mittelalterlichen Literatur. Eine Problemskizze am Beispiel des ›Wartburgkrieges‹, in: Mittelalter. Neue Wege durch einen alten Kontinent, hg. von Jan-Dirk Müller/Horst Wenzel, Stuttgart/Leipzig 1999, S. 19–41.

6 Francis Jay Nock, The Parzival Manuscript G^k, New York University 1935 (Ottendorfer Memorial Series of Germanic Monographs 22).

7 Vgl. zur Handschrift G^m besonders Rudolf Hofmeister, A new Aspect of the ›Parzival‹ Transmission through a critical Examination of Manuscripts G and G^m, Modern Language Notes 87 (1972), S. 701–719.

8 Vgl. hierzu auch Martin Baisch, Parzivals einfache Probe. Zur kulturellen Funktion von Varianz am Beispiel der Handschriftengruppe um den Cgm 19, in: Akten des X. Internationalen Germanistenkongresses Wien 2000. Zeitenwende – Die Germanistik auf dem Weg vom 20. ins 21. Jahrhundert, hg. von Peter Wiesinger, Bd. 5: Mediävistik und Kulturwissenschaften. Mediävistik

auf einer Autopsie der Münchner Wolfram- und der St. Galler ›Parzival‹-Handschrift, die in den Faksimile-Ausgaben des Cgm 19 bzw. von St. Gallen 857 leicht zugänglich sind.[9] Der Text der Überlieferungszeugen Cgm 18 und 61 wird nach Filmaufnahmen der Bayerischen Staatsbibliothek München gegeben. Des weiteren wurde die LACHMANNsche Textedition in der Neubearbeitung von EBERHARD NELLMANN bzw. der Studienausgabe von BERND SCHIROK herangezogen.[10] Die Abschriften aus den genannten Handschriften sind diplomatisch. Als Abbreviaturen tauchen in den Codices Nasalstriche auf, die in der Transkription stillschweigend aufgelöst worden sind. Die u-Diphthonge *ou* und *uo* bzw. deren Umlaute, die in der St. Galler Handschrift graphisch differenziert sind, wohingegen in G ein Zeichen alle vier Laute bezeichnet, sind normalisiert wiedergegeben. Schaft-*s* wird einheitlich durch *s* wiedergegeben. Zu den graphischen Besonderheiten der Handschriften G und D verweise ich vor allem auf die Untersuchung von JÜRGEN KÜHNEL.[11] Bevor ich mich einer Analyse der Überlieferung am Beispiel der auktorialen Selbstentwürfe Wolframs zuwende, stelle ich die wichtigsten Etappen der textkritisch orientierten ›Parzival‹-Philologie dar.

---

und Neue Philologie, Bern 2002 (Jahrbuch für Internationale Germanistik. Reihe A: Kongressberichte, Bd. 57), S. 243–248.

9 Wolfram von Eschenbach, Parzival, Titurel, Tagelieder. Cgm 19 der Bayerischen Staatsbibliothek München, Bd. 1: Faksimile, Bd. 2: Transkription der Texte von GERHARD AUGST, OTFRIED EHRISMANN u. HEINZ ENGELS, mit einem Beitrag zur Geschichte der Handschrift von FRIDOLIN DRESSLER, Stuttgart 1970; Wolfram von Eschenbach, Parzival (Handschrift D). Abbildung des ›Parzival‹-Teils von Codex St. Gallen 857 sowie des (heutigen) Berliner Fragments L (mgf 1021) der ›Kindheit Jesu‹ Konrads von Fußesbrunnen aus dem St. Galler Codex, hg. von BERND SCHIROK, Göppingen 1989 (Litterae 110). Vgl. auch das Digitalfaksimile der Sankt Galler Epenhandschrift (Cod. Sang. 857), hg. von der Stiftsbibliothek St. Gallen und dem Basler ›Parzival‹-Projekt, St. Gallen 2003 (Codices Electronici Sangallenses 1).

10 Wolfram von Eschenbach, Parzival. Nach der Ausgabe KARL LACHMANNS revidiert und kommentiert von EBERHARD NELLMANN, übertragen von DIETER KÜHN, Frankfurt a. M. 1994 (Bibliothek des Mittelalters 8.1 und 8.2); Wolfram von Eschenbach, Parzival. Studienausgabe [Anm. 2].

11 JÜRGEN KÜHNEL, Wolframs von Eschenbach ›Parzival‹ in der Überlieferung der Handschriften D (Cod. Sangall. 857) und G (Cgm 19). Zur Textgestalt des ›Dritten Buches‹, in: Festschrift für Kurt Herbert Halbach zum 70. Geburtstag am 25.6.1972, hg. von ROSE BEATE SCHÄFER-MAULBETSCH [u. a.] Göppingen 1972 (GAG 70), S. 145–213.

I. Zu Wolframs ›Parzival‹ im Cgm 19

»Das = in den noten hat uns zu schaffen gemacht, Sie wollen damit sagen daß die variante gleich gut ist?«[12]

KARL LACHMANN formuliert in der Vorrede als Ziel seiner Edition der Werke Wolframs von Eschenbach von 1833, »dass uns möglich gemacht werden sollte Eschenbachs gedichte so zu lesen wie sie ein guter vorleser in der gebildetsten gesellschaft des dreizehnten jahrhunderts aus der besten handschrift vorgetragen hätte.«[13] Hieran ist bemerkenswert, daß LACHMANN es als Aufgabe der kritischen Ausgabe betrachtet, den Text seines Autors, wie ihn die handschriftliche Überlieferung des 13. Jahrhunderts bewahrt hat, zu edieren – und nicht den authentischen Text Wolframs. WERNER SCHRÖDER berücksichtigt die hier von LACHMANN vertretene Auffassung nicht:

Es ist dem Sprachforscher unbenommen, sich mit den zweit- und dritthändigen Abschriften des *Parzival* zu bescheiden, der Textinterpret und Literarhistoriker darf es nicht. Überlieferte Dichtung ist für ihn nicht sprachgeschichtlicher Rohstoff, sondern beschädigte oder zerbrochene sprachliche Gestalt, deren *restitutio in integrum*, wo sie erreichbar erscheint, ihm aufgegeben ist. So unvollkommen das auf textkritischem Wege von Fall zu Fall gelingen mag, wer Wolfram sucht, wird ihn in LACHMANNS Ausgaben echter und wahrer finden als in irgendeiner noch so guten Handschrift.[14]

Eine Kritik an SCHRÖDERS editorischem Credo, die hier nicht geleistet werden soll, hätte sich mit der fragwürdigen Bewertung der Überlieferung, der Sakralisierung textkritischen Bemühens, der Problematik der literaturtheoretischen Prämissen und dem Wahrheitsan-

---

12 Briefwechsel der Brüder JACOB und WILHELM GRIMM mit KARL LACHMANN, im Auftrage und mit Unterstützung der Preußischen Akademie der Wissenschaften hg. von ALBERT LEITZMANN, Band II, Jena 1927, S. 581.

13 KARL LACHMANN, Vorrede, in: Wolfram von Eschenbach, ›Parzival‹. Studienausgabe [Anm. 2], S. X. Vgl. zur Entstehung der Edition: FRIEDRICH NEUMANN, Karl Lachmanns ›Wolframreise‹. Eine Erinnerung an seine Königsberger Zeit, in: Wolfram von Eschenbach, hg. von HEINZ RUPP, Darmstadt 1966 (WdF 67), S. 6–37; MARK R. MCCULLOH, Myller's *Parcival* and Lachmann's Critical Method: The ›Wolfram-Reise‹ Revisited, MLN 98 (1983), S. 484–491.

14 WERNER SCHRÖDER, Editionsprinzipien für deutsche Texte des Früh- und Hochmittelalters, in: Sprachgeschichte. Ein Handbuch zur Geschichte der deutschen Sprache und ihrer Erforschung, 2., vollständig neu bearbeitete und erweiterte Auflage, 1. Teilband, hg. von WERNER BESCH [u. a.], Berlin/New York 1998, S. 914–923, S. 916f.

spruch seines literaturwissenschaftlichen Ansatzes zu beschäftigen.[15] Doch kann hier festgestellt werden, daß SCHRÖDER sich im vorliegenden Fall des ›Parzival‹ fälschlicherweise auf die LACHMANNsche Autorität beruft, denn jener nimmt als Ziel seiner Restitution die ›beste Handschrift des 13. Jahrhunderts‹. LACHMANN teilt die Überlieferung des Wolframschen Gralromans in die Klassen *D und *G ein, wobei er feststellt, daß diese lediglich in den Büchern I-VII und XII-XVI deutlich zu unterscheiden sind:

Die zahlreichen handschriften des *Parzivals* [...] zerfallen, wie schon eine oberflächliche vergleichung lehrt, in zwei klassen, die durchgängig einen verschiedenen text haben, nur daß im achten und den drei folgenden büchern (398–582) der gegensatz fast ganz verschwindet.[16]

LACHMANN konnte bei der Herstellung seiner Edition auf sieben vollständige Handschriften, den ›Parzival‹-Druck von 1477 und neun Fragmente zurückgreifen. Heute sind für den damit außerordentlich gut bezeugten Roman Wolframs mehr als 80 Überlieferungszeugen bekannt: 16 vollständige Handschriften, der Straßburger Druck und mindestens 66 Fragmente.[17] Zur sogenannten *D-Fassung zählt man

---

15 Die textkritische Methode in der Tradition LACHMANNS kritisiert in ähnlicher Weise HAIJO JAN WESTRA, Die Philologie nouvelle und die Herausgabe von lateinischen Texten des Mittelalters, Mittellateinisches Jahrbuch 30 (1995), S. 81–91, S. 83: »Man kann behaupten, daß die traditionelle Philologie diesem Modell [der *creatio ex nihilo*] folgte, um säkularen Texten die Glaubwürdigkeit der Bibel zu verleihen, wodurch die Authentizität des Urtextes einen quasi sakralen Status annahm und die Aufgabe des Herausgebers einer quasi priesterlichen Funktion gleichkam. Der Herausgeber war der wahre Hüter des Wortes. [...] Im positivistischen Kosmos spielte der Herausgeber Gott; ja er war ein kleiner Gott.«

16 LACHMANN [Anm. 13] S. XIV. Weshalb es im Mittelteil des Textes zu einer Auflösung des Gegensatzes der Fassungen gekommen ist, ist in der Forschung widersprüchlich diskutiert worden. JOACHIM BUMKE konstatiert: »Die beiden Fassungen *D und *G müssen sich sehr früh, vor dem Einsetzen der handschriftlichen Überlieferung, ausgebildet haben. Was die Gruppenbildung bewirkt und was sie im Mittelteil verhindert hat, ist aus der Überlieferungsgeschichte nicht zu erkennen« (J. B., Wolfram von Eschenbach. Siebte, völlig neu bearbeitete Auflage, Stuttgart 1997 [SM 36], S. 173).

17 JOACHIM BUMKE, Wolfram von Eschenbach, ^{2}VL X, Sp. 1376–1418, Sp. 1381. Die »vielfach konstatierte schmale Basis der ›Parzival‹-Edition von 1833«, die »rein numerisch [gegenüber den inzwischen bekannten Überlieferungszeugen] eine gewaltige Diskrepanz« zeigt, hat BERND SCHIROK relativiert, indem er »den Aspekt der Repräsentativität in Rechnung stellt« (BERND SCHIROK, Einführung zum Text, in: Wolfram von Eschenbach, Parzival. Studienausgabe [Anm. 2], S. LIV-XCVI, S. LVI).

heute 4 vollständige Handschriften und 10 Fragmente; zur *G-Fassung 12 vollständige Textzeugen und 39 Fragmente; die restlichen Überlieferungsträger lassen sich nicht sicher zuordnen.[18] Die Textfassungen *D – als Leithandschrift dieser Gruppe wählt LACHMANN die St. Galler Handschrift 857 – und *G – Leithandschrift dieser Gruppe ist der Cgm 19 – besitzen für LACHMANN grundsätzlich den gleichen textkritischen Wert.[19] Doch favorisiert er bei der Textkonstitution seiner kritischen Ausgabe größtenteils *D; der Text von *G findet sich meist im Apparat. Um die Gleichwertigkeit der Fassungen zu signalisieren, führt LACHMANN das von den GRIMMS monierte Gleichheitszeichen ein:

dennoch, da in den allermeisten fällen die lesart der einen klasse mit der andern von gleichem werth ist, und der vorzug den ich *Ddd* gebe, der wahrheit im ganzen abbruch thut, habe ich es dem leser erleichtern wollen auch die der klasse *Ggg* zu erkennen: darum sind die lesarten der beiden klassen durch das zeichen = voneinander getrennt worden.[20]

Freilich findet sich in LACHMANNS Vorrede auch eine in Frageform gehüllte Aussage, die der Ansicht der Gleichwertigkeit der beiden Klassen zu widersprechen scheint:

aber wozu sollte man die untersuchung bis ins kleinliche führen, da selbst die lesarten welche allen handschriften von jeder der zwei hauptklassen gemein sind, nicht auf eine von dem dichter selbst ausgehende verschiedenheit deuten, sondern nur nachlässigkeit, willkür und verbesserungssucht ohne sonderliches geschick zeigen?[21]

---

18 BUMKE [Anm. 17], Sp. 1382.

19 RUDOLF HOFMEISTER plädiert dafür, die Lachmann bekannte Münchner ›Parzival‹-Handschrift G^m [Cgm 61] als Leithandschrift der *G-Fassung zu betrachten (R. H., An New Aspect of the ›Parzival‹-Transmission through a Critical Examination of Manuscripts G and G^m, MLN 87 (1972), S. 701–719).

20 LACHMANN [Anm. 13], S. XVII. Wie BERND SCHIROK in Erinnerung ruft, hat schon JACOB GRIMM die Vergabe der Gruppensiglen im Apparat der ›Parzival‹-Ausgabe kritisiert (B. S., Rezension zu Wolfram von Eschenbach, ›Parzival‹. Nach der Ausgabe KARL LACHMANNS revidiert und kommentiert von EBERHARD NELLMANN, übertragen von DIETER KÜHN, 2 Bände [Bibliothek des Mittelalters 8/1–2], Frankfurt a. M. 1994, ZfdA 128 [1999], S. 222–239, S. 224).

21 LACHMANN [Anm. 13], S. XVI. Vgl. hierzu SCHIROK [Anm. 2], S. LXVI: »Das erste Votum plädiert also dafür, daß *G eine Verschlechterung gegenüber *D darstellt, während das zweite Votum *D und *G als Präsumptivvarianten behandelt.«

Solche Widersprüchlichkeit in der Vorrede mag den Grund liefern für eine glättende Darstellung der LACHMANNschen Position zur Textkritik des ›Parzival‹, wie sie sich bei ERNST MARTIN findet, der den Roman 1900 erneut edierte und vor allem kommentierte: »Als Vertreterin der Umarbeitung, der Vulgata, sieht LACHMANN die Münchener Handschrift G gewiss mit Recht an.«[22] Diese problematische Ausdeutung der textgeschichtlichen Ansichten LACHMANNS rührt, wie schon JOACHIM HEINZLE festgestellt hat, von dessen kryptischer Darstellungsweise her.[23] Sie korrespondiert – dies konstatiert ULRICH WYSS[24] – mit der hermetischen Anlage der bis heute nicht überholten Edition:[25]

> Auffällig die diversen Hindernisse, die der Lektüre Lachmannscher Textausgaben im Wege stehen: es fehlen Erläuterungen zur Methode, es fehlt jeder Kommentar zum Text. [...] Kaum je hat er eines der von ihm selber edierten Werke erläutert oder gar begründet. [...] Bis auf den heutigen Tag leidet die deutsche Philologie unter Lachmanns Enthaltsamkeit im Kommentieren, Übersetzen, Erläutern.[26]

Dieser Implizitismus ist für den textkritischen Diskurs des 19. Jahrhunderts kennzeichnend; in ihm drückt sich die Sehnsucht nach dem Ursprung des Textes aus, die keine reflexive Vermittlung in Form von Kommentar oder Methodendiskussion gestattet. ALBERT LEITZMANN, der um die Jahrhundertwende den ›Parzival‹ neu herausgibt, vertritt ebenfalls die Auffassung, daß in der Fassung *G eine Überarbeitung des Textes vorliegt. Indem er bei seiner ›Parzival‹-Ausgabe

---

22 Wolframs von Eschenbach ›Parzival‹ und ›Titurel‹, hg. und erklärt von ERNST MARTIN, Teil 1: Text, Halle 1900 (Germanistische Handbibliothek), S. XXXI. Vgl. dazu KÜHNEL [Anm. 11], S. 153 Anm. 34: »Nach MARTIN geht diese Bewertung der beiden Handschriften auf LACHMANN zurück. Hier liegt zweifellos ein Mißverständnis vor, das darauf beruht, daß LACHMANNS Text tatsächlich weitgehend der Handschrift D folgt.«

23 JOACHIM HEINZLE, Rezension zu GESA BONATH, Untersuchungen zur Überlieferung des ›Parzival‹ Wolframs von Eschenbach, Lübeck/Hamburg 1970/71, AfdA 84 (1973), S. 145–157, S. 146.

24 ULRICH WYSS, Der doppelte Ursprung der Literaturwissenschaft nach 1800, in: Wissenschaft und Nation. Zur Entstehungsgeschichte der deutschen Literaturwissenschaft, hg. von JÜRGEN FOHRMANN/WILHELM VOSSKAMP, München 1991, S. 73–88.

25 So verweist SCHIROK auf LACHMANNS Verwendung von Gruppensiglen im kritischen Apparat, der eine Weiterarbeit an der Edition (und mit der Edition) erschwere (SCHIROK, Einführung zum Text [Anm. 2], S. LXVI).

26 WYSS [Anm. 24], S. 80.

dem »prinzip möglichst engen anschlusses an die handschrift D« folgt, rückt er, stärker noch als LACHMANN, bei der Textkonstitution von dem in den Handschriften der *G-Fassung überlieferten Text ab.[27] Einige Jahre später legt der Literaturwissenschaftler und spätere expressionistische Dichter ERNST STADLER, aufbauend auf Ansichten seines Lehrers ERNST MARTIN,[28] eine Untersuchung vor, in welcher er den ›Parzival‹-Text der Münchner Wolfram-Handschrift mit jenem der berühmten St. Galler Handschrift 857 vergleicht.[29] Wie MARTIN erblickt STADLER in der Umarbeitung des ›Parzival‹-Textes im Cgm 19 eine »Annäherung an den Stil Hartmanns von Aue«.[30] Seiner Dissertation sind aber methodische Mängel vorgeworfen worden. Denn er unterscheidet nicht zwischen den verschiedenen Schichten im ›Parzival‹-Text des Cgm 19, die auf je andere Bearbeitungstendenzen zurückzuführen sind.[31] D. h.

> einerseits differenziert Stadler nicht zwischen D und *D bzw. zwischen G und *G, zum anderen baut seine Untersuchung ausschließlich auf dem (unvollständigen!) Lachmannschen Variantenapparat auf – er hat also weder D noch G eingesehen.[32]

EDUARD HARTL, der Herausgeber der sechsten Ausgabe der Lachmannschen ›Parzival‹-Edition von 1926, betont in seiner Vorrede, daß »es innerhalb der so gering geschätzten klasse G eine nicht kleine zahl von handschriften [gibt], deren textkritischer wert durchaus nicht hinter dem von D zurücksteht«.[33] Damit kehrt die ›Parzival‹-

---

27 ALBERT LEITZMANN, Vorwort, in: Wolfram von Eschenbach, hg. von A. L., erstes Heft. ›Parzival‹ Buch I-VI. Siebente Auflage revidiert von WILHELM DEINERT, Tübingen 1961 (ATB 12), S. III-VI, S. IV. Zur Kritik dieser Ausgabe vgl. JOACHIM BUMKE, Die Wolfram von Eschenbach Forschung seit 1945. Bericht und Bibliographie, München 1970, S. 23f.

28 Vgl. Wolframs von Eschenbach Parzival und Titurel [Anm. 22], S. XXXf.

29 ERNST STADLER, Über das Verhältnis der Handschriften D und G von Wolframs Parzival, Diss. Straßburg 1906.

30 STADLER [Anm. 29], S. 10.

31 ELISABETH FELBER, Die Handschrift G von Wolframs ›Parzival‹ (Cod. Germ. 19), Diss. masch. Wien 1946., S. 75: »Schreiber I weist 104 Minusstellen gegenüber der Vorlage auf, 232 gegenüber der Ausgabe LACHMANNS.«

32 Wolfram von Eschenbach, ›Parzival‹. Lachmanns Buch III. Abbildung und Transkription der Leithandschriften D und G, hg. von JÜRGEN KÜHNEL, Göppingen 1971 (Litterae 4), S. IV; FELBER [Anm. 31], S. 78, Anm. 1: »Von den nur in G ausgelassenen Versen vergißt Stadler in seiner Aufzählung 210, 9–26; 455, 9; 466, 18; 470, 20; 471, 22; 480, 24; 491, 8.«

33 EDUARD HARTL, Vorrede der sechsten Ausgabe von 1926 mit dem Hand-

Textkritik wieder zur Ansicht LACHMANNS zurück, der die (textkritische) Gleichrangigkeit der beiden Fassungen zumindest theoretisch behauptet hatte.[34] Die Überlieferung von Wolframs ›Parzival‹ ist schließlich noch einmal von GESA BONATH untersucht worden.[35] Sie bestätigt LACHMANN. Nach ihrer Auffassung ist im Text der Fassung *G kein eigener Bearbeitungswille zu beobachten: Aufgrund der Nachlässigkeit der Schreiber ist lediglich von einer Verschlechterung des Textes auszugehen. Dem hat JOACHIM HEINZLE widersprochen:

> Auch G. BONATH muß indessen eine gewisse Bearbeitungstendenz in *G einräumen, die im wesentlichen abzielt auf den ›Ersatz ungebräuchlicher Wortformen durch gebräuchlichere, ungeläufiger oder seltener Worte durch geläufige, Ersatz von z.T. nicht verstandenen Wortneubildungen, die Verdeutlichung schwieriger Stellen und die Erleichterung schwieriger syntaktischer Gefüge‹ (I, S. 29). [...] Das von G. BONATH ausgebreitete Material erlaubt noch kein endgültiges Urteil. Erst eine detaillierte Analyse des gesamten Textes wird zeigen können, ob die Annahme eines dezidierten Bearbeitungswillens in *G hinfällig ist oder nicht.[36]

Immerhin betont BONATH aber die Leistung jenes Schreibers, der im Cgm 19 den ersten Teil des ›Parzival‹ und die beiden ›Titurel‹-Fragmente, im Cgm 51 den ›Tristan‹ Gottfrieds und die Fortsetzung Ulrichs angefertigt hat:

---

schriftenverzeichnis der siebenten Ausgabe von 1952, in: Wolfram von Eschenbach, Parzival. Studienausgabe [Anm. 2], S. XXV-LII, S. IL.

34 In der genannten Vorrede kündigt HARTL eine »textgeschichte des Wolframschen Parzival« (HARTL: Vorrede der sechsten Ausgabe von 1926 mit dem Handschriftenverzeichnis der siebenten Ausgabe von 1952 [Anm. 2], S. LI) an, von der allerdings nur ein Band erschienen ist: E. H., Die Textgeschichte des Wolframschen Parzival. I. Teil: Die jüngeren *G-Handschriften. 1. Abteilung: Die Wiener Mischhandschriften *W, Berlin/Leipzig 1928. Vgl. hierzu die kritischen Bemerkungen bei JOACHIM BUMKE, Die vier Fassungen der ›Nibelungenklage‹. Untersuchungen zur Überlieferungsgeschichte und Textkritik der höfischen Epik im 13. Jahrhundert, Berlin 1996 (Quellen und Forschungen zur Literatur- und Kulturgeschichte 8), S. 23–26; vgl. ebenso STEFAN HEMLER, Ein ›geradezu gespenstisch‹ anmutender Plan? Eduard Hartls Wolfram-Projekt im Lichte des Münchener Nachlasses, LiLi 31 (2001) H. 121, S. 125–131.

35 GESA BONATH, Untersuchungen zur Überlieferung des ›Parzival‹ Wolframs von Eschenbach. 2 Bde., Lübeck/Hamburg 1970/1971.

36 HEINZLE, Rezension [Anm. 23], S. 153. Zu der hier angesprochenen Aufhebung des Fassungsgegensatzes im Mittelteil des Romans bemerkt BUMKE lapidar: »Der Grund dafür ist unbekannt« (BUMKE [Anm. 17], Sp. 1382).

In der Hs. G zeigt sich deutlich, wie die Persönlichkeit der verschiedenen Schreiber die Textüberlieferung beeinflußt hat. Der erste Schreiber gibt die überlieferten Initialen aus; er ändert den Text, z.T. ohne erkennbare Absicht, z.T. um Falsches oder vermeintlich Falsches zu bessern; er vermeidet mit Vorliebe Eigennamen, weil diese in der Vorlage schon erkennbar entstellt waren; er führt verhältnismäßig einschneidende Kürzungen durch usw.[37]

Die altgermanistische Textkritik hat sich in den letzten Jahren und Jahrzehnten wieder LACHMANNS Meinung hinsichtlich der Textgeschichte des ›Parzival‹ angeschlossen.[38] So hat sich eine ›Marburger Arbeitsgruppe‹ für die Editionswerkstatt des ›Parzival‹-Colloquiums der Wolfram von Eschenbach-Gesellschaft im Herbst 1990 für eine Gleichwertigkeit der Redaktionen *D und *G ausgesprochen.[39] Auch JOACHIM BUMKE sieht die ›Parzival‹-Philologie da, wo LACHMANN sie hingeführt habe, nämlich »bei der Feststellung, daß es im frühen 13. Jahrhundert nicht nur einen ›Parzival‹-Text gegeben hat, sondern zwei.«[40]

Eine in der Forschung wenig beachtete Untersuchung zur Textgestalt des ›Parzival‹ in den Handschriften D und G legte JÜRGEN KÜHNEL 1972 vor.[41] KÜHNELS Plädoyer gilt einer Textanalyse der Handschriften statt einer Textsynthese aus den Handschriften in Hinblick auf eine kritische Edition. Sein Programm einer Textgeschichte der in Fassungen überlieferten mittelalterlichen Werke zeigt offensichtliche Übereinstimmungen mit den Positionen der ebenfalls die Überlieferungsgeschichte favorisierenden Würzburger Forschungsgruppe um KURT RUH, überdies nimmt es – allein was die Wahl der Textgattung betrifft – auch Ansichten und Argumentationen der Diskussion um die Parallelversionen der höfischen Romane zu Beginn der 90er Jahre voraus:

---

37 BONATH [Anm. 35], S. 89f.

38 Vgl. EBERHARD NELLMANN, Zur handschriftlichen Überlieferung des ›Parzival‹, in: Kolloquium über Probleme altgermanistischer Editionen, hg. von HUGO KUHN [u. a.], Wiesbaden 1968, S. 13–21, S. 21.

39 JOACHIM HEINZLE, Klassiker-Edition heute, in: Methoden und Probleme der Edition mittelalterlicher deutscher Texte, hg. von ROLF BERGMANN/KURT GÄRTNER, Tübingen 1993 (Beihefte zu editio 4), S. 50–62, S. 58 Anm. 26. Der Arbeitsgruppe gehörten JOACHIM HEINZLE, HELMUT LOMNITZER und HEINZ SCHANZE an.

40 BUMKE [Anm. 34], S. 44. Vgl. auch DERS. [Anm. 16], S. 173; SCHIROK [Anm. 2], S. LVII.

41 KÜHNEL [Anm. 11].

An die Stelle der herkömmlichen Textkritik muß in verstärktem Maße die Textgeschichte treten, freilich nicht im Sinne der genealogisch-stemmatologischen Methode, die die einzelnen Überlieferungsträger in ihrem überlieferungsgeschichtlichen Stellenwert auf den fiktiven Archetypus hin relativiert; gezeigt werden muß vielmehr, wie jede überlieferte Textfassung eines mittelalterlichen Werkes individuelle Gestalt und damit ›Eigenwert‹ besitzt, insofern sie nämlich eine jeweilige Fassung dieses Werkes darstellt, wie sie im Mittelalter tatsächlich gelesen wurde.[42]

Im Rahmen seines Konzeptes des ›offenen Textes‹ untersucht KÜHNEL die Leithandschriften der *D- und *G-Fassung im Bereich des 3. Buches zunächst in Hinblick auf die systematische Etablierung graphischer Gegebenheiten (etwa: Lautstand – prosodische Mittel: Synkope, Apokope, Proklisis, Enklisis, Krasis – Morphologie) in den Handschriften.[43] Leider ist ein von KÜHNEL angekündigter Beitrag zu solcher Textvarianz in den Handschriften D und G, »die eine unterschiedliche Struktur der beiden Texte bedingen«,[44] nicht erschienen. Am Ende seines Aufsatzes formuliert KÜHNEL die Frage, ob die im Cgm 19 überlieferte Textfassung des ›Parzival‹ auf Wolfram selbst zurückgehen könnte:

Könnte [...] G nicht eine auf Wolfram selbst zurückgehende jüngere Bearbeitung seines ›Parzival‹ im Sinn höherer Präzision und Bildkraft sein, eine Bearbeitung, mit der der Autor nur teilweise fertig geworden ist (daher die einschneidenden Divergenzen zwischen D und G nur in der Büchern I-VII und XII-XVI) (?).[45]

Erneut tritt hier die Frage nach der Urheberschaft der Divergenzen zwischen den beiden ›Parzival‹-Fassungen in den Vordergrund; dabei geht es doch zunächst um eine genaue Beschreibung und Analyse der Textfassungen. Dies hängt mit der optimistischen Erwartung zusammen, mit den Mitteln der traditionellen Textkritik die Überlieferungsgeschichte eines Textes (fast) bis zu seinem Ursprung aufklären zu können. KÜHNELS Beitrag fußt methodisch auf HEINZ ENGELS Darstellung zu den im Cgm 19 überlieferten Texten:

Der Parzivaltext von G hat [...] seinen eigenen Wert. Es ist eine Variante des Parzival, wie sie im Mittelalter vorgelegen hat, und es lohnt sich durchaus, den Text einmal wieder in dieser Form im Zusammenhang zu lesen.[46]

---

42 KÜHNEL [Anm. 11], S. 149.
43 Vgl. ebd., S. 210.
44 Ebd., S. 145.
45 Ebd., S. 202.

Doch KÜHNELS und ENGELS Versuchen zur Textgeschichte des ›Parzival‹ kann man neue Aktualität abgewinnen, wenn man textkritisch erschlossenen Textstufen mit Skepsis begegnet.[47] Damit wird der Status der ältesten überlieferten Handschriften von Wolframs ›Parzival‹, die im 13. Jahrhundert entstanden sind, aufgewertet; diese Aufwertung der einzelnen Handschrift findet in dem bereits eingeführten Konzept von ›Text als Handlung‹ seine Berücksichtigung und Weiterentwicklung.

II. Zur Figur der Herzeloyde I

Die sogenannte ›Selbstverteidigung‹ (›Parzival‹ 114,5–116,4) am Ende des zweiten Buches von Wolframs ›Parzival‹ gehört zu einer Reihe von poetologischen Passagen des Romans, in denen Wolfram als Autor/Erzähler die Handlung explizit reflektiert und zu literaturtheoretischen Fragen Stellung nimmt. Zu diesen Passagen zählt traditionsgemäß der Prolog des Romans, ferner der Prolog zu Buch VII, die Epiloge zu Buch VI und XVI und das sog. ›Bogengleichnis‹ (›Parzival‹ 241,1–30), in dem Wolfram den Modus seines Erzählens zu charakterisieren versucht. Sowohl die mittelalterliche Überlieferung des Romans als auch die modernen Philologen und Interpreten aktualisieren – in ihrem Bemühen um einen adäquaten Textsinn – spezifische Sinndimensionen dieser komplexen Textpartien.

---

46 HEINZ ENGELS, Wolframs von Eschenbach ›Parzival‹, *Titurel* und Tagelieder in der Überlieferung der Handschrift G, in: Wolfram von Eschenbach, Parzival, Titurel, Tagelieder [Anm. 9], Bd. 2, S. 31–49, S. 42. ENGELS unterscheidet in seiner Analyse des ›Parzival‹-Textes im Cgm 19 nicht zwischen einzelnen Schichten seiner überlieferungsbedingten Genese, wiewohl er um die textkritische Problematik weiß.

47 Vgl. BUMKE [Anm. 16], S. 174. Solche Skepsis findet sich auch in GÜNTHER SCHWEIKLES Vorschlägen zu einer Edition von Wolframs ›Parzival‹ (G. S., Edition und Interpretation. Einige prinzipielle Überlegungen zur Edition mhd. Epik im allgemeinen und von Wolframs ›Parzival‹ im besonderen, Wolfram-Studien 12 (1992), S. 93–102). BUMKE empfiehlt eine kritische Parallelausgabe der Fassungen *D und *G (Die ›Nibelungenklage‹. Synoptische Ausgabe aller vier Fassungen, hg. von JOACHIM BUMKE, Berlin/New York 1999, S. 557).

Wolframs Roman wird durch den Exkurs der ›Selbstverteidigung‹ an einer Stelle von großer Spannung und Dramatik unterbrochen. Ein halbes Jahr ist der Ritter Gahmuret schon in Kriegsdiensten unterwegs, als seine schwangere Frau – die Königin Herzeloyde – eines Tages von einem schrecklichen Traum heimgesucht wird: Von einem ›Sternenblitz‹ (›Parzival‹ 103,28) getroffen, wird die Träumerin zum Himmel emporgeschleudert. Weitere Blitze fahren in ihren Körper; Donnerhall umtost sie. Plötzlich ist der Königin, als ob sie einem Drachen das Leben schenkt, der Herzeloyde bei der Geburt den Leib zerreißt. Der Drache saugt an ihrer Brust. Als das Untier fortfliegt, weiß die Königin, daß sie es nie wiedersehen wird. Das bricht Herzeloyde das Herz. Der Drachentraum, der in der Forschung[48] viel Beachtung erfahren hat, besitzt – gemäß antiker Tradition – prophetische Qualitäten: Er läßt sich auf das kommende Schicksal der Heldin ausdeuten. Der Traum sieht den Tod Gahmurets, die Geburt Parzivals als künftigen Herrscher sowie den eigenen Tod Herzeloydes voraus. Zusätzlich werden mit dem Drachentraum religiöse Dimensionen aufgerufen: Bezüge auf die neutestamentliche ›Apokalypse‹ lassen sich feststellen, in der die Vision von der sonnenumhüllten Frau und dem Drachen auf Maria als Gottesmutter gedeutet wurden.

Kaum der fürchterlichen Traumwelt entrissen – Jungfrauen wekken die laut stöhnende und um sich schlagende Herzeloyde – überbringt der Bote Tampanîs, *ir mannes meisterknappe* (›Parzival‹ 105,3), der Königin die Nachricht vom Kriegstod ihres Mannes Gahmuret. Der Bericht des Knappen löst bei Herzeloyde eine lebensbedrohliche Situation aus (›Parzival‹ 109,15). Die Klage Herzeloydes gipfelt schließlich in verzweifelten Gesten der Trauer: So zerreißt sie das Hemd, das sie trägt, drückt Milch aus ihrer Brust heraus und läßt sich jenes Hemd herbeischaffen, das Gahmuret in seinem letzten Kampf getragen hat. Vierzehn Tage später bringt die Königin Parzival auf die Welt.

---

48 Vgl. die Zusammenfassung der Forschungsdiskussion bei Susanne Heckel, *die wîbes missewende vlôch* (113,12). Rezeption und Interpretation der Herzeloyde, in: Schwierige Frauen – schwierige Männer in der Literatur des Mittelalters, hg. von Alois M. Haas/Ingrid Kasten, Bern 1999, S. 35–52, hier S. 43f. Vgl. zuletzt John Greenfield, Wolframs zweifache Witwe. Zur Rolle der Herzeloyde-Figur im ›Parzival‹, in: Literarische Leben [Anm. 1] , S. 159–173.

Die Königin Herzeloyde gibt ihrem Kind selbst die Brust. Um ihr Tun zu legitimieren, vergleicht sie sich mit der Gottesmutter, denn auch diese hat Jesus selbst gesäugt. Der Darstellung Herzeloydes werden damit weitere mariologische Muster unterlegt.[49] Doch als die Herrin über drei Länder ihren Sohn in den Armen hält, meint sie, ihren Mann Gahmuret zu halten.[50] Schließlich tauft sie den Säugling mit den Tränen ihrer Augen; Herzeloyde legitimiert ihr Handeln mit folgenden Worten:

	G	D
113,17	*fro herzeloide sprach mit sinne.*	*frou Herzeloyde sprach mit sinne.*
	div hohest chunginne.	*div hoehste kvneginne.*
	iesus ir bruste bot.	*iesus ir brvste bot.*
	der sit dvrch vns vil scharphen tot.	*der sit dvrch vns vil scharpfen tot.*
	ame chruze mensliche enphie.	*ame chrivze menischliche enphiench.*
	vnde sine triwe an vns begie.	*vnde sine triwe an vns begiench.*
	swes lip sinen zoren erringet.	***swes sin lip zvrnen ringet.***
	div sele vnsanfte dinget.	***des sele vnsamfte dinget.***
	wie chuscher si vnd ware.	*swie chivsche er si. vnde wære.*
	des weiz ih wariv mære.	*des weiz ich wariv mære.*
	(G, fol. 10^{vc} Z. 40–49)	(D, S. 329)

In dieser kurzen Rede Herzeloydes macht das Verspaar, das Jesus Christus als Richter am Jüngsten Tag anspricht, Textkritikern wie Interpreten große Schwierigkeiten. Lachmann hat unter Rückgriff auf die Handschriften G^k und G^K eine Konjektur vorgenommen, um den Text von D zu verbessern:[51]

---

49 Vgl. Karl Bertau, *Regina lactans.* Versuch über den dichterischen Ursprung der Pietà bei Wolfram von Eschenbach, in: ders., Wolfram von Eschenbach. Neun Versuche über Subjektivität und Ursprünglichkeit in der Geschichte, München 1983, S. 259–285, hier: S. 274f.; Horst Wenzel, Herzeloyde und Sigune: Mutter und Geliebte, in: Eros – Macht – Askese. Geschlechterspannungen als Dialogstruktur in Kunst und Literatur, hg. von Helga Sciurie/Hans-Jürgen Bachorski, Trier 1996, S. 211–234.

50 Elisabeth Schmid, *Swes lîp sîn zürnen ringet.* Zu einer schwierigen Stelle in Wolframs ›Parzival‹ (113,23f.), Wolfram-Studien 14 (1996), S. 377–390, S. 389: »An dieser Stelle wird die Herzeloydenfigur [...] dazu ermächtigt, in der Intimität mit dem Sohn gleichsam die Auferstehung des geliebten Mannes zu erleben: hier wird umstandslos die Umkehrbarkeit der natürlichen Ordnung behauptet.«

51 Aufgrund der Verwendung von Einheitssiglen, die auf mehrere Überlieferungszeugen verweisen, ist es hier nicht möglich, mit Lachmanns Apparat textkritisch zu arbeiten. Eine Synopse des Textmaterials aller in Frage stehen-

swes lîp sîn zürnen ringet,
des sêle unsamfte dinget,
swie kiuscher sî und wære. (›Parzival‹ 113,23–25)

Die Übersetzung dieser Verse bereitet indes große Schwierigkeiten, weil nicht eindeutig zu klären ist, ob *ringen* hier als schwaches Verb mit den Bedeutungsmöglichkeiten ›gering achten‹ bzw. ›gering machen‹ aufzufassen ist.[52] Schließlich könnte *ringen* an dieser Stelle auch als starkes Verbum in der Bedeutung von ›sich einhandeln‹ verstanden werden.[53] Den Übersetzungsschwierigkeiten ist zu entgehen, wenn man nicht der Konjektur LACHMANNS folgt, sondern sich dem Zeugnis der Handschrift G anschließt.[54] Übersetzt hieße das Verspaar in der G-Fassung: »Wessen Leib Christi Zorn erwirbt, dessen Seele wird vor Gericht kaum bestehen«.[55] Fraglich bleibt, wodurch man sich – in den Worten Herzeloydes – den Zorn Gottes zuziehen kann, denn die Aussage bleibt in ihrem unmittelbaren Kontext relativ unscharf. Während EBERHARD NELLMANN die drohende Verdammnis durch Selbstmordgedanken von Gahmurets Frau motiviert sieht,[56] plädiert ELISABETH SCHMID dafür, die Reden Herzeloydes daraufhin zu prüfen, ob in ihnen nicht religiös ausgerichtete Transgressionen formuliert sind, die Gottes Zorn heraufbeschwören könnten.[57] Textkritik wie Textvarianz erweisen sich an dieser schwierigen Stelle insofern als funktionsäquivalent, als sie mögliche Sinn-

---

den Handschriften bietet EBERHARD NELLMANN, Zum zweiten Buch des ›Parzival‹ (Pz. 102,1–8; 109,2–6; 112,5–8; 113,23–26), Wolfram-Studien 12 (1992), S. 191–202, hier S. 195. JOACHIM HEINZLE, Klassiker-Edition heute, in: Methoden und Probleme der Edition mittelalterlicher deutscher Texte, hg. von ROLF BERGMANN/KURT GÄRTNER, Tübingen 1993 (Beihefte zu editio 4), S. 50–62, S. 57 plädiert gegen LACHMANN für einen vollständigen Lesarten-Apparat innerhalb einer kritischen Edition.

52 NELLMANN [Anm. 51], S. 195.

53 Dafür plädiert SCHMID [Anm. 50], S. 380. Allerdings ist *ringen* als stv. sonst nicht belegt.

54 NELLMANN konstatiert zusätzlich, daß die von LACHMANN in den Text übernommene Fassung der Verse sich paläographisch aus der von G vertretenen Version ableiten läßt (NELLMANN [Anm. 51], S. 195f.).

55 Vgl. NELLMANN [Anm. 51], S. 196; SCHMID [Anm. 50], S. 380.

56 Vgl. NELLMANN [Anm. 51], S. 196. NELLMANN schließt sich hier Überlegungen Karl BERTAUS an (BERTAU [Anm. 49], S. 275–278).

57 SCHMID [Anm. 50], S. 390: »Des Dichters Privilegierung der menschlichen Kreatürlichkeit, die Ermächtigung der weiblichen Geschlechtlichkeit entfaltet eine Eigendynamik, welche die an Maria orientierte *humilitas* des weiblichen Status als Antithese zur Selbstherrlichkeit der Geistwesen aufzuheben droht.«

dimensionen des Textes reinszenieren: Es kann hier nicht darum gehen, entsprechend der hierarchisierenden Terminologie traditioneller Philologie die Überlieferung zu kontrollieren,[58] entscheidend ist vielmehr eine Wahrnehmung, welche die Überlieferung bei der Problembewältigung beobachtet und derart auf eine Textwunde aufmerksam wird.

Mit der Geburt Parzivals ist das Ende der Vorgeschichte des Romans markiert: *hiest der âventiure wurf gespilt, / und ir begin ist gezilt: / wand er ist alrêrst geborn, / dem diz mære wart erkorn* (›Parzival‹ 112,9–12). Die Schilderung der Umstände, unter denen der Held des Romans auf die Welt gekommen ist, endet mit einem Verspaar, das die Leid- und Glückserfahrung Herzeloydes spannungsvoll verschränkt: *si vreute sich ir suns geburt: / ir schimph ertranc in riwen furt.* (›Parzival‹ 114,3f.) Unmittelbar danach setzt die Digression der ›Selbstverteidigung‹ ein.

III. Die ›Selbstverteidigung‹

Vergleichbare Überlegungen, wie sie in diesem Exkurs entwickelt sind, finden sich auch in Hartmanns erstem Artusroman vorgebildet. Im ›Erec‹ berichtet der Erzähler von seinen Schwierigkeiten, Enite, die Protagonistin des Romans, auf adäquate Weise zu rühmen.[59] Obwohl die ›Selbstverteidigung‹ sich somit in eine bekannte literarische Tradition stellt und sich durch diese Bezugnahmen Sinndimensionen erschließen, hat die Interpretation des komplexen Textstücks der Forschung Schwierigkeiten bereitet. Denn sie hat sich bemerkenswerterweise schwer getan, den Sinn des Exkurses in seinem unmittelbaren narrativen Kontext zu verankern. Schon LACHMANN hatte angenommen, daß der Exkurs ein Nachtrag Wolframs gewesen sei:

---

58 So argumentiert NELLMANN [Anm. 51], S. 196.

59 Hartmann von Aue, Erec. Mittelhochdeutscher Text und Übertragung von THOMAS CRAMER, Frankfurt a. M. 1972: *vil gerne ich si wolde/loben als ich solde: / nû enbin ich niht sô wîser man, / mir engebreste dar an. / solh sin ist mir unkunt. / ouch hât sich manec wîser munt/in wîbes lobe gevlizzen, / daz ich niht enmöhte wizzen/welhen lop ich ir vunde, / ez ensî vor dirre stunde baz gesprochen wîben. / si muoz von mir belîben/ungelobet nach ir rehte, / wan des gebrist mir tumben knehte.* (V. 1590–1603)

hingegen die beiden absätze 114,5–116,4, welche nach der Sangaller handschrift noch zum zweiten buche gehören, habe ich abgesondert, weil es mir deutlich zu sein schien, daß sie der dichter erst später hinzugefügt hat, als der anfang des dritten buches und der darin ausgesprochene tadel der weiber anstoß gegeben hatte.[60]

Des weiteren ist vorgeschlagen worden, daß die ›Selbstverteidigung‹ dem Prolog des Romans einzufügen ist, in dem sich ebenso Überlegungen zur poetischen Darstellung von Frauenfiguren finden.[61] Noch GESA BONATH vermutete, »daß die Verse 114,5ff. nur zum einmaligen Vortrag gedacht waren und deshalb auf einem losen Blatt standen«,[62] welches unter Umständen von Schreiberhänden vor dem Buch III eingeordnet wurde.[63]

Schließlich hat die Forschung doch herausgearbeitet, daß eine poetologische Kritik an der Institution Minnesang aus der Perspektive des Romanautors eine zentrale Sinndimension der ›Selbstverteidigung‹ darstellt.[64] In dieser literaturtheoretischen Positionsbestimmung geht

60 LACHMANN [Anm. 2], S. XII. Auch NELLMANN wertet die ›Selbstverteidigung‹ als späteren Nachtrag (vgl. Wolfram von Eschenbach, Parzival [Anm. 10], S. 514f.).

61 Vgl. HERMANN MENHARDT, Wolframs ›Selbstverteidigung‹ und die Einleitung zum ›Parzival‹, ZfdA 86 (1955/56), S. 237–240.

62 BONATH [Anm. 35], Bd. I, S. 66.

63 BONATHS Spekulationen zur Genese des Textstücks schließt sich KARL BERTAU an, wobei die Entstehung der ›Selbstverteidigung‹ und ihre angebliche Unverständlichkeit argumentativ gekoppelt werden: »Nicht eine allegorisierte Minne, sondern die zeitgenössische Damenwelt wird gescholten in dem wirren Exkurs der ›Selbstverteidigung‹, der so unvermittelt die ›Parzival‹-Handlung unterbricht, als ob lose Blätter hineingeraten wären. Er erscheint als Antwort auf persönliche Kränkung, deren Erschütterung im ganzen ›Parzival‹ nachzittert.« (K. B., Versuch über Wolfram, in: ders.: Wolfram von Eschenbach. Neun Versuche über Subjektivität und Ursprünglichkeit in der Geschichte, München 1983, S. 145–165, S. 153).

64 Vgl. vor allem MICHAEL CURSCHMANN, Das Abenteuer des Erzählens. Über den Erzähler in Wolframs ›Parzival‹, DVjs 45 (1971), S. 627–667; HUGO KUHN, Wolframs Frauenlob, ZfdA 106 (1977), S. 200–210; BERND SCHIROK, *Swer mit diesen schanzen allen kann, an dem hât witze wol getan.* Zu den poetologischen Aussagen in Wolframs ›Parzival‹, in: Architectura poetica. Festschrift für Johannes Rathofer zum 65. Geburtstag, hg. von ULRICH ERNST/BERNHARD SOWINSKI, Köln 1990, S. 119–145; WALTER HAUG, Literaturtheorie im deutschen Mittelalter. Von den Anfängen bis zum Ende des 13. Jahrhunderts, Darmstadt ²1992; ALEXANDRA STEIN, *wort unde werc.* Studien zum narrativen Diskurs im ›Parzival‹ Wolframs von Eschenbach, Frankfurt a. M. 1993 (Mikrokosmos 31); KLAUS RIDDER, Autorbilder und Werkbewußtsein im ›Parzival‹ Wolframs von Eschenbach, Wolfram-Studien XV (1998), S. 168–194; THOMAS RAUSCH, Die

es dem epischen Erzähler Wolfram um eine Auseinandersetzung mit spezifischen Konstituenten der Gattung Minnesang. Schon der Beginn der ›Selbstverteidigung‹ signalisiert, daß der Vergleich der Gattungen thematisch um die poetische Darstellung der Frauenfiguren zentriert ist.

	G	D
114,5	*Swer nv wiben spricht baz.*	*Swer nv wiben sprichet baz.*
	daz laze ich ***weiz got*** *ane haz.*[65]	***deiswar*** *daz laz ich ane haz.*
	ich friesche gerne ir ***ere*** *breit.*	*ich vriesche gerne ir* ***frede*** *breît.*
	(G fol. 10^{vc} Z. 58–60)	(D, S. 32)

Die ersten drei Verse des Exkurses sind nicht nur ob ihrer Varianz in textkritischer Hinsicht interessant (auf die ich gleich zurückkomme); sie bergen vielmehr auch ein Verständnisproblem, denn unklar bleibt, wessen Freude (in der Handschrift D) in der dritten Zeile angesprochen wird. Dietmar Peschel-Rentsch versteht diese Textstelle so, »daß der Autor gern hört, wenn sich jemand darüber freut, daß einer besser als er über Frauen gesprochen habe (es könnte auch die Freude derer gemeint sein, denen der Autor gönnt, daß sie besser über Frauen gesprochen haben) [...].«[66] Freilich läßt sich die angesprochene Freude – und so verstehen es die Kommentatoren dieser Textstelle – auch auf die Frauen beziehen.[67]

Unmittelbarer erzählerischer Kontext dieser Reflexion ist ja das Portrait der Königin Herzeloyde, der Unglück und Freude in unerhörter Weise widerfahren und deren Darstellung angesichts ihrer prekären Situation traditionelle Erzählmuster aufhebt. Wolfram nutzt die *pîn* seiner Frauenfigur zu einer Reflexion seiner literarischen Produktion.

In der Passage wird Wolfram als Minnesänger imaginiert, der von seiner Herrin brüskiert wird und der nun unter der Mißgunst aller Damen zu leiden hat, weil er seine Herrin tadelt:

Destruktion der Fiktion: Beobachtungen zu den poetologischen Passagen in Wolframs von Eschenbach ›Parzival‹, ZfdPh 119 (2000), S. 46–74.

65 Vgl. auch ›Parzival‹ 337,5f.: *ich kunde wîben sprechen baz / denne als ich sanc gein einer maz.*

66 Gerd Dietmar Peschel-Rentsch, Wolframs Autor. Beobachtungen zur Entstehung der Autor-Figur an drei beispielhaften Szenen aus Wolframs *Parzival*, DVjs 64 (1990), S. 26–44, S. 33.

67 Etwa Wolfram von Eschenbach, ›Parzival‹ und ›Titurel‹ [Anm. 22], S. 111.

G

wan einer bin ih vnbereit.
dienslicher triwe.
min zorn ist imer niwe.[68]
gein ir sit ich ***se*** *an wanche sach.*[69]
ich bin wolfram von eschenbach.[70]
vnt chan ein teil mit sange.[71]
vnt bin ein habendiv zange.[72]
mit *zorne gein einem wibe.*[73]
div hat minem libe.
erboten solhe missetat.
ich *han si hazenes* ***deheinen*** *rat.*[74]
dar vmbe ***han ich der*** *andern haz.*[75]

owe warumbe tônt si daz.
al ein ***ist*** *mir ir hazzen leit.*[76]
ez ist iedoch ir wipheit.
sit ich mich versprochen han.
vnde an mir s?bem[78] *missetan.*
daz lihte nimer mer geschiht.[79]
(G, fol. 10^{vc} Z. 61–11ra Z. 11)

D

wan einer bin ich vnbereît. 114,8
dienstlicher triwe.
min zorn ist immer niwe.
gein ir sit ich ***sie*** *an wanche sach.*
ich bin Wolfram von Eschenbach.
vnde chan ein teil mit sange.
vnde bin ein habendiv zange.
minen *zorn gein einem wibe.*
div hat mime libe.
erbotn solhe missetat.
ine *han si hazzens* ***cheinen*** *rat.*
dar vmbe ***hant min die*** *andern haz.*

owe warvmbe tvont si daz.
si *mir ir hazzen leît.*
ez ist idoch ir wipheît.[77]
sit ich mich versprochen han.
vnde an mir selbn missetan.
daz lihte nimmer mer geschiht.
(D, S. 32)

Geschickt bedient sich Wolfram der Terminologie und der Motivkomplexe des Minnesangs seiner Zeit. Angespielt wird auf das Konzept des Frauendienstes, mittels dessen das Geschlechterverhältnis in vielen Minnekanzonen organisiert ist.[80] Als Gattungszitat ist ebenso die in diesem Passus entfaltete Freude-Leid-Dichotomie zu werten, die die affektiven Pole in Texten des Minnesangs kennzeichnet.

---

68 G^{m}: *ir niwe.* G^{k}: *Sin zorn ist iamer niwe.*

69 G^{m}: *in wanche.* G^{k}: *ichs an wanche ê sach.*

70 G^{m}: *wolvram.*

71 G^{m}: *vnd.* G^{k}: *ich chan.*

72 G^{m} fehlt *vnt.* G^{k}: *ich bin.*

73 G^{m}: *mit zorn.* G^{k}: *mit zorn gei.*

74 G^{m}: *ich han hazzes dehainen rat.*

75 G^{m}: *han ich der ander haz.* G^{k}: *han ich der andern.*

76 G^{m}: *allein ist.*

77 Gemeint ist: ›Obwohl ihr Haß mich schmerzt, müssen sie wohl als Frauen so sein.‹

78 LACHMANN gibt im Apparat seiner Ausgabe die Lesart ›sebem‹ an. In der Transkription der Faksimile-Ausgabe wird ›sabem‹ angegeben. G^{m}, G^{k}: *selben.*

79 G^{m}: *me.*

80 Vgl. hierzu auch INGRID KASTEN, Frauendienst bei Trobadors und Minnesängern im 12. Jahrhundert. Zur Entwicklung und Adaptation eines literarischen Konzepts, Heidelberg 1986 (GRM-Beiheft 5), S. 348.

Die Passage beginnt mit einem Bescheidenheitstopos: Wolfram gesteht seinen künstlerischen Rivalen ihren Rang zu. Er bekennt – so die Handschrift D –, daß er gerne hört, was den Frauen Freude bereitet. In der Handschrift G bereitet es Wolfram Freude, etwas über das gesellschaftliche Ansehen der Frauen zu erfahren. Im Kontext des Hohen Minnesang vermag das Stichwort der *vröude* auf verschiedene Bedeutungsebenen zu verweisen. Zum einen kann es dem Sänger gelingen, durch seine Lieder das Publikum zu erfreuen, d.h. der Minnesang selbst soll Freude stiften.[81] Zum anderen kann sich die Freude auf den Sänger selbst beziehen, wenn er bei seiner Dame Erfüllung findet.[82] Der Text der Handschrift D spielt mit dieser Mehrdeutigkeit, die ihre Wirkung nur unter Berücksichtigung des Minnesang-Diskurses entfaltet.

Die hier abzulesende Doppeldeutigkeit des Stichworts *fröide* erklärt vor einem literarischen Hintergrund den Zornausbruch, mit dem sich der ›Parzival‹-Erzähler nun scheinbar so unvermittelt gegen eine Dame wendet, *dienstlîcher triuwe unbereit*, immer *niuwe* voll Empörung über die *missetât*, die ihm das *wîp erboten* hat (8–18).[83]

In der Handschrift G, welche die gesellschaftliche Anerkennung oder das Ansehen der besungenen Frauen hervorhebt, scheint der Konflikt eskaliert, in den Wolfram durch den Streit mit seiner Herrin geraten ist. Diese hatte Wolfram ein nicht näher bezeichnetes Unrecht angetan und derart ihr Ansehen – in den Augen des Sängers – aufs Spiel gesetzt.[84]

Topos des Minnesangs ist ebenso die überzogene Verehrung der eigenen Dame auf Kosten aller anderen:

	G	D
115,5	***sin** lop hinchet ame spat.*	***Ein** lop hinchet ame spat.*

---

81 Vgl. etwa Reinmar Lied 133, in: Deutsche Lyrik des Frühen und Hohen Mittelalters. Edition der Texte und Kommentare von Ingrid Kasten, Übersetzung von Margherita Kuhn, Frankfurt a. M. 1995 (Bibliothek des Mittelalters 3), S. 316–320.

82 Vgl. Reinmar Lied 131, ebd., S. 308–311.

83 Curschmann [Anm. 64], S. 652.

84 Vgl. Walther von der Vogelweide, Leich – Lieder – Sangsprüche. 14., völlig neu bearbeitete Auflage der Ausgabe Karl Lachmanns mit Beiträgen von Thomas Bein und Horst Brunner, hg. von Christoph Cormeau, Berlin/New York 1996, Lied 81 (S. 234): *Ich bin ein wîp dâ her gewesen / sô staete an êren und ouch alsô gemuot.*

der *allen* ***wiben*** *sprichet mat.*	***swer*** *allen* ***frouwen*** *sprichet mat.*
dvrch sin eines frouwen.	*dvrch sin eines frouwen.*
(G fol. 11ra Z. 21–23)	(D, S. 32)

Aus der Verwendung der Schachmetaphorik an dieser Stelle geht hervor, daß Wolfram hier auf ein Lied des Minnesängers Reinmar anspielt, der das Motiv des hyperbolischen, alle anderen Frauen überbietenden Lobes ebenfalls in der Schachmatt-Metapher ausgeführt hat.[85]

Die ›Matterklärung‹ – hervorgerufen durch die Unübertrefflichkeit der besungenen Dame – gilt den anderen Frauen am Hof oder, da ist sich die Forschung nicht einig, den (fiktiven) Damen der anderen Sänger.[86] Nicht nur Wolfram in der vorliegenden ›Selbstverteidigung‹, sondern auch Walther von der Vogelweide hat an der literarischen Diskussion um die Kunst des angemessenen Frauenpreises teilgenommen und Reinmar kritisiert.[87] Auch an dieser Stelle geben die Handschriften G und D einen unterschiedlichen Text.

Der Gegensatz *allen frowen – sin eines frowen* in D erscheint in G verschärft; zu dem Gegensatzpaar ›alle‹ – ›die eine‹ tritt das Gegensatzpaar *frowe – wîp* hinzu; nur ›die eine‹ hat in der übersteigerten Minneauffassung, die Wolfram hier glossiert, noch einen Anspruch darauf, *frouwe* ›Dame‹ genannt zu werden – ihr gegenüber sind alle anderen bloße *wîp* ›Frauen‹.[88]

In der ›Selbstverteidigung‹ zeichnet sich die Textfassung im Cgm 19 dadurch aus, daß sie die Gattungsunterschiede zwischen höfischem Roman und Minnesang betont, die Wolfram anhand der Frauendarstellung diskutiert.

Dem epischen Erzähler geht es nicht um Lob oder Schelte der Frauen, wie es der Minnesänger in seinem Gesang thematisiert, sondern ihm, dem *rîterlîch* Kämpfenden, geht es um die *pîn* der Frauen, die er darstellen und problematisieren will. [...] Dies dürfte auch der Grund sein, weshalb die ›Selbstverteidigung‹ als Erzählerkommentar in den Handlungskontext eingegliedert ist, der die Trauer Herzeloydes zum Thema hat. Es geht um *rîterschaft* und das *leit*, das durch sie entsteht, und welches der Erzähler gleich einem kämpfenden *rîter* zur Darstellung bringt [...].[89]

---

85 Vgl Reinmar Lied 131, in: Deutsche Lyrik [Anm. 81], S. 308–311.

86 Vgl. den forschungskritischen Kommentar Ingrid Kastens, ebd., S. 831–833.

87 Vgl. Walther von der Vogelweide [Anm. 84], Lied 83 (S. 234).

88 Kühnel [Anm. 11], S. 201.

89 Stein [Anm. 64], S. 226.

IV. Zur Figur der Herzloyde II

Der Beginn des dritten Buchs von Wolframs Roman schließt sich inhaltlich unmittelbar dem Ende des zweiten Buches insofern an, als es das Portrait Herzeloydes fortführt. Es findet sich zunächst aber eine Passage, in welcher der Autor/Erzähler noch einmal über das Thema der *wipheit* reflektiert und Gedanken weiterentwickelt, die im Prolog wie in der ›Selbstverteidigung‹ angesprochen worden sind.[90] Diese Passage hat letztlich die Funktion, Herzeloydes Rückzug in die Einöde von Soltane positiv zu kommentieren. Herzeloydes Abkehr aus einer im Roman als heillos gestalteten Gesellschaft ist als Motiv zu deuten, das – auch durch den Aufruf des Armut-Ideals[91] – christlich-religiöse Dimensionen besitzt: als eine der »Formen adeliger Laienreligiosität«,[92] die der Roman entwirft.

In diesem Erzählerkommentar weist die Münchner Handschrift G eine Minusstelle auf, in der das Ideal einer freiwillig auf sich genommenen Armut eine christlich-religiöse Begründung erfährt.

G	D	
***hie** teilent sich div mare.*	***svs** teilent sich div mære.*	116,10
*daz **si** gelich sint **genant**.*	*daz **die** geliche sint **genamt**.*	
des hat min herze sich geschamet.	*des hat min herze sich geschamt.*	
*wipheit **in ordenlichem** site.*	*wipheit **din ordenlicher** site.*	
dem vert vnd fuor ie triwe mite.	*dem vert vnde fuor ie triwe mite.*	
genuoge sprechent armuot.	*gnuoge sprechent armuot.*	
daz div si zenihte guot.	*daz div sîe zenihte gvot.*	
————————	***swer div dvrch triwe lîdet.***	
————————	***helle fiwer die sele nîdet.***[93]	
die dolte wip dvrch triwe.	*diu dolte **ein** wip dvrch triwe.*	
(G, fol. 11ra Z. 59–11rb Z. 1)	(D, S. 32)	

Leitwort der Passage ist die *triuwe*, die – wie ELISABETH SCHMID dargestellt hat – als ein Schlüsselbegriff des ethischen Konzepts von Wolframs Roman aufzufassen ist:

---

90 Vgl. DAVID N. YEANDLE, Herzeloyde: Problems of Characterization in Book III of Wolframs Parzival, Euphorion 75 (1981), S. 1–28.

91 Vgl. hierzu DAVID N. YEANDLE, Commentary on the Soltane and Jeschute Episodes in Book III of Wolfram von Eschenbach's ›Parzival‹ (116,5–138,8), Heidelberg 1984, S. 13–16.

92 HELMUT BRALL, Gralsuche und Adelsheil. Studien zu Wolframs ›Parzival‹, Heidelberg 1983 (Germanische Bibliothek: Reihe 3 Untersuchungen), S. 275.

93 Das Verspaar fehlt auch der Handschrift Gm (Cgm 61).

Die *triuwe* bei Herzeloyde, Sigune, Parzival, Trevrizent und bei den Templeisen artikuliert sich als Leiden und Mitleiden. An ihnen, den Titurel-Nachkommen, hat Wolfram den Leidenszusammenhang der Menschen konkretisiert. Als Leitwort der religiös begründeten, mit Leiden behafteten Verwandtschaft – nicht als Weiterentwicklung der *triuwe*-Verpflichtung zwischen Herr und Mann, Ritter und Ritter – erhält die Relation *triuwe* die Dimension der Mitmenschlichkeit.[94]

Mit der Auslassung des Verspaars ›Parzival‹ 116,17f. entbehrt die vom Erzähler aufgerufene Handlungsanweisung der Armut zunächst einer religiösen Dimension; die an dieser Stelle des Romans erfolgte Wertung der Armut bleibt ambivalent. Damit wird auf das Verhalten Herzeloydes ein kritischer Blick geworfen. Doch erfährt der von der Königin gewählte Rückzug aus der höfischen Gesellschaft im weiteren eine positive Kommentierung.[95] Dabei greift der Autor / Erzähler auf Erfahrungen seines eigenen Lebenszusammenhangs zurück, denn er kennt niemanden, der das Schicksal Herzeloydes auf sich genommen hätte. Die Position Herzeloydes kennzeichnet gleichwohl Exklusivität wie Isolierung; hinter dem überschwenglichen Lob ihres Handelns bleibt ein Rest Skepsis, wie auch der letzte Vers des Abschnitts belegt: *si truoc der freuden mangels last* (›Parzival‹ 116,30).

In diesem Zusammenhang ist eine sinnrelevante Textvariation in den Handschriften G und D von Belang, die sich auf Herzeloydes Abkehr bezieht:

G	D	
sich zoch div frouwe iamers balt.	*Sich zoch div frouwe iamers balt.*	117,7
vz ir lande in einen walt.	*ûz ir lande in einen walt.*	
zer wuosten soltanie.	***zerwaste in soltane.***	
niht durch bluomen vf die planie.	*niht dvrch bluomen ûf die plane.*	
(G, fol. 11rb Z. 19–22)	(D, S. 33)	

Wie schon KÜHNEL festgestellt hat, bezeichnet das in G überlieferte *soltanie* im Mittelhochdeutschen das ›Sultanat‹, also Ägypten. Dem

---

94 ELISABETH SCHMID, Studien zum Problem der epischen Totalität in Wolframs ›Parzival‹, Erlangen 1976 (Erlanger Studien 6), S. 185f.

95 Vgl. ›Parzival‹ 116, 20–30. Vgl. YEANDLE [Anm. 90], S. 8: »Thus the narrator extols Herzeloyde for her voluntary acceptance of poverty ›durch triuwe‹, isolating her from his contemporaries, and thereby placing her in a class which necessarily surpasses all of these, so that she assumes a unique position, comparable to that of a saint.«

Substantiv *waste* in der Handschrift D entspricht das auf *soltanie* bezogene Adjektiv *wuoste* (= *wüeste*). In der Münchner Handschrift G gelangt Herzeloyde damit nicht in die ›Einöde von Soltane‹, vielmehr flieht die Königin ›ins öde Ägyptenland‹: zumindest wird diese Bedeutungsschicht anzitiert und damit der Figur eine religiöse Dimension beigegeben:

> Hinter Herzeloyde, die mit dem Knaben Parzival in die Einöde flieht, um ihn vor den Gefahren eines kriegerischen Lebens zu bewahren, wird, präfigurativ, Maria auf der Flucht nach Ägypten sichtbar.[96]

V. Das ›Bogengleichnis‹

Ein weiteres Beispiel der auktorialen Selbstentwürfe im ›Parzival‹ stellt das ›Bogengleichnis‹ (›Parzival‹ 241,1–30) dar. Eingefügt in die Erzählung von Parzivals Aufenthalt auf der Gralsburg Munsalvaesche findet sich ein Erzählerkommentar, der das narrative Verfahren Wolframs rechtfertigt. Das ›Bogengleichnis‹ bezieht sich am Anfang und am Ende direkt auf die berichtete Handlung auf der Gralsburg. Nach Schilderung der Gralszeremonie und des Speisewunders wird erzählt, wie der Gral von den 24 Jungfrauen wieder herausgetragen wird. Parzival erhascht einen Blick durch die Tür auf einen weiteren Raum. Dort befindet sich ein alter Mann, dessen Schönheit für Parzival unvergleichlich ist.[97] Dann setzt das ›Bogengleichnis‹ ein:

	G	D
241,1	*Wer der selbe wære.*	*Wer der selbe wære.*
	des freischet **ir** *her*[98] *nach mare.*	*des freiscet hernach mære.*
	dar zô der wirt **div**[99] *burch sin lant.*	*dar zuo der wirt* **sin** *bvrch sin lant.*
	div werdent iv von mir genant.	*di werden iv von mir genant.*
	her nach so dez **wirt** *zit.*[100]	*hernach so des* **wirdet** *zit.*
	bescheidenlichen ane strit.	*besceidenlichen ane strit.*
	vnde **allez rehte** *vur gezogen.*[101]	*vnde* **an allez** *fvr zogen.*

---

96 KÜHNEL [Anm. 11], S. 199f. Vgl. auch BONATH [Anm. 35], Bd. II, S. 152.

97 240,30 G: *er was noch grawer danne ein tust.* (G, fol. 19^{vc} Z. 60); D: *er was noch wizer dan der tvst.* (D, S. 67)

98 Cgm 18 (= G^{k}): *freischt ir.*

99 G^{k}: *div.*

100 G^{k}: *wirt.*

101 G^{k} überliefert den Vers in der gleichen Gestalt.

ich sage die sênwe ***vngelogen.***[102]	*ich sage die senewen* ***ane bogen.***
div senwe ist ein bispel.	*div senewe ist ein bispel.*
(G, fol. 19^{vc} Z.–61–20ra Z.–1)	(D, S. 67)

»Wer er war, davon sollt ihr später hören. Dann wird euch auch der Wirt, die Burg, das Land von mir genannt, doch nachher erst zu seiner Zeit, da, wo es hingehört nach rechtem Urteil, ohne Zank und erst dann, wenn's an die Reihe kommt. Ich sage die Sehne, nicht den Bogen – die Sehne ist nämlich ein Gleichnis.«[103]

Diese Übersetzung bezieht sich auf die Fassung des Textes in der Handschrift D. Hier bereitet vor allem der Vers *ich sage die senewen ane bogen* (›Parzival‹ 241,8) den Interpreten Schwierigkeiten.[104] Die übliche Auffassung ist in der Übersetzung wiedergegeben: Der Erzähler favorisiert ein Erzählen, das ›gerade‹ ist wie die Sehne eines Bogens. Es soll alles zu seiner rechten Zeit berichtet werden. Der Bogenstab bezeichnet dann ein Erzählen, das sich durch Umwege auszeichnet und das hier abgelehnt wird. Alternativ könnte man *bogen* auch als substantivierten Infinitiv begreifen: ›Ich sage die Sehne ohne ihr Gekrümmtsein‹. In diesem Fall würde aber ein Teil der Pointe des Gleichnisses zerstört: Denn Wolfram muß, um seine Geschichte geradlinig – wie die Sehne am Bogen – zu erzählen, die Sehne beim Schuß mit dem Pfeil spannen, d.h. nun doch krümmen. Hier tritt zu den Bildspendern Sehne und Bogenstab ein zusätzlicher, im weiteren Verlauf des ›Bogengleichnisses‹ entwickelter Bildbereich: Jener des Bogenschießens selbst, an dem ein Schütze (= der Autor/Erzähler), ein Pfeil (= die Geschichte) und das Ziel (= der Rezipient) beteiligt sind. Der Erzähler will in einem komplizierten, mehrteiligen und auf den ersten Blick widersprüchlichen Bild ein Erzählen verteidigen, das ›gerade‹ und ›krumm‹ ist. Im ›Bogengleichnis‹ werden die Bildvarianten ›Bogen in Ruhelage‹ und ›Bogen in Aktion‹ gemischt, so daß es zu scheinbar widersprüchlichen oder paradoxalen Aussagen kommt.[105]

---

102 G^k: *ich sag di senwen ane bogen.*

103 Die Übersetzung stammt von PETER KNECHT (in: Wolfram von Eschenbach, Parzival, Studienausgabe [Anm. 2], S. 245).

104 Vgl. hierzu auch CORNELIA SCHU, Vom erzählten Abenteuer zum *Abenteuer des Erzählens.* Überlegungen zur Romanhaftigkeit von Wolframs ›Parzival‹, Frankfurt a. M. 2002 (Kultur, Wissenschaft, Literatur. Beiträge zur Mittelalterforschung 2), S. 170–191, bes. S. 174f.

105 Vgl. hierzu besonders die Analyse bei STEIN [Anm. 64], S. 197–221. Vgl. zuletzt NICOLA KAMINSKI, *ich sage die senewen âne bogen.* Wolframs Bogengleichnis, slehte gelesen, DVjs 76 (2003), S. 16–44.

In der Handschrift G hat der Vers 241,8 andere Gestalt: *ich sage die sênwe ungelogen.*[106] In dieser Fassung des Textes werden der gekrümmte Bogenstab und ein Erzählen, das ihm entspräche, getilgt. Schon hier wird ein umwegiger Erzählverlauf negativ bewertet und in Verbindung mit ›Betrug und Irreführung‹ gebracht. Auch im weiteren finden sich in G Textvarianten, die das geradlinige Erzählen betonen. Denn nicht nur ›auch‹ die Zuhörer (wie in der St. Galler Handschrift D), sondern ›alle‹ Zuhörer bevorzugen diese Art der Narration, wie Vers 241,14 zeigt:

G	D
***ôch** dvncht ivch der boge snel.*[107]	***nv** dvnchet ivch der boge snel.*
***noch** ist sneller daz div senwe iaget.*[108]	***doch** ist sneller daz div senewe iaget.*
obe ich iv rehte han gesaget.[109]	*ob ich iv rehte han gesaget.*
div senwe gelichet maren sleht.[110]	*div senewe gelichet mæren sleht.*
*div dunchent **alle** lute reht.*[111]	*di dvnchent **ouch die** livte reht.*
***wan** swer iv seit von der chrumbe.*	*swer iv saget von der chrumbe.*
*der wil ivch **fôren** vmbe.*[112]	*der wil ivch **leîten** vmbe.*
(G, fol. 20ra Z. 2–8)	(D, S. 67)

Das folgende Verspaar (›Parzival‹ 241,15f.), das eine ›gekrümmte‹ Erzählweise mit Täuschung identifiziert, ist in G durch die kausale Konjunktion *wan* enger an den vorherigen Gedankengang angebunden. Zusätzlich enthält das *fôren vmbe* in Vers 241,16 gegenüber *leîten vmbe* in D eine Bedeutungsverschiebung, die eine Interpretation stützt, die in G eine Betonung des Erzählprinzips ›Sehne‹ konstatiert. Mittelhochdeutsch *fôren vmbe* heißt explizit ›in Schaden bringen‹, wohingegen *leîten vmbe* neutraler ›herumführen‹ bedeutet.[113]

Der Forschung ist der Nachweis gelungen, daß der »Bogen als literaturtheoretische Metapher [...] keine Erfindung Wolframs« ist.[114] Vielmehr entstammt das Gleichnis der bibelexegetischen Tra-

106 Mein Erzählen gleicht – ungelogen / nur – der (geraden) Sehne.

107 G^{m}: *auch dunchet.*

108 G^{k}: *noch ... iagt.* G^{m}: *noch ich.*

109 G^{m}: *ob ich ev.*

110 G^{m}: *gelichent meren.*

111 G^{k}: *dvnchet ovch di.* G^{m}: *dvnchet auch die.*

112 G^{k}, G^{m}: *leiten.*

113 Vgl. ›Parzival‹ 243, 7: D *fuoren* Ggg *schieden.*

114 Haug [Anm. 64], S. 165. Vgl. auch Arthur B. Groos, Wolfram von Eschenbach's ›Bow Metaphor‹ and the Narrative Technique of ›Parzival‹, MLN 87 (1972), S. 391–408; Curschmann [Anm. 64], S. 627–667.

dition und ist bis ins frühe 13. Jahrhundert in über hundert Werken belegt.[115] Wolframs Reformulierung des ›Bogengleichnisses‹ kann im Rahmen der Emanzipationsbemühungen des höfischen Romans von religiösen Sinnbildungsmustern verstanden werden.[116] Vorgebildet in der Bibelexegese ist auch der Zusammenhang von ›gekrümmtem‹ Erzählen und ›Täuschung und Betrug am Rezipienten‹. ARTHUR GROOS hat darauf hingewiesen, daß die ›gerade‹ Erzählweise, die durch die Sehne am Bogen symbolisiert ist, mit dem Redekonzept des *ordo artificialis* in der antiken Rhetorik gleichzusetzen ist, nach dem die Elemente einer Rede oder eines Textes entsprechend den Absichten des Verfassers in eine neue Erzählordnung gebracht werden dürfen. Die Fassung des Verses 241,7 in den G-Handschriften entspricht genauer als die D-Fassung dieser rhetorischen Anleitung. Nach G will der Autor/Erzähler alle Bestandteile der erzählten Geschichte auf eine neue Weise strukturieren. Auch diese Textdifferenz ist ein Plädoyer für das *slehte* Erzählen.

Schließlich aber erfährt die Sehne des Bogens in der G-Fassung des ›Bogengleichnisses‹ ebenso in dem Moment eine Krümmung, in dem der Pfeil abgeschossen wird (241,19f.). Der darauf folgende Text läßt sich aber so interpretieren, daß eine inadäquate Erzählweise kritisiert wird:

G	D	
swer den bogen spannen siht.[117]	*Swer den bogen gespannen siht.*	241,17
der senwe **man** *der slihte giht.*[118]	*der senewen* **er** *der slehte giht.*	

115 GROOS [Anm. 114], hier S. 396: »Beginning with the immensely influential *Enarrationes in Psalmos* of St. Augustine and the *Moralia in Job* of St. Gregory the Great, the bending of the bow by the bowstring was consistently equated with the relationship between the Old and New Testaments, and the arrows dispatched in the act of shooting with the Apostles or sacred proclamations. [...] With frequent elaboration of detail, the bow exegesis was incorporated into over one hundred works by the early thirteenth century.«

116 HAUG [Anm. 64], S. 166: »Denn während das traditionelle Bogengleichnis die Sinnfindung über eine Allegorese von Fakten ins Bild bringt – der Sinn des Alten Testamentes enthüllt sich im typologischen Bezug zum Neuen –, so demonstriert Wolfram durch die Umformulierung dieses Gleichnisses, daß sein Roman eine Sinnvermittlung von wesentlich anderer Art intendiert: der Sinn der Erzählung enthüllt sich gerade nicht über einen exegetischen Brückenschlag vom Gegenstand zur Bedeutung, sondern er erfolgt über die Erfahrung, durch die der Hörer im Nachvollzug der Handlung hindurchgeführt wird. Es geht um Sinnvermittlung im literarischen Medium selbst.«

117 G^k: *wan swer den bogen gespannen siht.* G^m: *gespannen.*

118 G^k: *der senwe man.* G^m: *der senwe er.*

*si**ne** welle **sich** zerbuge denen.*[119]
*so si den schuz môz **nemen**.*[120]
swer dem sin mære schivzet.[121]
***da** ins dur not verdrivzet.*[122]
*wan **ez en**hat da ninder stat.*[123]
***noch** gerumgez phat.*[124]
zeinem oren in zem andern fur.[125]
Min arbeit ich gar verlur.
op den min mare drunge.[126]
ich sagte oder sunge.
daz ez noch baz vername[127] *ein boch.*
*oder ein **fulmiger** stoch.*[128]
(G, fol. 20ra Z. 9–22)

***man** welle si zer bivge erdenen.*
*so si den schvz mvz **menen**.*
*swer **aber** dem sin mære scîvzet.*
***des** in dvrch not verdrivzet.*
*wan **daz** hat da ninder stat.*
***vnde vil** gervomclichen pfat.*
zeinem oren in zem andern fvr.
min arbeit ich gar verlvr.
ob den min mære drvnge.
ich sagete odr svnge.
daz ez noch paz vernæme ein boch.
*odr ein **vlmiger** stoch.*
(D, S. 67)

Das Verspaar 241,19f. erscheint in G – im Gegensatz zur Überlieferung in der Handschrift D – grammatikalisch richtig:

Die Verneinung [in D] fehlt; sie ist bei diesem Typ der exzipierenden Konstruktion sonst erforderlich [...]. Ist ›*enwelle*‹ zu konjizieren? Oder ist die Lesart der Hss.-Gruppe Ggg zu wählen (›*sine welle sich*‹)?[129]

119 Gk: *sine welle sich ze der lvge denen.* Gm *sin wel sich zu der buge denen.*

120 Gk: nemen.

121 Gk fehlt *aber.* Gm: *swer denne.*

122 Gk: *da ins dvrch.* Gm: *des vns durch.*

123 Gk: *ezn.* Gm: *wande ez hat.*

124 Gk: *noch gervmlichen.* Gm: *noch vil gerumez phat.*

125 Gm: *zeinem orn in daz dem andren vur.*

126 Harald Haferland, Rezension zu Alexandra Stein: *wort unde werc.* Studien zum narrativen Diskurs im ›Parzival‹ Wolframs von Eschenbach, Frankfurt a. M. 1993 (Mikrokosmos 31), Arbitrium 1996, S. 313–316, S. 316: »Ich möchte das an nur einem Beispiel versuchen: dem abgeschossenen Pfeil aus dem Bogengleichnis, den Wolfram – so sehr es sich zur fliegenden Elster fügte – vielleicht doch gar nicht abschießen will. Der Wortlaut ist schwer zu verstehen, und es ist noch nicht ausdiskutiert, ob die G-Handschriften, deren Text Lachmann in den Apparat verwiesen hatte, nicht auch beim Bogengleichnis den richtigeren Text bieten. Für die Verse 241,21–30 nimmt Stein an, daß sie sich – ähnlich, wie es im Prolog geschieht – auf einen unbeweglichen Rezipienten beziehen, dem die erzählte Geschichte gleich wieder aus dem Ohr entweicht. Aber wenn man in Vers 241,27 die Betonung statt auf *den* auf *drunge* legt, liest man einen ganz anderen Text, der sich auf eine inadäquate Erzählweise bezieht. Dann nämlich ist es falsch, so schnell zu erzählen, wie der von der Sehne abschnellt, weil es unverständlich wird. [...] Diese Lesart fügt sich nicht so überzeugend in das Tableau der von Stein interpretierten literaturtheoretischen Partien, aber das muß nicht heißen, daß man sie Wolfram nicht auch zutrauen dürfte.«

127 Gm *vernem.*

128 Gk: *vlmiger.* Gm: *vil vuler.*

129 Nellmann [Anm. 10], S. 587f.

Nicht angebracht, so schnell zu erzählen, wie der Pfeil von der Sehne abschnellt, scheint es, weil ein so gestaltetes Erzählen Verständnisprobleme aufwirft: »Wolfram will gerade und der Reihe nach erzählen – gleichviel, ob er es immer tut – und keine Pfeile verschießen.«[130]

Am Ende des Romans, als Parzival – inzwischen Gralkönig und wieder mit Frau und Kindern vereint – noch einmal seiner Cousine Sigune, die tot neben dem Grab ihres Geliebten liegt, begegnet, kommentiert der Autor/Erzähler die verwickelten Verwandtschaftsverhältnisse von Parzival und Sigune mit folgender Bemerkung:

G	D	
ditze mare ist niht so der boge.	*ez ist niht chrvmp also der boge.*	805,14
iz ist war vnde sleht.	*diz mære ist war unt sleht.*	
(G, fol. 68vb Z. 45f.)	(D, S. 223)	

Hier wendet der Erzähler sich wieder gegen eine ›gekrümmte‹ Erzählweise. Explizit fehlt einigen G-Handschriften der Hinweis auf die ›Krümmung‹ des Bogens.

Der Text des ›Bogengleichnisses‹ im Münchner Codex Cgm 19, den LACHMANNN in den Apparat verwiesen hat, läßt sich stimmig als ein Bekenntnis für eine gerade und wahre Erzählweise interpretieren. Es scheint, daß der Text dieser Handschrift sich stärker an das rhetorische Konzept des *ordo artificialis* anlehnt. Auch ist dieser Textfassung eine radikalere Stellungnahme gegen eine ›krumme‹ Erzählweise zu entnehmen, die sich an den traditionellen Topos der Bibelexegese rückbinden läßt. Wolframs Absicht, ein ›gerades‹ und ›krummes‹ Erzählen in seinem Roman zu etablieren und sich so von Vorgaben der Rhetorik wie von Sinnbildungsmustern des christlichen Diskurses abzuheben, ist im Text der Handschrift G konterkariert. Die Varianz an dieser Stelle von Wolframs Roman verweist auf die Schwierigkeiten einer sich Freiräume schaffenden volksprachlichen Literatur, sich den Sinnangeboten der lateinischen Tradition zu entziehen. An den auktorialen Selbstentwürfen, die aufgrund ihrer sprachlich und inhaltlich komplexen Gestaltung die mittelalterliche Überlieferung als Rezeption herausforderte, läßt sich ohne Schwierigkeiten belegen, wie die Stimme ›Wolframs‹ dem Rauschen der Überlieferung ausgesetzt ist. In diesen poetologischen Passagen bleibt seine Stimme dennoch hörbar.

---

130 HAFERLAND [Anm. 126], S. 316.

Kirsten M. Christensen

Poetic Piety

The Interplay of Mysticism and Catechism in the Late Middle Ages

Catechetical textual studies to date have allowed the outlines of the larger tradition of catechesis to emerge, in spite of many remaining gaps in our understanding of its coherence, shared sources, geographic centers, and stylistic schools.[1] Scholars have shown, for example, that clergy in the late Middle Ages had a dual catechetical focus: the desire to establish normative doctrine alongside a growing inclination to teach.[2] Among the laity, the late medieval catechetical tradition also saw the convergence of an increasingly sophisticated vernacular and growing theological comprehension, with a steadily growing desire for religious instruction.[3] The emphasis on vernacular instruction in particular would have made catechetical material appealing to mystical authors, who are so often associated with linguistic and stylistic innovation. Of course, mystics' creativity is also often associated with the stretching of theological boundaries and challenges to standard doctrine or practice, if not indeed with outright heresy. However, in their exploitation of the catechism, many mystics appear to have used deep and stylistically varied reflection on the church's most familiar devotional texts to create a poetic piety that both underscored orthodoxy and encouraged communion with the divine. The use of catechetical material by mystics, while neither homogenous nor constituting a movement of any kind, may none-

---

1 Bernd Adam, Katechetische Vaterunserauslegungen. Texte und Untersuchungen zu deutschsprachigen Auslegungen des 14. und 15. Jahrhunderts, Munich 1976, p. 212.

2 See Dieter Harmening, Katechismusliteratur. Grundlagen religiöser Laienbildung im Spätmittelalter, in: Wissensorganisierende und wissensvermittelnde Literatur im Mittelalter. Perspektiven ihrer Erforschung, ed. Norbert Richard Wolf, Wiesbaden 1987, pp. 91–102, here p. 91.

3 Adam [note 1], p. 23. Also Robert James Bast, Honor Your Fathers. Catechisms and the Emergence of a Patriarchal Ideology in Germany, 1400–1600 (Studies in Medieval and Reformation Thought 63), Leiden 1997, pp. 6f.

theless point to a unique and understudied form of engagement by mystics with the church's most fundamental teachings.

This study explores a number of texts from the German tradition, over several centuries, that, while diverse, all share an attempt to bring the catechetical and the mystical together. Some catechists, for example, appear to use vocabulary associated with mysticism to add a sort of devotional luster to their catechetical teachings. Some mystics use elements of the catechism as an underlying structure for their mystical texts, or even as a means to trigger or replicate a mystical experience. In all cases, texts that meld the catechetical with the mystical provide a particularly rich backdrop against which to view the development of mysticism's impact on late medieval piety. Indeed, perhaps at no other intersection does mysticism's poetic and didactic capacity stand in such clear relief.

Catechism's Fluid Borders

The combination of the mystical with the catechetical occurs both in catechetical texts that incorporate mystical vocabulary or streams of thought, and in mystical texts that incorporate catechetical material. As it turns out, defining which texts or material are ›catechetical‹ is a complex task that continues to vex scholars from a variety of disciplines, since the vast majority of catechetical literature remains unedited, even unidentified, hidden away in miscellanies. Headings or titles do not necessarily reveal a text's content, since »the western medieval church did not have one single book with the title ›catechism‹ (or a similar title) which was used throughout the church.«[4] From the eighth to the fifteenth centuries there was apparently also no unified nomenclature for texts with catechetical content.[5] Bernd Adam's study of Lord's Prayer texts alone reveals the following dizzying array of medieval terms for these texts, with little or no obvious difference in their meaning: »*außlegung, glos, (gute) lere, expo-*

4 Gottfried G. Krodel, Luther's Work on the Catechism in the Context of Late Medieval Literature, Concordia Journal 25/4 (1999), pp. 364–404, here p. 365.

5 Adam [note 1], p. 211.

sicio, tractat, bedewttung und *pegriff,* dazu im nd. Raum *bedueding-he* und *oefenunge.*«[6] The spectrum of catechetical text types also includes treatises and meditations, penitential guidelines, allegories, charts, songs and other mnemotic devices, and even catechetical iconography.[7]

Genre is not the only taxonomic dilemma for catechism scholars, who are not even entirely agreed on what constitutes the standard catechetical elements. There is frequent consensus that the Lord's Prayer, the Ave Maria, the Apostles' Creed, and the Decalog comprised the core of catechetical material until the high Middle Ages. Some scholars, however, point to the inclusion of additional elements such as the seven deadly sins, the seven gifts of the Holy Spirit, and the sacraments,[8] or even guidelines for behavior.[9] To add to the complexity, some catechetical texts were written for use by priests, some for use by parents, some were intended for those in orders, others for strengthening the adult laity, still others for children.

Thus, studying the catechetical tradition is not as simple as merely lining up several ›catechisms‹ and comparing them. What ANNE WINSTON-ALLEN has argued for the evolution of the Rosary is also apparently true of the catechism, namely that it did not have »a unified character and development [...]. Rather, it was shaped collaboratively by communities of users who revised and adapted it to changing spiritual and practical agendas.«[10] That the catechetical tradition could indeed be »shaped [...] revised and adapted« is surely due in part to the many characteristics described above that are, at first glance, nearly overwhelming: the sheer number of texts, and the diversity of their authors, audiences, purposes, genres, and literary value. Perhaps the great irony of the catechism is that while one tends to associate it with rigidity and repetition, in practice it has proven to be remarkably flexible.

---

6 Ibid., p. 211.

7 HARMENING [note 2], p. 95.

8 See P. EGINO WEIDENHILLER, Untersuchungen zur deutschsprachigen katechetischen Literatur des späten Mittelalters nach den Handschriften der Bayerischen Staatsbibliothek, Munich 1968 (MTU 10), pp. 16–24.

9 HARMENING [note 2], p. 94.

10 ANNE WINSTON-ALLEN, Stories of the Rose. The Making of the Rosary in the Middle Ages, University Park, PA 1997, p. xii.

This malleability may best highlight the appeal of catechetical material for mystical authors. Mystical literature both bursts through and is constrained by language, including the language of catechism. Although catechetical texts are based on the church's most universal, routine expressions of faith and doctrine, some mystics nonetheless apparently viewed them as effective vehicles for conveying their teachings on the soul's most exalted yearnings for oneness with the divine. In fact, as GOTTFRIED KRODEL has suggested in his study of Luther's Small Catechism, the utter familiarity of the catechetical tradition may have been the very feature that allowed writers who treated this material the freedom to focus foremost on their expressive style.[11]

Catechists and Mysticism

Before turning to a selection of texts by mystics based on the catechism, it might be useful to consider a text by a catechist that incorporates vocabulary and strains of thought associated with mysticism. ›Der Christenspiegel‹ by Dietrich Coelde von Münster is one such text that was wildly popular, undergoing at least four printings between 1477 and 1500. Coelde's text, which is characterized by an emphasis on the passion, offers its reader many avenues for catechetical devotion. It juxtaposes, for example, fifteen explicated Our Fathers with episodes from the Passion. Its many prayers, meditations, and exercises are to be undertaken not mechanically, but with true devotion, as Coelde repeatedly emphasizes.[12] This emphasis is continued throughout the text with mystically tinged vocabulary. Coelde teaches, for example, that sin robs one of *ynnicheit*, a quality many mystics consider to be essential to union with the divine.[13] Coelde urges believers to maintain this inward focus and intense contemplation by praying *uß grunde [des] hertzen.*[14]

---

11 KRODEL [note 4], p. 364.

12 ROBERT J. BAST, Strategies of Communication. Late Medieval Catechisms and the Passion Tradition, in: The Broken Body. Passion Devotion in Late Medieval Culture, ed. A. A. MACDONALD [et al.], Groningen 1998, pp. 133–144, here p. 138.

13 Der Christenspiegel des Dietrich Kolde von Münster, ed. CLEMENS DREES, Werl 1954, p. 142.

The ›Christenspiegel‹ is not a mystical treatise, and Dietrich Coelde was not a mystic. But his use of mystical vocabulary to teach doctrine is nonetheless intriguing and instructive, for it may have allowed him a special means of encouraging his readers to increase their inner spiritual life while learning the catechetical material. Coelde and other late medieval catechists, as ROBERT BAST has argued, »took special pains to draw the laity to [...] devotion«, in particular to Passion devotion.[15] Indeed, these authors wrote in the midst of a growing commitment among late medieval clergy to spiritual teaching in the vernacular.[16] Authors of catechetical and devotional literature struggled to find a balance between accessibility, stylistic innovation and didacticism. According to ADAM, this struggle is evident »in der Erprobung verschiedener Formen auf ihre Tauglichkeit als Träger der Belehrung.«[17] One might say, then, that in the ›Christenspiegel‹, Coelde is ›testing out‹ mystical language for its suitability as a vehicle for the catechism.

Mystics and the Catechism

A variety of mystics not only experimented with mysticism as a conveyor of catechetical teachings, but also conversely experimented with or stretched the limits of catechism as a conveyor of mystical teachings. By using elements of the catechism as vehicles for their mystical thought, these writers claimed a space where normative doctrine and the ineffable are not spiritual extremes, where quotidian piety and ecstasy are not mutually exclusive strivings. Instead, these authors established a continuum of devotion where catechetical and mystical elements can overlap fruitfully, critically, creatively, even lyrically.

---

14 Ibid., p. 194.

15 BAST [note 12], p. 137.

16 WERNER WILLIAMS-KRAPP, The Erosion of a Monopoly. German Religious Literature in the Fifteenth Century, in: The Vernacular Spirit. Essays on Medieval Religious Literature, ed. RENATE BLUMENFELD-KOSINSKI [et al.], New York 2002, pp. 239–259, here p. 240.

17 ADAM [note 1], p. 23.

Meister Eckhart

As a preacher, Meister Eckhart had ample opportunities to reflect on scriptural, liturgical, and catechetical material that was familiar to his listeners. This included the Lord's Prayer, which he explicated in several sermons.[18] His engagement with the Lord's Prayer in another text has a somewhat more mystical, rather than strictly exegetical, focus than his sermons. His ›Buoch der goetlîchen troestunge‹, probably written in 1318, may have been composed for Queen Anne of Hungary, possibly to console her after the murder of her father, Albert of Habsburg, in 1308. If intended for Queen Anne, the book's complexity indicates that she was highly intelligent and spiritually mature. More importantly, though, KURT RUH acknowledges that »Eckharts Trost ist [...] für denjenigen, der die Welt hinter sich lassen will.«[19] Eckhart's own statements of defense at the end of the book indicate that he wrote to instruct the untaught.[20] Whether for Queen Anne or for a broader audience, the ›Buoch der goetlîchen troestunge‹ offers an especially pithy digest of the most important and »most daring« aspects of Eckhart's speculative theology.[21]

In Eckhart's *buoch*, one phrase from the Lord's Prayer in particular – *ûf erden als in dem himel* – becomes a vehicle for his teachings on the necessity of unifying human will and divine will. Eckhart interprets the first half of the prayer phrase by phrase, explaining, for example, that the phrase *geheiliget werde dîn name* is another way of recognizing God *blôz aleine*; while *zuokome dîn rîche* equates to a request to possess no riches but God himself.[22] He further expounds that asking for God's will to be done *ûf erden* means *in uns*, and thus naturally *in missetât*, while that same will done in heaven is *in gote selben*, and thus *in woltât*.[23] But even this seemingly traditional ex-

---

18 Lord's Prayer texts in Eckhart's œuvre include: German sermon 30. Meister Eckhart, Werke, vol. 1, ed./trans. NIKLAUS LARGIER, Frankfurt a. M. 1993 (Bibliothek des Mittelalters 21), pp. 340f., lines 29f.; German treatise 1, ibid., vol. 2, pp. 250f.

19 KURT RUH, Meister Eckhart. Theologe, Prediger, Mystiker, Munich 1985, p. 135.

20 See Predigt 82. Meister Eckhart, Die deutschen Werke, vol. 3, ed./trans. JOSEF QUINT, Stuttgart 1976, pp. 427–431.

21 BERNARD MCGINN, The Mystical Thought of Meister Eckhart, New York 2001, p. 13.

22 Eckhart [note 18], p. 252.

23 Ibid., p. 252.

egesis is more than that, for as McGinn has shown, Eckhart wants to help his audience »penetrate to the deepest level of what God has revealed.«[24] In this case, Eckhart establishes that deepest level before he even introduces the text he will interpret. Eckhart seamlessly folds the mystical into the catechetical by teaching that the need to recognize God alone is what God himself teaches us to pray and long for when we say *vater unser*. The oneness of will so clearly expressed in the Lord's Prayer is in fact the foundation of all of Eckhart's teachings on union with the divine.

Margaretha Ebner

One of Eckhart's contemporaries also sought to incorporate the catechetical with the mystical. The Dominican Margaretha Ebner lived from ca. 1291 to ca. 1351 in the convent of Maria Medingen, near Dillingen. She lived during the great swelling of affective mysticism that has been preserved in the so-called Sisterbooks, or convent chronicles, of a number of southern German Dominican convents in her day. Ebner is best known for her ›Offenbarungen‹, which comprise an account of her spiritual life, including her friendship with the secular preacher Heinrich von Nördlingen. A portion of Ebner's years-long correspondence with Heinrich also survives and is generally considered to be the first known epistolary in the German vernacular. Through Heinrich, Margaretha came into contact with Johannes Tauler and other Friends of God, and had the opportunity to read Mechthild of Magdeburg's ›Fließendes Licht der Gottheit‹.

Ebner's peculiar ›Pater Noster‹, written sometime in the first half of the fourteenth century, does not, on the surface, appear to be a treatment or interpretation of the Lord's Prayer at all, but seems rather to comprise her own litany of ecstatic prayers which she named after Jesus' great model prayer. A closer look, however, reveals a stunning appropriation of the structure of the Lord's Prayer

---

24 Bernard McGinn, Introduction. Theological Summary, in: Meister Eckhart. The Essential Sermons, Commentaries, Treatises, and Defense, ed./trans. Bernard McGinn/Edmund Colledge, New York 1981, pp. 24–61, here p. 29.

that is nearly obscured by Ebner's swirling mystical language. Ebner adopts only a very few words or phrases directly from the Lord's Prayer, but the themes of Christ's seven petitions are woven throughout her text. Christ's prayer to the father becomes the soul's prayer to her bridegroom, whose hallowed name, Jesus Christ, we know was a source of constant mystical power for Ebner. The phrase »Thy will be done« is nowhere to be found, but she speaks of being guided by God's will. The daily bread of Christ's prayer becomes a Eucharistic devotion *nach d*[*em*] *lebenden spis dins hailigen lichnams*,[25] of which she asks of Christ: *daz du uns hiut spisest mit dem aller wirdigosten priester*.[26] The trespasses of Christ's prayer that the sinner both commits and suffers are subsumed into Ebner's lament for *des gebrestes in der cristenhait.*[27] Ebner's most direct exploitation of the wording of the Lord's Prayer occurs in the request for deliverance: *Ich bitt dich, min herr, daz du dich uns gebest mit der aller süezzesten genaud* [...] *und uns mit dir benemest als übel. Was ist übel?* she asks enticingly, and answers apophatically, *Min herre, swas du aller nit bist.*[28]

Ebner's text represents a remarkable synthesis of content and style. Overarching the entire prayer is a desire for oneness with the divine, of a flowing of God to earth and of the earth-bound soul toward heaven, which Ebner expresses at the outset as *ain sicher verainung in daz indrest guot daz du got selber bist.*[29] Each section of the ›Pater Noster‹ contains a different expression of this image of spiritual unity: *ain dürftige sel, die du mit diner gothait gezieret haust*;[30] *de*[*r*] *kus dins ewigen frides*;[31] *minnende lust an uns erfült.*[32] The themes of unity and flowing are thus mirrored stylistically in the text's consistently metaphorical pulse.

In her ›Offenbarungen‹, Ebner records the following account of a rapturous experience triggered by her ›Pater Noster‹:

---

25 Margaretha Ebner und Heinrich von Nördlingen, ed./trans. PHILIPP STRAUCH, Freiburg/Br. 1882, rpt. Amsterdam 1966, here p. 163.

26 Ibid., p. 163.

27 Ibid., p. 164.

28 Ibid., p. 165.

29 Ibid., p. 162.

30 Ibid., p. 163.

31 Ibid., p. 165.

32 Ibid., p. 166.

Item dar nach in die circumcisionis do [...] fieng [ich] an mit dem süezen namen Jhesus min paternoster mit süezzem lust. Do wart ich aber gebunden mit dem aller süezzesten lust und mit creftiger götlicher genade, diu mir so gar creftiklichen umbgit herze und sel, daz ich kain vermügen mag gehaben kainer begirde, denne diu mir geben wirt mit Jhesu und uz Jhesu. Und ist diu genade as creftig und daz binden as senfte, daz ich es mit worten nit für bringen kan, wan daz ich beger, daz ez elliu menschen enphinden mehten.[33]

This and other passages in her ›Offenbarungen‹ indicate that Ebner's unique melding of catechism and mysticism in her ›Pater Noster‹ apparently provided her with powerful ecstatic experiences.

Magdalena Beutler

More than half a century after Ebner, another mystic experimented with the stylistic limits of the Lord's Prayer and other catechetical elements. Magdalena Beutler of Freiburg was a visionary in the Franciscan (Clarissan) tradition who lived from 1407–1458. Beutler wrote a voluminous ›Erklärung des Vaterunsers‹, a more than 300–page series of 505 variations on the Lord's Prayer that also incorporates the Apostles' Creed and the Ave Maria. Modern scholarship has, for the most part, either ignored Magdalena or dismissed her as a heretic or false mystic prone to ecstatic excesses – she was famous, for example, for her mystical disappearances and even a false death. However, her spotty modern reception notwithstanding, two surviving *vitae* and an astonishing 40 manuscript copies of her ›Goldene Litanei‹ attest that she was widely read in her lifetime and for at least a century thereafter.[34]

Some of Beutler's hundreds of ›Pater Nosters‹ can be grouped thematically and contextually: one cluster praising the Trinity, for example, is intended for a mass,[35] another group of seven for peni-

---

33 Ibid., p. 152.

34 Erklärung des Vaterunsers. A Critical Edition of a Fifteenth-Century Mystical Treatise by Magdalena Beutler of Freiburg, ed. KAREN GREENSPAN, Amherst 1984, p. 7. See especially GREENSPAN's note 16, where she compares the number of manuscript copies and early printings of Beutler's works to those of better known authors, notably Julian of Norwich and Hadewijch, whose works survive in only four copies each. – I offer my thanks to Professor Greenspan for her permission to use excerpts of her edition in this article.

35 Ibid., p. 89.

tence, but most do not offer any guidelines for use. KAREN GREENSPAN posits that, although the prayers were »copied as a single work«, they were likely »composed in many different pieces for different reasons.«[36]

In all of the prayers in Beutler's text, the actual words of the Lord's Prayer are woven into her explication. In GREENSPAN's edition, the original petitions of the Lord's Prayer are visually emphasized, allowing the modern reader to see at a glance how Beutler incorporates the words of the prayer into her composition. The lines from the Lord's Prayer are truncated; in the manuscripts, they are even more severely abbreviated. Only the first prayer in each section contains the whole text of the Lord's Prayer. (See, for example, no. V/I in the appendix.) This produces a rather odd, skeletal effect which, rather than diminishing the potency of the Lord's Prayer as underlying content, instead lends the abbreviated text a unique conspicuousness that visually supports Beutler's interpretations. Not surprisingly, Beutler also establishes support for her authority by confirming the divine origin of her prayers at multiple points throughout the text, as in the following preface to one cycle: *Und gottes heiliger geist riet es mir und sprach: wiltu mir allen dienst volkommenen machen, so schrib mir ouch dz heilig pater noster* [...]. *Und alle schuld mahtu vergelten wenn du die pater noster bettest, die ich dir* [...] *geben hab.*[37]

One of Beutler's texts appears to be an uncomplicated blending of the Lord's Prayer with the Apostles' Creed (see Beutler no. XI/xvi in the appendix). With just the slightest tweaking, however, Beutler turns the Creed itself into a prayer. The statement to one's fellow believers that »I believe in one God, almighty Father«, becomes »I believe in you, one God, almighty Father«, »and in you, Jesus Christ, his only begotten son.«[38] Beutler continues the Creed as a prayer merely by addressing each subsequent phrase to Jesus.

Another example typifies Beutler's passion mysticism. (See Beutler No. XIII/lxxiii in the appendix.) In this text, as in several others, Beutler graphically emphasizes Christ's physical suffering. Even this brief passage is replete with images of open wounds and flowing

36 Ibid., p. 90.
37 Ibid., p. 133.
38 Ibid., p. 224.

blood. GREENSPAN explains that: »The [Lord's] prayer, so soothing by virtue of repetition that it sometimes fades into the background, becomes prominent by contrast to the violent emotions aroused by the crucifixion.«[39] The familiar Lord's Prayer also literally surrounds and envelops these violent images and emotions, transforming what could be a disturbing lament for Christ's suffering into a vivid meditation on the soul's deepest desire for union with God.

Scholars may have ignored Beutler because her explication of the same text 505 times seems at first glance to be of little literary or theological merit. But such a dismissal fails to notice the small but meaningful variations in her work that contribute to one of its crucial stylistic and spiritual features – namely, that the repetition is intended to be mantric, not monotonous. Beutler allows the utter familiarity of the catechetical material to establish a sort of external, devotional white noise that creates for her readers the contemplative space for an encounter with the divine. In her study of the ›Showings‹ of Julian of Norwich, DENISE BAKER discusses the frequent appeal to the visual, the »inner eye«, or the ability »to see beyond the image to its spiritual reality« in Julian's and many other late medieval devotional texts.[40] Beutler appeals both to this inner eye, through her descriptions of the passion, and, through her subtly modulated repetitions, to what we might call »the inner ear«. She thus urges her readers to listen beyond the familiar catechetical text to experience a deeper spiritual reality.[41]

---

39 Ibid., p. 94.

40 DENISE NOWAKOWSKI BAKER, Julian of Norwich's Showings. From Vision to Book, Princeton 1994, p. 148. See also pp. 40–55 for related discussion.

41 A similar linking of the verbal or aural with the mystical can be found in the works of Beutler's predecessor, the Viennese beguine visionary Agnes Blannbekin. In several chapters in her ›Life and Revelations‹, Agnes' confessor reports that Blannbekin's dramatic visions are directly triggered by her repetitions of Our Fathers and Hail Marys. Agnes Blannbekin, Viennese Beguine. Life and Revelations, ed./trans. ULRIKE WIETHAUS, Cambridge 2002.

Maria van Hout

The teaching of the laity continued to play a crucial role in the sixteenth century, naturally taking on new urgency in the wake of Luther's challenge. Maria van Hout (also known as van Oisterwijk) was a visionary from the province of Brabant, who probably did not write in direct response to Lutheranism, but whose works were nonetheless eventually published and promoted in the highly charged confessional atmosphere of Cologne in the early 1530s.[42] Maria, who was head of a small community of beguines (probably eight or nine) in the town of Oisterwijk, wrote a series of contemplative texts and exercises for her own and a neighboring community of religious women. It is unlikely that we would ever have known of her literary activity were it not for the interest of the Cologne Carthusian monastery. The procurator of this monastery, Gerhard Kalckbrenner, visited the Oisterwijk beguines in 1530. During this visit he must have met Maria van Hout and first read her writings. His enthusiasm for her spirituality led him to return to Cologne with the texts, where he apparently adapted them into a sort of hybrid of Middle Dutch and Ripurarian for a Cologne readership,[43] edited them by providing chapter headings and occasional brief commentaries, and published them anonymously, along with several texts by other mystics in 1531 under the title ›Der rechte wech zo der Evangelischer volkomenheit‹. The book was printed a second time that same year. Maria's reputation for wisdom and sanctity was quickly established among the Carthusians, the newly established Jesuits in Germany under the direction of Peter Canisius, and other prominent theologians in Cologne, which was an early center of anti-Protestant activity. Several years after the publication of ›Der rechte wech‹, Maria

---

42 Maria's contemporary, Teresa of Avila, also explicated the Lord's Prayer in her ›Way of Perfection‹, chap. 27–42, as did the Protestant Katharina Schütz Zell (1498–1562), who wrote a treatment of the Lord's Prayer in 1532. See ELSIE ANNE MCKEE, Katharina Schütz Zell and the Our Father, in: *Oratio.* Das Gebet in patristischer und reformatorischer Sicht, ed. EMIDIO CAMPI [et al.], Göttingen 1999, pp. 241–247.

43 JOHAN SEYNNAEVE, Middle Dutch in Contact with Ripuarian: Evidence from Kalckbrenner's Edition of Maria van Oisterwijk's Correspondence, in: Los Cartujos en Andalucía I, ed. JAMES HOGG [et al.], Salzburg 1999 (Analecta Cartusiana 150) pp. 177–183, here p. 179.

and two of her sister beguines were brought to Cologne to live in a small house adjacent to the charterhouse. This was an unprecedented, and indeed never repeated undertaking by the strictly sequestered and silent Carthusians, who traditionally had no direct contact with women. Maria was even buried in the monastery's Chapel of St. Mary. The only other non-Carthusians interred on monastery grounds were wealthy patrons.[44]

Maria van Hout's first treatise in ›Der rechte wech‹, described on the title page as being *gefuecht up die articulen des heiligen gelouvens und up dat Pater noster*, is thus an exposition on two of the most prevalent components of catechetical instruction.[45] Maria applies a syncretic approach to the structure of her lengthy treatise, which comprises well over a quarter of her writing in ›Der rechte wech‹, by combining her exegesis of the Apostles' Creed with that of the Lord's Prayer. Most distinctively, Maria's treatment of these topics takes place within the thematic setting of familiar nuptial imagery from the Song of Songs. Her treatise thus represents a powerful blending of mainstream theology and speculative mysticism, and may well be her most important theological contribution.

Kalckbrenner's heading for Maria's treatise highlights its mystical framework by explaining that it points out *die verborgen wegen dae durch die ußerkoren heimliche frunde gotz wandelen* [...] *und mit got vereynicht werden.*[46] J.-M. Willeumier-Schalij states that one would not necessarily expect mystical teachings in a commentary on

---

44 For discussion of Maria van Hout's relationship to the Carthusians, see Kirsten M. Christensen, The Gender of Epistemology in Confessional Europe. The Reception of Maria van Hout's Ways of Knowing, in: Seeing and Knowing. Women and Learning in Medieval Europe, ed. Anneke Mulder-Bakker, Brepols 2004 (Medieval Women: Texts and Contexts 3), pp. 97–119; also Kirsten M. Christensen, Maria van Hout and her Carthusian Editor, OGE 72/1 (1998), pp. 105–121; Ulrike Wiethaus, »If I had an Iron Body.« Femininity and Religion in the Letters of Maria de Hout, in: Dear Sister. Medieval Women and the Epistolary Genre, ed. Karen Cherewatuk/Ulrike Wiethaus, Philadelphia 1993, pp. 171–191; and J. B. Kettenmeyer, Maria van Oisterwijk und die Kölner Kartause, Annalen des historischen Verreins für den Niederrhein 144 (1929), pp. 1–33.

45 Der rechte wech, Cologne 1531, fol. A1^r: »based on the articles of the holy faith and on the Lord's Prayer.« English translations of Maria van Hout's text are mine.

46 Ibid., fol. A7^r: »the hidden paths on which the chosen, secret friends of God wander [...] and are unified with God.«

the Creed and the Lord's Prayer, but she suspects that »Maria chose this two-pronged approach because her public was familiar with [these two texts] and could through them be more easily led to the ›higher‹ matters.«[47] In other words, Maria uses catechism to teach mystical union. Nuptial imagery from scripture serves as a unifying narrative device for the entire treatise and nullifies tension between individual access to the spirit and the role of the church as mediator of information and salvation.

In the treatise's first seven chapters, Maria pairs each of the seven petitions of the Lord's Prayer with a phrase from the Creed. The remaining chapters interpret the rest of the Creed. Maria's intricate narrative reaches a climax in hell, a surprising venue for her portrayal of mystical union. Maria's contemporary, Martin Luther, also focuses on the lowliness of the bride and Christ's condescension to her: *Christus [nympt] das arm, vorachte, boeßes huerlein zur ehe und sie entledigt von allem uebell.*[48] Luther's version, however, lacks the ecstatic overtones associated with the rise of the soul to God in much mystical literature. In contrast, Maria's images powerfully echo Johannes Tauler's insistence on reaching the *abgrund* of the soul as a precursor to *unio mystica.*[49] Maria's portrayal of depth, descent, and abasement transforms hell into a site of rapture from which Christ and his bride ascend together, indistinguishable from one another:

> [Der heer] ansyet dat [syn usserkoren bruyt] so elendich sytzet in den helschen affgrunt der vernederung yers selffs [...]. Als hey dan dit ansyet soe en kan he sich niet langer enthalden [...] Unnd dan kompt der Heer in dat vurgeburcht der hellen und [...] nimpt sye mit der hant unnd fuert sy mit sych in dat erdtsche paradyß.[50]

---

47 J. M. WILLEUMIER-SCHALIJ, De Brieven uit Der rechte wech von de Keulse begijn en mystica Maria van Hout (†1547), Leuven 1993, p. 36. »[Maria heeft] deze dubbele leidraad gekozen, omdat het publiek ermee vertrouwd was en aan de hand daarvan gemakkelijker tot de ›hoge‹ stof zou zijn te voeren.«

48 Martin Luther, Von der Freiheit eines Christenmenschen (1520), in: D. Martin Luthers Werke, vol. 7, Weimar 1897, rpt. Graz 1966, p. 26.

49 Maria was apparently quite familiar with Tauler's works. See CHRISTENSEN, The Gender of Epistemology [note 44], pp. 115f. For a succinct discussion of Tauler's concept of the *Abgrund,* see Johannes Tauler, ed./trans. LOUISE GNÄDINGER, Olter 1983, pp. 48–53.

50 ›Der rechte wech‹ [note 45], fol. D6r: »[The Lord] sees that [his chosen bride] sits so miserably in the hellish abyss of self-abasement [...]. And when he sees this, he can no longer restrain himself [...] and then the Lord enters the

The sensuality culminates as Maria describes, in a lyrical and triumphant outburst, the paradoxical delight of the beloved in suffering for the bridegroom:

Und al dyngen die yer tzo voerentz bitter waren die werden ir nu sueß und niet so haven dat is yr ein weelde [...]. Aller der werlt maledictie und schande is yr glorie. Versmaetheit is yr freude [...] smeewort dat ys ir beste gericht. [...] want dat gantze erdtrich is yr tzelle der hemel is ir daich alsus leeft sy als ein geweldige duve sonder gemaich. Want sy weiss wail dat niemant macht over sy hait dan ir alrelieffste lieff.[51]

For Maria van Hout, then, the plea from the Lord's Prayer to »deliver us from evil« takes on mystical dimensions, for union with God becomes ultimate deliverance, with the bride and bridegroom *nu gevestigt mit malck anderen in lieffden*.[52]

Conclusion

None of the texts discussed here is a standard catechism, if indeed there is such a thing, yet they are all rooted in the catechetical tradition. The exact relationship between the catechetical and the mystical differs in each text. The mystical gifts the women authors possessed might, for example, have legitimized their appropriation of catechetical material, since their authority to write was not as clear-cut as that of male mystics such as Meister Eckhart, or St. Francis and Nicholas of Cusa, to name just two other men who wrote mystical interpretations of the Lord's Prayer.[53] The ubiquity of the catechism apparently seems to have rendered it accessible to an enor-

---

portals of hell and takes her by the hand and delivers her and leads her with him into earthly paradise.«

51 Ibid., fol. D6^{v}: »And all things that were formerly bitter to her are now sweet. Having nothing is her bliss [...] all the slander and disgrace of the world are her glory. Scorn is her joy [...] Misfortune and calamity are her inheritance. [...] For the whole earth is her cell, [and] the heavens are her roof, and thus she lives as a mighty dove, without abode, for she knows with certainty that no one has power over her except her dearest love, who is by her side.«

52 Ibid., fol. D7^{v}: »now bound with one another in love.«

53 Amy Hollywood suggests, for example, that »women's experiences of God's presence become the text that they interpret.« Sensible Ecstasy. Mysticism, Sexual Difference, and the Demands of History, Chicago 2002, p. 9.

mously broad range of theological voices, including women's. And because Margaretha Ebner, Magdalena Beutler, and Maria van Hout also all had reputations as ecstatic visionaries, they were understood to have special access to the spirit, the ultimate source of truth. Their mystical lives therefore seem to have authorized both their mystical and catechetical teachings.

Yet we need only look to Eckhart to know that being a doctor of theology did not necessarily shield one from accusations of heresy. Mystics' use of catechetical material might therefore have been both sincere and strategic, since it arguably lent a certain legitimacy to their mystical spirituality. One additional text sheds some light on this possibility. The anonymous mystical treatise ›Die plum der beschauung‹ was most likely composed in the first half of the fourteenth century.[54] A fifteenth-century copy of this short, but pithy speculative treatise, probably written by an associate of Meister Eckhart, includes a brief preface that exhorts its audience to »know« and »say« the Creed, the Lord's Prayer, the Ave Maria, and the Ten Commandments, as well as several other catechetical elements. RUH strongly suggests that we view this catechetical preface, which is found in none of the other manuscripts, as the scribe's attempt to counterbalance what he saw as the text's questionable orthodoxy. *Ditz puch ist swer und unbekant*, the scribe warns at the outset, adding at the conclusion his hope that no one will find the *hoch und unverstentlich* book to be *zu seinem ewigen schaden*.[55] Perhaps those mystics who incorporated catechetical elements into their works similarly viewed the familiar, official catechism as a protective framework for their sometimes daring mystical teachings.

Whether one sees the catechetical as legitimizing the mystical, or the mystical as authorizing the interpretation of catechism, these texts and others suggest a striving by a wide range of thinkers toward what MCGINN has called the »proper balance« between the Bible (which we might expand to ›doctrine‹) and experience.[56] In various

---

54 Die Blume der Schauung, ed. KURT RUH, Munich 1991 (Kleine deutsche Prosadenkmäler des Mittelalters 16).

55 WOLFGANG STAMMLER, Gottsuchende Seelen, Munich 1948, pp. 8 and 208. See also Die Blume der Schauung [note 54], pp. 19f.

56 BERNARD MCGINN, The Changing Shape of Late Medieval Mysticism, Church History 65 (1999), pp. 197–219, here p. 197.

ways, these texts represent a fusion of institutional legitimacy – the right to teach normative doctrine that the use of catechetical material implies – with the profoundly non-institutional, often counter-institutional efforts of the individual mystic to achieve or speculate on union with the divine. At the least, then, these texts illuminate repeated and stylistically diverse efforts, over three centuries, to blend catechesis with the church's deepest, at times most controversial strains of spirituality.

Appendix

Excerpts from Magdalena Beutler's ›Erklärung des Vaterunsers‹

No. V/I[57]

Unser vatter der du bist in himeln. Ich vall hutt vir dich mit sel und herzen, begird und sinnen und kreften, hohe und heilige und aller wirdigesti trinitas, vatter, sun, und heiliger geist. Ich lob und eren und anbetten dich, versmoh mich, din sundige creatur, nit, die du mit dinr eigenen hand geschaffen hast. Geheiliget wert din namm. Ich danck dir alles des gůtes, dz du mir ie gete̊t und noch in ewikeit dur din erbermd und gůti tůn wilt. Zůkum uns din rich. Ich vall dir hutt ze fůss, Ihs xps, der du bist enpfangen in die kripffen und gekunddet den hirten und an dem ahtenden tag besnitten und von den kungen funden und angebetet in dem stal. Din will werd und in erd als in himeln. Ich lob und anbetten dich alle zit von allen kreften minr sel. Gib uns hutt unser teglich brot. Ihs x9, ich vall dir hutt ze fůss und danck dir alles dins lidens, hunger, turst, frost und hitz, und aller dinr erbeit, so du in xxxiiii ioren hest gelitten vir mich, und ich danck dir aller dinr grossen erbeit. Und vergib uns unsere schuld und wir also vergebent unseren schuldnern. Und ich vall dir hutt ze fůss, Ihs xps, und danck dir alles dins ellendes und versmeht und aller dinr grossen můdi uf erd und aller dinr ellenden tag und naht, in der du allen menschen so

---

57 Greenspan [note 34], pp. 133f.

unbekant wert. Und in leit uns nit in bekorung sunder loͤs uns von ubel. Ich anbetten dich, minen ellenden herren, dz du in der wiesti und einige vil zites wert. Lob und ere, sanctus heiliger, heiliger gott.

No. XI/xvi[58]

Unser vatter. Ich gloͧb in dich, einen gott, allmehtigen vatter, ein schoͤpffer himmels und erden. Geheilget. Und ich gloͧb in dich, Ihm xpm, sin eingeborennen sun, unseren herren, Ihm xpm. Zů kum. Ihs xps, der do enpfangen ist von den heiligen geist und geborn von der heiligen magt Maria. Din will. Ihs xps, der do gemartret ist under den rihter Poncio Pilato, gecrutzget tod und begraben und abgevaren zů der hell ze erloͤsen die gevangenen. Gib uns. Ihs xps, der du erstanden bist an den iii tag und ufgevaren zů himmel und do sitzest zů der rehten hand des allmehtigen vatters und dannen kunftig bist ze urteilen die lebenden und toten. Und vergib. Ich gloͧb an den heilgen geist und an din heilige, kristenliche, kilchen gemeinschaft der heiligen ablossung der sunden. Und in leit uns. Ihs xps, ich gloͧb urstende des libs und an dz ewig leben, dz hilf uns hut dur alles din verdienen, we und liden, amen. Lob und ere, heiliger, gesegneter gott.

No. XIII/lxxiii[59]

Unser vatter. Ich růff zů dir dur dz sere des durgrabenen hoͧbtes und wunden libes Ihu x,º dins suns, umloͤsung aller sund und um din ewig fruntschaft. Geheilget. Ihs x9, gib mir ein ingetruktes herzen ser der blůtgiessenden minn dins cruzes. Zoͧ kum. Ihs x9, loss mich beuinden gegen dir der furinen minn dins herzen. Din will. Ihs x9, dur dz usgetrukte blůt dins heiliges hoͧbtes, so besluss die oͧgen unser verstantniss vor aller schedlicher inbildung. Gib uns. Veni sancta spiritus, kum heiliger geist und erfull die herzen diner geloͤbigen und enzund in uns dz fur diner minn. Und vergib. Dur die gesegnet

58 Ibid., p. 224.
59 Ibid., p. 285.

stund, in der du gott mensch worden bist, vergib uns unsere schuld. Und inleit uns. Ihs x9, dur din gesegnet můter und magt Maria werd, hutt erhőr min gebett und erfullet min begird amen. Lob und ere, sanctus heiliger, heiliger gott.

Arthur Groos

Orientalizing the Medieval Orient

The East in Wolfram von Eschenbach's ›Parzival‹

The somewhat convoluted formulation of my title reflects a dilemma inherent – at least for me – in the subject that has recently come to be called medieval orientalism.[1] Whereas the subtitle (The East in Wolfram von Eschenbach's ›Parzival‹) seems to gesture towards an obvious subject matter, one often studied by medievalists,[2] the title (Orientalizing the Medieval Orient) alludes to a methodological difficulty posed for such treatments by postmodern theory. That is to say: in talking about ›the East‹ in a medieval text, can one already presuppose the binary opposition between East and West that has dominated the colonial and post-colonial imagination of modern Europe? Inasmuch as Wolfram and other writers of the high Middle Ages do in fact seem to participate in an epistemic reorientation of spatial consciousness that began to emerge during the crusades,[3]

---

1 Portions of this essay were also presented at the medievalist conference at Kalamazoo in 1999 and at the University of Illinois in 2003. I am grateful to the colleagues there and at Göttingen for helping me sharpen the focus, especially the section on race.

2 HANS SZKLENAR, Studien zum Bild des Orients in vorhöfischen deutschen Epen, Göttingen 1966 (Palaestra 243); HERMANN GOETZ, Der Orient der Kreuzzüge in Wolframs ›Parzival‹, Archiv für Kulturgeschichte 49 (1967), pp. 1–42; PAUL KUNITZSCH, Die Arabica im ›Parzival‹ Wolframs von Eschenbach, Wolfram-Studien 2 (1974), pp. 9–35; Quellenkritische Bemerkungen zu einigen Wolframischen Orientalia, Wolfram-Studien 3 (1975), pp. 263–275, and Erneut: Der Orient in Wolframs ›Parzival‹, ZfdA 113 (1984), pp. 79–111; ROY WISBEY, Wunder des Ostens in der ›Wiener Genesis‹ und in Wolframs ›Parzival‹, in: Studien zur frühmittelhochdeutschen Literatur. Cambridger Colloquium 1971, ed. L. PETER JOHNSON [et al.], Berlin 1974, pp. 180–214.

3 Cf. Fulcher of Chartres' famous statement about the orientalizing of occidentals in crusading lands, *nam qui fuimus Occidentales, nunc facti sumus Orientales*. Historia Hierosolymitana (III.xxxvii), ed. HEINRICH HAGENMEYER, Heidelberg 1913, p. 748. SUZANNE CONKLIN AKBARI, From Due East to True North: Orientalism and Orientation, traces the development of the East-West binarism in geographical representations, in: The Postcolonial Middle Ages, ed. JEFFREY JEROME COHEN, New York 2000, pp. 19–34.

what does one do with the medieval ›East‹? Is the ›orient‹ of the manuscript age in any way similar to the one that postcolonial studies has defined, largely with reference to the print culture of the eighteenth and nineteenth centuries, as the space for discursively imagining geographical areas that major European powers were engaged in colonizing? Since this seems to be the case, how does one respond to the tendency of contemporary theory to define the modern in opposition to the premodern? Does one counter the exclusionary presentism that dominates much of cultural studies, as medievalists are doing with increasing frequency, by pushing the threshold of various modern phenomena back into the Middle Ages? Or, rather, should one suggest that many so-called ›modern‹ categories are in fact transhistorical phenomena? The following attempts to outline some of the issues involved for orientalism in Wolfram's ›Parzival‹.

I

Book I begins with the death of the king of Anjou and the accession of his older son Galoes to the throne, which threatens to marginalize the younger Gahmuret, who declines a generous offer to remain in his brother's retinue, choosing instead to establish his own identity by pursuing chivalry as a knight errant in foreign lands: *ich var durch mîne werdekeit / nâh ritterschaft in fremdiu lant* (11.6f.). His first set of adventures takes him to the Near East, where he distinguishes himself in the service of the most powerful ruler on earth, the *bâruc* of Baghdad. Then a storm drives his ship ashore near Patelamunt, the capital city of the kingdom of Zazamanc, whose black queen Belacane is besieged by two hostile armies. Gahmuret single-handedly breaks the siege and marries the queen, then sneaks away, citing religious differences as the reason for his departure. He returns to Spain, chancing on a tournament of champions, and dominates the preliminary warm-up games to such an extent that he is declared the victor and forced to accept the prize, the widowed Herzeloyde, in spite of his disclaimer that he is already married. He subsequently returns to the service of the *bâruc*, where he is killed in combat. His sons by Belacane and Herzeloyde, Feirefiz and Parzival respectively, meet at the beginning of Book XV, and I will return to them at the end of my discussion.

Scholarship on Gahmuret's adventures in the East in Book I generally frames its goals in modest philological terms:[4] clarifying proper names, chasing after possible sources, comparing Wolfram's text with other texts, and so on. Somewhat surprising, however, is the fact that one hundred and fifty years of philological hunter-gathering have led nowhere.[5] Indeed, it seems impossible to trace the details of Wolfram's East to any ›source‹ with any degree of certainty. The most likely historical chronicle, William of Tyre's ›Chronicon‹ (XVII.xvi.42), provides little more than Wolfram's place name Ranculat (9.13, 563.8) and vague parallels to the final years of the Fatamid caliphate in the 1160s and 1170s.[6] Moreover, Wolfram's sparse geographical references do not have enough cartographic coherence to relate the locations of Gahmuret's service of the *bâruc* and Belacane's kingdom of Zazamanc, since the narrator pointedly withholds information about his travels in the interval between them (15.14).[7] In fact, the only obvious spatial differentiation in Book I is the one implied between West and East, or rather between Europe and the Near East/North Africa, and even this is indeterminate, marked by the storm before Gahmuret's arrival in Zazamanc (16.19–23) and the stormy weather before his return to Spain (58.3ff.). In the absence of new discoveries, we might stop treating Wolfram as if he were a savant manqué whose expertise is philologically imprecise and »lükkenhaft«,[8] and instead consider his representation of the East as an

4 For a survey, see the study by Holger Noltze, Gahmurets Orientfahrt: Kommentar zum ersten Buch von Wolframs ›Parzival‹, Würzburg 1995 (Würzburger Beiträge zur deutschen Philologie 13).

5 See Joachim Bumke, Die Wolfram von Eschenbach Forschung seit 1945. Bericht und Forschung, Munich 1970, p. 234; Wolfram von Eschenbach, Stuttgart [6]1991 (Sammlung Metzler 36), pp. 161–163.

6 See in particular the standard survey by Kunitzsch, Arabica [note 2], esp. pp. 12–22. Ranculat occurs in a list of fortresses given over to Greek control in 1150: William of Tyre, ›Chronicon‹, ed. R. B. C. Huygens, Turnholt 1986 (CCM 63A), p. 782.

7 See especially Hartmut Kugler, Zur literarischen Geographie des fernen Ostens im ›Parzival‹ und ›Jüngeren Titurel‹, in: *Ja muz ich sunder riuwe sîn.* Festschrift für Karl Stackmann zum 15. Februar 1990, ed. Wolfgang Dinkelacker [et al.], Göttingen 1990, pp. 107–147.

8 This is the assumption of Kunitzsch, Arabica [note 2], p. 22.

imagined geographical space, i. e., what postcolonial theory would call an orientalizing discourse.

A recent commentary on Book I by HOLGER NOLTZE acknowledges this alternative, to be sure, but apparently as one lying outside a medieval purview – in a footnote referring the reader to EDWARD SAID's ›Orientalism‹.[9] Of course, reorienting our conceptual terms, if you'll pardon the expression, from a philological accounting of limited ›facts‹ to a discursively imagined Orient seems a formidable undertaking, in part because the framework of orientalism erected by SAID and revised by postcolonial theory concedes to medieval culture little more than a monolithically religious, and thus deficient, ›pre‹-modern point of view. However, ›Orientalism‹, as BERNARD LEWIS observed, is pervaded by a »maltreatment« of »centuries of intellectual and general history« so egregious as to make the world it represents appear as an »alternate« or »science fiction universe«.[10] SAID's most apparent maltreatment is geographical, the arbitrary exclusion not only of the seminal role played by German and Russian scholarship in modern orientalism, but also of eastern Europe as the geographical focus of Western orientalizing discourses, and even crusades, over the last millennium.

Moreover, there is a less obvious but even more pernicious ›maltreatment‹: the chronological delimitation of orientalism, which SAID restricts to the modern period because of several constitutive factors – expansion, historical confrontation, sympathy, and classification – »currents in eighteenth-century thought [my emphasis] on whose presence the specific intellectual and institutional structures of Orientalism depend«. These ›currents‹ are subsumed in turn by a more specific master-narrative, according to which such »secularizing [my emphasis] elements in eighteenth-century European culture« had »the effect of releasing the Orient generally, and Islam in particular, from the narrowly religious scrutiny [my emphasis] by which it had hitherto been examined (and judged) by the Christian West«.[11] That is to say: SAID's model of history assigns the premodern period a monolithically hostile Christian position to-

---

9 NOLTZE [note 4], p. 4.

10 BERNARD LEWIS, The Question of Orientalism, in: Islam and the West, New York 1993, ed. BERNARD LEWIS, pp. 99–118, esp. 101 and 109.

11 EDWARD SAID, Orientalism, New York 1979, p. 120.

wards the Islamic Near East in order to enable the emergence of ›real‹ orientalism in a secular post-enlightenment – and predictably Foucauldian – world. Scholars working on medieval orientalism may justifiably feel betrayed by such a generalizing ignorance of the very factors in medieval culture that enable them to work in the field that SAID has done so much to open up for modern cultural studies.

Of course, orientalism as well as other postmodern ›isms‹ can be approached not only as particular historical phenomena, but also as transhistorical discursive practices, i. e., as hermeneutic categories that are applicable in different historical and geographical contexts. Although there exists a substantial tradition of scholarship in anthropology and sociology dealing with representations of otherness in this way,[12] I have decided to frame my discussion in response to SAID's study, in order to focus on the disparity between approaches to the orient in medieval German studies and orientalism in modern cultural studies. Simply put: while the medievalist discourse on the East still needs to be released – to paraphrase SAID – from its narrowly philological approach, the modernist discourse on orientalism still also needs to be released from the narrowly presentist scrutiny of Anglo-French representations of the Arab world, and its focus fundamentally widened both geographically and chronologically. Indeed, well before SAID's »secular tendencies in eighteenth-century thought« bestirred themselves to foster the emergence of orientalism, medieval counter-narratives to the dominant clerical crusading discourse also explored secularizing options that must in fact also be considered as orientalizing, discursively imagining the East in its relation to secular aristocratic interests in a fundamentally multicultural space.

---

12 See, for example, Das Fremde: Erfahrungsmöglichkeiten zwischen Faszination und Bedrohung, ed. ORTFRIED SCHÄFFTER, Opladen 1991, and Furcht und Faszination: Facetten der Fremdheit, ed. HERFRIED MÜNKLER/BERND LADWIG, Berlin 1997.

II

Gahmuret's adventures in the Near East and North Africa seem to place the opening episode of Wolfram's narrative within the general orbit of the crusades,[13] raising expectations of the hierarchical religious opposition characteristic of epics such as the Old French ›Chanson de Roland‹ and the Middle High German ›Rolandslied‹.[14] However, the forces of *prîs* and *minne* driving Gahmuret's knight-errantry, which have been the subject of considerable scholarly interest,[15] seem to be decoupled from this crusading discourse, even secularized. Although the possibilities in the twelfth century for Christian mercenary service with Muslim rulers and even the potential for upward mobility through marriage have been well documented,[16] Wolfram's geography is so vague as to prevent any comparison with a particular historical situation. In this regard, it may be helpful to consider the imagined world of Gahmuret's adventures in terms of what MARY LOUISE PRATT has called »anti-conquest« narratives during the colonial period.[17] Gahmuret's adventures comprise a secularizing anti-crusading narrative, constructed of elements from the genre it subverts, such as the initial *chanson-de-geste* motif of disinheritance,[18] exploring the possibilities for a European male subject to define itself in a new way in a distant geopolitical space.

---

13 The major overviews are STEPHEN RUNCIMAN, A History of the Crusades, 3 vols., Cambridge 1951–54, and A History of the Crusades, ed. KENNETH M. SETTON, 5 vols., Madison 1955–85.

14 For an overview of crusading literature, see, for example, FRIEDRICH-WILHELM WENTZLAFF-EGGEBERT, Kreuzzugsdichtung des Mittelalters, Berlin 1960.

15 See esp. DENNIS GREEN, Der Auszug Gahmurets, Wolfram-Studien 1 (1970), pp. 62–86, and CHRISTA ORTMANN, Ritterschaft: Zur Frage nach der Bedeutung der Gahmuret-Geschichte im ›Parzival‹ Wolframs von Eschenbach, DVjs 47 (1973), pp. 664–710.

16 See J. R. S. PHILLIPS, The Medieval Expansion of Europe, Oxford 1988, esp. pp. 44–47 and 147.

17 MARY LOUISE PRATT, Imperial Eyes: Travel Writing and Transculturation, London 1992, chapters 3–5.

18 HERBERT KOLB, Chanson-de-geste-Stil im ›Parzival‹, Wolfram-Studien 3 (1975), pp. 189–216; JOHN CLIFTON-EVEREST, Wolframs ›Parzival‹ und die chanson de geste, in: *Ir sult sprechen willekomen*: Grenzenlose Mediävistik. Festschrift für Helmut Birkhan zum 60. Geburtstag, ed. CHRISTA TUCZAY [et al.], Bern 1998, pp. 693–713.

The imagined »contact zone« for Gahmuret's chivalric activity, to use one of PRATT's terms for multicultural interaction in travel literature,[19] spans a Near Eastern geography that is both historical and ahistorical, involving him in three pairs of places:

[...] sîn manlîchiu kraft
behielt den prîs in heidenschaft,
ze Marroch unt ze Persîâ.
sîn hant bezalt ouch anderswâ,
ze Dâmasc und ze Hâlap,
und swâ man ritterschaft dâ gap,
ze Arâbîe und vor Arâbî. (15.15–21)

Whereas the first and third pairs provide a general coverage, one spanning territories in North Africa and Asia minor, the other imagining Arabia as both country and capital city,[20] the second pair, Damascus and Aleppo, seems to gesture towards the landscape of the crusades, specifically to cities that remained outside European control. Indeed, Gahmuret's chivalry is not based on an irredentist religious agenda hostile to the inhabitants of these geopolitical areas, but proceeds from the assumption of the potential superiority of chivalry in the East under the *bâruc*, who is so powerful that Asia and Africa, i. e., the entire known world outside of Christian Europe, are under his rule: *daz im der erde undertân / diu zwei teil wæren oder mêr* (13.18f.).[21]

One of Wolfram's most important comments regarding his imagined orient concerns this numinous figure, or rather, the nature of his office:

dez bâruc-ambet hiute stêt.
seht wie man kristen ê begêt
ze Rôme, als uns der touf vergiht.
heidensch orden man dort siht:

19 PRATT [note 17], pp. 6f.

20 The differentiation is made explicit with the name pair Persîâ and Persidâ (657.27f.).

21 This differs from TODOROV's model of contact with other cultures in the age of discovery and later periods, in which the West historically either projects itself into other cultures it finds its equal or exploits those it finds inferior. TZVETAN TODOROV, The Conquest of America: The Question of the Other, New York 1984. Wolfram's reference follows the usual tripartite division of the world into three parts on the so-called T/O maps.

ze Baldac nement se ir bâbestreht
(daz dunket se âne krümbe sleht),
der bâruc in für sünde
gît wandels urkünde. (13.25–14.2)

The representation of the *bâruc-ambet* proceeds by analogy from Christianity, setting Baghdad in opposition to Rome as the source of an equivalent authority to *bâbestreht*. On closer examination, though, this analogy decenters the narrow religious opposition between ›us‹ and ›them‹ typical of most specular projections. In addition to the slippage between the baptism of Christians in general and the institution of the Papacy at Rome, baptism in the West is not the same as penance and absolution in Baghdad. Moreover, the use of the third-person *man* creates two neutral positionalities, one at Rome and one at Baghdad: the audience (*seht*) is presumed to be Christian, but is not located at Rome (in fact, it is presumably more secular than clerical), while the heathen religion is acknowledged as having a counterpart to the papacy, which – although it is more powerful – is subtly relativized by the narrator's aside about the crooked and straight, recalling Old Testament imagery traditionally interepreted as anticipating the advent of Christ.

The most important aspect of this decentered specular projection of religious institutions, however, is its basic irrelevance, since Gahmuret is drawn to the East only because of his yearning to attach himself to the retinue of the most powerful ruler on earth:

niemen krône trüege,
künec, keiser, keiserîn,
des messenîe er wolde sîn,
wan eines der die hœhsten hant
trüege ûf erde übr elliu lant. (13.10–14)

The precise phrasing here is significant: Gahmuret, who is not engaged in crusading activity, does not intend to serve *diu hœhste hant* (i. e., God), but rather *die hœhsten hant* […] *ûf erde*. The greatest power on earth creates the greatest potential for self-realization, regardless of religion. Many other details confirm the non-crusading nature of his career. In contrast to the uniform sign of the cross that temporarily identifies crusaders as a group, Gahmuret abandons his family coat of arms and adopts an anchor as his own provisional heraldic emblem, the symbol of a knight-errantry that never finds a secure resting place. Not striving for *daz himelrîche*, Gahmuret's service is focussed on winning earthly *prîs* and *virrec lop*, so that his deeds may be memorialized: *etswâ man mîn gedæhte* (7.23/29–30). And in contrast to the representation of crusading martyrdom in the odor of sanctity, Gahmuret's unheroic demise in combat as a result of heathen stealth technology, the weakening of his diamond helmet by goat's blood, ends in a conventional confession and absolution by his *kappelân* (106.21–28). It is a consummately secular career of knight-errantry.

Obviously, such a career, imagined in terms of non-crusading chivalry in crusading lands, is not entirely unproblematic, as the report of Gahmuret's death and burial attests. Indeed, the structure erected over his tomb becomes a contested site of memory that reflects the inherent contradictions of a multicultural existence. Although it is derived from the tombs of Pallas and Camilla in Veldeke's ›Eneit‹, and shows affinities to elements of contemporary funerary sculpture,[22] Gahmuret's mausoleum lacks the cohesion of a unified architectural design, offering instead a clash of disjunctive elements reflecting the life of the person it memorializes as well as those who want to memorialize him. Built at the expense of the *bâruc*, the basic structure features the lavish use of gold and precious stones, with a ruby on top of the entire edifice (106.29–107.8). At the insistence of Gahmuret's Christian retinue, however, the *bâruc* also funds an emerald cross over the grave (107.9–15). This small-scale Christian-heathen battle over the posthumous interpretation of Gahmuret's life is driven by his retinue's anxiety over the fact that their lord is being idolized:[23]

---

22 See Heinrich von Veldeke, ed. LUDWIG ETTMÜLLER, Leipzig 1852 (Dichtungen des deutschen Mittelalters 8), cols. 223.28–227.10 and 251.21–254.26, and GABRIELE SCHIEB, Veldekes Grabmalbeschreibungen, PBB (Halle) 87 (1965), pp. 201–243, and WOLFGANG HAUBRICHS, Memoria und Transfiguration. Die Erzählung des Meisterknappen vom Tode Gahmurets, in: Erzählungen in Erzählungen. Phänomene der Narration in Mittelalter und Neuzeit, ed. HARALD HAFERLAND/MICHAEL MECKLENBURG, Munich 1996 (Forschungen zur Geschichte der älteren deutschen Literatur 19), pp. 125–154.

23 It is hardly fortuitous that Parzival's discovery of knighthood will recapitulate this problem, initially adoring knights as if they were God, *der knappe wânde sunder spot, / daz ieslîcher wære ein got* (120.27f.).

»wir tâtenz âne der heiden rât:
ir orden kan niht kriuzes phlegn,
als Kristes tôt uns liez den segn.
ez betent heiden sunder spot
an in als an ir werden got,
niht durch des kriuzes êre
noch durch des toufes lêre,
der zem urteillîchen ende
uns lœsen sol gebende.« (107.16–24)

Ultimately, the religious anxiety is overridden and indeed overwritten by the chivalric epitaph inscribed on Gahmuret's diamond helmet, which is then imbedded in the cross, *versigelt ûfz kriuze obeme grabe* (108.1). Presented as a *vita* (108.3–28), beginning with allusions to name, station, place of birth and death, and ending with a summary emphasis of his *prîs* and a prayer, the inscription confirms the hero's achievement of a fame so extraordinary that it outdoes that of any knight except for someone still unborn (108.12–16), while confirming his extraordinary resonance among his Saracen colleagues even though he was a Christian: *er trouc den touf und kristen ê: / sîn tôt tet Sarrazînen wê / sunder liegen, daz ist wâr* (108.21–23). This career of chivalric service in a multicultural orient is simultaneously the most distinguished of its generation and pointedly makes no impact on the religious difference that the crusades – the dominant foreign political issue of Wolfram's age – sought to end by military conquest.

For this reason, a note of caution may be in order, not least because Gahmuret's service of the *bâruc* as well as his marriage to Belacane, as frequently noted, constitute two disparate episodes and fail to achieve the integration of chivalry and love characteristic of the ensuing generation of Arthurian heroes. It is tempting to suggest that Gahmuret's knight-errantry seems singularly static: it begins with his entry into the service of the *bâruc*, who has just taken the city of Ninive from two brothers of the Egyptian ›Babylon‹ (i. e., Cairo) named Pompeius and Ipomidon (14.3–6), and ends with his return to that same location to defend the *bâruc* against the same Ipomidon and Pompeius (101.25–29). This resembles a familiar orientalizing trope, representing the East as a synchronic space where figures with names from biblical and classical antiquity co-exist with figures from later historical periods.[24] In this sense the circularity of

24 To be sure, Wolfram takes pains at the end of Book II to differentiate Pom-

Gahmuret's adventures in a geographical space without history may evoke the solipsism of a purely secular individual career, posing a challenge to the next generation to obtain more than *den hôhsten prîs* and found a dynasty rather than merely be remembered.

III

Gahmuret's love affair with Queen Belacane in the geographically distinct kingdom of Zazamanc comprises the other important episode in Book I, a private counterpart to the public chivalry in the service of the *bâruc* that is especially interesting because of its implications for the intersection of medieval orientalism and race. In contrast to previous such episodes in Middle High German literature, such as the partly orientalizing representations of the Flower Maidens in the ›Straßburger Alexander‹ or Dido's affair with Eneas in Heinrich von Veldeke's ›Eneit‹,[25] which use the exotic setting primarily to explore the implications of new and still undomesticated European discourses such as *hövescheit* and *minne*, Wolfram's encounter between Gahmuret and Belacane imagines the relationship between West and East in terms of bi-racial gender relations.

Admittedly, it would have been more ›correct‹ until recently to follow the general practice of classicists and use the category of ethnicity rather than race to speak of Belacane and her subjects,[26] since the black inhabitants of Patelamunt are identified as Moors: *Mœre und Mœrinne / was beidiu wîp unde man* (19.18f.). Nonetheless, I will use the more modern ›race‹, since somatic references to skin color in Wolfram's Book I outnumber those to ethnicity or ›moor-

---

peius from the historical Pompey of Roman history, *niht der von Rôme entran / Julîus dâ bevor* (102.2f.), but the ensuing lines evacuate any sense of historical differentiation by identifying his uncle as *künec Nabchodonosor* (102.4).

25 See MARKUS STOCK, Kombinationssinn: Narrative Strukturexperimente im ›Straßburger Alexander‹, im ›Herzog Ernst B‹ und im ›König Rother‹, Tübingen 2002 (MTU 123), esp. pp. 291–300.

26 See FRANK M. SNOWDON, JR., Before Color Prejudice: The Ancient View of Blacks, Cambridge, Mass. 1983; JEAN VERCOUTTER/JEAN DEVISSE, The Image of the Black in Western Art, New York 1976, 2 vols. in 3.

ishness‹, even though it is not always easy to determine the extent to which ethnicity and race are differentiated. Several factors prod me in this direction. Although historians of race generally downplay the medieval period and reserve the term racism for the modern era,[27] citing the need for secular institutional bases in a post-feudal social order (sound familiar?), recent work by medieval historians suggests that racial categories – initially defined in terms of language, culture, law and power, with blood lineage becoming increasingly important – played a major role in the interplay of cultures on the expanding borders of Europe.[28] More importantly, literary scholars have suggested that racial categories based on blood and somatic difference underlie many imagined medieval worlds, not only of the *mirabilia mundi* taken over from classical antiquity via Pliny and Pseudo-Alexander, but of certain ethnic groups, especially Saracens.[29] These early constructions of racial otherness make it unlikely that Wolfram's kingdom of Patelamunt is a unique imaginative leap.

Given the construction of Gahmuret's service to the *bâruc* as a crusading ›alternative‹, it also seems logical to view this love plot as similarly resisting the predominantly clerical crusading discourse linking race and religion. This subversive romance element can also be understood in terms of its relationship to the *chansons de geste*,

---

27 See, for example, the overview in GEORGE M. FREDRICKSON, Racism: A Short History, Princeton 2002, pp. 15–48.

28 ROBERT BARTLETT, Race Relations on the Frontiers of Latin Europe, in: The Making of Europe: Conquest, Colonization, and Cultural Change 950–1350, ed. ROBERT BARTLETT, Princeton 1993, pp. 197–242, especially 236ff., and the evidence for instances where »biological descent replaced cultural identity as the first criterion of race« (p. 238).

29 See JOHN BLOCK FRIEDMAN, The Monstrous Races in Medieval Art and Thought, Cambridge, Mass. 1981; the special issue on Race and Ethnicity in the Middle Ages, The Journal of Medieval and Early Modern Studies, 31.1 (2001), ed. THOMAS HAHN, and especially the articles by HAHN, The Difference the Middle Ages Makes: Color and Race before the Modern World, pp. 1–38, and ROBERT BARTLETT, Medieval and Modern Concepts of Race and Ethnicity, pp. 39–56. Also: GERALDINE HENG, The Romance of England: Richard Cœr de Lyon, Saracens, Jews, and the Politics of Race and Nation, in: The Postcolonial Middle Ages [note 3], pp. 135–171; MICHAEL UEBEL, Unthinking the Monster: Twelfth-Century Responses to Saracen Alterity, in: Monster Theory: Reading Culture, ed. JEFFREY JEROME COHEN, Minneapolis 1996, pp. 264–291; JACQUELINE DE WEEVER, Sheba's Daughters: Whitening and Demonizing the Saracen Woman in Medieval French Epic, New York 1998.

and especially the ›Rolandslied‹, where the representation of heathens is based on an antithesis between West and East in terms of religion and ethnicity, with the categories of white and Christian standing in opposition to black and heathen, so that Ethiopians are *swarz und ubel getan* [...] [des] *tiuueles kunter.*[30] Wolfram destabilizes the opposition in a variety of ways. Most importantly, Belacane herself separates the categories of race and religion by making it clear that the two are not synonymous: she is not shocked by Gahmuret's appearance because she has seen many white heathens, *si kunde ouch liehte varwe spehen: / wan sie het och ê gesehen / manegen liehten heiden* (29.3–5). What is more important for her in accepting his service are aristocratic assurances regarding his class and lineage: *ist er mir dar zuo wol geborn, / daz mîn kus niht sî verlorn?* (22.15f.)[31]

The most intriguing element of Gahmuret's relationship with Belacane is the way in which Wolfram uses the absence of monolithic Christian values in a multicultural environment to explore the uncertainties and messiness that their relationship entails as members of different races, rather than as adherents of conflicting religions. The discursive origins of such differences remain an important problem for the study of race in the Middle Ages. I would tentatively locate them in a religious and medicalized discourse of blackness and sexuality. The religious component derives from the apportioning of the world among the sons of Noah (Genesis 9.18f.), with the land of Ham being identified with Egypt (Psalm 104.23/27) and – by extension – Africa. St. Jerome's etymology of the name as *calidus*,[32] and the association of his descendants with equatorial climates, became established scientific fact through Isidore of Seville's ›Etymologiae‹

30 Das Rolandslied des Pfaffen Konrad, ed. CARL WESLE, rev. by PETER WAPNEWSKI, Tübingen ²1967 (ATB 69), vss. 6346–6353.

31 Indeed, the category of class seems more important than race and religion for Wolfram's other representations of multicultural courts: class seems to account for the presence of the heathen Queen Eckuba of Janfûse – who is Belacane's niece (Feirefiz's *muoter muomen tohter* [328.22]) – as a member of the Arthurian court. In fact, she has come there out of curiosity, no matter how strange the West seems, *swie fremdez mir hie wære* (329.1). Her counterpart at the Grail castle, the learned but loathly damsel Cundrie, has been sent to Munsalvaesche by Secundille because of the Grail's supreme reputation (519.1ff.).

32 Liber interpretationis hebraicorum nominum, in: S. Hieronymi Presbyteri Opera, ed. PAUL DE LAGARDE, Turnholt 1959 (CSL 72), p. 63.

(VII.vi.17): *Cham calidus, et ipse ex praesagio futuri cognominatus. Posteritas enim eius eam terrae partem possedit, quae vicino sole calentior est.*[33] The etymology was subsequently expanded to include skin color: *Cham, id est, calidus, vel calor, aut niger.*[34]

The medical tradition is still only partly charted, apparently deriving from Greek humoral pathology and climatology. Although a crucial lacuna in Hippocrates' opposition of Europe and Asia in ›ΠΕΡΙ ΚΡΑΣΕΩΝ‹ (ch. 12) does not transmit his theories about the nature of North Africans, Galen's ›De complexionibus‹ (II.vi), translated in the twelfth century by Gerard of Cremona as well as by Burgundio of Pisa, subsumes the comparison of different ethnographical groups under opposing differences of skin color and texture caused by cold and moist vis-à-vis hot and dry climates:[35]

> Inequalis enim corporis habitus in discratis regionibus non similiter habentibus exterioribus particulis et interioribus. Celtis enim et Germanicis et omni Scythico et Thracico generi frigida et humida cutis et propter hoc mollis et alba et nuda pilis [...] Ethiopibus autem et Arabibus et universaliter hiis qui secundum meridiem cutis quidem natura, ut utique a circumplectente estu et innato calore exterius allato exusta, et sicca et dura et nigra.

A more influential twelfth-century source with much Galenic material is the Pseudo-Aristotelian ›De causis proprietatum elementorum‹, translated by Gerard of Cremona in Toledo, which Wolfram may have known,[36] and which provided Albertus Magnus with material for the treatise ›De natura loci‹, outlining the connection between geography, climate, and skin color from Northern Europe to Africa. Discussions of gender difference are rarer, though Albertus emphasizes that the heat makes the bodies of blacks smooth and agile, and the generative organs of black women very loose and supple: *Quia vero corpora calida calore loci semper laxa sunt et rara, ideo*

---

33 Isidori Hispalensis episcopi Etymologiarvm sive Originvm, ed. W. M. Lindsay, Oxford 1962.

34 Hieronymus Lauretus, Sylva, seu potius Hortus floridus allegoriarum totius Sacrae Scripturae, Coloniae Agripp. [Apud Ioannem Gymnicum] 1612, p. 227.

35 Burgundio of Pisa's Translation of Galen's De complexionibus, ed. Richard J. Durling/Fridolf Kudlien, New York 1976 (Ars Medica: Texte und Untersuchungen zur Quellenkunde der Alten Medizin 6.1 = Galenus Latinus 1), p. 86.

36 Arthur Groos, Romancing the Grail. Genre, Science, and Quest in Wolfram's ›Parzival‹, Ithaca 1995, p. 202.

membra partus mulierum eorum sunt laxa valde et mollia.[37] The relation of negritude to heat enabled a passage in Aristotle's ›De animalibus‹ (523a9), stating that darker milk has more nourishment than that of a whiter color, to be changed in medieval commentaries to the assertion that the milk of dark, dusky women has more nourishment than that of white women.[38]

It is not far from here to the interpretation that black women, being ›hot‹ and ›supple‹, were thus more erotically stimulating than their European counterparts.[39] One of the earliest examples of this tradition is the private letter by Abelard to Heloise (4), which applies the sponsa's negritude in Canticles 1.4 (*Negra sum, sed formosa filiae Hierusalem*) to Canticles 3.1 (*In lectulo meo per noctes quaesivi quem diligit anima mea*) with a surprising commentary on the contradiction between the visual unattractiveness of black color and the sexual attraction of black skin to the touch in private:[40]

Ipsa quippe nigredinis deformitas occultum potius quam manifestum, et secretum magis quam publicum amat. Et quae talis est uxor, secreta potius viri gaudia quam manifesta desiderat et in lecto magis vult sentiri quam in mensa videri. Et frequenter accidit ut nigrarum caro feminarum quanto est in aspectu deformior, tanto sit in tactu suavior; atque ideo earum voluptas secretis gaudiis quam publicis gratior sit et convenientior, et earum viri, ut illis oblectentur, magis eas in cubiculum introducunt quam ad publicum educunt.

---

37 See De natura loci, esp. Trac. 2 cap. 3, ed. Paul Hossfeld, in: Alberti Magni Opera omnia 5.2, Aschendorff 1980, p. 26, and the De causis proprietatum (Lib. I, Trac. 1, cap. 5), ibid., pp. 57f., with the source printed below Albertus' text. On Pseudo-Aristotle, see Bernard G. Dod, Aristoteles latinus, in: The Cambridge History of Later Medieval Philosophy, ed. Norman Kretzman [et al.], Cambridge 1982, pp. 45–79, esp. p. 58 and the table on p. 79. On Gerard, see Richard Lemay, Gerard of Cremona, in: Dictionary of Scientific Biography, New York 1970–1990, XV, 173–192 (here 180).

38 Cf. Albertus Magnus, De animalibus (III.ix.178), trans. Kenneth Kitchell Jr. and Irven Michael Resnick, Baltimore 1999, I, 432, note 327, and Helen Rodnite Lemay, Women's Secrets: A Translation of Pseudo-Albertus Magnus's De secretis mulierum with Commentaries, Albany 1992, pp. 111 and 177, note 93.

39 Cf. chapters iv and v of Michael Scot's Liber Phisionomia, Venice [Jacobus de Fivizano, Lunensis] 1477, fol. bii^{v}-biii^{r}, juxtaposing the *Signa mulieris calidae naturae & quae coit libenter* (which include *capilli crispi & curti* and darker complexion, *boni coloris in facie*) and the *Signa mulieris frigidae naturae: & quae non libenter coit.*

40 J. T. Muckle, The Personal Letters Between Abelard and Heloise, Mediaeval Studies 15 (1953), pp. 47–94, here p. 85.

Albertus Magnus's ›Quaestiones‹ on Aristotle's ›De animalibus‹ notes further that only black women have sperm, being hotter in nature (and thus more appreciated by lechers, etc.):[41]

Et tale sperma magis invenitur in feminis nigris, quae se prae omnibus aliis magis supponunt, quam albis; quia nigrae sunt calidiores, et maxime fuscae, quae sunt dulcissime ad supponendum, ut dicunt leccatores, et quia temperatum habent os vulvae, quod suavitur amplectitur virgam.

Later Middle High German representations of blacks make the connection explicit.[42]

In the light of this emerging discourse of racial – as opposed to ethnographic – difference, it seems apposite to view Gahmuret's adventures at Patelamunt in part as a white European male's conflicting responses of visual aversion and sexual attraction towards a black woman as he gradually becomes involved with her. The description of the ride of *unser rîter* (16.19) through the beleaguered capital city provides the initial opportunity for imagining the contrasting reactions of the black inhabitants to the white Gahmuret, and he to them. Whether they, like Belacane, have already seen white heathens and are familiar with color difference, or whether Wolfram takes a western perspective in assuming that whiteness is unmarked, the gaze of the women inhabitants notices only the details of his equipment and his large retinue, details that indicate status.[43] Gahmuret's perceptions of the city, in contrast, are mediated throughout by his persistent response to color difference, beginning with his discomfort during the initial negotiations over his service to the kingdom (*liute vinster sô diu naht / wârn alle die von Zazamanc: / bî den dûht in diu wîle lanc* [17.24–26]),[44] intruding into his military survey of the

41 Quaestiones super De animalibus (Lib. XV Q. 19), ed. EPHREM FILTHAUT, in: Alberti Magni Opera omnia 12, ed. BERHARD GEYER, Aschendorff 1955, p. 271.

42 See ALFRED EBENBAUER, *Es gibt ain mörynne vil dick susse mynne*: Belakanes Landsleute in der deutschen Literatur des Mittelalters, ZfdA 113 (1984), pp. 16–42.

43 And a substantial increase in wealth vis-à-vis the group that left Anjou. See esp. GREEN [note 15].

44 HOLGER NOLTZE, *bî den duht in diu wîle lanc* – Warum langweilt sich Gahmuret bei den Môren? (Zu Pz. 17.26), in: *bickelwort* und *wildiu mære*: Festschrift für Eberhard Nellmann zum 65. Geburtstag, ed. DOROTHEE LINDEMANN/BERNDT VOLKMANN/KLAUS-PETER WEGERA, Göppingen 1995 (GAG 618), pp. 109–119, attempts – unsuccessfully, I think – to dissociate the im-

damage at the beginning and end of his procession through the city (*Mœre und Mœrinne / was beidiu wîp unde man* [...] *nâch rabens varwe was ir schîn* [19.18f., 20.6]), and culminating in explicit repugnance when the wife of the *burggrave* Lachfillirost welcomes him with the aristocratic kiss of greeting: *diu Gahmureten kuste, / des in doch wênc geluste* (20.25f.).

A similar but less extreme pattern of racialized gender difference is reenacted during the first encounter between Gahmuret and Belacane. The hero's handsome appearance, its Western racial component unmarked in the general encomium of his beauty as *minneclîche gevar*, proves superior to any resistance that Belacane's womanly modesty can muster, powerfully unlocking her heart at first sight:

der küneginne rîche
ir ougen fuogten hôhen pîn,
dô si gesach den Anschevîn.
der was sô minneclîche gevar,
daz er entslôz ir herze gar,
ez wære ir liep oder leit:
daz beslôz dâ vor ir wîpheit. (23.22–28)

The representation of the Queen, in contrast, describes her in more differentiated and highly conflicted terms:

ist iht liehters denne der tac,
dem glîchet niht diu künegin.
si hete wîplichen sin,
und was abr anders rîterlich,
der touwegen rôsen ungelîch.
nâch swarzer varwe was ir schîn,
ir krône ein liehter rubîn. (24.6–12)

This extraordinary portrait, which exerted a pervasive influence on subsequent representations of racial otherness in late medieval German culture,[45] characterizes Belacane in terms of race, as well as class and gender. The positive categories of gender (*si hete wîplichen sin*) and class (*und was abr anders rîterlich*) are framed by the negative one of race, with anti-similes (*glîchet niht, ungelîch*) twice empha-

---

mediately preceding reference to skin color from Gahmuret's *lange wîle*, which he views more generally as »horror vacui der Bewegungslosigkeit im fremden Raum« (p. 119).

45 EBENBAUER [note 42], pp. 31–39.

sizing her appearance in terms of its opposition to Western standards of beauty, as a lack or deformation of whiteness and rosiness of complexion, before finally identifying her as black, and then passing immediately to the color of her crown. The conflicted otherness of this representation is further suggested by its opposition to Condwiramurs, who is like the rose in the dew (188.10–14).

The impression that Gahmuret and Belacane make on each other during their initial meeting is similarly asymmetrical. Whereas his handsome appearance immediately unlocks her heart, her ›un‹-likeness initially appears to make no impression on him at all – an improvement over his initial reactions to Lachfillirost's wife. Indeed, after he accepts a second aristocratic kiss of greeting from a black woman with a minimum of fuss, thanks to Belacane's initiative, *ein wênc si gein im dô trat, / ir gast si sich küssen bat* (23.29f.), their first exchange begins as a formal discussion between a *wirtin* and her *gast* (24.14, 26.1), with strategic information about the siege provided by *ein fürste* (24.29–25.30). Only after Belacane reveals how her *schamndiu wîpheit* tragically deferred Isenhart's reward for love service, leaving her a grieving virgin (27.9), does Gahmuret begin to notice the queen as a woman:

> Gahmureten dûhte sân,
> swie si wære ein heidenin,
> mit triwen wîplîcher sin
> in wîbes herze nie geslouf.
> ir kiusche was ein reiner touf,
> und ouch der regen der sie begôz,
> der wâc der von ir ougen floz
> ûf ir zobel und an ir brust. (28.10–17)

It may be true, as interpretations of this passage frequently assert, that Wolfram's tolerance of heathens could consider Belacane's tears as a baptismal *Tränentaufe*. However, the context is not an authorial statement of fact, but a representation of how Gahmuret's train of thought rationalizes somatic alterity as a difference between religion and gender, transforming her from a black heathen into a proto-christian as he responds to her narrative of grief – and the alluring display of tears falling on her regal attire and her breasts. Thanks to an implicit hierarchy of racial difference privileging the white European male, Belacane's previous experience of racial alterity and the internalization of it (22.8f., 26.21f.), she first becomes aware of conscious desire, then leads him to a similar awareness through her glances:

[...] dô verjach
ir ougen dem herzen sân
daz er wære wol getân.
si kunde och liehte varwe spehen:
wan sie het ouch ê gesehen
manegen liehten heiden.
aldâ wart undr in beiden
ein vil getriulîchiu ger:
si sach dar, und er sach her. (28.30–29.8)

It might seem exaggerated to interpret Gahmuret's subsequent enthrallment to Belacane's *strengiu minne* (35.3) in terms of the sexual attraction exerted by a woman of color. However, the narrator continues to emphasize the role that negritude plays in the conquest of his senses as he lies alone at night thinking of *strît und minne*, tossing and turning so forcefully that his limbs crack, a combination of sexual tension and violence matched in Middle High German narratives only by Siegfried's taming of Brunhild:[46]

in brâhte dicke in unmaht
diu swarze Mœrinne,
des landes küneginne.
er want sich dicke alsam ein wit,
daz im krachten diu lit.
strît und minne was sîn ger. (35.20–25)

After Gahmuret has broken the siege of Patelamunt and won the reward of her love, the narrator continues to emphasize the blackness of Belacane, not only on their way to bed, where the hero is *entwâpent mit swarzer hant* (44.18), but also as they consummate their relationship:

dô phlac diu küneginne
einer werden süezen minne,
und Gahmuret ir herzen trût.
ungelîch was doch ir zweier hût. (44.27–30)

---

46 Cf. stanza 677: *Dô greif si hin zur sîten, dâ si den porten vant, / unt wolt' in hân gebunden. dô wert' ez sô sîn hant, / daz ir diu lit erkrachten unt ouch al der lîp. / des wart der strît gescheiden: dô wart si Guntheres wîp.* Das Nibelungenlied, ed. HELMUT DE BOOR, Wiesbaden [17]1963, p. 116.

The difference that remains a constant through the entire episode is not ethnographical but racial, based on skin color.

Allusions to the somatic otherness of the inhabitants of Patelamunt also pervade the utterances of the narrator, Gahmuret, and Belacane, and even secondary characters throughout Book I, suggesting that racial difference is already a self-conscious discourse in the imagined orient of ›Parzival‹. References to the inhabitants of Zazamanc are highly variegated, ranging from neutral observations about skin color, *die tragent daz swarze vel* (55.5), or ethnic identity as Moors (19.19, 35.21, 55.2, etc.), to grudging acknowledgment of their military prowess in spite of a different skin color and religion (49.13–17) and even the religious prejudice that they are *nâch der helle gevar* (51.24). Moreover, the imagined ethnogeographical opposition between West and East contains an incipient hierarchy privileging the white Western male. As was later the case with the early explorers in the New World, Gahmuret makes a particularly strong impression on the inhabitants of Zazamanc because he resembles their deities: *sine gesæhn nie helt sô wünneclîch: / ir gote im solten sîn gelîch* (36.19f.). Wolfram even goes so far as to suggest that Belacane is not only aware of the Christian aversion to blackness before she meets him, but also accepts and has internalized it: *er ist anders denne wir gevar: / ôwî wan tæte im daz niht wê!* (22.8f.). Gahmuret in turn manipulates the issue of Belacane's blackness at various points in Books I and II , even reverting to the religious insistence on conversion in order to justify abandoning her (56.25f.), a tactic that actually confirms the malleability of the discourse and his problematic character in exploiting it.

This variegated representation of difference, with its gendered construction of West and East in an incipient hierarchy of race, constitutes one of the most astonishing feats of Wolfram's narrative imagination, anticipating the more extensive discourse of race in the modern colonial period. In this regard, it should not be surprising that the Belacane episode also bears an interesting resemblance to forms of late eighteenth- and nineteenth-century travel writing, a characteristic feature of which is love plots that feature a bi-racial erotic alternative to official discourses of conquest and exploitation. Surprisingly, scholars can trace the lineage of some of these plots back to the originary transethnic (but not bi-racial) couple in classical expansionist literature, Dido and Aeneas in Virgil's ›Aeneid‹,[47] which also served indirectly as a model for Wolfram's Gahmuret and Belacane via Veldeke's ›Eneit‹.[48] Unlike her forbears in the imagined orient of Middle High German texts, such as the partly human Flower Maidens in the ›Straßburger Alexander‹ or the racially unmarked Dido in Veldeke's ›Eneit‹, Wolfram's narrative introduces a black heroine, a medieval prelude to the period of colonization and conflict.

IV

Book XV begins with Feirefiz's entry into the narrative as a heathen knight striving for both *minne* and *prîs* (736.1f., 8f.). Although the reversal of Gahmuret's goals of *prîs* and *minne* may reflect the ›hotter‹ humoral constitution of his partly black son, the heathen *Minneritter* has only temporarily left his twenty-five armies of Moors and Saracens (none of whom speaks the other's language) anchored in a harbor (736.25–737.6). The parallel between Feirefiz and Baligan, who arrives at the end of the ›Rolandslied‹ from across the ocean with forty-two armies,[49] is by no means fortuitous, as the ensuing combat with Parzival makes clear, in which the flood of references to the religious opposition between *der getoufte* (10) and *der heide* (19) threatens to turn the Grail romance back into a crusading epic.

At the same time, however, Wolfram destabilizes and even carnivalizes the stereotypical oppositions that fuel crusading narratives. Although allegorical forces are invoked on behalf of both combatants, they are entirely secular: *minne* and precious stones are the *zwuo geselleschaft* of Feirefiz (743.1–8), against which the narrator invokes Condwiramurs and the Grail on behalf of Parzival (743.13). And although the two men trust in their respective deities, their battle cries invoke the principal city or cities of their partner's kingdoms, Secundille's Thabronit and Thasmê, Condwiramurs' Pelrapei-

---

47 Pratt [note 17], p. 96; cf. Peter Hulme, Colonial Encounters, Cambridge 1987, p. 249.

48 Noltze [note 4] surveys the literature, pp. 21–23.

49 See vss. 7150–7172.

re. Moreover, in spite of their confessional opposition, Parzival and Feirefiz are indistinguishable, *nune mac ich disen heiden / vom getouften niht gescheiden* (738.11f.). What is implied here is a visual irony: both combatants look like heathens, since Parzival's despoiling of Ither's corpse has provided him with *zimierde* from *heidenschaft verr über mer* (679.8).

More importantly, of course, the similarity of this Christian and this heathen is more than armor-deep, for they are also the same flesh and blood: *der se bêde nennen wil ze zwein, / si wârn doch bêde niht wan ein* (740.27f.), forcing the narrator to pray for both of Gahmuret's sons: *got ner dâ Gahmuretes kint. / der wunsch wirt in beiden, / dem getouften unt dem heiden* (742.14–16). In the nonclerical context of Parzival's final combat, aristocratic consanguinity trumps religious difference.[50] Accordingly, the resolution does not reflect the direct intervention of a divine judgment that would be expected in a battle such as the one that pits Charlemagne against Baligan at the end of the ›Rolandslied‹, where a voice from heaven renders divine judgment:

»wes sparstu den man?
diu urtaile ist uber in getan:
uervluochet ist al sin tail.
got git dir daz hail:
dine uiante geligent unter dinin fuzen.« (8545–49)

Instead, when Parzival's thoughts of Condwiramurs enable him to deliver the climactic blow, his sword breaks, ironically forcing the heathen to his knees as if in an attitude of prayer, *venje* (744.13). The narrator, to be sure, registers God's displeasure at Parzival's continuing use of the sword taken from Ither's corpse, but divine intervention is not explicitly represented. In contrast to the ›Rolandslied‹, judgment is deferred rather than rendered: *ez ist noch ungescheiden,/ zurteile stêtz in beiden / vor der hôhsten hende: / daz diu ir sterben wende!* (744.21–24). This is not an isolated instance mitigated by the consanguinity of the combatants – the narrator elsewhere generalizes the sentiment to include heathens unrelated to the European protagonists (43.3–8).

50 Galoes makes a similar claim in honoring his brother whether he were *von Gylstram* [where the sun sets in the West] *geborn, / oder komen her von Ranculat* [Hromkla, on the Euphrates] (9.12f.).

This secularizing perspective of a narrative that defers and distances divine intervention from chivalric activity, creating space for the self-determination of human affairs, is even more pronounced in the other element of Feirefiz's adventures that gestures towards and ultimately decenters the agenda of crusading literature, namely his conversion. Given the importance of lineage in medieval thought, he is predisposed to conversion as a heathen son of a Christian father, one who has never heard of Christianity (735.3f.) but can already discern in the relationship between his father, brother, and himself an intimation of the Trinity (752.8–10), to which a flood of tears *al nâch des toufes êren* draws attention (752.24–30). But Wolfram keeps a persistently secular – if not carnivalizing – focus on Feirefiz's baptism by demonstrating that the heathen marries for love, not religion: *»ist mir der touf ze minnen frum? / [...] swâ von ich sol die maget hân«, / sprach der heiden, »daz wirt gar getân«* (814.2, 817.1f.). Feirefiz, like other heathen *Minneritter* descended from Ham, is driven more by the heat of desire than the fervor of religious ideology.

Ultimately, of course, Feirefiz's alliance with Repanse de Schoye in the postlude's extended history has suggestive geohistorical implications for medieval orientalism, owing to the couple's engendering of the legendary Prester John, the mysterious figure whose letter to various western rulers described a peaceable kingdom of untold material wealth and offered aid in liberating the Holy Land:[51]

[Repanse de Schoye] gebar sît in Indyân
ein sun, der hiez Jôhan.
priester Jôhan man den hiez:
iemmer sît man dâ die künege liez
bî dem namn belîben.
Feirefîz hiez schrîben
ze Indyâ übr al daz lant,

---

51 The basic text of the letter was edited by FRIEDRICH ZARNCKE, Der Priester Johannes, Abhandlungen der philologisch-historischen Classe der königlichen sächischen Gesellschaft der Wissenschaften 7 (1879), pp. 9–24. BETTINA WAGNER, Die ›Epistola presbiteri Johannis‹ lateinisch und deutsch. Überlieferung, Textgeschichte, Rezeption und Übertragungen im Mittelalter, Tübingen 2000 (MTU 115), pp. 238–253, places the origins of the letter in pro-Staufen clerical circles. On the passage in ›Parzival‹, see pp. 571f., and CHRISTOPH GERHARDT, *Daz werc von salamander* bei Wolfram von Eschenbach und im ›Brief des Priesters Johannes‹, in: Ars et ecclesia. Festschrift Franz J. Ronig, ed. HANS-WALTER STORK [et al.], Trier 1989, pp. 135–60.

wie kristen leben wart erkant:
Daz was ê niht sô kreftec dâ.
wir heizenz hie Indîâ:
dort heizet ez Trîbalibôt. (822.23–823.3)

The geographical conclusion to this historicizing epilogue appears to conceptualize space in terms of a neutral relationship between the West and East, drawing attention to the different names for Secundille's kingdom, which until this point in the narrative has generally been called by its indigenous name Tribalibot.[52] The antithesis between ›here‹ and ›there‹ seems coequal and dialogic: the fact that »*we* call it India here« explicitly identifies the Western designation as subject centered, indeed subjective; whereas »there it is called Tribalibot« imagines a geocentered designation, the originary signifier for an indigenous signified, existing independently of its Western identification. Although one hesitates to overgeneralize from such passages,[53] the potential implications of this principle of organization are intriguing: in Wolfram's imagined world, the distant portions of the East stretching from Ranculat (9.13) and beyond to India once existed in an apparently neutral spatial relationship to the West, not yet distorted by the specular or hierarchic binarisms with which orientalism has already structured the Near East.

However, the inscription of dynastic history onto this receptive geographic space has already begun to disturb the neutral relationship between ›here‹ and ›there.‹ Feirefiz continues Gahmuret's lineage, founding a dynasty whose central figure appears to be a priest-king, the legendary Prester John, a Christian potentate comparable only to the heathen *bâruch*. Indeed, Queen Janfuse explicitly makes this connection at the end of Book VI, informing the Arthurian court that nothing equals the two kingdoms Feirefiz inherited from Belacane, Azagouc and Zazamanc, except for the realms of the *bâruc*

52 See list of references in Werner Schröder, Die Namen im ›Parzival‹ und im ›Titurel‹ Wolframs von Eschenbach, Berlin 1982, p. 121.

53 Cf. the similar tactic in identifying the precious stones in Feirefiz's armor, which include one with a double name, *antrax dort genennet, / karfunkel hie bekennet* (741.13f.). Characteristically, Wolfram has added the double perspective of ›there‹ and ›here‹ to the simple citation of the Greek and Latin names in his source, Isidore of Seville's ›Etymologiae‹ (XVI.xiv.1), *Carbunculus autem Graece ἄνθραξ dicitur*. Cf. Herbert Kolb, Isidorische ›Etymologien‹ im ›Parzival‹, Wolfram-Studien, 1 (1970), pp. 117–36, esp. pp. 125f.

or Tribalibot, which he subsequently inherits from Secundille (328.9–13). This concluding narrative may seem at first glance to invest the imagined kingdom of Tribalibot with an irredentist element, a compensatory and peaceably acquired substitute, as it were, for the failure of the Crusades to recapture the Holy Land. But Feirefiz's efforts at conversion are surprisingly tentative, limited to disseminating information, rather than imposing his religion on a multicultural kingdom where Christianity is not pervasive (*niht sô kreftic*). Moreover, Wolfram decenters even this moderate religious agenda by stating that Feirefiz's son and all succeeding males from then on (*iemer sît*) acquire the name Prester John, indefinitely displacing the identification of any one of these with the real legendary Prester John. It may be that this indeterminacy adumbrates a conception of the Far East as something other than a space for conquest or even proselytizing, such as travel and exploration. From the perspective of later historical developments, it almost seems as if the still uninscribed geographical space imagined for Feirefiz anticipates the transition from crusading activity to the growing interest in colonization during the later Middle Ages.[54] If so, then the history of German colonial fantasies outside of Europe may have a longer history than has been assumed – but that would have to be the subject of another study.[55]

V

Let me conclude by suggesting that Wolfram's representation of the East as a site for the construction of a Western identity (Gahmuret) or as a site for imagining a still unstructured space for future empires (Feirefiz) raises a fundamental question about orientalism as a transhistorical phenomenon. I have tried to argue two interrelated theses in orientalizing Wolfram's orient. The first of these, directed against a reductive conception of the East during the Middle Ages, suggests

---

54 On the role of Prester John in the early colonial period, see MICHAEL UEBEL, Imperial Fetishism, in: The Postcolonial Middle Ages [note 3], pp. 261–82.

55 See SUSANNE ZANTOP, Colonial Fantasies: Conquest, Family, and Nation in Precolonial Germany, 1770–1880, Durham/N.C. 1997.

that Wolfram's narrative secularizes clerical crusading discourse on the East, thereby destabilizing its narrow religious perspective. The second, based on an analysis of Gahmuret's service of the *bâruc* and marriage to Belacane as well as Feirefiz's career, suggests – with occasional glances at postcolonial theory – that this secularizing representation imagines the East in a variety of ways, ranging from a specular relationship or hierarchically subordinate one as the object of Western desire to a purely relationary one, thus possibly providing a discursive ›Vorgabe‹ to a later period of colonial expansion.

Of course, there are significant historical differences between medieval German representations of the orient and modern orientalism, and denying those differences would be just as chronocentric as SAID's insistence on the singularity of the modern. Indeed, it seems important to respect chrono-cultural difference and seek the potential that the medieval and modern can each bring to what MIKHAIL BAKHTIN called »dialogic encounter« (I have substituted »time period« for »culture«):[56]

> It is only in the eyes of *another* [time period] that a foreign [time period] reveals itself fully. A meaning only reveals its depths once it has encountered and come into contact with another, foreign meaning: they engage in a kind of dialogue, which surmounts the closedness and one-sidedness of these particular meanings, these time periods. Such a dialogic encounter of [time periods] does not result in merging or mixing. Each retains its own unity and *open* totality, but they are mutually enriched.

Indeed, the comparative study of orientalism, whether as a secularzing element of European cultural history or as a transhistorical phenomenon (I am not deciding between the options raised at the beginning of my talk) may not only help widen the lens through which medievalists look at their world, but also decolonize a major problem of European orientalism – the modernist conception of orientalism itself.

---

56 MIKHAIL BAKHTIN, Speech Genres and Other Late Essays, Austin 1986, p. 7.

Albrecht Hausmann

Das Bild zu Süßkind von Trimberg in der Manessischen Liederhandschrift*

Das Bild, das der Gegenstand dieses Beitrags ist, zeigt Angehörige zweier mittelalterlicher ›Kulturen‹, wie sie sich einander zuwenden und miteinander sprechen (Abb. 1). Es ist das Bild, mit dem in der Manessischen Liederhandschrift jene zwölf Sangspruchstrophen eingeleitet werden, als deren Verfasser die Handschrift »Süßkind, den Juden von Trimberg« nennt.[1] Die Person rechts im Bild läßt sich

* Auf der in dem vorliegenden Band dokumentierten Tagung habe ich einen anderen Vortrag zu einem verwandten Thema gehalten, der inzwischen unter dem Titel »Der ›Ackermann aus Böhmen‹ und die Prager Juden um 1400« an anderer Stelle veröffentlicht wurde (PBB 125 [2003], S. 292–323). Der nun vorliegende Beitrag ist im Rahmen der interdisziplinären Göttinger Forschernachwuchsgruppe ›Stimme-Zeichen-Schrift in Mittelalter und Früher Neuzeit‹ entstanden; allen Mitarbeiterinnen dieser Gruppe danke ich für ihre sehr hilfreichen Vorschläge und die produktiven Diskussionen während der Ausarbeitung dieses Aufsatzes.

1 Heidelberg, UB, Cpg 848, fol. 355r (ganzseitiges Bild mit Überschrift *Sůskint der Jvde von Trimperg*), fol. 355v–356r (Textcorpus, Überschrift: *Sv̊skint der Jvde von Trimperg*; Vorschrift: *Sv̊skint von trimberg ein Jvde*). Eine Einführung in die sehr umfangreiche Forschung zu Süßkind von Trimberg bietet aktuell RICARDA BAUSCHKE, *ich wil in alter juden leben mich hinnân fürwert ziehen.* Süßkind von Trimberg – Ein jüdischer Autor in der Manessischen Handschrift, in: Juden in der deutschen Literatur des Mittelalters. Religiöse Konzepte – Feindbilder – Rechtfertigungen, hg. von URSULA SCHULZE, Tübingen 2002, S. 61–86. Die bemerkenswerteste Arbeit zu Süßkind von Trimberg, der als der erste jüdische Autor mit deutschsprachigem Oeuvre gilt, bildet das forschungs- und ideologiekritisch ausgerichtete Buch von DIETRICH GERHARDT, Süsskind von Trimberg. Berichtigungen zu einer Erinnerung, Bern [usw.] 1997. Die Arbeit mit diesem umfangreichen Werk, in dem sich eine fast lebenslange Auseinandersetzung GERHARDTS mit dem Forschungsgegenstand ›Süßkind von Trimberg‹ dokumentiert, wird erleichtert durch den Rezensionsaufsatz von KARL STACKMANN, Dietrich Gerhardt über Süßkind von Trimberg, PBB 121 (1999), S. 440–455. Aus der umfangreichen Forschungsliteratur nenne ich (um verschiedene Positionen zu dokumentieren) noch die folgenden Titel: WINFRIED FREY, *ich wil in alter juden leben mich hinnân fürwert ziehen.* Der mittelalterliche Spruchdichter *Süezkint der Jude von Trimperg*, in: ›Sluohderin‹ – Schlüchtern 993–1993. Wissenschaftliche Beiträge zur Kloster- und Stadtgeschichte im

aufgrund ihrer Kopfbedeckung eindeutig als Jude identifizieren,[2] die drei anderen Personen stehen als Gruppe unter einer Fahne mit einem schwarzen Kreuz – sie sind Christen. Bei einem von ihnen handelt es sich offensichtlich um einen Bischof oder Abt, denn er hält einen Krummstab[3] in der Hand und sitzt auf einem thronartigen Stuhl. Bevor man weiter danach fragt, was hier genau dargestellt oder abgebildet wird, läßt sich schon sagen, was in jedem Fall gezeigt wird: Ein Jude und drei Christen, die miteinander sprechen. Worüber sie sprechen, geht meiner Ansicht nach aus dem Bild selbst deutlicher hervor, als die Forschung bisher gesehen hat.[4]

Jubiläumsjahr (Unsere Heimat. Mitteilungen des Heimat- und Geschichtsvereins Bergwinkel e. V. 9 [1993]), S. 68–87; EDITH WENZEL, Süßkind von Trimberg, ein deutsch-jüdischer Autor im europäischen Kontext, in: Interregionalität der deutschen Literatur im europäischen Mittelalter, hg. von HARTMUT KUGLER, Berlin/New York 1995, S. 143–160; RUDOLF KILIAN WEIGAND, Süßkind von Trimberg: Ein Jude als Spruchdichter im deutschen Mittelalter? in: Jenseits der Grenzen. Die Auseinandersetzung mit der Fremde in der deutschsprachigen Kultur, hg. von MARGARET STONE/GUNDULA SHARMAN, Oxford [usw.] 2000, S. 13–20.

2 Es handelt sich bei dieser trichterartigen Kopfbedeckung um einen Judenhut, wie er zur Entstehungszeit des Bildes üblich war. In bildlichen Darstellungen der Zeit um 1300 – auch in solchen, die von Juden stammen – wurden Juden häufig durch diese von ihnen selbst offenbar nicht als diskriminierend empfundene Kopfbedeckung gekennzeichnet; die übliche Farbe für den Judenhut war Gelb, das Gold im Süßkind-Bild stellt dementsprechend eine auffällige Ausnahme dar. Zu den ikonographischen Konventionen für die Darstellung von Juden in der mittelalterlichen Kunst vgl. BERNHARD BLUMENKRANZ, Juden und Judentum in der mittelalterlichen Kunst, Stuttgart 1965 (Franz Delitzsch-Vorlesungen 1963). Zu der Art und Weise, wie sich Juden selbst darstellten, vgl. THÉRÈSE METZGER/MENDEL METZGER, Jüdisches Leben im Mittelalter, nach illuminierten Handschriften vom 13. bis 16. Jahrhundert, Würzburg 1983 (zuerst frz. 1982). Zum Ausdruck ›Judenhut‹ vgl. Deutsches Rechtswörterbuch VI, Sp. 548 I (mit Nachweisen und Literaturangaben).

3 Der Krummstab kann um 1300 sowohl einen Bischof als auch einen Abt kennzeichnen; vgl. ROMUALD BAUERREIS, Abtsstab und Bischofsstab, Studien und Mitteilungen zur Geschichte des Benediktinerordens 68 (1957), S. 215–226, der die Auffassung vertritt, daß der Abtsstab überhaupt das ›ältere‹ Abzeichen ist und die Entwicklung des Bischofsstabes zum Krummstab beeinflußt hat. – In der Manessischen Liederhandschrift finden sich Krummstäbe sonst stets nur als Abzeichen von Äbten, vgl. die Miniaturen zu Konrad Schenk von Landeck mit dem Abt von St. Gallen (fol. 205[r]; Abb. 2) und zu Heinrich von Mure mit einem Abt des Dominikanerordens (fol. 75[v]).

4 Forschungsdokumentation zum Bild bei GERHARDT [Anm. 1], S. 25–38. Ausführlich vor allem MANUELA JAHRMÄRKER, Die Miniatur Süßkinds von Trimberg in der Manessischen Liederhandschrift, Euphorion 81 (1987), S. 330–346

I

Das Bild bezieht seine sofort wahrnehmbare Spannung aus der Konkurrenz zweier visueller Ordnungsangebote: Einerseits scheint es zwar symmetrisch angelegt zu sein, andererseits enthält es aber auch Elemente, die dem Eindruck von Symmetrie entgegenarbeiten und eher Asymmetrie signalisieren. Der Vorgang des ›Verstehens‹ dieses Bildes besteht – für den zeitgenössischen Betrachter wie für den modernen Interpreten – wesentlich darin, diese beiden visuellen Ordnungsangebote in ein hierarchisches Verhältnis zueinander zu setzen; gelingt dies, dann löst sich die Konkurrenz zwischen Symmetrie und Asymmetrie in einer Bildaussage auf.

Symmetrie wird im Süßkind-Bild zunächst durch die zweiteilige baldachinartige Architektur am oberen Bildrand erzeugt. Damit versetzt der Maler nicht nur das Geschehen in einen Innenraum,[5] die

---

(Gerichtsszene mit dem Erzbischof von Köln als Richter in einem nicht genauer zu bestimmenden Rechtsstreit zwischen einem Juden und einem Christen). Berechtigte Kritik dazu bei GERHARDT [Anm. 1], S. 26–28, zur undifferenzierten Rezeption von JAHRMÄRKERS Aufsatz ebd. S. 26, Anm. 28: »Peter Wapnewski propagiert ihre [Jahrmärkers] Ergebnisse und verdickt sie zur Gewißheit.« (mit Bezug auf PETER WAPNEWSKI, Die Gebärden einer verdämmerten Welt, ZEITmagazin 35/1988, S. 6, 8–9). JAHRMÄRKERS Deutung wird auch von BURKHARD WACHINGER ohne weiteren Kommentar in seinen Verfasserlexikon-Artikel zu Süßkind von Trimberg übernommen (BURKHARD WACHINGER, Süßkind von Trimberg, ²VL IX, Sp. 548–552, hier Sp. 549). Sehr vorsichtig äußert sich GERHARDT [Anm. 1] zur Deutung des Bildes; er tendiert aber offenbar dazu, das Bild als Darstellung eines Religionsgesprächs zu interpretieren (S. 37 in Anlehnung an GISELA SIEBERT-HOTZ, Das Bild des Minnesängers. Motivgeschichtliche Untersuchungen zu Dichterdarstellungen in den Miniaturen der Großen Heidelberger Liederhandschrift, Marburg 1964, S. 299). Noch weniger mag sich BAUSCHKE [Anm. 1], S. 85, festlegen: »Ob die Szene ein Religionsgespräch wiedergeben oder auf eine reale Rechtssituation anspielen soll, wo der historische Süßkind mit einem Bischof verhandelt oder selbst vor Gericht steht [...], kann mit dem zeitlichen Abstand nicht mehr geklärt werden.«

5 Baldachine über Personen finden sich in der Manessischen Liederhandschrift häufiger (z. B. fol. 98ʳ, 146ʳ, 217ᵛ, 381ʳ, 383ʳ, 424ʳ), jedoch definieren sie selten einen Innenraum, gehören oft überhaupt nicht zu den Gegenständen der dargestellten Bildwelt, sondern haben eine auszeichnende oder hervorhebende Funktion. Im Süßkind-Bild handelt es sich nicht um einen solchen den Bildraum symbolisch überschreitenden Baldachin, sondern um eine Architekturabbreviatur, zu der auch noch die angedeutete hellviolette Mauer mit den Vierpässen gehört. Gemeint ist offenbar ein relativ hoher, wohl sakraler gotischer Innenraum, von dem der Maler nur einen Teil des Obergadens dar-

Architektur definiert auch zwei potentiell symmetrische Bildhälften. Die einander genau gleichenden Pelzkrägen der beiden seitlich angeordneten Vordergrundfiguren unterstützen diesen Eindruck von Symmetrie noch; gleichzeitig kennzeichnen die religiös konnotierten Attribute dieser Figuren (Krummstab und Judenhut) die beiden Bildhälften als eine ›christliche‹ (links) und eine ›jüdische‹ (rechts). Aber es gibt noch weitere Symmetriesignale: die goldene Farbe der beiden religiösen Symbole Krummstab und Judenhut, die Wendung der beiden Vordergrundfiguren zueinander und ihre vergleichbare Handstellung, die Gestik der beiden Mittelfiguren, deren Hände (fast)[6] exakt symmetrisch um einen gedachten Bildmittelpunkt herum angeordnet sind, schließlich auch die Vierzahl der dargestellten Personen, die eine paarweise (und dann eben symmetrische) Zuordnung zu den beiden Bildhälften nahelegt. Tatsächlich aber gruppiert der Illuminator anders: Die vier Personen sind eben nicht ›symmetrisch‹ in zwei Paare aufgeteilt, sondern ordnen sich asymmetrisch zu einer Dreiergruppe links – die ›Christen‹ – und dem einzelnen Juden rechts. Bei dieser Aufteilung ist nun nicht mehr Symmetrie der dominierende visuelle Eindruck, sondern ein als Asymmetrie wahrnehmbares Ungleichgewicht: Die Gruppe links drängt geradezu in die rechte Bildhälfte hinein, hat in ›ihrer‹ Hälfte kaum genügend Platz; sie bildet durch die Überschneidungen eine eng zusammenstehende ›Gemeinschaft‹, die dem einzelnen Juden geschlossen gegenübersteht. Das Ungleichgewicht zwischen den beiden ›Seiten‹ wird aber noch durch weitere visuelle Signale erzeugt: Die Person mit dem Krummstab sitzt auf einem thronartigen Stuhl und erhält dadurch Gewicht und Halt, während ihr Gegenüber – der Jude – durch die leicht nach hinten gebeugte Haltung eher wie jemand aussieht, der zurückweicht – und Halt sucht. Die an einer roten Lanze befestigte Fahne füllt den Raum über der linken Person aus, während über dem Juden ein leerer Luftraum bis hinauf zur Architektur bleibt. Die Lanzenspitze überschneidet die Architektur und ›stört‹

---

gestellt hat. Gleichartige Architekturabbreviaturen finden sich in der Manessischen Liederhandschrift sonst noch in den Miniaturen zu Eberhard von Sax (fol. 49^r^), zum Schulmeister von Eßlingen (fol. 293^v^) und zu Rudolf dem Schreiber (fol. 362^r^) – also bei Personen, deren primäre Tätigkeitsbereiche in Innenräumen zu finden sind (Kloster, Schule, Kanzlei).

6 Vgl. unten, S. 105f.

damit das wichtigste Symmetriesignal. Die Seite des Juden ist insgesamt leerer, weniger gewichtig – ein Eindruck, der sich ganz wesentlich der Fahne mit dem schwarzen Kreuz verdankt, für die der Künstler eine ganze waagrecht verlaufende Bildzone reserviert hat, in die sonst nur die goldenen religiösen Attribute knapp hineinragen.

Symmetrie und Asymmetrie stehen sich hier als visuelle Prinzipien gegenüber, aber sie stehen nicht in unauflösbarer Konkurrenz. Aufgabe des Betrachters ist es vielmehr, die beiden Prinzipien in ein (hierarchisches) Verhältnis zueinander zu setzen. Tatsächlich nämlich bildet die Symmetrie eine visuelle Folie, vor der das Ungleichgewicht der beiden Seiten erst zur Geltung kommt. Daß die christliche Seite gewichtiger erscheint als die jüdische, daß es hier eine Gruppe und dort einen Einzelnen gibt, das ist deshalb besonders gut erkennbar, weil es als Abweichung von der symmetrischen Grunddisposition des Bildes erscheint. Man könnte sagen: Die Symmetrie ist schief, und sie soll es auch sein.

II

Damit ist die Makrostruktur des Bildes beschrieben: Asymmetrie vor dem Hintergrund von angedeuteter Symmetrie, erkennbares Übergewicht der christlichen Seite, gerade weil ein Gleichgewicht der beiden Bildhälften grundsätzlich angelegt ist. Eine zweite visuelle Ebene neben dieser Makrostruktur konstituiert sich durch Relationen zwischen einzelnen Bildelementen. Aus der Analyse dieser Relationen ergibt sich unter anderem, worüber die im Bild dargestellten Personen sprechen. Die drei Christen blicken zu dem Juden, ihre Augenpaare liegen exakt auf einer Linie, deren Verlängerung durch das – von ihm aus gesehen – linke Auge des Juden führt.[7] Der Jude steht damit auf einer Ebene mit den Christen, aber sein Blick ist nicht auf die Christen gerichtet, denn sein rechtes Auge liegt gerade nicht auf dieser Linie, sondern etwas darüber. Dadurch läßt sich eine

---

7 Es geht mir hier und im folgenden nicht um die Rekonstruktion von ›Kompositionslinien‹ und ›Tiefenstrukturen‹ des Bildes. Vielmehr beschreibe ich unmittelbar wahrnehmbare Bezüge zwischen Bildelementen, die durch (freilich linear zu ergänzende) Blick- und Zeigerichtungen hergestellt werden.

zweite Gerade erzeugen, die zu der ersten in einem spitzen Winkel steht und die Blickrichtung des Juden markiert: Er schaut nicht die Gesprächspartner direkt an, sondern blickt über sie hinweg nach oben. Dieser Eindruck wird durch zwei weitere Maßnahmen des Malers unterstützt: Zum einen ist der Jude leicht nach hinten geneigt, sein Kopf dadurch etwas erhoben; zum anderen sind bei ihm – anders als bei den Christen – die Augenbrauen nicht bogenförmig, sondern gerade und bilden so eine genaue Parallele zu seiner Blickrichtung, die dadurch deutlich markiert ist.[8] Der Jude blickt nach oben, dorthin, wohin auch die rotgekleidete Person (2. von links) mit dem Zeigefinger deutet. Er blickt auf die Fahne und das Kreuz, das auf dieser Fahne zu sehen ist.

Die Fahne mit dem schwarzen Kreuz auf damasziertem Grund ist das Objekt, auf das sich sowohl die Aufmerksamkeit des Juden als auch die Geste des Mannes im roten Gewand richtet; in dieser Fahne mit dem Kreuz scheint sich der Gegenstand des Gespräches zwischen den Personen auf dem Bild zu materialisieren, und der Maler hat ihm entsprechendes optisches Gewicht gegeben, indem er durch die Verlängerung des Kreuzbalkens über die Fahne hinaus anzeigt, daß das Kreuz nicht nur Teil eines abgebildeten Gegenstandes (der Fahne) ist, sondern sich optisch von diesem Gegenstand ›löst‹.[9]

Nicht nur durch die Blicke und Gesten der Personen, auch durch deren Kleidung werden Bezüge hergestellt. Der Jude hat im Bild

---

8 Daß diese geraden Augenbrauen auch ein Zusammenziehen der Stirn andeuten, eine Art ›Stirnrunzeln‹, mag durchaus zutreffend sein. Als Markierung einer ›jüdischen‹ Physiognomie freilich kommen sie nicht in Frage, so wie auch die runden Augenbrauen der Christen nichts ›Weibisches‹ beinhalten, sondern allenfalls Aufmerksamkeit zu verdeutlichen scheinen. Zu diesen älteren Forschungsmeinungen vgl. GERHARDT [Anm. 1], S. 35.

9 Diese Verlängerung des waagrechten Kreuzbalkens wird normalerweise anders, nämlich als Darstellung eines sogenannten *zagel* (Fleder, Wimpel: an die Fahne angenähter Stoffstreifen), gedeutet (lapidar INGO F. WALTHER in: Codex Manesse. Die Miniaturen der Großen Heidelberger Liederhandschrift, hg. und erläutert von INGO F. WALTHER unter Mitarbeit von GISELA SIEBERT, Frankfurt a. M. 1988, S. 238, ausführlich JAHRMÄRKER [Anm. 4], S. 333f.). Freilich wäre ein *zagel* in dieser Form ziemlich ungewöhnlich: Er wird normalerweise an anderen Stellen einer Fahne angesetzt. Auch ist nicht so recht verständlich, wie dieser *zagel*, wenn er denn nicht an der oberen äußeren Ecke der Fahne ansetzt (Beispiel dafür im Bild zu Graf Wernher von Homberg, fol. 43^{v}) und dann von einer dünnen (im oberen Fahnensaum verlaufenden) Stange ausgesteift wird, derart steif nach rechts über die Fahne ragen kann.

zwei Bezugspersonen, mit denen seine Kleidung ›etwas gemeinsam hat‹: Das ist zum einen die Person direkt neben ihm, die ein Gewand trägt, das seinem Untergewand farblich (hellviolett) und von der Machart her (Pelzfutter, vorne geschlitzt) genau entspricht, das ist zum anderen der hohe Geistliche ganz links, der wie er einen Pelzkragen und einen Mantel trägt (wenn auch der Mantel des Juden anders geschnitten ist und eine andere Farbe hat). Wenn es richtig ist, daß Kleidung im Mittelalter zeichenhaft Eigenschaften ihres Trägers (Rang, Stand, Bildung u. ä.) anzeigt,[10] dann scheint der Jude Eigenschaften dieser beiden Personen in sich zu vereinigen; seine Kleidung wird semantisiert, indem der Maler Bezüge zur Kleidung der anderen Personen anlegt. Offenbar steht hier nicht irgendein Jude, sondern ein Jude, der sowohl der Person ganz links als auch der Person neben ihm auf eine noch genauer zu bestimmende Art und Weise ›gleicht‹ – sonst würde er nicht eine so ähnliche Kleidung tragen.

Damit aber wird die Frage dringlich, wer die beiden Personen ganz links und neben dem Juden sind – genauer: welchem Stand sie angehören und welchen Rang sie bekleiden. Zur Beantwortung dieser Frage muß der von mir bisher programmatisch geübte bildimmanente Ansatz, der jede vorschnelle wirklichkeitsreferentielle oder auch ›ikonographische‹ Identifizierung von Bildelementen verhindern sollte, aufgegeben werden. Dies freilich soll mit der gebotenen methodischen Vorsicht und in nachvollziehbaren Schritten erfolgen:[11] Ich suche zunächst nicht nach Ähnlichkeiten zwischen den

---

10 Vgl. dazu z. B. Martin Dinges, Von der ›Lesbarkeit der Welt‹ zum universalisierten Wandel durch individuelle Strategien. Die soziale Funktion der Kleidung, Saeculum 44 (1993), S. 90–112; ausführliche Literaturhinweise bei Andrea von Hülsen-Esch, Kleider machen Leute. Zur Gruppenrepräsentation von Gelehrten im Spätmittelalter, in: Die Repräsentation der Gruppen. Texte – Bilder – Objekte, hg. von Otto Gerhard Oexle/Andrea von Hülsen-Esch, Göttingen 1998 (Veröffentlichungen des Max-Planck-Instituts für Geschichte 141), S. 225–257, hier S. 225–228 mit Anm. 3 und 4.

11 Vgl. zu dieser methodischen ›Vorsicht‹ Erwin Panofskys Unterscheidung zwischen (1) primärem oder natürlichem Sujet, (2) sekundärem oder konventionalem Sujet und (3) eigentlicher Bedeutung oder Gehalt sowie die darauf aufbauende Unterscheidung zwischen ›Ikonographie‹ und ›Ikonologie‹: Erwin Panofsky, Ikonographie und Ikonologie. Eine Einführung in die Kunst der Renaissance, in: Ders., Sinn und Deutung in der bildenden Kunst, Köln 1975 (zuerst engl. 1957), S. 36–67, prägnant S. 36–41. Vgl. auch Erwin Panofsky, Zum Problem der Beschreibung und Inhaltsdeutung von Werken der Bildenden Kunst, in: Ders., Aufsätze zu Grundfragen der Kunstwissenschaft, hg. von Hariolf Oberer/Egon Verheyen, Berlin 1958, S. 85–97.

dargestellten Personen und anderen Personendarstellungen in der zeitgenössischen Kunst oder gar nach Bezügen zur mittelalterlichen ›Realität‹, will also beispielsweise auch nicht den ›hohen Geistlichen‹ durch heraldische Überlegungen zur Fahne mit einem bestimmten Bischof identifizieren,[12] sondern bleibe in der ›Bildwelt‹ der Manessischen Liederhandschrift und frage, ob in anderen Bildern dieser Handschrift – insbesondere solchen, die vom selben Maler stammen – Personen mit gleichen oder ähnlichen Attributen bzw. Bekleidungen dargestellt werden und ob diese Personen als Angehörige einer bestimmten Personengruppe oder eines bestimmten Standes identifizierbar sind. Wenn das so ist, dann kann man davon ausgehen, daß auch die Personen in unserem Bild dem gleichen Stand oder der gleichen Berufsgruppe zuzuordnen sind.

Für die Person ganz links läßt sich dieses Verfahren gut anwenden. Der Nachtragsmaler I, von dem das Bild zu Süßkind von Trimberg stammt,[13] hat sich nämlich offensichtlich an einer Vorlage innerhalb des Codex Manesse selbst orientiert, die noch vom sogenannten Grundstockmaler ausgeführt wurde.[14] Es handelt sich dabei um das Bild zu Konrad, dem Schenken von Landeck, (fol. 205^{r}; Abb. 2) auf dem ebenfalls ein auf einem thronartigen Stuhl sitzender, mit einem pelzgefütterten schwarzen Mantel bekleideter hoher Geistlicher zu sehen ist, der der Figur im Süßkind-Bild äußerst ähnlich ist. Auch diese Person trägt einen Krummstab und wird von einer Fahne überragt, hat aber keinen Pelzkragen. Aufgrund dieser Fahne, die einen Bären und damit das Wappentier des Klosters St. Gallen zeigt, und wegen des Kontextes – die Landecker bekleideten das Schenkenamt des Stiftes St. Gallen – ist der hohe Geistliche auf diesem Bild als Abt von Sankt Gallen zu identifizieren.[15] Das dürfte auch dem Nachtragsmaler be-

---

12 So Jahrmärker [Anm. 4], S. 331–337.

13 Vgl. Erich Stange, Die Miniaturen der Manessischen Liederhandschrift und ihr Kunstkreis, Greifswald 1909, S. 19f.; zur Unterscheidung der im Codex Manesse tätigen Maler Ewald M. Vetter, Die Bilder, in: Codex Manesse. Die Grosse Heidelberger Liederhandschrift. Kommentar zum Faksimile [...], hg. von Walter Koschorreck/Wilfried Werner, Frankfurt a. M. 1981, S. 43–100, zu den Nachtragsmalern insbesondere S. 72–79.

14 Darauf weist bereits Walther [Anm. 9], S. 238, hin. Man kann diesen engen Zusammenhang vielleicht auch daran erkennen, daß die Kopfbedeckung dieser Figur in den Bildern des Nachtragsmalers I sonst nicht noch einmal auftaucht; beim Grundstockmaler dagegen ist es die übliche Kopfbedeckung für hochrangige männliche Personen.

15 Vgl. Walther [Anm. 9], S. 142.

kannt gewesen sein, wodurch die in der Forschung übliche Bezeichnung der sitzenden Person im Süßkind-Bild als Bischof keineswegs mehr zwingend sein dürfte.[16] Das Vorbild für diese Darstellung jedenfalls zeigt einen Abt, keinen Bischof; und das erklärt auch das Fehlen einer Mitra, die im Regelfall ein ikonographisch verbindliches Attribut für einen Bischof wäre. Man wird sich im sicheren Bereich bewegen, wenn man die Person links auf dem Süßkind-Bild als hohen geistlichen Würdenträger – Abt oder Bischof – bezeichnet.

Der Umstand, daß für dieses Bildelement – hoher geistlicher Würdenträger auf einem Thron – eine Vorlage aus dem Grundstock der Großen Heidelberger Liederhandschrift bekannt ist, bietet noch eine weitere methodische Handhabe: Es dürfte legitim sein, alle Veränderungen, die der Nachtragsmaler gegenüber seiner Vorlage vorgenommen hat und die nicht allein auf den feineren Malstil des Nachtragsmalers zurückzuführen sind, als gewollte und damit bedeutungstragende Eingriffe zu verstehen. Es ist dies vor allem der Pelzkragen, dessen Funktion bereits angedeutet wurde: Er zeigt eine grundsätzliche ›Gleichheit‹ von Bischof/Abt und Jude an. Daneben wurde auch das Fahnenmotiv vollständig verändert – darauf wird noch zu kommen sein. Schwieriger einzuschätzen sind zwei weitere Veränderungen: Aus der im Vorlagenbild als einfacher roter Strich ausgeführten Fahnenstange ist im Süßkind-Bild eine zweikonturige rote Lanze mit deutlich erkennbarer schwarzer Spitze geworden. Es ist nicht zu entscheiden, ob das ein Hinweis etwa auf den Speer des Longinus bzw. die Heilige Lanze ist oder sich nur der feineren Malweise des Nachtragsmalers verdankt. Ähnliches gilt für die gegenüber der Ausführung im Konrad-Bild sehr viel detailliertere Darstellung der Krümme an dem Bischofs- bzw. Abtsstab im Süßkind-Bild: Die Krümme wirkt im Süßkind-Bild überdimensioniert groß und weist genau vierzehn kleine Noppen auf. Das mag zahlensymbolisch zu deuten sein (aber wie?),[17]

---

16 Noch problematischer wird dann die Identifizierung mit dem Erzbischof von Köln, wie sie Jahrmärker [Anm. 4], S. 331–337, aufgrund einer heraldischen Interpretation der Fahne vornimmt.

17 Heinz Meyer/Rudolf Suntrup, Lexikon der mittelalterlichen Zahlenbedeutungen, München 1987 (Münstersche Mittelalter-Schriften 56), Sp. 649f., nennen für die Zahl 14 zuerst die Zusammensetzung aus 10 + 4, die vor allem das Verhältnis von Altem (zehn Gebote) und Neuem Testament (vier Evangelien) bezeichne. Diese Bedeutungszuweisung wäre im Zusammenhang des Süßkind-Bildes zweifellos passend, läßt sich aber nicht sicher verifizieren.

kann aber auch aus dem Versuch resultieren, dem Krummstab gegenüber seinem Äquivalent auf der jüdischen Seite – dem goldenen Judenhut – optisches Gewicht zu verleihen.

Auch für die Identifikation der Person unmittelbar neben dem Juden hilft ein Vergleich mit anderen Bildern in der Großen Heidelberger Liederhandschrift weiter. Signifikante Merkmale dieser Person sind (a) die Kopfbedeckung, (b) die Gleichfarbigkeit von Kopfbedekkung und Gewand und (c) dieses Gewand selbst.

Eine Person mit exakt der gleichen Kopfbedeckung findet sich nur in einem einzigen Bild der Manessischen Liederhandschrift, nämlich in demjenigen zum sogenannten Schulmeister von Eßlingen, das ebenfalls vom Nachtragsmaler I stammt (fol. 292^{v}, Abb. 3). Das Bild zeigt Szenen aus der Schule; bei der großen Person links mit der Unterweisungsgeste handelt es sich zweifellos um den in der Bildüberschrift bezeichneten ›Schulmeister‹. Neben dem Schriftstück, das vor ihm liegt, und der Rute, die er in der Hand hält und die als Symbol der Grammatik gilt, dürfte auch seine Kopfbedeckung ein Attribut sein, das ihn als ›Schulmeister‹, also als *magister scolarum* ausweist.

Der Schulmeister von Eßlingen trägt einen einfarbigen, knöchellangen Rock, und auch die anderen Figuren auf diesem Bild – allesamt Menschen der Schule – tragen lange, einfarbige Gewänder, zum Teil mit Kapuze (die beiden Figuren mit den durchscheinenden Gewändern im unteren Bildbereich spielen für meine Argumentation keine Rolle). Ein Blick auf die übrigen Bilder des ersten Nachtragsmalers zeigt, daß dieser Maler einfarbige lange Gewänder (manchmal mit andersfarbigen Kapuzen) regelmäßig für die Darstellung von Klerikern und Gelehrten reserviert hat (der Jagdhelfer mit Tonsur auf dem Bild zu Heinrich Hetzbold von Weißensee, fol. 228^{r}, Meister (!) Heinrich Teschler, fol. 281^{v}, Rost Kirchherr (!) zu Sarnen, fol. 285^{r}, Ausnahme: der Lautenspieler im Bild zu Wenzel von Böhmen, fol. 10^{r}, der aber nur eine Nebenfigur ist). Andere männliche Personen erhalten beim ersten Nachtragsmaler fast ausnahmslos in sich mehrfarbig gemusterte oder wenigstens zweifarbige Gewänder, die knöchellang oder (bei Dienern und bei Herren auf der Jagd oder im Kampf) auch nur wadenlang bzw. geschürzt sein können (Beispiele auf den Bildern zu Wenzel von Böhmen, fol. 10^{r}, Herzog Heinrich von Breslau, fol. 11^{v}, Markgraf Heinrich von Meißen, fol. 14^{v}, Der junge Meißner, fol. 339^{r}, Rubin von Rüdeger, fol. 395^{r}, Meister Heinrich Frauenlob, fol. 399^{r}).

Auch Nicht-Kleriker tragen bisweilen einfarbige Gewänder, diese sind dann aber immer kurz (Johann von Ringgenberg, fol. 190^{v}, Kunz von Rosenheim, fol. 394^{r}, Kol von Nüssen, fol. 396^{r}, der Heide bei Kristan von Luppin, fol. 226^{v}, die Spielleute bei Otto von Brandenburg, fol. 13^{r}, der Mann mit Kanne und Kelch beim Jungen Meißner, fol. 339^{r}).

Aus diesen Befunden läßt sich schließen, daß es sich bei dem Mann mit dem langen, einfarbig hellvioletten Gewand auf dem Süßkind-Bild um einen Kleriker und/oder Gelehrten handelt. Ein Vergleich mit dem Gewand der Hauptfigur auf dem Bild zu Rost, Kirchherr zu Sarnen (fol. 285^{r}), zeigt eine ganz deutliche Ähnlichkeit, so daß auch die hellviolette Farbe keineswegs gegen einen Kleriker spricht. Nimmt man die Kopfbedeckung hinzu, die beim ersten Nachtragsmaler nur noch einmal beim Bild eines Gelehrten (Schulmeister von Eßlingen) auftaucht, dann wird man schließen können, daß der Mann neben dem Juden ein Gelehrter, ein Magister ist. Dafür spricht auch die Gleichfarbigkeit von Kopfbedeckung und Rock, die auf eine Art Amtstracht deutet.

Auch die Figur mit dem einfachen roten Gewand und der grünen Kapuze zwischen Abt/Bischof und Magister dürfte am ehesten einen Mann aus dem Bereich der Schule zeigen; rot war an den mittelalterlichen Universitäten eine bevorzugte Farbe für die Oberbekleidung.[18] Das Fehlen einer Tonsur spricht angesichts der Jugendlichkeit dieser Figur nicht dagegen, daß es sich um einen jungen Kleriker bzw. Gelehrten handelt. (Die Tonsuren der Nebenfiguren auf dem Bild zum Schulmeister von Eßlingen scheinen erst nachträglich durch Rasur hergestellt worden zu sein; ansonsten sind diese Nebenfiguren auch in der Gewandfarbe dem Mann mit dem roten Rock auf dem Süßkind-Bild sehr ähnlich.)

Die Kleidung des Juden bringt demnach zum Ausdruck, daß dieser sowohl einem Bischof oder Abt als auch einem Gelehrten bzw. Magister ›gleicht‹; der Jude ›ist‹ in gewisser Weise wie ein Bischof/Abt und wie ein Magister. Damit aber hat der Illuminator durch die Art und Weise, wie er die Kleidung des Juden mit der Kleidung seiner christlichen Gesprächspartner in Beziehung gesetzt hat, die exakte

---

18 Vgl. von Hülsen-Esch [Anm. 10], S. 228–238 mit Abb. 1–2 und 5–9 (Beispiele aus Paris und Bologna, überwiegend rote oder rosa Obergewänder, teilweise mit andersfarbiger Kapuze, z. B. Abb. 7). Vgl. auch W. N. Hargreaves-Mawdsley, A History of Academical Dress in Europe until the End of the Eighteenth Century, Oxford 1963, v. a. S. 1–23 und S. 36–39.

visuelle Umsetzung zweier Bezeichnungen erreicht, mit denen Christen im Mittelalter bestimmte Repräsentanten der jüdischen Gemeinde benannten: Dieser Jude ist wie ein Bischof – also ein ›Judenbischof‹ (*episcopus Judaeorum*) –, und er ist wie ein Magister bzw. ›Meister‹ – also ein ›Judenmeister‹ (*magister Judaeorum*). Als Judenbischof (mhd. *judenbischof*) wird im allgemeinen der von den christlichen Behörden eingesetzte oder bestätigte, jedenfalls aber als Vertreter der Juden anerkannte Vorsteher einer örtlichen oder regionalen Judenschaft bezeichnet. Die lateinische Bezeichnung wird zuerst 1090 im Privileg Heinrichs IV. für die Wormser Juden verwendet und etabliert sich in den rheinischen Bischofsstädten als feststehender Begriff.[19] Obwohl der Titel ›geistlich‹ klingt, bezeichnet er (vielleicht in Anlehung an die landesherrschaftliche Funktion der Bischöfe in den betreffenden Städten) nicht primär einen religiösen Führer; ein Judenbischof kann zwar ein Rabbiner, d. h. ein Religionsgelehrter, sein, muß es aber nicht.

Der Rabbiner – also der als religiöses Oberhaupt anerkannte Gelehrte – wird dagegen häufiger mit dem Wort ›Judenmeister‹ bezeichnet; zumindest scheint das Wort im 14. Jahrhundert nicht nur bei den christlichen Behörden, sondern auch in jüdischen Kreisen diese Bedeutung angenommen zu haben.[20] Das Bild zeigt einen Juden, der sowohl ›Judenbischof‹ (Gemeindevorsteher) als auch ›Judenmeister‹ (Rabbiner und religiöses Oberhaupt) ist.[21]

Ich fasse die bisherigen Befunde aus der Analyse der bildimmanenten Bezüge zusammen: Wir sehen ein Gespräch zwischen einem Bi-

---

19 Adolf Kober, Judenbischof, Jüdisches Lexikon (Berlin 1927, Nachdr. 1982) III, Sp. 416f., vgl. M. Illian, Judenbischof, LexMA V, Sp. 787; Lexer I, Sp. 1485; Deutsches Rechtswörterbuch VI, Sp. 534 II.

20 Adolf Kober, Judenmeister, Jüdisches Lexikon (Berlin 1927, Nachdr. 1982) III, Sp. 433f. vgl. M. Illian, Judenmeister, LexMA V, Sp. 792; Lexer I, Sp. 1485; Deutsches Rechtswörterbuch VI, Sp. 555. – Zu den Begriffen Judenbischof und Judenmeister vgl. auch: Wörterbuch der mittelhochdeutschen Urkundensprache II, Sp. 965, sowie: Corpus der althochdeutschen Originalurkunden bis zum Jahr 1300, begr. von Friedrich Wilhelm, fortgeführt von Richard Newald, hg. von Helmut de Boor/Diether Haake, Bd. III, Lahr 1957, Nr. 1726, S. 51: *vnd sint ditz der juden namen: Moyses, der juden bischof, Frumolt, der juden meister, Abraham, Jose-kint* [...] (Urkunde vom 20. April 1293, Nürnberg, über die Juden von Mainz).

21 Dagegen greift es zu kurz, in der Kleidung des Juden allein einen Hinweis auf seinen Reichtum zu sehen, wie dies häufig geschieht.

schof oder Abt (Person ganz links), einem christlichen Magister (Person neben dem Juden) sowie möglicherweise einem weiteren (vielleicht niedrigrangigeren) Gelehrten (2. Person von links) mit einem Juden, bei dem es sich um ein gelehrtes und hochrangiges Mitglied einer jüdischen Gemeinde handeln dürfte – also wahrscheinlich um einen Rabbiner, der zugleich Vorsitzender des Judenrates war. Gegenstand ihres Gesprächs scheint das Kreuz auf der Fahne des Bischofs / Abts zu sein, auf das der Jude blickt und auf das die Person zwischen Bischof / Abt und Magister zeigt.

Diese Beschreibung läßt sowohl vom beteiligten Personal als auch vom Gesprächsgegenstand (Fahne mit Kreuz) her nur eine Deutung zu: Der Maler will ein gelehrtes Religionsgespräch zwischen einem Juden und drei Christen zeigen.

Religionsgespräche zwischen Christen und Juden hat es immer gegeben.[22] Eines der bekanntesten fand im Jahr 1240 in Paris statt, die sogenannte Pariser Talmud-Disputation, bei der es um die Frage ging, ob die Juden im Talmud Elemente des christlichen Glaubens verspotten. Vielleicht noch bedeutsamer wurde das Gespräch von Barcelona im Jahr 1263 zwischen Pablo

---

22 Marianne Awerbuch, Christlich-jüdische Begegnungen im Zeitalter der Frühscholastik, München 1980 (Abhandlungen zum christlich-jüdischen Dialog 8), S. 77. – Die Literatur zu christlich-jüdischen Religionsgesprächen im Mittelalter ist umfangreich; eine übersichtliche Aufstellung wichtiger Quellen und Forschungsliteratur bietet: Die Disputationen zu Ceuta (1179) und Mallorca (1286). Zwei antijüdische Schriften aus dem mittelalterlichen Genua, hg. von Ora Limor, München 1994 (MGH Quellen zur Geistesgeschichte des Mittelalters 15), S. 127–133; Überblick: Haim Hillel Ben-Sasson, Disputations and Polemics, Jewish Enzyclopedia VI, Sp. 79–103; zur Einführung eignen sich: Haim Hillel Ben-Sasson, Jewish-Christian Disputation in the Setting of Humanism and Reformation in the German Empire, Harvard Theological Review 59 (1966), S. 369–390; David Berger, The Jewish-Christian Debate in the High Middle Ages. A critical edition of the Nizzahon vetus with an introduction, translation, and commentary, Philadelphia 1979 (Judaica Texts and Translations 4), S. 3–37; Jeremy Cohen, Towards a Functional Classification of Jewish anti-Christian Polemic in the High Middle Ages, in: Religionsgespräche im Mittelalter, hg. von Bernard Lewis / Friedrich Niewöhner, Wiesbaden 1992 (Wolfenbütteler Mittelalter-Studien 4), S. 93–114; Samuel Krauss, The Jewish-Christian Controversy from the earliest times to 1789, Vol. I: History, ed. and revised by W. Horbury, Tübingen 1996. – Einen interessanten Aspekt beleuchtet Bernhard Blumenkranz, Jüdische und christliche Konvertiten in jüdisch-christlichen Religionsgesprächen des Mittelalters, in: Judentum im Mittelalter. Beiträge zum christlich-jüdischen Gespräch, hg. von Paul Wilpert, Berlin 1966 (Miscellanea Mediaevalia), S. 264–282.

Christiani und Rabbi Moses ben Nachman (›Nachmanides‹). Weitere Disputationen sind bezeugt, fiktive Gespräche finden sich in der Literatur beider Religionen und dienten offenbar der argumentativen Hilfestellung und der Affirmation der eigenen Überzeugungen. Im Jahr 1012 soll der Bischof von Limoges christliche Gelehrte angewiesen haben, mit den Juden zu disputieren – »in der Hoffnung, sie zu dem neuen Glauben nicht zu zwingen, sondern zu bekehren.«[23] Disputationen zwischen Christen und Juden konnten einen erstaunlich toleranten Ton annehmen, so etwa die ›Disputatio Judei et Christiani‹ des Gilbert Crispin.[24] Bildliche Darstellungen von Religionsgesprächen bzw. Diskussionen zwischen Christen und Juden sind im 13. Jahrhundert nicht selten. So finden sich etwa in einer französischen ›Bible moralisée‹ (Paris um 1240)[25] gleich mehrere entsprechende Miniaturen.

Zweifellos wäre es auch interessant zu wissen, ob im historischen Umfeld des Nachtragsmalers I – also in Zürich zwischen etwa 1320 und 1340 – ein christlich-jüdisches Religionsgespräch nachweisbar ist. Dies scheint zwar nicht der Fall zu sein, jedoch gibt es mit Moses ben Menachem[26] immerhin einen um 1330 wohl noch relativ jungen jüdischen Gelehrten, der von der Forschung (freilich nur im Sinne eines ›Gedankenspiels‹) als ›Vorbild‹ für die Darstellung des Juden im Süßkind-Bild ins Spiel gebracht worden ist.[27] Tatsächlich läßt sich eine mit vielen Fragezeichen zu versehende Verbindungslinie zwischen Moses ben Menachem, dem Verfasser des sogenannten ›Zürcher Semak‹,[28] und dem Nachtragsmaler I der Manessischen Liederhandschrift ziehen. Diese Linie führt über das Haus Brunnengasse 8 in der Zürcher Altstadt; die 1996 freigelegten Wandmalereien im ehemaligen Festsaal dieses Hauses werden auf 1330 datiert und weisen stilistische und

23 Awerbuch [Anm. 22], S. 83.

24 Zusammengefaßt bei Awerbuch [Anm. 22], S. 91–99, sowie in Ben-Sasson, Disputations and Polemics [Anm. 22], Sp 88f. Ausführlich: Gisleberti Crispini Disputatio Judei et Christiani, hg. von Bernhard Blumenkranz, Utrecht 1956. Weitere christlich-jüdische Disputationen sind nachgewiesen bei Awerbuch [Anm. 22], S. 91f., Anm. 92. Einen interessanten Text aus dem 15. Jahrhundert ediert Gerhardt [Anm. 1], S. 295–317.

25 Der Codex ist heute auf mehrere Bibliotheken verteilt; die erwähnten Miniaturen finden sich in Paris, BN, Ms. lat. 11560, fol. 5ᵛ, 87ᵛ, 121ᵛ, sowie Oxford, Bodl. Library, MS 270b, fol. 43ᵛ, 121ᵛ; abgebildet bei Blumenkranz [Anm. 2], S. 38f., Abb. 39–43.

26 Zu ihm vgl. Germania Judaica, Bd. II/2, hg. von Zvi Avneri, Tübingen 1968, S. 947 mit Anm. 40.

27 Michael Toch, Selbstdarstellung von mittelalterlichen Juden, in: Bild und Abbild vom Menschen im Mittelalter, hg. von Elisabeth Vavra, Klagenfurt 1999 (Schriftenreihe der Akademie Friesach 6), S. 173–192, hier S. 182f.

28 Es handelt sich dabei um einen in zahlreichen Handschriften überlieferten Kommentar zum sogenannten ›Sefer Mitzwot Katan‹ (»Das kleine Buch der Gebote«) des Isaak ben Josef von Corbeil, vgl. Toch [Anm. 27], S. 182 mit Anm. 16.

inhaltliche Ähnlichkeiten mit Bildern des etwa gleichzeitig an der Manessischen Liederhandschrift arbeitenden ersten Nachtragsmalers auf.[29] Aufsehen haben die Wandmalereien im Haus Brunnengasse 8 durch eine Besonderheit erregt: Den dargestellten Wappen – auch diese den ›Manessischen‹ teilweise ähnlich – sind Beischriften in hebräischen Zeichen beigefügt. In der Forschung scheint sich die Meinung durchzusetzen, daß diese Beischriften zugleich mit den Wandmalereien selbst entstanden sind.[30] Wenn dies zutrifft, dann dürften die Wandmalereien im Auftrag einer reichen jüdischen Familie entstanden sein, die sich 1332 nachweislich im Besitz des Hauses befand. Die Familie bestand damals aus der Witwe Minna und zwei erwachsenen Söhnen – einer von ihnen wird mit Moses ben Menachem identifiziert.[31] Die Wandmalereien werden von der Forschung gern als Hinweis auf die Teilhabe der jüdischen Oberschicht Zürichs an der städtisch-höfischen Kultur gewertet, mithin auch als Indiz für recht enge Kontakte zwischen Angehörigen der christlichen und der jüdischen Oberschicht.[32] Der gesamte Komplex bedürfte einer genauen und unvoreingenommenen Untersuchung, vorschnelle Schlüsse dürften jedenfalls unangebracht sein.

III

Auf der Grundlage der Deutung als Religionsgespräch läßt sich das Zusammenspiel von Symmetrie und Asymmetrie in diesem Bild neu deuten: der Künstler visualisiert mit diesem Zusammenspiel das Wesentliche einer *disputatio.*[33] Symmetrie steht für die Voraussetzung jeder *disputatio*: Um überhaupt Argumente austauschen zu können,

---

29 Zu den Wandmalereien: DÖLF WILD/ROLAND BÖHMER, Die spätmittelalterlichen Wandmalereien im Haus ›Zum Brunnenhof‹ in Zürich und ihre jüdischen Auftraggeber, Zürcher Denkmalpflege 1995/96, Sonderdruck S. 1–20.

30 Vgl. etwa ACHIM JAEGER, Ein jüdischer Artusritter. Studien zum jüdisch-deutschen »Widuwilt« (»Artushof«) und zum »Wigalois« des Wirnt von Grafenberc, Tübingen 2000 (Conditio Judaica 32), S. 143–150.

31 So TOCH [Anm. 27], S. 178–180.

32 WILD/BÖHMER [Anm. 29], S. 18; EDITH WENZEL, Ein neuer Fund: Mittelalterliche Wandmalereien in Zürich, ZfdPh 116 (1997), S. 417–423, hier S. 422; skeptisch dagegen: DIETRICH GERHARDT, Zürich und Süßkind von Trimberg, ZfdPh 118 (1999), S. 103–110.

33 Zur historischen Entwicklung der *disputatio* als Lehr- und Lernform an den mittelalterlichen Universitäten jetzt ausführlich OLGA WEIJERS, La ›disputatio‹ dans les Facultés des arts au moyen âge, Turnhout 2002 (Studia Artistarum 10); zum Problem der ›Gleichrangigkeit‹ der Disputierenden sind vor allem die jeweiligen Universitätsstatuten einschlägig, vgl. ebd. S. 20–24 (zu Paris) und S. 79–86 (zu Oxford).

müssen sich die Kontrahenten zunächst auf eine Ebene begeben. Für die Dauer des Gesprächs dürfen nur die Argumente zählen, nicht aber der womöglich unterschiedliche Rang der Gegner oder andere *a priori*-Vorgaben – in unserem Fall etwa die Behauptung einer grundsätzlichen Minderwertigkeit des jüdischen Glaubens. Nur wenn der Sieger aufgrund seiner Argumente siegt, ist gewährleistet, daß diese Argumente in ihrer Überlegenheit zur Geltung kommen. Wenn von vornherein feststünde, daß die jüdische Auffassung einer minderwertigen Religion entstammt, dann käme es auf die Schlagkraft der christlichen Argumente gar nicht mehr an.[34]

Die Überlegenheit der Christen ist in unserem Bild also nicht eine Voraussetzung der Disputation, sondern deren Ergebnis. Dies nun wird im Bild dadurch gezeigt, daß die angelegte Symmetrie in Asymmetrie übergeht. Jude und Bischof/Abt stehen sich zwar auf einer Ebene gegenüber, aber die christliche Seite bekommt ein deutliches Übergewicht. Es sind zwei Elemente, welche diese christliche Überlegenheit und damit das Ungleichgewicht visuell zum Ausdruck bringen: Die Christen sind eine Gruppe, ja sogar eine Gemeinschaft, die einem vereinzelten Juden gegenübersteht, und auf ihrer Seite steht die Fahne mit dem Kreuz. Damit aber ist auch klar, was das eigentliche Argument der Christen in dieser Disputation ist – oder genauer: in welchem Bildelement die argumentative Überlegenheit der Christen visuell greifbar wird: Es ist das Kreuz, das der linken Seite des Bildes ein visuelles Übergewicht verleiht – ein Kreuz, das sicher nicht nur Wappenbild ist.

IV

Einer der Christen zeigt auf das Kreuz in der Fahne, der Jude blickt darauf – aber in welcher Weise konnte das Kreuz ein Argument in einem Religionsgespräch zwischen gelehrten Juden und Christen sein? Zweifellos konnte das Kreuz als aggressives ›Argument‹ gegen Juden gewertet werden. Es konnte als Hinweis auf den Kreuzestod

---

34 Ich entwerfe hier ein Idealbild, das in der Realität – und vor allem bei Disputationen zwischen Christen und Juden – kaum so umgesetzt worden sein dürfte; vgl. zu diesem Problem unten Abschnitt V dieses Beitrags.

Jesu den Vorwurf enthalten, ›die‹ Juden seien Gottesmörder. Daß dieser Vorwurf im Mittelalter auch auf die Juden der jeweils eigenen Gegenwart ausgedehnt werden konnte, belegen sowohl Zeugnisse über Ausschreitungen gegen Juden im Zusammenhang mit Passionsspielen als auch Schutzvorschriften, die es Juden während der Karwoche untersagten, ihre Häuser zu verlassen.[35] Auch die Pogrome im Zusammenhang mit den Kreuzzügen verstehen sich ideologisch als ›Racheakte‹ gegen die angeblichen Gottesmörder. Seit dem 13. Jahrhundert werden Juden auch in Deutschland zunehmend häufiger der rituellen Ermordung von Christen beschuldigt – ein Phantasma, das den Juden in seinen populären Versionen unterstellt, sie wollten den mit der Kreuzigung Jesu vollzogenen ›Gottesmord‹ imitativ an seinen Anhängern wiederholen.[36] Die wenig später aufkommende Behauptung, Juden versuchten, konsekrierte Hostien zu schänden oder zu vernichten, diffamiert die Juden auf ganz ähnliche Weise: Die Juden seien nicht nur verstockt und ignorant gegenüber der christlichen Botschaft, sie würden vielmehr durch die Wiederholung des biblischen Geschehens den Gottesmord perpetuieren und aktualisieren.

Diese aggressive und eher populäre, wenn auch sicher nicht einfach volkstümliche Anklage der Gottesmörderschaft scheint mir im Süßkind-Bild jedoch gerade nicht gemeint zu sein. Vielmehr zeigt der damaszierte und damit ›wertvolle‹ Fahnengrund an, welchen Wert das an sich ganz schlichte schwarze Kreuz für die Christen besitzt. Das Kreuz ist etwas, was die Christen ›haben‹, was sie für sich in Anspruch nehmen und was für sie wertvoll ist – nicht aber etwas, was die Juden hätten verhindern können oder sollen. Der Jude hat dagegen nichts Entsprechendes zu bieten. Die visuelle Dialektik von Symmetrie unnd Asymmetrie zeigt dies besonders deutlich: An der Stelle, an der auf der ›christlichen‹ Seite die Fahne zu sehen ist, klafft auf der jüdischen eine Lücke. Auch hier macht die symmetrische Disposition des Bildes die tatsächliche Asymmetrie erst erkennbar.

---

35 So etwa – um nur ein naheliegendes Beispiel zu nennen – bezeugt für Zürich im Jahr 1319, vgl. Germania Judaica [Anm. 26], S. 946.

36 Vgl. dazu und zum folgenden z. B. Friedrich Lotter, Innocens virgo et martyr. Thomas von Monmouth und die Verbreitung der Ritualmordlegende im Hochmittelalter, in: Die Legende vom Ritualmord. Zur Geschichte der Blutbeschuldigung gegen Juden, hg. von Rainer Erb, Berlin 1993 (Dokumente, Texte, Materialien 6), S. 25–72.

Nicht Vorwurf und Anklage gegen die Juden ist das Kreuz hier, sondern Hinweis auf die Kreuzigung als das für die Christen zentrale Heils- und Erlösungsereignis, das die Juden freilich als solches gerade nicht anerkennen. Hinter der visuellen Semantisierung des Kreuzes im Süßkind-Bild scheinen Elemente einer ›Theologie des Kreuzes‹[37] auf, wie sie im 13. Jahrhundert am prominentesten von Thomas von Aquin formuliert wurde.[38] Vor dem Hintergrund einer solchen ›Theologie des Kreuzes‹ ist das Kreuz ein Symbol für die besondere Beziehung zwischen Gott und Mensch, die sich im ›Gottmenschen‹ Jesus, aber eben auch im Erlösungscharakter seines Todes manifestiert.[39]

Schon bei Paulus, der vor allem in den Korintherbriefen die wesentlichen Vorgaben für die christliche Theologie des Kreuzes liefert,[40] entwickelt sich diese Theologie in der Auseinandersetzung mit den ›Ungläubigen‹, mit den Juden und Heiden:

Quoniam et iudaei signa petunt et Graeci sapientiam quaerunt nos autem praedicamus Christum crucifixum Iudaeis quidem scandalum gentibus autem stultitiam (I Cor 1,22–23).

---

37 Vgl. einführend den instruktiven Artikel von Eva Maria Faber, Kreuzestheologie. I. Westkirche, LThK VI, Sp. 453f., sowie U. Köpf, Kreuz, Kruzifix. B. Theologie und Spritualität, LexMA V, Sp. 1490–1492.

38 Thomas von Aquin, Summa theologica III, 46–50, bes. 46,5. Vgl. dazu – jedoch nicht ohne unnötige Komplikationen – Gerd Lohaus, Die Geheimnisse des Lebens Jesu in der Summa theologica des Thomas von Aquin, Freiburg 1985 (Freiburger Theologische Studien 131), S. 185–206. – Thomas steht hier für eine schultheologische Erörterung des Themas, innerhalb derer die ›objektive‹ Bedeutung des Kreuzes für den Christen eine besondere Rolle spielt. Davon zu unterscheiden ist eine ›Theologie des Kreuzes‹, welche die Bedeutung des Kreuzes für das religiöse Subjekt in den Vordergrund stellt und insbesondere den Aspekt der Nachfolge und *compassio* betont. Sie wird vor allem von Bernhard von Clairvaux und Franziskus von Assisi entwickelt; Bonaventura schließt hier an (›Legenda maior‹ 4,9f.). – Wenn im Süßkind-Bild auf eine mittelalterliche Theologie des Kreuzes angespielt wird, dann nicht auf die zuletzt genannte Ausprägung, denn von einer Konzeption der *compassio* ist auf dem Bild nichts zu sehen. Vielmehr scheint es um die ›objektive‹ Bedeutung des Kreuzes für den Christen zu gehen, wie sie von schultheologischen Autoren und eben auch von Thomas herausgestellt wird; vgl. Köpf [Anm. 37], Sp. 1491f.

39 Vor diesem Hintergrund konnte sogar ein positiver Zusammenhang zwischen dem Kreuz und dem Judentum hergestellt werden, etwas bei Lanfranc von Canterbury († 1089): *Delictum Judaeorum ditavit mundum, quia nisi ipsi Dominum crucifixissent, crux Christi, et resurrectio, et ascensio ejus praedicata et credita in mundo non esset* (PL 150, Sp. 141 B).

40 Vgl. vor allem I Cor 1,17–25.

Das Skandalon der Kreuzigung, das für Juden und Heiden wesentliches Argument gegen Christus ist,[41] wird durch eine ›Theologie des Kreuzes‹ ins Positive gewendet – die Kreuzigung wird als das zentrale Heilsereignis gedeutet, mit dem der Gottmensch durch den eigenen Tod den Tod als menschliches Schicksal ›überwindet‹. Die darin zum Ausdruck kommende besondere ›Weisheit‹ Gottes, die der ›Welt‹ als Torheit erscheinen muß, spielte mindestens implizit auch für die Auseinandersetzung zwischen Christen und Juden im späteren Mittelalter eine Rolle. Im Anschluß an die aristotelisch beeinflußte Religionsphilosophie des Maimonides nutzten Juden in der theologischen Auseinandersetzung mit Christen eine ›rationalistische‹ Argumentation, die zentrale Elemente des christlichen Glaubens als ›unglaubwürdig‹ qualifiziert, weil sie sowohl dem Augenschein als auch jeder empirischen Erfahrung, aber auch dem (an Aristoteles geschulten) logischen Denken widersprechen.[42] Für die christliche Gegenargumentation war die Vorstellung einer ›höheren‹ und andersartigen ›Weisheit‹ Gottes von entscheidender Bedeutung.[43]

Möglicherweise findet sich auch im Süßkind-Bild bei genauerem Zusehen ein Reflex dieser Auseinandersetzung. Die Gesten der beiden Männer in der Mitte des Bildes sind – wie bereits gesagt – symmetrisch angelegt.[44] Bei genauerer Betrachtung aber fällt auf, daß dies nicht ganz zutrifft, daß vielmehr auch bei diesem Detail die scheinbare Symmetrie erst den Blick auf eine kleine Asymmetrie lenkt. Es

---

41 Das Kreuz als Argument gegen den christlichen Glauben wurde von der jüdischen Seite immer wieder ins Feld geführt, vgl. AWERBUCH [Anm. 22], S. 98; BEN-SASSON, Disputations and Polemics [Anm. 22], Sp. 89.

42 So etwa Rabbi Moses ben Nachman (›Nachmanides‹) in der *disputatio* von Barcelona 1263 gegen den Apostaten und Dominikaner Pablo Christiani, vgl. die ausführlichen Zitate in BEN-SASSON, Disputations and Polemics [Anm. 22], Sp. 92.

43 Zu dieser göttlichen *sapientia* vgl. I Cor 1,18–31.

44 Die Gesten der beiden Männer wird man kaum eindeutig als ›Gerichtsgestik‹ deuten können, wie dies JAHRMÄRKER [Anm. 4], S. 338–344, in einem letztlich zirkulären Verfahren versucht. Vielmehr zeigt die Geste (erhobener Zeigefinger der einen Hand, die andere hängt locker nach unten) an, daß hier argumentiert wird. Daß diese Geste auch bei der Darstellung eines Religionsgesprächs zwischen Juden und Christen verwendet werden konnte, zeigt z. B. das Bild einer Disputation zwischen einem Bischof (?) und einem Juden in einer der ältesten Darstellungen eines solchen Gesprächs (Douai [Frankreich], Bibliothèque Municipale, Ms. 381, fol. 131, abgebildet in BEN-SASSON, Disputations and Polemics [Anm. 22], Sp. 82).

gibt nämlich einen kleinen, aber durchaus nicht unauffälligen Unterschied in der Haltung des jeweils durch seine unnatürliche Länge hervorgehobenen Zeigefingers. Während er bei dem Mann neben dem Bischof durchgestreckt ist und deutlich nach oben (auf die Fahne mit dem Kreuz) weist, ist er bei dem Magister leicht angewinkelt, zeigt nicht nach oben, wo ja über dem Juden im leeren Luftraum auch gar nichts zu zeigen ist, sondern weist auf den Juden selbst – auf seinen Kopf. Man könnte dies wie folgt deuten: Während die Christen ein Argument haben, das (im Bild und auch im übertragenen Sinn) ›über‹ ihnen steht – das Kreuz Christi und die darin manifestierte Beziehung zu einem liebenden Gott, der seinen Sohn ›geopfert‹ hat –, kann der Jude darauf verwiesen werden, daß er nur sich selbst hat. Seine Argumentation ist nur menschlich und kann nur vom menschlichen Intellekt her gedacht sein.

V

Das Bild reflektiert in bemerkenswerter Weise noch einen weiteren Aspekt christlich-jüdischer Religionsgespräche im Mittelalter. Solche Disputationen fanden im Normalfall vor einer christlichen Autorität (Bischof, Landesherr) statt, die natürlich kein objektiver Schiedsrichter sein konnte, sondern selbst Partei war. Insofern konnten derartige Religionsgespräche, jedenfalls wenn sie einen offiziellen Charakter hatten wie etwa die Pariser Disputation von 1240, nicht ergebnisoffen sein: Die Möglichkeit, daß sich der ›Schiedsrichter‹ am Ende gegen jene Partei entscheiden könnte, der er selbst angehörte, war tatsächlich nicht gegeben.[45]

Im Süßkind-Bild wird diese Grundgegebenheit jeder ›offiziellen‹ christlich-jüdischen Disputation visualisiert: Der Bischof/Abt, der als ranghöchster Vertreter der kirchlichen Autorität am ehesten als ›Schiedsrichter‹ in Frage kommt, sitzt zwar auf einem (Bischofs)stuhl und ist dadurch in gewisser Weise gegenüber allen anderen Personen auf dem Bild ›erhöht‹, aber der visuell dominierende Eindruck ist derjenige der Gleichrangigkeit, weil Köpfe und Augen aller Personen

45 Zu diesem grundsätzlichen Problem vgl. Ben-Sasson, Disputations and Polemics [Anm. 22], Sp. 80.

exakt auf einer Linie liegen. Die sitzende Position kann also auf eine (Schieds)richterfunktion anspielen, diese wird jedoch zugleich zurückgenommen, denn der potentielle Schiedsrichter befindet sich nicht in der Mitte zwischen den Parteien (Magister und Jude), sondern ganz auf der einen – der christlichen – Seite, er steht nicht über den anderen, sondern ist auf Augenhöhe auch mit dem Juden, dessen Gleichrangigkeit mit dem Bischof/Abt durch den Pelzkragen noch betont wird. Man hat den Eindruck, daß der Maler die Schiedsrichterfunktion des Bischofs/Abts zwar angedeutet hat (sitzende Position!), aber letztlich verneinen wollte. Auch fällt auf, daß der Nachtragsmaler I in diesem Bild das von ihm sonst gerne genutzte Mittel der Bedeutungsperspektive nicht verwendet: Alle vier Personen auf dem Bild haben trotz ihres unterschiedlichen Ranges die gleiche Größe.

Der tatsächliche Schiedsrichter zwischen Christ und Jude ist auf dem Bild nicht zu sehen, er befindet sich außerhalb des Bildes; der Maler hat nicht etwa die Entscheidung eines Schiedsrichters dargestellt, er ruft vielmehr mit seinem Bild den Betrachter dazu auf, selbst zu entscheiden. Insofern hat das Bild eine appellative Struktur im Sinne der rezeptionsästhetischen Konzeption von WOLFGANG ISER:[46] Es fordert seinen Betrachter dazu auf nachzuvollziehen, warum zwischen Christen und Juden aus ›Symmetrie‹ immer ›Asymmetrie‹ werden muß. Das Bild zu Süßkind von Trimberg ist insofern – natürlich – aus der christlichen Perspektive heraus komponiert, aber seine visuelle Aussage ist nicht dogmatisch, sondern argumentativ. Jede diffamierende Darstellung des Juden läge weit unter dem argumentativen Niveau dieses Bildes – obwohl der Nachtragsmaler I durchaus die Mittel dazu gehabt hätte.[47]

---

46 Prägnant: WOLFGANG ISER, Die Appellstruktur der Texte. Unbestimmtheit als Wirkungsbedingung literarischer Prosa, Konstanz 1970 (Konstanzer Universitätsreden 28).

47 Vgl. die diffamierende Darstellung eines ›häßlichen‹ Heiden im Bild zu Kristan von Luppin (fol. 226[v]).

VI

Ganz programmatisch habe ich für die Interpretation der Miniatur zu Süßkind von Trimberg einen deutlich bildimmanenten Ansatz gewählt. Dabei ging es mir nicht um die Frage, was in dem Bild abgebildet wird, sondern was es zeigt. Abbildungen verstehen sich als ›Bilder von etwas‹, als Repräsentationen von Wirklichkeiten, die außerhalb des Bildes liegen. Sie sind insofern referentiell auf Realität bezogen. Dieser Wirklichkeitsbezug wird aber für den Betrachter nur dann erkennbar, wenn er weiß, was abgebildet wird. Abbildungen genügen sich also, wenn sie eine Abbildungsfunktion haben sollen, nicht selbst, sondern setzen ein Wissen beim Rezipienten voraus, das dieser entweder als Erinnerung an das Abgebildete schon hat oder durch zusätzliche Informationen (Überschrift oder Beischrift) geliefert bekommt. Wenn man nicht weiß, was auf einem Bild abgebildet wird, dann ist es für den Betrachter auch keine Abbildung. Anders formuliert: Eine Abbildungsfunktion hat ein Bild nur dann, wenn man es entweder an der abgebildeten Realität messen kann (›das Bild gibt die Realität gut/schlecht wieder‹) oder wenn man durch das Bild etwas über diese Realität erfährt (›so also sieht/sah das aus!‹). Eine Fotografie, von der wir nicht wissen, was darauf zu sehen ist, kann einen ästhetischen Wert für uns haben, nicht aber ihre Abbildungsfunktion erfüllen.

Die Forschung hat das Süßkind-Bild nicht selten wie eine alte Fotografie behandelt, von der niemand mehr genau weiß, was darauf abgebildet ist. Diese durch die zeitliche Distanz bedingte Lücke müßte – so dieser Ansatz – durch historische Wirklichkeitsrekonstruktion zu füllen sein: Heraldisches Spezialwissen führt dann zu dem Befund, daß die Fahne auf dem Süßkind-Bild am ehesten derjenigen des Erzbischofs von Köln entspricht (schwarzes Kreuz auf silbernem Grund), eine Analyse der Gesten zu der These, daß es sich um eine Gerichtsverhandlung handeln dürfte.[48] Es wird also eine historische Wirklichkeit zum Bild gesucht, ohne daß die implizite Voraussetzung dieser Suche, nämlich ein auf die Abbildungsfunktion beschränkter Bildbegriff, reflektiert würde. Wieso aber sollte den historischen Betrachter eine Gerichtsverhandlung mit jüdischer Be-

---

48 Jahrmärker [Anm. 4].

teiligung vor dem Erzbischof von Köln interessieren, warum sollte der Maler sie in der Manessischen Handschrift überhaupt ›abbilden‹?

Tatsächlich sperrt sich das Bild selbst gegen seine Interpretation als Abbildung eines historischen Ereignisses, und zwar weil der Maler es in gewisser Weise gegen die auf der gleichen Seite befindliche Bildüberschrift setzt. *Suͤskint der Jvde von Trimperg* – das wäre die Information, die für den Betrachter aus dem Bild eine (wenn auch nur fiktive) Abbildung hätte machen können. Aber den mit diesem Namen bezeichneten Verfasser der folgenden zwölf Sangspruchstrophen bildet der Maler gerade nicht ab: Nicht einen mittellosen, um *milte* heischenden fahrenden Sänger zeigt das Bild, sondern einen (bei aller symbolischen Aufladung der Kleidung eben doch) reich gekleideten Juden mit goldenem Judenhut. Der Künstler bezieht aus der Bildvorschrift also nicht den ›abzubildenden‹ Gegenstand seines Bildes, sondern sein Thema – insofern handelt es sich gerade nicht um ein ›Autorbild‹:[49] Er greift allein das Wort ›Jude‹ auf und macht es zum Ausgangspunkt eines Bildes, das Christen zeigt, die einen Juden im Rahmen eines Religionsgesprächs nicht etwa zwingen, sondern überzeugen wollen. Das Bild selbst aber will seinen Betrachter davon überzeugen, daß die Christen in der Tat die besseren Argumente haben.

---

49 Zum Typus ›Autorbild‹ vgl. Ursula Peters, Autorbilder in volkssprachigen Handschriften des Mittelalters. Eine Problemskizze, ZfdPh 119 (2000), S. 321–368, insbesondere S. 322–324; Peters stellt eine »deutliche Zurückhaltung der deutschen Überlieferung des 13. und 14. Jahrhunderts gegenüber einer bildlichen Umsetzung des Themenkomplexes Autorschaft und Textentstehung« (S. 360) fest. In der Manessischen Liederhandschrift ist diese Zurückhaltung vor allem bei den Nachtragsmalern zu erkennen, während beim Grundstockmaler relativ häufig Personen in Vortragshaltung oder zumindest im ›vortragenden‹ Zwiegespräch zu sehen sind. Vgl. zum Komplex Autorbild auch Horst Wenzel, Zur Ausdifferenzierung von Autorfunktionen in mittelalterlichen Miniaturen, in: Autor und Autorschaft im Mittelalter. Kolloquium Meißen 1995, hg. von Elizabeth Andersen, Jens Haustein, Anne Simon und Peter Strohschneider, Tübingen 1998, S. 1–28.

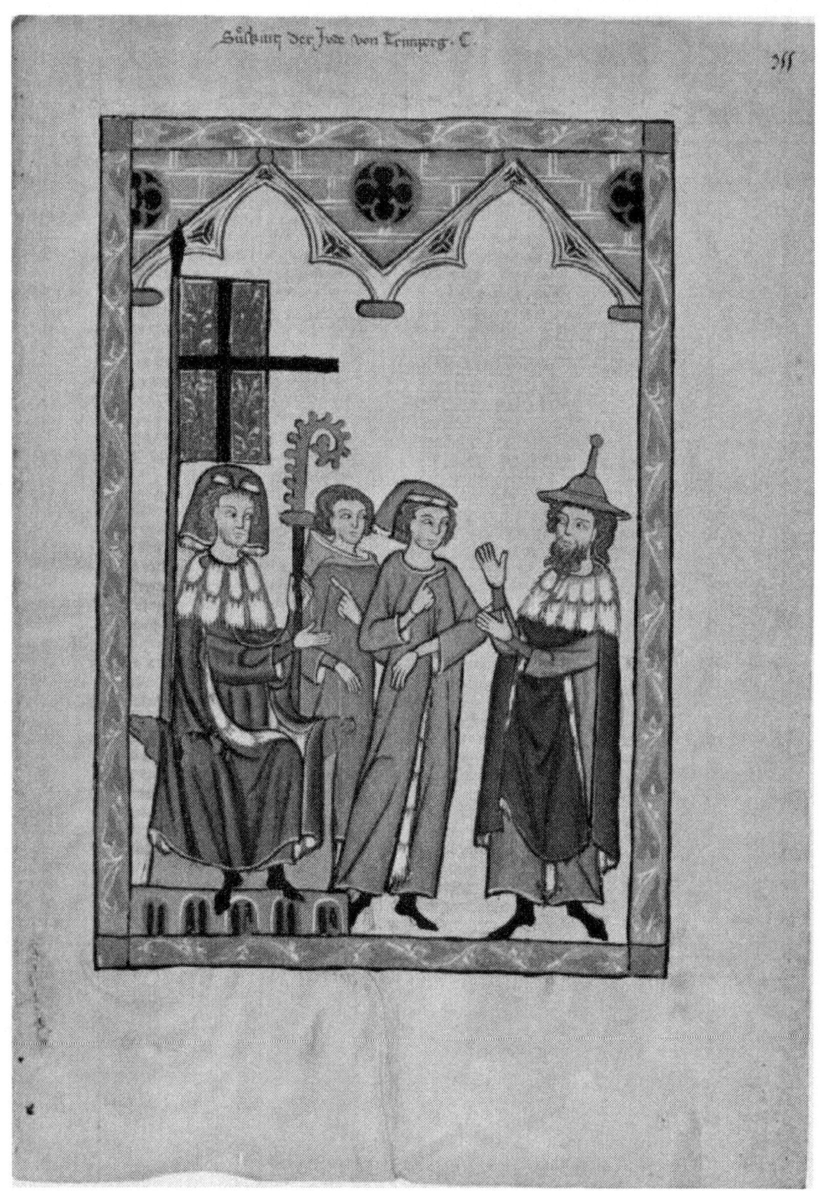

Abb.1
›Süßkind, der Jude von Trimberg‹, Heidelberg, UB, Cpg 848, fol. 355[r].

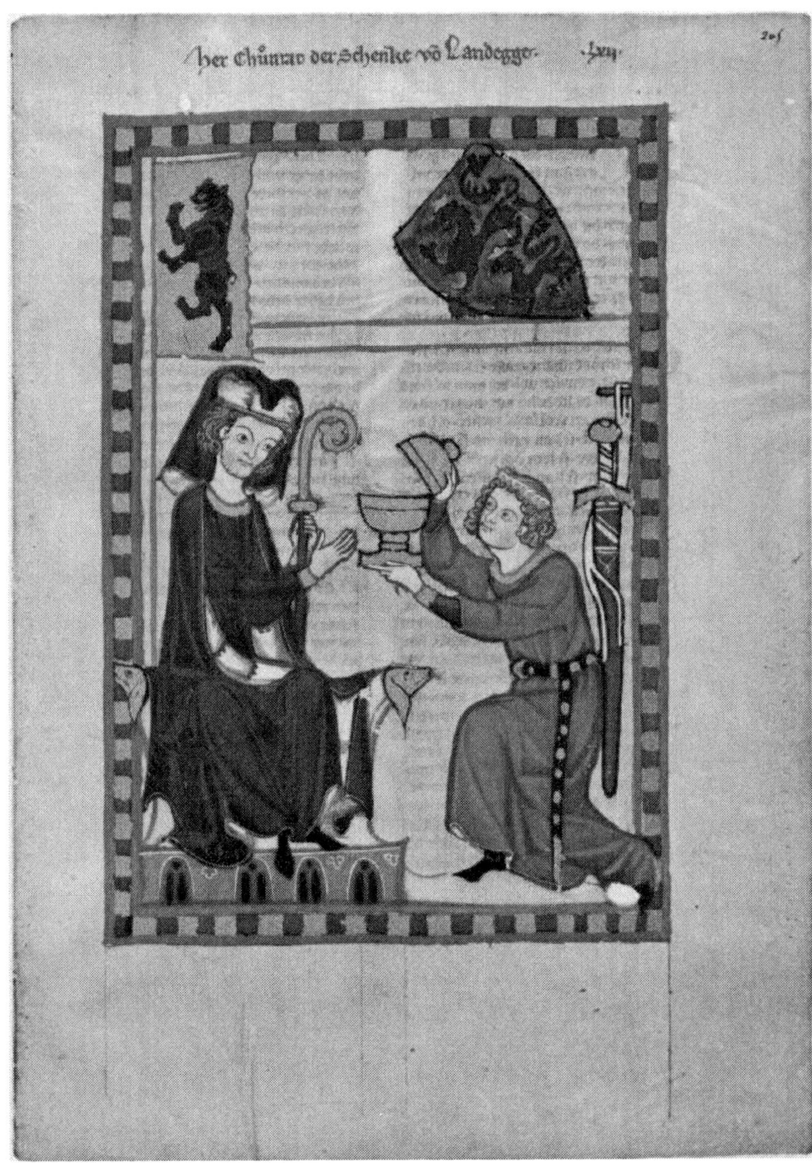

Abb.2
›Konrad, der Schenke von Landeck‹, Heidelberg, UB, Cpg 848, fol. 205[r].

Abb.3
›Der Schulmeister von Eßlingen‹, Heidelberg, UB, Cpg 848, fol. 392^{v}.

Gert Hübner

Überlegungen zur Historizität von Metapherntheorien

I. Metaphern und Metapherntheorien

Zu den jüngeren Errungenschaften der Metapherntheorie gehört ein verstärktes Interesse für historische Beziehungen zwischen dem Gebrauch von Metaphern und der Reflexion über Metaphern. DAVID WELLBERY beispielsweise hat 1999 entschieden behauptet, »daß es einen engen Zusammenhang gibt zwischen metaphorischen Vertextungsprozeduren einerseits und Metapherntheorien andererseits und daß dieser Zusammenhang in den unterschiedlichen Einstellungen zur Sprache wurzelt, die historisch spezifischen Kulturkomplexen jeweils eigen sind.«[1]

Bereits 1991 verglich CHRISTIAN STRUB die Metapherntheorien der analytischen Sprachphilosophie und der rhetorischen Tradition – bekannt als ›Interaktionstheorie‹ und ›Substitutionstheorie‹ der Metapher – mit dem Ziel, »die prinzipielle Historizität von Metapherntheorien« nachzuweisen.[2] Das ist nicht in dem trivialen Sinn gemeint, daß die Metapherntheorie sich mit der Zeit verändert hat, sondern in dem weniger trivialen, daß jede Metapherntheorie von einem bestimmten Paradigma ontologischer, sprach- und erkenntnistheoreti-

---

1 DAVID E. WELLBERY, Übertragen: Metapher und Metonymie, in: Literaturwissenschaft. Einführung in ein Sprachspiel, hg. von HEINRICH BOSSE/URSULA RENNER, Freiburg i. Br. 1999, S. 139–155, hier S. 152.

2 CHRISTIAN STRUB, Kalkulierte Absurditäten. Versuch einer historisch reflektierten sprachanalytischen Metaphorologie, Freiburg i. Br./München 1991, insbes. S. 267–285. – Grundlegend für die sprachanalytische Interaktionstheorie: MAX BLACK, Metaphor, Proceedings of the Aristotelian Society 55 (1954), S. 273–294; MAX BLACK, More about Metaphor, Dialectica 21 (1977), S. 431–457 (dt. Die Metapher, in: Theorie der Metapher, hg. von ANSELM HAVERKAMP, Darmstadt 1983, S. 55–79; Mehr über die Metapher, in: Ebd., S. 379–413); PAUL HENLE, Metaphor, in: Language, Thought, and Culture, hg. von PAUL HENLE, Michigan 1958, S. 173–195 (dt. Die Metapher, in: Theorie der Metapher, hg. von ANSELM HAVERKAMP, Darmstadt 1983, S. 80–105).

scher Annahmen abhängt, das auch den Metapherngebrauch beeinflußte, auf den sich die Theorie ursprünglich bezog.

Strub zeigt einerseits, daß die Tropentheorie der rhetorischen Tradition auf einer ›Substanzenontologie‹ beruht. Damit ist, vereinfacht gesagt, die Vorstellung gemeint, daß es in der Welt erstens Dinge gibt, die zweitens Eigenschaften haben und zwischen denen drittens Relationen bestehen, sowie daß viertens die Wörter vermittels mentaler Konzepte diese Dinge, Eigenschaften und Relationen bezeichnen.[3] Es gibt in diesem Paradigma eine der Sprache vorausliegende Ordnung der Welt, auf die wir uns mit der Sprache beziehen. Innerhalb des Paradigmas, meint Strub, sei die Substitutionstheorie der Metapher sowohl in sich konsistent als auch erklärungsmächtig für Verwendungsweisen von Metaphern, die selbst aus ihm hervorgehen.[4] Einen derartigen Metapherngebrauch gibt es bis heute, weil das Paradigma, das inzwischen als ›naiver Realismus‹ erscheint, nur in theoriegesättigten Zusammenhängen obsolet ist, nicht aber in der ›ordinären‹ Lebenswelt und ihren Einstellungen zur Sprache.

Andererseits zeigt Strub, daß die Interaktionstheorie auf dem ontologischen, sprach- und erkenntnistheoretischen Paradigma der analytischen Philosophie beruht, demzufolge wir uns mit der Sprache nicht auf eine der Sprachstruktur vorausliegende und von ihr unabhängige Struktur der Welt beziehen. Auch die Interaktionstheorie, meint Strub, sei innerhalb ihres Paradigmas konsistent und erklärungsmächtig für Verwendungsweisen von Metaphern, die selbst aus ihm hervorgehen.[5] Man sollte nicht aus dem Blick verlieren, daß sich die sprachanalytische Interaktionstheorie von Anfang an für die Erkenntnispotentiale des philosophischen Metapherngebrauchs interessierte; sie eignet sich aber auch gut für Metaphern in der Dichtung der Moderne.

---

3 Der für die mittelalterliche Philosophiegeschichte klassische Ort des Modells ist Boethius' ›De interpretatione‹ (Übersetzung von Aristoteles' ›Peri hermeneias‹); vgl. dazu Stephan Meier-Oeser, Die Spur des Zeichens. Das Zeichen und seine Funktion in der Philosophie des Mittelalters und der frühen Neuzeit, Berlin/New York 1997 (Quellen und Studien zur Philosophie 44), S. 34–37.

4 Strub [Anm. 2], S. 287–348.

5 Strub [Anm. 2], S. 379–391 und 414–436.

STRUBS Argumentation kulminiert in der Behauptung, daß Substitutionstheorie und Interaktionstheorie dieselbe logische Qualität haben, aber ihre Gegenstände unterschiedlich konstituieren. Die Substitutionstheorie versteht Metaphern, knapp gesagt, als rekonstruktive Modelle, die eine vorgängige Wirklichkeit repräsentieren, weil sie zu einem intellektuellen Paradigma gehört, das Sprache generell als Repräsentation von Wirklichkeit versteht. Die Interaktionstheorie versteht Metaphern als konstruktive Modelle, weil sie zu einem Paradigma gehört, das Sprache generell als Konstruktion von Wirklichkeitsmodellen versteht.

Unter diesen Umständen lassen sich zwei Kriterien vorstellen, nach denen man sich für die eine oder für die andere Metapherntheorie entscheiden kann. Das erste ist die historische Gültigkeit der Basisparadigmen. Die Interaktionstheorie wäre die konstruktivistische Metapherntheorie der Moderne für konstruktivistische Metaphern der Moderne. Man könnte sie zwar auf Metaphern in Texten des 12. oder 13. Jahrhunderts anwenden, aber man konstituierte dabei automatisch einen modernen Gegenstand. Die Ergebnisse des Interpretationsverfahrens wären nicht eigentlich widerlegbar, aber das Interpretationsverfahren selbst wäre unhistorisch.

Das zweite Kriterium hat die weniger rigide Gestalt einer Ökonomieregel. Sie stellt in Rechnung, daß es in der Moderne nicht nur einen konstruktivistischen Metapherngebrauch gibt, sondern nach wie vor auch einen vormodernen. Die analytische Philosophie faßt das als Unterschied zwischen ›emphatischen‹ und ›nicht-emphatischen‹ Metaphern.[6] Der Ökonomieregel zufolge hätten Metaphern, die man mit der Substitutionstheorie erklären kann, nicht die kommunikative Funktion, die die Interaktionstheorie unterstellt; sie wären deshalb mit der Substitutionstheorie adäquat zu erklären. Umgekehrt scheitert die Substitutionstheorie bei emphatischen Metaphern schon im Ansatz. Auf dieser Basis könnte man auch über Umstände nachdenken, unter denen ältere Metaphern mit der Substitutionstheorie nicht erfaßbar sind, sondern den Rückgriff auf die Interaktionstheorie nötig machen, unter denen es also in der Vormoderne womöglich emphatische Metaphern gab.

---

6 STRUB [Anm. 2], S. 25f.; die Terminologie stammt von MAX BLACK [Anm. 2].

In der germanistischen Mediävistik begegnet man oft einer anderen Einschätzung der Relation zwischen Metapherntheorie und Metapherngebrauch, nämlich der Überzeugung, daß der Fortschritt der Metapherntheorie bessere Einsichten in die Funktionsweise aller Metaphern ermöglicht. Paradigmenwechsel, wie STRUB sie beschreibt, spielen dabei keine Rolle. SUSANNE KÖBELE etwa hält die Substitutionstheorie, nach der die Metapher im Kern eine Analogie herstellt, für prinzipiell reduktionistisch: »Ohnehin kommt eine systematische Beschreibung der Metapher mit der einen (aristotelischen) Kategorie der Analogie nicht aus. Metaphernspezifisch ist gerade die Verknüpfung von analogisierender und identifizierender Rede. Mit einem Schlag tritt das eine und andere in den Blick, wird die Differenz – die ›kategoriale Distanz‹ – zugleich aufrechterhalten und überspielt.«[7] Vor diesem Horizont erscheint notwendigerweise als methodisch rückständig, wer heute noch mit der Substitutionstheorie hantiert.

Meines Erachtens kann das aber nicht als ausgemacht gelten, weil es in der Geschichte des Metapherngebrauchs wie der Metapherntheorie zwei ›echte‹ Paradigmenwechsel gibt, die eine historische Hermeneutik der Metapher berücksichtigen sollte. Die erste Schwelle ist die Einführung der Bildtheorie der Metapher im 18. Jahrhundert.[8] Daß sie die dem Mittelalter und der frühen Neuzeit aus der Antike überlieferte Substitutionstheorie ablöste, beruht zwar nicht

---

7 SUSANNE KÖBELE, Umbesetzungen. Zur Liebessprache in Liedern Frauenlobs, in: Geistliches in weltlicher und Weltliches in geistlicher Literatur des Mittelalters, hg. von CHRISTOPH HUBER [u. a.], Tübingen 2000, S. 213–235, hier S. 214. Dies entspricht, wie Anm. 5 [ebd.] ausdrücklich hinzufügt, dem grundsätzlichen Unterschied zwischen Substitutions- und Interaktionstheorie. Vgl. jetzt auch SUSANNE KÖBELE, Frauenlobs Lieder. Parameter einer literarhistorischen Standortbestimmung, Tübingen/Basel 2003 (Bibliotheca Germanica 43), S. 140–148. STRUB wird hier zwar referiert, doch ergeben sich daraus keine Konsequenzen für eine historische Hermeneutik der Metapher.

8 Die Bildtheorie der Metapher ging ein in die als ›hermeneutisches Paradigma‹ geläufige Richtung der Metapherntheorie des 20. Jahrhunderts, die das Bildkonzept mit dem sprachanalytischen kontaminiert; vgl. insbes. HANS BLUMENBERG, Paradigmen zu einer Metaphorologie, Archiv für Begriffsgeschichte 6 (1960), S. 5–142, 301–305; HANS BLUMENBERG, Beobachtungen an Metaphern, Archiv für Begriffsgeschichte 15 (1971), S. 161–214; HARALD WEINRICH, Semantik der kühnen Metapher, DVjs 37 (1963), S. 325–344 (mit der berühmt gewordenen Terminologie ›Bildspender-Bildempfänger‹); PAUL RICŒUR, La métaphore vive, Paris 1975 (dt. Die lebendige Metapher, München 1986).

auf einer Veränderung der Basisannahmen über das Verhältnis von Sprache und Welt, wohl aber auf einem Paradigmenwechsel in der Erkenntnis- und, davon abhängig, in der Dichtungstheorie. Ausdruck der zweiten Schwelle ist die sprachanalytische Interaktionstheorie des 20. Jahrhunderts. In beiden Fällen wurde das Verständnis von Metaphern nicht verbessert, sondern verändert.

Um genauer darzustellen, mittels welcher Kategorien die drei Metapherntheorien ihren Gegenstand konstituieren, interpretiere ich zunächst einen metaphorischen Satz von Wolfram von Eschenbach nach der Substitutionstheorie, nach der Bildtheorie und nach der Interaktionstheorie. Wolfram, der Distanz zur trivialen Gelehrsamkeit signalisiert, dient als Beispiel, weil ich im Fall der Substitutionstheorie mit zeitgenössischen lateinischen Theoretikern hantiere. Jenseits der Frage von Abhängigkeit oder Unabhängigkeit zielt die Argumentation darauf, die Verwurzelung von volkssprachlichem Metapherngebrauch und lateinischer Metapherntheorie im selben Basisparadigma aufzuzeigen. Die philosophische Gestalt der ›Substanzenontologie‹ verstehe ich dabei als theoretische Verdichtung einer lebensweltlichen Einstellung zum Verhältnis zwischen Sprache und Welt. Der interpretierte Satz stammt aus dem ›Parzival‹; als Herzeloyde ihren Sohn stillt, freut sie sich zunächst über ihn, doch dann erinnert er sie an Gahmuret, weshalb ihr die Tränen kommen (L 113,27–114,4):

> sich begôz des landes frouwe
> mit ir herzen jâmers touwe:
> ir ougen regenden ûf den knabn.
> si kunde wîbes triuwe habn.
> beidiu siufzen und lachen
> kunde ir munt vil wol gemachen.
> si vreute sich ir suns geburt:
> ir schimph ertranc in riwen furt.

Beschäftigen soll uns die Freude, die in der Furt des Leids ertrinkt. Ich beginne mit der Bildtheorie, weil sie meinem Eindruck nach die wirkungsmächtigste Metapherntheorie in der germanistischen Mediävistik ist, und weil ich den Verdacht hege, daß viele sie gar nicht für eine Theorie, sondern für selbstverständlich oder natürlich halten.

II. Bild

Heiko Hartmann erklärt Wolframs Satz in seinem Kommentar zum 2. Buch des ›Parzival‹ folgendermaßen: »Ausdrucksstarkes Bild: Die Heiterkeit versucht vergeblich, den Fluss des Leids zu durchschreiten. Sie kann der Strömung jedoch nicht standhalten und versinkt in den Fluten; das Leid obsiegt [Stellenverweise]. ›Die geweinten Thränen sind wol […] die Ursache dieser Vorstellung‹«.[9] Mit dem Zitat am Ende geht die Deutung auf Ludwigs Bocks Studie über Wolframs ›Wörter und Bilder für Freude und Leid‹ aus dem Jahr 1879 zurück.[10]

Wie funktioniert sie? Der Interpret imaginiert eine Szenerie, in der sich eine Handlung ereignet. Die Imagination setzt bei der Metapher *furt* an und bereichert sie assoziativ: Von einem Fluß ist bei Wolfram keine Rede, aber wo eine Furt ist, wird wohl auch ein Fluß sein. Das Verhältnis der *riuwe* zur Furt im Fluß wird als Veranschaulichung aufgefaßt: Die Interpretation tauscht das Leid, das man nicht sehen kann, durch die Furt im Fluß aus, die man imaginieren kann. Während das Leid in der imaginierten Szenerie als Fluß erscheint, bleibt die Heiterkeit als Aktant der Handlung in der Interpretation erhalten, weil sie in Wolframs Satz nicht metaphorisiert ist. Offensichtlich stellt sich der Interpret aber nicht vor, wie die abstrakte Heiterkeit im konkreten Fluß untergeht, sondern wie ein Mensch versinkt.

Die imaginierte Handlung ist gegenüber der Ausgangsformulierung ebenfalls assoziativ angereichert. Bei Wolfram ist weder von einem Versuch die Rede, die Furt zu durchschreiten, noch von gescheiterten Bemühungen, den Fluten standzuhalten. Die Rede ist nur vom Ertrinken, das Hartmann freilich als Versinken in den Fluten des Flusses imaginiert. An diesem Punkt hakt die Interpretation vielleicht ein wenig, denn Furten sind gewöhnlich da, wo das Wasser nicht so tief ist wie anderswo. Hartmann unterstellt aber offenbar, daß die Freude ertrinkt, weil das Leid sehr groß ist. Die Interpretation würde besser funktionieren, wenn bei Wolfram von einem Strom des Leids die Rede wäre.

---

9 Heiko Hartmann, Gahmuret und Herzeloyde. Kommentar zum zweiten Buch des ›Parzival‹ Wolframs von Eschenbach, Herne 2000, Bd. 2, S. 364.

10 Ludwig Bock, Wolframs von Eschenbach Bilder und Wörter für Freude und Leid, Straßburg/London 1879, S. 24.

Mir geht es im folgenden indes allein um die Frage, was die Assoziationen rechtfertigt: Woher weiß man, daß die Freude den Fluß des Leids durchschreiten und den Fluten standhalten wollte?

Diese Assoziationen beziehen ihre Legitimität nicht aus Wolframs Formulierung, sondern aus der Metapherntheorie, die der Auslegungsprozedur zugrunde liegt. Auf einen ihrer Kernaspekte verweist der letzte Satz von HARTMANNS Kommentar, das BOCK-Zitat. Es unterstellt, daß die Metapher auf der Ebene der imaginierten Szene motiviert ist durch die im Kontext erzählte Szene: Herzeloydes Freude ertrinkt in den Fluten ihrer eigenen Tränen. Ich möchte davon absehen, daß sich die versuchte Durchquerung der Furt schwierig ausnimmt, wenn man den Gedanken weiter ausspinnt, und mich darauf konzentrieren, daß HARTMANN die Bildebene der Metapher mit BOCK aus der Handlungsebene der Erzählung, damit aus der Bedeutungsebene der Metapher ableitet. Als Bild soll die Metapher kein arbiträres und konventionelles Zeichen sein, sondern ein motiviertes und natürliches. Insofern der bildliche Ausdruck durch den ausgedrückten Inhalt motiviert ist, ist der bildliche Ausdruck vom ausgedrückten Inhalt nicht einfach ablösbar.

BERNHARD ASMUTH vor allem hat darauf hingewiesen, daß die Bildtheorie der Metapher in der Gestalt, in der sie im 18. Jahrhundert aufkam, eine Innovation darstellte.[11] Das Verständnis der Metapher als Bild steht in engem Zusammenhang mit der neuen Wissenschaft der sinnlichen Erkenntnis (›Ästhetik‹), der das Gedicht als *oratio sensitiva perfecta* galt.[12] Die Metapher wurde zum Bild, als die Dichtkunst insgesamt zur Angelegenheit der sinnlichen Erkenntnisver-

---

11 BERNHARD ASMUTH, Seit wann gilt die Metapher als Bild? Zur Geschichte der Begriffe ›Bild‹ und ›Bildlichkeit‹ und ihrer gattungspoetischen Verwendung, in: Rhetorik zwischen den Wissenschaften. Geschichte, System, Praxis als Probleme des ›Historischen Wörterbuchs der Rhetorik‹, hg. von GERT UEDING, Tübingen 1991, S. 299–309; BERNHARD ASMUTH, Bild, Bildlichkeit, Historisches Wörterbuch der Rhetorik II, Sp. 10–21. Vgl. auch CARSTEN-PETER WARNCKE, Sprechende Bilder – sichtbare Worte. Das Bildverständnis der frühen Neuzeit, Wiesbaden 1987 (Wolfenbütteler Forschungen 33); für den englischen Wortgebrauch bereits RAY FRAZER, The Origin of the Term ›Image‹, English Literary History 27 (1960), S. 149–161; PHILIP N. FURBANK, Reflections on the Word ›Image‹, London 1970.

12 Alexander Gottlieb Baumgarten, Meditationes philosophicae de nonnullis ad poema pertinentibus [1735], hg. u. übers. von HEINZ PAETZOLD, Hamburg 1983 (Philosophische Bibliothek 352), S. 10 (§ IX).

mögen wurde. »Der poetische Ausdruck«, heißt es in Breitingers ›Critischer Dichtkunst‹ von 1740, »hat eine entzückende und bezaubernde Kraft auf die Sinnen und die Einbildung, und machet, daß wir, indem wir wohlgeschriebene Verse lesen oder hören, uns bereden, wir sehen die Sachen in der Natur gegenwärtig vor uns: *Ut pictura Poesis erit*, sagt daher Horaz.«[13] Unter dem »poetischen Ausdruck« versteht Breitinger nichts anderes als die »figürliche oder verblühmte Schreibart«, den Gebrauch der Tropen,[14] bei denen es sich um »nothwendige« und »natürliche« Zeichen handelt.[15] Die spezifische Qualität der figürlichen Rede besteht darin, daß sie »die Sachen nicht bloß durch willkührliche Zeichen, die mit den Bedeutungen nicht die geringste Verwandtschaft haben, zu verstehen giebt; sondern dieselben über das noch durch ähnliche Bilder so deutlich vor Augen mahlet, daß man sie nicht ohne Ergetzen unter einem so richtigen und durchscheinenden Bilde erkennen und entdecken muß.«[16] Unter den »symbolischen Figuren« ist die Metapher »die edelste und vornehmste«: »Sie ist alleine eine mahlerische Figur, weil sie die Sachen nicht bloß zu verstehen giebt, sondern unter ähnlichen emblematischen [i. e. im semiotischen Sinn ikonischen] Bildern ganz sichtbar vor Augen stellet.«[17]

Unschwer läßt sich die Unterscheidung zwischen der begrifflich-abstrakten und der sinnlich-anschaulichen Erkenntnis ausmachen, die der Bildtheorie der Metapher ihre Grundlage gibt. Auf dieser Differenz beruht in der deutschen Literarästhetik des 18. und 19. Jahrhunderts der spezifische, ›sinnliche‹ Erkenntniswert der Dichtung gegenüber der begrifflichen Erkenntnisleistung von Philosophie und Wissenschaft; insofern die poetisch-sinnliche Erkenntnis nicht in begrifflich-abstrakte übersetzbar ist, konstituiert diese Differenz

---

13 Johann Jacob Breitinger, Critische Dichtkunst. Faksimiledruck nach der Ausgabe von 1740, mit einem Nachwort von Wolfgang Bender, Stuttgart 1966, Bd. 2, S. 406. – Zu Horaz und zur Auslegungsgeschichte vgl. Wesley Trimpi, The Meaning of Horace's ›ut pictura poesis‹, Journal of the Warburg and Courtauld Institutes 36 (1973), S. 1–34; Gottfried Willems, Anschaulichkeit. Zu Theorie und Geschichte der Wort-Bild-Beziehungen und des literarischen Darstellungsstils, Tübingen 1989 (Studien zur deutschen Literatur 103), S. 210–333.

14 Breitinger [Anm. 13], S. 306.

15 Ebd., S. 312.

16 Ebd., S. 315f.

17 Ebd., S. 320; vgl. zu »emblematisch« ebd., S. 313.

als eine strikte, nicht gradualistisch auflösbare Opposition den neuen Dichtungsbegriff. ›Bildlichkeit‹ ist deshalb eines seiner Schlüsselkonzepte; im Umgang mit Metaphern zeigt sich seither, was man unter Dichtung versteht.

Breitingers Ausführungen zur Bildlichkeit der Metapher in der ›Critischen Dichtkunst‹ machen den Umbruch vom alten Paradigma der Rhetorik zum neuen der Ästhetik geradezu augenfällig.[18] Das Verstehen einer Metapher stellt sich Breitinger nämlich jenseits der Bildlichkeit noch im Rekurs auf die traditionelle Vergleichstheorie vor: Der Verstand bemerkt, daß die Metapher auf einer Ähnlichkeitsbeziehung beruht, »folglich daß sie nicht weniger Deutlichkeit und Wahrscheinlichkeit habe, als ein ausführliches Gleichniß; wie sie denn in der That nichts anders ist, als ein kurzgefaßtes Gleichniß, das den Grund der Gleichheit [i. e. das *tertium comparationis*] zwar in sich hat, aber denselben verbirgt und verschweiget, und das, was nur einfältig ähnlich ist, vor eins und eben dasselbe ausgiebt«.[19]

Insofern die Poesie freilich auf eine »Entzükung der Phantasie« durch die »Anwendung der figürlichen Redensarten« zielt,[20] betritt bereits jene Instanz die Bühne, die für die neue Theorie der Dichtung wie für die neue Theorie der Metapher gleichermaßen grundlegend wird – die produktive Einbildungskraft. Ihretwegen »muß die Schreibart der Poesie mit Bildern angefüllet seyn, welche die beschriebenen Sachen so geschickt schildern [i. e. ›malen‹], daß wir sie nicht vernehmen können, ohne daß unsre Phantasie beständig mit Gemählden angefüllet sey«.[21]

Der Verstand, der die Metapher als Analogie zwischen zwei Dingen begreift und durch das *tertium comparationis* einer gemeinsamen Eigenschaft auflöst, ist der rhetorische, der Regeln folgt. Die ästhetische Einbildungskraft löst sich von ihm in dem Maß, in dem sie eine ungeregelte Kreativität beansprucht. Diese wurde bekanntlich zunächst auf der Produktionsseite situiert, doch zog die Rezeptionsseite unweigerlich nach: Die Offenheit des Kunstwerks und die

---

18 Zu diesem Paradigmenwechsel vgl. Rüdiger Campe, Affekt und Ausdruck. Zur Umwandlung der literarischen Rede im 17. und 18. Jahrhundert, Tübingen 1990 (Studien zur deutschen Literatur 107), insbes. S. 487–514.

19 Breitinger [Anm. 13], S. 321.

20 Ebd., S. 403f.

21 Ebd., S. 418f.

Kreativität der Rezeption sind, wie DIETER BURDORF zeigt, Korrelate der Genieästhetik.[22] Die Bildtheorie der Metapher erreicht in der weiteren Entwicklung von Dichtung und Dichtungstheorie eine umso höhere Leistungsfähigkeit, je entschiedener sie den Reichtum des imaginativen Assoziierens in der Rezeption freistellt. Die Auslegungsregeln der Rhetorik für die Metapher erscheinen nun als reduktionistisch, geradezu als Sünde an der Sprache der Dichtung. Indes gehören die schöpferische Einbildungskraft in Gestalt der produzierenden wie der rezipierenden Phantasie, die Offenheit des sprachlichen Kunstwerks, die Freigabe der Rezeption, die Bildtheorie der Metapher und der sinnliche Erkenntniswert der Dichtung zu ein und demselben ästhetisch-hermeneutischen Paradigma. Die Selbstverständlichkeit, mit der viele Mediävisten Metaphern als Bilder interpretieren, ist unter diesen Umständen möglicherweise fragwürdig.

In HORST WENZELS Buch ›Hören und Sehen, Schrift und Bild‹ beispielsweise gibt es ein Kapitel mit der Überschrift »Tropen: Bilder, die im Ohr entstehen«.[23] Hier finden sich sämtliche Kategorien, die die Bildtheorie der Metapher mittels des Bildbegriffs auf die Metapherninterpretation projiziert: Visualität, Sinnlichkeit, Ganzheitlichkeit, Simultanität des Bildes als Gegensatz zum abstrakten, analytischen und hierarchisierenden Begriff. Die Metapher ist als Bild ein ikonisches Zeichen, das »vieldimensionale Vorstellungsbilder« erzeugt;[24] dadurch wird »ein besonderer Reichtum der Assoziationen, der spielerischen Uneindeutigkeit gewonnen«.[25] RICŒUR zufolge sei »das wesentliche Merkmal der dichterischen Sprache [...] die Verschmelzung [...] des Sinnes mit einer Flut von evozierten oder durch sie angeregten Bildern«.[26]

Wenn WENZEL die metaphorische Rede in ihrer bildhaften Sinnlichkeit, Ganzheitlichkeit und Simultanität als Signum für das körpergebundene Gedächtnis einer Memorialkultur versteht, das im Übergang zur Druckkultur an Bedeutung verliere,[27] hat das die be-

22 DIETER BURDORF, Poetik der Form. Eine Begriffs- und Problemgeschichte, Stuttgart/Weimar 2000, insbes. S. 53–73.

23 HORST WENZEL, Hören und Sehen, Schrift und Bild. Kultur und Gedächtnis im Mittelalter, München 1995, S. 414–478.

24 Ebd., S. 425.

25 Ebd., S. 431, zur Liebeskriegmetaphorik.

26 Ebd., S. 424.

27 Ebd., S. 478.

merkenswerte Implikation, daß der Metaphernbegriff des 18. Jahrhunderts (der Druckkultur) ein Wesensmerkmal des 12. und 13. Jahrhunderts konstituiert.

Die interpretatorischen Kategorien der Bildtheorie bezieht WENZEL von RICŒUR und BLUMENBERG, bei denen sie bereits mit Kategorien der sprachanalytischen Interaktionstheorie verbunden sind.[28] Doch erstreckt sich WENZELS Theoriesynthese darüber hinaus auch auf die rhetorische Tropenlehre. Die Anwendung der Bildtheorie scheint historisch gerechtfertigt, weil bereits die antiken Rhetoriker die »Kraft der Metapher als ein ›Vor-Augen-Führen‹ bzw. ›Verlebendigen‹, nicht im Sinn visueller Wahrnehmung, sondern als Erstellung von mentalen Bildern auf der Grundlage sensorischer Wahrnehmungsfähigkeit« verstanden.[29] WENZEL belegt den Gedanken bei Aristoteles, Cicero und Quintilian. Hatte die Rhetorik doch eine Bildtheorie der Metapher?

Das Konzept, auf das WENZEL abhebt, firmiert in der rhetorischen Tradition unter den Termini *evidentia*, *demonstratio* und *sub oculos subiectio*, gelegentlich auch *repraesentatio*.[30] In jener knappen Form, in der es den Metapherntheoretikern des 12. und 13. Jahrhunderts am ehesten zugänglich war, findet es sich unter den Funktionen der Metapher, die die ›Rhetorica ad Herennium‹ aufzählt, an erster Stelle: *Ea utimur rei ante oculos ponendae causa.*[31] Der Gedanke geht auf Aristoteles zurück, der erstens Vergleich (*homoiosis*) und Metapher eng zusammenrückt, zweitens den Vergleich auch Bild (*eikon*) nennt und drittens in diesem Zusammenhang die Funktion des ›Vor-Au-

---

28 Zu RICŒUR und BLUMENBERG vgl. Anm. 8. Auf die Interaktionstheorie selbst greift WENZEL in Gestalt der Arbeiten von MAX BLACK und PAUL HENLE zurück [Anm. 1]. – Über BLUMENBERG läßt sich auch die These, daß das Bildhaft-Sinnliche dem Begrifflich-Abstrakten sprach- und literaturgeschichtlich vorausgegangen sei, auf das 18. Jahrhundert zurückführen: Zuverlässig zitiert WENZEL in diesem Zusammenhang Jean Pauls berühmtes Diktum, wonach »jede Sprache in Rücksicht geistiger Beziehung ein Wörterbuch erblasseter Metaphern« sei (S. 420). Jean Paul, Vorschule der Ästhetik, nach der Ausgabe von NORBERT MILLER hg., textkrit. durchges. u. eingel. von WOLFHART HENCKMANN, Hamburg 1990 (Philosophische Bibliothek 425), S. 184 (§ 50).

29 WENZEL [Anm. 23], S. 416.

30 ANSGAR KEMMANN, Evidentia, Evidenz, Historisches Wörterbuch der Rhetorik III, Sp. 33–47.

31 Rhetorica ad Herennium. Lateinisch-Deutsch, hg. u. übers. von THEODOR NÜSSLEIN, Zürich/München 1994, S. 264 (IV.XXXIV). – »Wir verwenden die Metapher, um eine Sache vor Augen zu stellen.«

gen-Führens‹ ins Spiel bringt.[32] Dieselben Assoziationen stellt im Gefolge Ciceros auch Quintilian her,[33] bei dem das Begriffsspektrum freilich weit ist: *evidentia vel, ut alii dicunt, repraesentatio* (Inst. or. VIII 3, 61) ist eine durch bestimmte Techniken bewerkstelligte Qualität der *narratio*, eine generelle Funktion des *ornatus* und, als *sub oculos subiectio*, eine Gedankenfigur.

Von den genannten Traktaten wurde im 12. und 13. Jahrhundert nur die Herennius-Rhetorik breit rezipiert. Auch sie reflektiert indes den Begriff, den die antike Rhetorik von der Erzeugung mentaler Bilder in der Tat hatte, und der mit Vergleich und Metapher, aber auch mit anderen Redetechniken in Verbindung gebracht wurde. Er bezeichnete einen Effekt dieser Techniken. Als Bezeichnung einer technischen Struktur blieb der Bildbegriff in der Rhetorik freilich nicht an der Metapher, sondern am Vergleich hängen. Seit Aristoteles läßt sich eine Assoziation von *homoiosis* und *similitudo* mit *eikon* und *imago* beobachten. In der spätantiken Rhetorik war die *imago* eine von drei Unterarten der Gedankenfigur *similitudo*, nämlich der Vergleich zur Beschreibung einer Person. Dieselbe Taxonomie findet sich in der grammatischen Tropenlehre; beide Disziplinen haben den Zusammenhang ins Mittelalter überliefert.[34]

Daß sich das alte rhetorische Paradigma zum neuen ästhetischen des 18. Jahrhunderts geradezu konträr verhält, läßt sich etwa in Adelungs Ausführungen ›Über den Deutschen Styl‹ von 1785 beobachten. »Figuren« sind für Adelung, ganz im Sinn der Ästhetik, »Hülfsmittel, auf die untern Kräfte der Seele zu wirken«.[35] Sie lassen sich

---

32 Vgl. Aristoteles, Rhetorik, übers. u. hg. von Gernot Krapinger, Stuttgart 1999, S. 161, 173 und 176f. (Rhet. 1406b 20–25, 1410b 15–19, 1410b 31–35 und 1411b 22 - 1412a 9).

33 Marcus Tullius Cicero, De oratore. Über den Redner. Lateinisch-Deutsch, übers. u. hg. von Harald Merklin, Stuttgart ²1976 (III,160f.); Marcus Fabius Quintilianus, Ausbildung des Redners. Zwölf Bücher, hg. u. übers. von Helmut Rahn, 2 Bde., Darmstadt ²1988 (IV 2,63–65; VIII 6,19; VIII 3,61–71; IX 2,40–44).

34 Vgl. dazu Asmuth [Anm. 11]; Ulrich Krewitt, Metapher und tropische Rede in der Auffassung des Mittelalters, Ratingen 1971 (Beihefte zum Mittellateinischen Jahrbuch 7), S. 84f., 96f.

35 Johann Christoph Adelung, Über den Deutschen Styl. Erster Theil, Berlin 1785 (Nachdr. Hildesheim 1974), S. 282 (Zitat); S. 307 (Figuren der Einbildungskraft, Metapher S. 405); S. 476 (Figuren für den Witz und Scharfsinn, Vergleich S. 481). Vgl. dazu Campe [Anm. 18], S. 505f.

den sinnlichen Erkenntnisvermögen im einzelnen zuordnen: Die Metapher ist, als Bild, eine Figur der Einbildungskraft; der Vergleich hingegen ist eine Figur des Witzes, der das Ähnliche am Verschiedenen wahrnimmt, oder des Scharfsinns, der das Verschiedene am Ähnlichen wahrnimmt. Die Rhetorik assoziierte die Lust am Erkennen von Ähnlichkeiten dagegen stets mit der Metapher,[36] als Bild galt ihr der Vergleich. Beides als Mittel der sinnlichen Erkenntnis von der begrifflichen Abstraktion abzutrennen und durch die Verteilung auf verschiedene sinnliche Erkenntnisvermögen auch noch strikt zu unterscheiden, gehörte nicht zu den Denkoptionen der alten Zeit.

Man sollte Argumentationen wie diejenige Adelungs als Indiz dafür nehmen, daß sich die Bildtheorie der Metapher nicht aus jenem erkenntnistheoretischen Kontext lösen läßt, der sie im 18. Jahrhundert hervorbrachte. Die Kontrastierung der sinnlichen und der rationalen Erkenntnisvermögen bringt die Metapher als Mittel der sinnlichen Erkenntnis in einen Gegensatz zur begrifflichen Abstraktion, der der Antike wie dem Mittelalter und der frühen Neuzeit fremd war. Die Metapher ist seit dem 18. Jahrhundert ein Bild, weil sie kein Begriff ist und nicht auf einen Begriff gebracht werden kann. Vorher führte sie dagegen auf einen Begriff, und zwar auch dann, wenn sie eine Sache vor Augen stellte. Es mag einen historischen Weg von der *evidentia* zur Anschaulichkeit geben,[37] aber auf diesem Weg kam es zu so tiefgreifenden Veränderungen, daß sich die Konzepte nicht einfach identifizieren lassen. So war dann auch die Norm, nach der Metaphern anschaulich zu sein haben, samt den entsprechenden Debatten eine Neuerung, die sich im 18. Jahrhundert schnell aus der Bildtheorie der Metapher ergab.[38]

Die antike Rhetorik steht mit ihrem Funktionsbegriff der *evidentia vel, ut alii dicunt, repraesentatio* in einem anderen erkenntnistheoretischen Kontext, der hier nicht im einzelnen verfolgt werden kann.[39] Den mittelalterlichen Horizont greift man beispielsweise,

---

36 Krewitt [Anm. 34], S. 47.

37 Vgl. Willems [Anm. 13]; zur Übersicht über das moderne Konzept Waltraud Naumann-Beyer, Anschauung, Ästhetische Grundbegriffe I, S. 208–246.

38 Bernhard Asmuth, Stilprinzipien, alte und neue. Zur Entwicklung der Stilistik aus der Rhetorik, in: Stil – Stilistik – Stilisierung. Linguistische, literaturwissenschaftliche und didaktische Beiträge zur Stilforschung, hg. von Eva Neuland/Helga Bleckwenn, Frankfurt a. M. [usw.] 1991, S. 23–38.

39 Vgl. dazu Kemmann [Anm. 30].

wenn es bei Thomas von Aquin heißt: *poeta utitur metaphoris propter repraesentationem* (STh I, qu. I, art. 9). Diese Formulierung muß sich nämlich nicht so einsinnig, wie KREWITTS Studie zur mittelalterlichen Metapherntheorie nahelegt,[40] auf den rhetorischen Sprachgebrauch beziehen. *Repraesentatio* ist ebenso ein Terminus der patristischen wie der scholastischen Erkenntnistheorie, der die Funktion der Vergegenwärtigung des Abwesenden, die »Herstellung kognitiver Präsenz« bezeichnet.[41] Als solcher gehört er zur Theorie der Erkenntnisbilder, die auf Aristoteles' ›De anima‹ zurückgeht.

STEFAN MEIER-OESER hat in einer semiotikgeschichtlichen Untersuchung die terminologischen Varianten zusammengetragen, die im 12. und 13. Jahrhundert neben dem Terminus *species animi* verwendet wurden, und dabei einen recht interessanten Befund zutage gefördert. Im Gebrauch waren außerdem die Bezeichnungen *similitudines rerum* (Analogien der Dinge), *imagines rerum* (Bilder der Dinge), *conceptus rerum* (Begriffe von den Dingen):[42] Analogie, Bild, Begriff als äquivalente Bezeichnungen für dasselbe Phänomen – das, was wir heute mentales Modell nennen würden.

Wer in der Herennius-Rhetorik las, daß die Metapher etwas vor Augen stellt, verstand das im Rahmen dieses erkenntnistheoretischen Paradigmas. In ihm gab es keine prinzipielle Opposition zwischen sinnlich-bildhafter und begrifflich-abstrakter Erkenntnis, sondern nur eine Differenz innerhalb einer graduellen Stufenfolge: *Est autem naturale homini ut per sensibilia at intelligibilia veniat*, heißt im selben Artikel bei Thomas. In diesem Sinn dient das mentale Vor-Augen-Stellen eines Erkenntnisbildes, wie es die Metapher leistet, einem in keiner Hinsicht außergewöhnlichen Erkenntnisprozeß, an dessen Ende ein Begriff steht. Die rhetorische Theorie der Metapher, die innerhalb dieses Paradigmas operierte, hatte deshalb gar keine Veranlassung, die Funktion des Vor-Augen-Stellens gegen die begriffliche Analogiebildung auszuspielen – in der Antike nicht und im Mittelalter auch nicht. Es gibt in diesem Paradigma keine spezifische Leistung der sinnlichen Erkenntnis, die nicht in eine begriffliche um-

---

40 KREWITT [Anm. 34], S. 454.

41 Vgl. MEIER-OESER [Anm. 3], S. 86–103, Zitat S. 86. – EKKEHARD EGGS, Metapher, Historisches Wörterbuch der Rhetorik V, Sp. 1099–1183, hier Sp. 1116f.

42 MEIER-OESER [Anm. 3], S. 103, Anm. 277.

setzbar wäre, denn die Wahrnehmung läuft stets auf den Begriff zu. Infolge dessen gab es auch keine Ästhetik, die von einer spezifischen Erkenntnisleistung der Dichtung hätte handeln können.

III. Substitution

Die Fachleute für Metaphern in poetischen Texten zu Wolframs Zeit, die Theoretiker der *ars poetriae*, hätten seinen Satz anders erklärt als HEIKO HARTMANN. Wenn beispielsweise Galfrid von Vinsauf Konstruktionen vom Typus ›metaphorisches Verb mit Substantivmetapher in Objekt- oder Adverbialposition‹ behandelt, setzt er bei der Verbmetapher an und erklärt die Substantivmetapher dann als Ergänzung oder Stütze.[43] Der moderne Bildtheoretiker setzt dagegen bei der ›Furt‹ an, weil die Substantivmetapher dem Interesse an einem assoziativen Imaginationsspektrum erheblich zuträglicher ist als die Verbmetapher.

Wie Galfrid mit der Verbmetapher ›ertrinken‹ verfahren wäre, kann man sich vorstellen, weil er einmal einen ganz ähnlichen Fall erklärt, nämlich warum man in metaphorischer Weise statt ›beginnen‹ ›geboren werden‹ sagen kann.[44] Ich übertrage seinen Gedankengang gleich auf Wolframs Satz: Erstens ist der metaphorische Status des Ausdrucks identifizierbar, weil man nur von einem Lebewesen im eigentlichen Sinn sagen kann, daß es ertrinkt, nicht aber von der Freude. Das ist die Konsequenz der ›Substanzenontologie‹: Die Welt hat eine objektive Ordnung, deshalb haben Wörter einen ›eigentlichen‹, richtigen Bezug auf Dinge, Eigenschaften oder Relationen. Zweitens ist die Übertragung von ›ertrinken‹ auf etwas Nichtlebendiges möglich wegen einer begrifflichen Analogie: ›Ertrinken‹ ist ein Sonderfall von ›enden‹; deshalb läßt sich von allem, was enden, aber nicht ertrinken kann, auf metaphorische Weise sagen, daß es ertrinkt.

---

43 Galfrid von Vinsauf, Poetria nova, Ausgabe und englische Übersetzung in: ERNEST GALLO, The ›Poetria Nova‹ and its Sources in Early Rhetorical Doctrine, Den Haag/Paris 1971, V. 898–906; Galfrid von Vinsauf, Documentum de modo et arte dictandi et versificandi, in: Les arts poétiques du XIIe et du XIIIe siècle, hg. von EDMOND FARAL, Paris 1923 (II,3,21f.).

44 Galfrid, Documentum [Anm. 43], II,3,8f.

Wenn Galfrid die Bedeutung der Substantivmetapher ›Furt‹ dann, seinem Usus nach, aus der Bedeutung der Verbmetapher abgeleitet hätte, wäre seine Interpretation darauf hinausgelaufen, daß den beiden Metaphern eine einzige Analogie zugrunde liegt: Das Leid setzt der Freude ein Ende, wie eine Furt einem Leben ein Ende setzen kann. Das begriffliche *tertium comparationis* zwischen ›Furt‹ und ›Leid‹ wäre ›Gefahr‹, für das Leben auf der metaphorischen Ebene, für die Freude auf der Ebene des eigentlich Gemeinten.

Galfrids Einschätzung solcher Konstruktionen steht nicht allein da. Ein ganz ähnliches, aber differenzierter ausgearbeitetes Konzept findet sich in der ›Ars poetica‹ des Gervais von Melkley.[45] Gervais benutzt für das Phänomen des ›Zusammenklangs‹ zweier Metaphern den Terminus *advocatio*: Eine *advocatio* ist die Übereinstimmung zwischen der lexikalischen Bedeutung eines metaphorisch benutzten Wortes mit anderen Wörtern im Satz.[46] Gervais erklärt das an einem Beispiel, in dem auf metaphorische Weise gesagt wird, daß der Winter zu Ende geht, wenn der Frühling kommt:[47]

> veris lascivia pubescentis decrepitam hiemis eliminat senectutem. hec dictio lascivia advocat hanc dictionem pubescentis intrinseca advocatione. Puberes enim frequentius sunt lascivi. Item hec dictio pubescentis advocat hanc dictionem senectutem; non quia pubertas sit senectus vel puberes senes, sed extrinseca adcovatione. Respicit enim senectutem ut suum contrarium, et in quam iuventus sepe violentiam exercet.

Der zu erklärende Satz lautet: »Die Ausgelassenheit des heranwachsenden Frühlings vertreibt das Greisenalter des abgelebten Winters.« Metaphorisch benutzt sind dabei die Wörter ›Ausgelassenheit‹, ›heranwachsend‹, ›vertreiben‹, ›Greisenalter‹ und ›abgelebt‹. Gervais erklärt die Konstruktion so: »Das Wort ›Ausgelassenheit‹ ruft das

45 Gervais von Melkley, Ars Poetica, Kritische Ausgabe von Hans-Jürgen Gräbener, Münster 1965 (Forschungen zur romanischen Philologie 17).

46 Die Definition ist nicht ganz leicht zu durchschauen: *Advocatio est qualitas respectiva que inest alicui dictioni ex eo quod mediante proprietatis significatione, quam habet, consona est alii dictioni vel aliis dictionibus in eadem oratione contentis* (Gervais von Melkley [Anm. 45], S. 126). – »Eine ›advocatio‹ [›Herbeirufung‹] ist eine Beziehungseigenschaft, die ein [metaphorisch benutztes] Wort hat dadurch, daß es vermittels seiner eigentlichen Bedeutung übereinstimmt mit einem anderen Wort oder anderen Wörtern im selben Satz.« – Vgl. Krewitt [Anm. 34], S. 387–391; Gräbener [Anm. 45], S. XCIVf.

47 Gervais von Melkley [Anm. 45], S. 126.

Wort ›heranwachsend‹ herbei wegen einer intrinsischen Übereinstimmung. Heranwachsende sind nämlich recht häufig ausgelassen. Ebenso ruft das Wort ›heranwachsend‹ den Ausdruck ›Greisenalter‹ herbei, nicht weil die Jugend das Alter wäre oder weil Jünglinge Greise wären, sondern wegen einer extrinsischen Übereinstimmung: ›Heranwachsend‹ bezieht sich nämlich auf ›Alter‹ als auf sein Gegenteil, und weil die Jugend oft Gewalt auf das Alter ausübt.«

Ein metaphorischer Ausdruck ruft den nächsten herbei, weil es zwischen den eigentlichen Bedeutungen der metaphorisch benutzten Wörter engere begriffliche Beziehungen (die ›intrinsischen‹) oder weitläufigere Beziehungen auf der Grundlage allgemeinen Weltwissens (die ›extrinsischen‹) gibt: Ausgelassenheit ist eine Eigenschaft von Jugendlichen, Jugend ist das Gegenteil von Alter, Jugendliche gehen gewalttätig mit Alten um. Jede Metapher hebt eine bestimmte Eigenschaft hervor, die die bezeichnete Sache hat; das Interpretationsverfahren identifiziert deshalb erst die gemeinte Sache und dann die gemeinte Eigenschaft. Über die *advocatio* entfaltet eine Metapher ihre Bedeutung in der nächsten weiter, und diese Entfaltung versteht Gervais als eine begriffliche – keine Spur von Kategorien wie Visualität, Ganzheitlichkeit und Simultanität. Beispiele wie diese machen übrigens deutlich, weshalb Metapher und Allegorie in der antiken und mittelalterlichen Substitutionstheorie so nahe beieinander lagen; Bild- wie Interaktionstheorie betonen dagegen gern die Differenz.

Zur Erklärung von Wolframs Satz hätte Gervais von Melkley demgemäß ausführen können, daß zwischen ›ertrinken‹ und ›Furt‹ die Relation einer extrinsischen *advocatio* besteht, weil man in Furten erfahrungsgemäß ertrinken kann. Wenn Wolfram und seine Rezipienten Furten für Orte hielten, an denen Ertrinkungsgefahr drohte, ließ sich die Metapher auf der Grundlage dieses Weltwissens produzieren und verstehen, und zwar vollständig verstehen. Die Assoziation von ›Furt‹ und ›Gefahr‹ ist natürlich belegbar, unter anderem in Wolframs ›Parzival‹ selbst.[48] Die substitutionstheoretische Erklärung der Metapher muß übrigens, obschon sie einfacher und eindeutiger ist, nicht unbedingt seichter als die kompliziertere und assoziationsreiche bildtheoretische sein. Denn das Leid ist im ›Par-

---

48 L 127,15f. (*an ungebanten strâzen/soltu tunkel fürte lâzen*); L 340,30f. (*daz* [Pferd] *in mangen angestlîchen furt/gein strîte was zer tjoste brâht*).

zival‹ kein Durchgang von einem Freudenzustand zum andern, sondern in der Tat eine existentielle Bedrohung. Vor allem Frauen setzen sich ihm regelmäßig bis zur Selbstaufgabe aus, statt es hinter sich bringen zu wollen – ein Verhaltensmuster, das das Etikett *wibes triuwe* auch im Kontext dieser Stelle als vorbildlich bewertet.

Wie funktioniert die traditionelle rhetorische Metapherninterpretation und was unterscheidet sie vom Verfahren, das auf dem Bildbegriff gründet? Den ersten Schritt des Auslegungsverfahrens stellt mit der Identifikation des eigentlich Gemeinten die Substitution dar: ›Ertrinken‹ steht für ›enden‹; ›Furt des Leids‹ ist eine Metapher *in praesentia*, die das eigentliche Gemeinte explizit nennt: ›Furt‹ steht für ›Leid‹. Die Identifikation des eigentlich Gemeinten als Ausgangspunkt ist keine Marotte, sondern eine Konsequenz der ›Substanzenontologie‹, der die Kenntnis der bezeichneten Sache als Voraussetzung für das Verstehen des Zeichens gelten muß.[49] So verhält es sich auch bei Metaphern: Die Kenntnis des eigentlich Gemeinten regelt das Verständnis des metaphorischen Ausdrucks.

Daß der metaphorische Ausdruck wegen dieser referentiellen Ersetzbarkeit semantisch letztlich funktionslos sei, ist eine Chimäre der modernen Kritik an der Substitutionstheorie. Diese ordnete der lexikalischen Bedeutung des uneigentlichen Ausdrucks im zweiten Schritt anhand der Analogie zum eigentlich Gemeinten stets eine prädikative Funktion zu.[50] Nur auf dieser Grundlage konnte die Rhetorik der Metapher kommunikative Funktionen unterstellen. Wer ›ertrinken‹ statt ›enden‹ sagt, setzt, wie jeder traditionelle Rhetoriker erläutert hätte, Belebtes für Unbelebtes. Im Spektrum der konventionellen Metaphernfunktionen ist das eine Steigerung:[51] ›Ertrinken‹ ist nach der alten Lehre nicht anschaulicher, sondern drastischer als ›enden‹. Wer das Leid metaphorisch als ›Furt‹ bezeichnet, prädiziert ihm anhand des *tertium comparationis* der Analogie die

---

49 Vgl. dazu Meier-Oeser [Anm. 3], S. 14–20.

50 Strub [Anm. 2], S. 330–345.

51 Die für den mittelalterlichen Rhetorikunterricht grundlegende ›Rhetorica ad Herennium‹ [Anm. 31], IV. XXXIV, zählt fünf Metaphernfunktionen auf: 1. Sachverhalte vor Augen stellen (*rei ante oculos ponendae causa*); 2. Kürze (*brevitatis causa*); 3. obszöne Ausdrücke vermeiden (*obscenitatis vitandae causa*); 4. Aussagen steigern oder abschwächen (*augendi/minuendi causa*); 5. die Rede schmücken (*ornandi causa*).

Eigenschaft ›gefährlich‹. Die Funktion ist die der *evidentia*: Die Metapher ›Furt‹ stellt die Gefährlichkeit des Leids vor Augen.

Man gerät nicht ins Reich des historisch Problematischen, wenn man sagt, daß dies einen Begriff veranschaulicht. Problematisch ist es, den anschaulichen Begriff ›Furt‹ gegen den abstrakten Begriff ›gefährlich‹ auf der Basis eines Bildkonzepts auszuspielen und zu unterstellen, daß der anschauliche Begriff einen Erkenntnisraum eröffnet, den das Abstraktum nicht hat, also zu behaupten, daß die Metapher ›Furt des Leids‹ eine prinzipiell andere semiotische Qualität hat als der abstrakte Ausdruck ›Gefährlichkeit des Leids‹.

Das eigentlich Bemerkenswerte an der Art und Weise, wie die antiken und mittelalterlichen Rhetoriker in ihren Traktaten Metaphern interpretierten, ist nämlich die Selbstverständlichkeit, mit der sie für einen bestimmten Kontext eine bestimmte Bedeutung festlegten. Dieser interpretatorische Habitus ist eine Konsequenz der Einschätzung, daß die Metapher dem eigentlich Gemeinten mittels einer begrifflichen Analogie eine Eigenschaft prädiziert, die das eigentlich Gemeinte ontologisch hat. Die Neigung zur Bedeutungsfestlegung ergibt sich dabei aus dem begrifflichen Verständnis der Metapher. Metaphern sind auf dieser Grundlage erstens nur insofern prinzipiell zweideutig, als der metaphorische Ausdruck eine ›eigentliche‹ und eine ›uneigentliche‹ Bedeutung hat (das heißt, daß man sie auch ›wörtlich‹ verstehen kann).[52] Metaphern können auf dieser Grundlage zweitens prinzipiell leicht oder schwer verständlich sein, insofern die zugrunde gelegte Analogie leicht oder schwer zu durchschauen ist. Das führte gerade die Theoretiker des 12. und 13. Jahrhunderts zu der Mahnung, beim Metapherngebrauch auf Eindeutigkeit zu achten.[53] Aber auch dunkle Metaphern hat die alte Zeit nicht als bedeutungsoffen, sondern als rätselhaft eingeschätzt; sie haben nicht Bedeutungspotentiale, die die Phantasie entzücken, sondern einen fernliegenden Code, den es zu erkennen gilt.

Im Kern unterscheiden sich Substitutionstheorie und Bildtheorie darin, daß die ältere Konzeption die Bedeutung der Metapher mittels einer begrifflichen Analogie festlegt, während die jüngere ihre Bedeutung in einem imaginativen Assoziationsraum öffnet. Die Bild-

52 Zuerst belegt bei Aristoteles, Topik, übers. u. hg. von Eugen Rolfes, Hamburg ³1992 (Philosophische Bibliothek 12), S. 126 (139 b).

53 Vgl. z.B. Galfrid von Vinsauf, Poetria nova [Anm. 43], V. 835–847.

theorie unterstellt zwar ebenfalls ein Repräsentationsverhältnis zwischen den Wörtern und den Dingen, und sie operiert ebenfalls mit der Identifikation des eigentlich Gemeinten. Aber auf der Grundlage der interpretatorischen Kategorien des Bildkonzepts werden vom metaphorischen Ausdruck statt vom eigentlich Gemeinten her mehrere imaginative Assoziationen statt einer begrifflichen Analogie hergestellt. Dies öffnet mit dem hermeneutischen Prozeß die Bedeutung der Metapher.

Es kann nicht darum gehen, welches Modell wir für das richtigere oder für das sympathischere halten, und auch nicht darum, welches die offeneren Interpretationen ermöglicht.[54] Wir sollten vielmehr ins

---

54 Auf einer Entscheidung dieser Art beruht die Kritik an meinem Umgang mit der Metaphorik in Frauenlobs Minneleich bei CHRISTOPH HUBER, *gepartiret und geschrenket.* Überlegungen zu Frauenlobs Bildsprache anhand des Minneleichs, in: Studien zu Frauenlob und Heinrich von Mügeln. Festschrift Karl Stackmann, hg. von JENS HAUSTEIN/RALF-HENNING STEINMETZ, Freiburg (CH) 2002 (Scrinium Friburgense 15), S. 31–50; vgl. GERT HÜBNER, Lobblumen. Studien zur Genese und Funktion der ›geblümten Rede‹, Tübingen, Basel 2000 (Bibliotheca Germanica 41), S. 346–387. HUBER gibt KÖBELES Umgang mit Frauenlobs ›Bildsprache‹ in den Minneliedern gute Noten: »Eine deutlich unterscheidbare Mehrschichtigkeit der Bedeutungsebenen erscheint aufgeweicht, ihre hierarchischen Festschreibungen geraten ins Wanken, die Ambigheit der Sinnproduktion faßt die Phänomene als simultane in den Blick« (S. 34). Das sind die für die Bildtheorie der Metapher typischen Kategorien. Meine Verfahrensweise bekommt schlechte Noten, weil sie eigentlich Gemeintes identifiziert und Bedeutungen auf dieser Grundlage festlegt und hierarchisiert: »Ich habe den Eindruck, daß eine solche Auflösung nicht funktioniert. Die Bilder und Bildbündel steuern nicht auf ein Gemeintes zu, das sich horizontal in eine Ordnung fügt, sondern entfalten mit ihrer Eigendynamik [...] einen Bedeutungsraum mit seiner Bedeutungsschichtung und Bedeutungstiefe, in dem verschiedene Zuordnungen möglich sind« (S. 44f.). HUBER deduziert sein Urteil durchweg aus dem apriorischen Bildbegriff (»Bildhaft ist somit alles im Text, was nicht in opaker sprachlicher Einschichtigkeit verbleibt«, S. 48) und stützt es mit dem ebenfalls apriorischen Prinzip, daß metaphorische Ausdrücke, die für unterschiedliche Gegenstände benutzt werden, ihr Bedeutungspotential vom einen auf den anderen Gegenstand projizieren (»Das Auftauchen gleicher oder ähnlicher Formulierungen in verschiedenen Werken und ihren Kontexten ist bei Frauenlob, wie überhaupt in hermetischer Dichtung [!], ein wichtiger Schlüssel des Verstehens«, S. 49). Beide Voraussetzungen entstammen einer modernen Hermeneutik, die die Bedeutung der Metapher nicht vom bezeichneten Gegenstand, sondern vom metaphorischen Modell her konzipiert. HUBERS historische Begründung für seine Position rekurriert auf die neuplatonische Ontologie des Minneleichs, aber weil auch der mittelalterliche Neuplatonismus nicht mit der Bildtheorie der Metapher zu vereinbaren ist, schränkt er die suggerierte Ableitung am

historische Kalkül ziehen, daß es Zeiten gab, in denen man sich wenig für die Kategorien interessierte, die seit dem 18. Jahrhundert die spezifische Qualität von Metaphern ausmachen: die Reichhaltigkeit der imaginativen Assoziationsspielräume, die sie eröffnen; die nicht zu hierarchisierende Simultanität ihrer Bedeutungen; die Ganzheitlichkeit, mit der sie einen Realitätsausschnitt erfassen, ohne ihn analytisch zu zerlegen – all dies spielt seine literarästhetische Rolle erst, seit die Bildtheorie die Metapher aus dem Reich der Begriffe entfernte und sie zum Objekt der sinnlichen Einbildungskraft von Produzenten und Rezipienten machte. Weder Rhetorik noch Poetik kannten vorher diese schöpferische Phantasie als nicht-begriffliches Erkenntnisvermögen.[55] Metaphern stellten ganz im Gegenteil Begriffsanalogien her, und zwar möglichst eindeutige.

IV. Interaktion

Eine Adaptation der sprachanalytischen Interaktionstheorie der Metapher auf den mittelalterlichen Gebrauch tropischer und vergleichender Rede ist, dem eigenen Anspruch nach, PAUL MICHELS Buch ›Alieniloquium‹ von 1987.[56] Es führt zwar das Wort ›Bildrede‹ im

---

Ende wieder ein (»Die ontologisch fundierte Metapher ist nicht absolut und autonom. [...] Andererseits entfaltet sie aber in sprachlichen Kontexten eine fast autonome Aktivität und Produktivität, durch welche die vorgeprägten Inhalte in Bewegung kommen«, S. 49). Die »fast autonome Aktivität und Produktivität« wird ausschließlich durch die moderne Metapherntheorie entfaltet, die HUBER auf Frauenlobs Text appliziert. Ich bin meinerseits nicht an einem »auf symmetrische Dichotomien erpichten Strukturalismus« (S. 33f.) interessiert, sondern an einer historischen Hermeneutik der Metapher.

55 KÖBELE, Umbesetzungen [Anm. 7], S. 228, allerdings sieht am Ende ihrer Analyse der »Bildrede« in Frauenlobs Minneliedern »zum Hauptthema der Lieder die Phantasie aufsteigen: die ambivalente Rolle der Phantasie als idealisierende und illusionierende Vorstellungskraft.« Vgl. auch KÖBELE, Frauenlobs Lieder [Anm. 7], S. 185–198. Ich frage mich, ob hier nicht – trotz der diskutierten historischen Horizonte – mit der Bildhaftigkeit der Metapher ein Aspekt des dazugehörigen Erkenntnisvermögens aus dem 18. Jahrhundert importiert wird; die traditionelle aristotelische Vorstellungskraft war memorativ.

56 PAUL MICHEL, Alieniloquium. Elemente einer Grammatik der Bildrede, Bern [usw.] 1987 (Zürcher germanistische Studien 3).

Untertitel, benutzt es jedoch als bloßen Namen für die verhandelten Gegenstände, ohne die interpretatorischen Kategorien des Bildbegriffs ins Spiel zu bringen. Ganz im Gegenteil traktiert MICHEL die ›Bildrede‹ konsequent im Rahmen jener aussagenlogischen Rekonstruktionsverfahren, die für die analytische Sprachphilosophie charakteristisch sind. Dies stellt eine fundamentale Gemeinsamkeit zwischen der rhetorischen und der sprachanalytischen Metapherntheorie dar: Beide verstehen die Metapher als Prädikation und damit als ein begriffliches Phänomen. Soweit die Kategorien der Bildtheorie einen Gegensatz zwischen sinnlicher und begrifflicher Erkenntnis unterstellen, sind sie mit den Analyseverfahren der Interaktionstheorie zwar kontaminierbar, aber konzeptionell schwer zu vereinen. Bildtheoretisch begründet ist etwa SUSANNE KÖBELES Einschätzung, daß sich »die Metapher als sprachlicher Grundbestand [...] nicht in eine Logizität zurückholen oder begrifflich ablösen läßt«, und daß »die metaphorische Relation als Identitätsverhältnis« zu deuten sei.[57] Die sprachanalytische Interaktionstheorie rekonstruiert metaphorische Aussagen demgegenüber nicht als Identifikation, sondern als Prädikation:[58] »Achill ›ist‹ ein Löwe« bedeutet, daß er löwenartige Eigenschaften hat.

Gegenüber der rhetorischen Tradition bietet die aussagenlogische Analyse einen erheblichen Formalisierungsgewinn.[59] Sie führt metaphorische Sätze zunächst auf Basissätze zurück, die alle relevanten Prädikationen explizieren. Bei Wolframs Formulierung braucht man einen Basissatz für die Verbmetapher und einen für die Substantivmetapher. Basissätze für Verbmetaphern sind gewöhnlich Proportionalanalogien: ›x‹ verhält sich zu ›ertrinken‹ wie ›Heiterkeit‹ zu ›y‹. Da es sich in diesem Fall um eine Metapher *in absentia* handelt, die das eigentlich Gemeinte in der Ausgangsformulierung nicht nennt, stellt dessen Identifikation auch bei diesem Verfahren den ersten Interpretationsschritt dar.[60] Die Identifikation wird durch die lexika-

---

57 SUSANNE KÖBELE, Bilder der unbegriffenen Wahrheit. Zur Struktur mystischer Rede im Spannungsfeld von Latein und Volkssprache, Tübingen/Basel 1993 (Bibliotheca Germanica 30), S. 55.

58 STRUB [Anm. 2], S. 165–176.

59 Das Folgende ist, bei erheblicher Komplexitätsreduktion, an STRUB [Anm. 2], S. 165–211, orientiert.

60 Zu Entschlüsselungsunterschieden bei Metaphern *in praesentia* und Metaphern *in absentia* vgl. JOACHIM KNAPE, Metaphorologische Anmerkungen,

lische Bedeutung des metaphorischen Ausdrucks angeleitet: An der Stelle von ›x‹ müßte etwas stehen, das mit ›ertrinken‹ kompatibel ist, also etwas Lebendiges; an der Stelle von ›y‹ müßte ein Pendant zu ›ertrinken‹ stehen, das mit ›Heiterkeit‹ kompatibel ist. Da der metaphorische Ausdruck die Identifikation des eigentlich Gemeinten zwar anleitet, aber nicht zwingend festlegt, gibt es für die Interaktionstheorie prinzipiell keine Eindeutigkeit von Metaphern. »›Mensch‹ verhält sich zu ›ertrinken‹ wie ›Heiterkeit‹ zu ›enden‹« wäre nur eine Möglichkeit neben anderen.

Basissätze für Substantivmetaphern sind gewöhnlich einfache Prädikationen. Metaphern *in praesentia*, die das eigentlich Gemeinte in der Ausgangsformulierung nennen, legen den Basissatz fest: Das Leid ist eine Furt.

Die Gestalt des zweiten Interpretationsschritts resultiert daraus, daß laut Interaktionstheorie alle Eigenschaften, die auf der Grundlage des jeweiligen kulturellen Wissens mit dem metaphorischen Modell assoziierbar sind, auf das eigentlich Gemeinte projiziert werden, mithin auch diejenigen Eigenschaften, die Modell und Gemeintes nicht teilen. In unserem Fall könnte man demnach alles, was man um 1200 über Furten wußte, auf das Leid projizieren, und alles, was man über den Vorgang des Ertrinkens wußte, auf das Ende eines positiven emotionalen Zustands.[61] Der Erkenntniswert beider Metaphern würde in dem Maß steigen, in dem sich aus den Ähnlichkeiten wie aus den Unähnlichkeiten des metaphorischen Modells mit dem eigentlich Gemeinten neue Einsichten (in Relation zum Entwicklungsstand des Weltgeists um 1200) gewinnen lassen.

Wenn man zunächst einmal von der Projektion des Unähnlichen absieht, beerbt die Interaktionstheorie die Bildtheorie insofern, als sie die Metapher durch die Interpretation vom metaphorischen Ausdruck statt vom eigentlich Gemeinten her semantisch öffnet und den Interpretationsprozeß der Tendenz nach als endlos, jedenfalls aber als grundsätzlich reichhaltig konzipiert. Allerdings formalisiert sie

---

insbesondere zur Entschlüsselungsfrage, Archiv für das Studium der neueren Sprachen und Literaturen 149 (1997), S. 241–262.

61 Die Historizität der metaphorischen Modellbildung ist etwas anderes als die Historizität metaphorischer Vertextungs- und Auslegungsverfahren. Im Fall der Furt scheint die Assoziation ›gefährlich‹ um 1200 näher gelegen zu haben als heute; indes ertrinkt auch in Brechts ›Lied vom Weib und dem Soldaten‹ letzterer noch in einer Furt.

ihn in Gestalt einer offenen Liste von Prädikationen und damit begrifflich. Mit der begrifflichen Erklärung schließt die Interaktionstheorie an die Substitutionstheorie an. Diese Synthese gibt freilich gegenüber der Bildtheorie die Implikationen des Bildbegriffs auf. Deshalb kann die Interaktionstheorie Metaphern, die bildhaft sein sollen, analytische Gewalt antun; auf Metaphern, die substituiert werden sollen, projiziert sie eine moderne Hermeneutik der semantischen Offenheit.

Eine kategoriale Differenz zwischen der Interaktionstheorie und den beiden älteren Theorien ergibt sich allerdings, sobald man in Rechnung stellt, daß die Interaktionstheorie die Projektion von Unähnlichkeiten als ein, wenn nicht überhaupt als das Spezifikum des metaphorischen Prozesses konzipiert.[62] Dergleichen sieht weder die Substitutionstheorie noch die Bildtheorie vor; und Metaphern, die eine entsprechende Hermeneutik erfordern, sind einer zurecht verbreiteten Einschätzung nach Angelegenheiten der Moderne. Im Fall der Metapher *in praesentia* handelt es sich dabei um Formulierungen vom Typ »Liebe: Dunkler Erdteil«, deren Bedeutungspotentiale weder mit der Feststellung begrifflicher Gemeinsamkeiten noch mit imaginierten Szenerien zu erfassen sind. Im Fall der Metapher *in absentia* handelt es sich um Formulierungen vom Typ »Nebelherz hab ich gegessen«, die man nur vom metaphorischen Ausdruck her interpretieren kann, weil dieser das Gemeinte erst konstituiert. Auch Imaginationsversuche bringen hier keinen zufriedenstellenden Ertrag, denn Metaphern dieser Art repräsentieren keine dem sprachlichen Ausdruck vorausliegende Wirklichkeit. Sie sind die Lieblingsgegenstände der Interaktionstheoretiker, weil sie die wirklichkeitskonstituierende Funktion der Sprache und damit die Basisannahme der sprachanalytischen Philosophie exemplifizieren.

Wo jedoch keine Unähnlichkeitstheorie nötig ist, um eine Metapher zu erklären, projiziert die Interaktionstheorie eine andere Auffassung vom Verhältnis zwischen Sprache und Welt auf sprachliche Phänomene, als diesen selbst zugrunde liegt. Paul Michel, den der historische Sachverstand an derartigen Projektionen hinderte, geriet die Interaktionstheorie deshalb unter der Hand zu einer Substitutionstheorie auf dem Formalisierungsniveau der analytischen Philo-

---

62 Vgl. dazu Strub [Anm. 2], S. 414–470.

sophie.[63] Daß er eingangs den Rekurs auf die historische Metapherntheorie als nicht erkenntnisträchtig, ja geradezu als Ausdruck eines fachspezifischen Theoriedefizits deklariert,[64] ändert nichts daran, daß seine Interpretationen oft große Ähnlichkeit mit denjenigen seiner Vorgänger um 1200 haben. Den Wolfram-Satz beispielsweise behandelt er kurz in der Abteilung »Sproßmetaphorik« als »Fortsetzung einer Metapher durch Vertextung syntagmatischer Partner«: »die Freude Herzeloydes über die Geburt ihres Sohnes **ertrinkt* in Gram* über den Tod seines Vaters; worin kann man ertrinken? In einer Furt.«[65] Das ist von Bild- wie Interaktionstheorie so weit entfernt, wie es Galfrid von Vinsauf und Gervais von Melkley nahe ist.[66]

MICHELS Seitenhieb auf die Theoriefeinde gibt mir indes Gelegenheit zu der Klarstellung, daß ich nicht der Meinung bin, daß man prinzipiell nur der jeweiligen Praxis zeitgenössische Theorien anwenden darf. Ich meine bloß, daß die Interpretation von Metaphern bestimmte Epochenschwellen berücksichtigen muß, weil es in der Geschichte der Praxis wie der Theorie der Metapher Veränderungen gab, die von tiefgreifenden erkenntnistheoretischen Paradigmenwechseln abhängig sind.

Zweifellos finden sich bis in unsere Gegenwart viele Metaphern, für die man keine Interaktionstheorie braucht; doch gibt es umgekehrt mittelalterliche Metaphern, für die die Substitutionstheorie nicht ausreicht? Es gibt sie; und ihre Existenz war dem zeitgenössischen Reflexionshorizont vertraut. Sie sind allerdings an den einzigen Gegenstand gebunden, über den man nur mittels Analogien Aussagen machen kann; der Ausnahmefall wird deshalb vom exzeptionellen Gegenstand, nicht vom regelhaften metaphorischen Prozeß be-

---

63 Vgl. insbes. die Ausführungen zum Verhältnis von Metapher und Vergleich; MICHEL [Anm. 56], S. 204–214.

64 »Mediävisten neigen dazu und finden es chic, zur Interpretation mittelalterlicher Texte antike und mittelalterliche Theoretiker beizuziehen, aus einer grundsätzlichen Theoriefeindlichkeit heraus und offenbar in der Meinung, eine zeitgenössische Theorie sei adäquater als eine moderne« (ebd., S. 16).

65 Ebd., S. 210.

66 Nur den Nachschlag – »Die Gleichsetzung im metaphorischen Genitiv wirkt hier witzig« – hätten die beiden vielleicht, wie ich, nicht verstanden; es sei denn, MICHEL würde ›Furt‹ mit ›geringe Ertrinkungsgefahr‹ assoziieren und die Metapher deshalb für witzig halten. In diesem Fall wäre aber die Assoziation unhistorisch.

stimmt. (Freilich ist noch die Ausnahme von der gegenstandsabhängigen Interpretation selbst gegenstandsabhängig.) Die Bedeutung von metaphorischen Aussagen über Gott läßt sich nicht vom eigentlich Gemeinten her rekonstruieren, sondern allein vom metaphorischen Modell her. Das gilt freilich für Vergleiche und Allegorien ebenso wie für Metaphern. Hier benötigt man die Interaktionstheorie, und zwar gerade in ihrer extremsten Form, der Unähnlichkeitstheorie, weil die hergestellte Analogie keine Bedeutung substituiert, sondern eine Bedeutung konstituiert.[67] Das liegt, etwas flapsig gesagt, daran, daß manche mittelalterlichen Ansichten über das Verhältnis zwischen Sprache und Gott gewisse Ähnlichkeiten mit modernen Ansichten über das Verhältnis zwischen Sprache und Welt haben. Die Anwendung der Interaktionstheorie läßt sich jedenfalls in diesem Fall – aber nur in diesem – auch durch zeitgenössische Überlegungen rechtfertigen. Wohlgemerkt ist die Anwendung der Substitutionstheorie hier nicht etwa möglich, aber inadäquat, sondern gar nicht erst möglich. Wo man die Substitutionstheorie anwenden kann, ist sie dagegen auch adäquat.

V. ›Bild‹, Metapher und Dinghermeneutik

Dem Bildbegriff begegnet man im 12. und 13. Jahrhundert (mit einer noch zu behandelnden Ausnahme) nicht in der rhetorischen Metapherntheorie, sondern in der Theorie der Dingbedeutungen.[68] Dort werden *imago* und *pictura* synonym mit einer ganzen Reihe anderer

---

67 Köbeles [Anm. 57] Umgang mit entsprechenden Metaphern in mystischen Texten halte ich deshalb für ebenso adäquat, wie mir ihr Umgang mit der Metaphorik in Frauenlobs Minneliedern [Anm. 7] auf einer zu modernen Hermeneutik zu basieren scheint. Die Interaktionstheorie benutzt auch Michael Egerding, Die Metaphorik der spätmittelalterlichen Mystik. 2 Bde., Paderborn [usw.] 1997. Die Einschätzung, daß alle Aussagen über Gott Analogieaussagen sind, war auch unter mystik-unverdächtigen Aristotelikern verbreitet.

68 Vgl. zur Geschichte des Bildbegriffs neben der oben [Anm. 11] genannten Literatur etwa: Bildlichkeit. Internationale Beiträge zur Poetik, hg. von Volker Bohn, Frankfurt a. M. 1990; Was ist ein Bild?, hg. von Gottfried Boehm, München 1994; Oliver Robert Scholz, Bild, Ästhetische Grundbegriffe I, S. 618–669.

Termini benutzt; ein Beispiel ist der berühmte Anfang eines Alain de Lille zugeschriebenen Poems:[69]

> Omnis mundi creatura
> quasi liber et pictura
> nobis est et speculum,
> nostrae vitae, nostrae mortis,
> nostri status, nostrae sortis
> fidele signaculum.
>
> Nostrum statum pingit rosa,
> nostri status decens glosa,
> nostrae vitae lectio,
> quae dum primo mane floret,
> defloratus flos effloret
> vespertino senio.

Die Bedeutung, die *pictura* und *pingere* hier haben, läßt sich offenbar ebenso durch *liber, speculum, signaculum, glosa* und *lectio* zum Ausdruck bringen; dazu hätte auch noch von *figura* oder *typus* die Rede sein können.[70] Die Synonymreihe zeigt, daß man es nicht mit dem aristotelischen Begriff der seelischen Bilder zu tun hat, der dem erkenntnistheoretischen Konzept der *repraesentatio* und dem rhetorischen der *evidentia* zugrunde liegt. Dieser ›psychologische‹ Bildbegriff meinte die mentale Vergegenwärtigung abwesender Dinge in Gestalt von Erinnerungsbildern, bis er im 18. Jahrhundert infolge der Neubewertung der Einbildungskraft nicht mehr memorativ, sondern produktiv aufgefaßt wurde.[71] Er blieb jedoch über die Veränderung hinweg ein psychologischer Begriff und be-

---

69 Lateinische Lyrik des Mittelalters. Lateinisch-Deutsch, ausgew., übers. u. kommentiert von PAUL KLOPSCH, Stuttgart 1985, S. 302. – »Jedes Geschöpf der Welt ist wie ein Buch und ein Bild für uns und ein Spiegel, unseres Lebens, unseres Todes, unseres Zustands, unseres Schicksals zuverlässiges Zeichen. Unseren Zustand malt die Rose, unseres Zustands treffende Glosse, die Lesung über unser Leben, die am frühen Morgen blüht, aber verblüht ihre Blüte verliert in abendlicher Altersschwäche.«

70 Zur Terminologie von Bibelexegese und Dinghermeneutik vgl. z.B. KREWITT [Anm. 34], S. 99–148, 443–456; HENNING BRINKMANN, Mittelalterliche Hermeneutik, Tübingen 1980.

71 Bei Kant heißt es dann definitorisch: »Das Bild ist ein Produkt des empirischen Vermögens der produktiven Einbildungskraft.« (Immanuel Kant, Kritik der reinen Vernunft. Erster Teil, hg. v. WILHELM WEISCHEDEL, Darmstadt 1983, S. 190.)

gründet als solcher die Bildtheorie der Metapher: Weil die Metapher im 18. Jahrhundert als ein Verfahren galt, seelische Bilder zu evozieren,[72] wurde sie metonymisch selbst als sprachliches Bild bezeichnet.

Der Bildbegriff der Dinghermeneutik ist dagegen der ontologische des (Neu-) Platonismus. Er bezeichnet nicht mentale Modelle, sondern eine Sache als ›Abbild‹ einer anderen Sache. In der Dinghermeneutik konstituieren ikonische Aspekte der Visualität und der Imagination deshalb nicht das Bildkonzept selbst; man konnte statt *pictura* ebenso gut *liber* oder *glosa* sagen. Es gehört zwar zur kulturellen Leistungsfähigkeit der Ding-›Bilder‹, daß sie sich visuell darstellen lassen; expliziert wurde die ontologische Abbildbeziehung aber in begrifflich-prädikativer Form als Liste von Eigenschaften. Auch im mittelalterlichen Neuplatonismus stehen ›Bild‹ und Begriff nicht in Opposition zueinander; vielmehr ist die Bildbeziehung hier geradezu eine begriffliche.

Ebenso wenig zielt der neuplatonische Bildbegriff der Dinghermeneutik auf die Eröffnung imaginativer Assoziationsvielfalt; allenthalben gibt es eine massive Tendenz zur Festlegung der Bedeutung im jeweiligen Kontext. Der ›geistige Sinn des Wortes‹ war in der zeitgenössischen Interpretationspraxis kein Prozeß unendlicher Semiose, der nur aus pragmatischen Gründen gelegentlich zum Ende kam. Interpreten wie Alain de Lille wußten vielmehr mit bemerkenswerter Sicherheit, welche Bedeutung auf der Basis welcher *proprietas* im konkreten Fall jeweils vorlag. Die Dingbedeutungen der Lilie in der Bibel erklärte er beispielsweise folgendermaßen:[73]

---

72 Breitinger [Anm. 13], Bd. 2, S. 409.

73 Alanus ab Insulis, Liber in distinctionibus dictionum theologicarum, PL 210, Sp. 685–1012, hier Sp. 838. – »Lilie. Eigentliche Bedeutung: Gestalt einer Lilie, daher steht im 2. Buch Mose ›am Leuchter waren Knäufe und Lilien‹, das heißt Abbildungen von Lilien. Lilie bedeutet Tugend, daher im Hohenlied ›deine Brüste sind wie Ziegenjunge, die in den Lilien weiden‹, das heißt in den Tugenden oder in den guten Werken. Lilie bedeutet Christus, daher im Hohenlied ›Ich bin die Blume des Feldes und die Lilie der Täler‹. Lilie bedeutet Kirche, daher im Hohenlied ›wie die Lilie unter den Disteln‹. Lilie bedeutet demütig, weil die Lilie in Tälern wächst; mit der Lilie werden die Demütigen bezeichnet: ›Mein Geliebter ist mein, der in den Lilien weidet‹. Lilie bedeutet das Volk Israel, daher im Buch Jesaja ›und Israel wird blühen wie eine Lilie‹.«

Lilium, proprie, imago lilii, unde in Exodo legitur quod in candelabro erant sphaerulae et lilia, id est imagines liliorum. Dicitur virtus, unde in Cant.: Ubera tua sicut hinnuli capreae quae pascuntur in liliis, id est in virtutibus vel in operibus bonis. Dicitur Christus, unde in Cant.: Ego sum flos campi et lilium convallium. Dicitur Ecclesia, unde in Cant.: Sicut lilium inter spinas. Dicitur humilis, quia lilium in vallibus crescit; per lilium significantur humiles: Dilectus meus loquitur mihi qui pascitur inter lilia. Dicitur Israeliticus populus, unde Isaias: Et Israel florebit tanquam lilium.

Die Eindeutigkeit rührt daher, daß der Interpret stets identifiziert, was die Lilie im jeweiligen Kontext eigentlich bezeichnet. Auf dieser Grundlage benennt er die *proprietas*, die die Analogiebeziehung konstituiert; in offensichtlichen Fällen expliziert er dies gar nicht erst. Damit ist der Interpretationsprozeß zu Ende. Das Prinzip bleibt übrigens dasselbe, wenn eine Formulierung nach dem vierfachen Schriftsinn vier Bedeutungen zugewiesen bekommt: Die Polysemie der Formulierung wird im Interpretationsprozeß kontrolliert und über die Hierarchie der Bedeutungsebenen für jede einzelne Ebene auf eine Bedeutung festgelegt. Mit semantischer Offenheit im modernen Sinn hat das nichts zu tun.

Wie verhalten sich die Auslegungsprozeduren der Dinghermeneutik und der rhetorischen Metapherntheorie zueinander? Zunächst gilt es festzuhalten, daß die Theorie der Dingbedeutungen in der Tat auch mit auf der wörtlichen Ebene ›schiefen‹, metaphorischen Prädikationen (Typus: ›Dein Schoß ist mein Hafen‹), nicht nur mit auf der wörtlichen Ebene unproblematischen, aber allegorisch auslegbaren Prädikationen beschäftigt ist (Typus: ›Wir suchen denselben Hafen‹). Bei dem von Alain interpretierten Satz »Ich bin die Blume des Feldes und die Lilie der Täler« beispielsweise handelt es sich um eine ›schiefe‹, metaphorische Prädikation. Versteht man den Satz ›weltlich‹ und appliziert die Substitutionstheorie, dann bezeichnet der metaphorische Ausdruck ›Lilie‹ die Sprechinstanz aufgrund einer Eigenschaft, die das Ich als Ding, einem bestimmten kulturellen Wissensbestand zufolge, mit der Lilie als Ding gemeinsam hat. Der metaphorische Ausdruck prädiziert dem Ich diese Eigenschaft zu einem, wie auch immer gearteten, kommunikativen Zweck. Alains ›geistliche‹ Auslegung operiert genauso: Der metaphorische Ausdruck ›Lilie‹ bezeichnet die Sprechinstanz aufgrund einer Eigenschaft, die das Ich als Ding, einem anderen kulturellen Wissensbestand zufolge, mit der Lilie als Ding gemeinsam hat. Jedoch offenbart der metaphorische Ausdruck hier die

Identität der Sprechinstanz zum Zweck der religiösen Wahrheitserkenntnis. Der unterstellte ontologische Status der Codes und die den Aussagen zugeordneten Funktionen differieren, aber die logische Form der Auslegungsprozedur ist dieselbe: In beiden Fällen wird erst das eigentlich Gemeinte identifiziert und dann in Abhängigkeit davon eine Analogie hergestellt.[74]

Wenn die Dinghermeneutik auf eine Formulierung appliziert wird, die keine ›schiefe‹, metaphorische Prädikation enthält, ändert sich nicht die Auslegungs-, sondern nur die Identifikationsprozedur. Die Formulierung wird dabei nicht anders als eine ›rhetorische‹ Allegorie behandelt. Der Unterschied zwischen ›hermeneutischer‹ und ›rhetorischer‹ Allegorie betrifft deshalb ebenfalls nicht die logische Form der Auslegungsprozedur, sondern allein den unterstellten ontologischen Status des Codes und die der Aussage zugeordnete Funktion. Sowohl in der rhetorischen Theorie als auch in der Dinghermeneutik differieren Metapher und Allegorie jeweils nur auf der Ebene der Identifikations-, nicht auf der Ebene der Auslegungsprozedur. Die Auslegungsprozedur geht bei Metapher, Dingbedeutung, rhetorischer und hermeneutischer Allegorie stets nach demselben Prinzip von Substitution und Analogie vonstatten.

Im Reich der Dingbedeutungen – Alain ist dafür ein beliebiges Beispiel – dokumentiert die interpretatorische Praxis im 12. und 13. Jahrhundert nun in der Tat, daß das kulturelle Wissen jeweils eine Liste von Eigenschaften vorsah, die sich von der einen Sache auf die andere projizieren ließen. Indes herrschte der Habitus, aus der Liste eine Eigenschaft zu aktualisieren und die Bedeutung damit im konkreten Kontext festzulegen. Von einem Verfahren, wie es sich die Bildtheorie als Entfaltung imaginativer Assoziationsräume und die Interaktionstheorie als Projektion ganzer Eigenschaftslisten vorstellt, kann im 12. und 13. Jahrhundert im Neuplatonismus der Dinghermeneutik ebenso wenig die Rede sein wie im Aristotelismus der grammatisch-rhetorischen Tradition. Das liegt daran, daß man das eigentlich Gemeinte immer für identifizierbar hielt und den Inter-

---

74 Die Theorie der Dingbedeutungen unterscheidet sich zwar in semiotischer (*in facto* vs. *in verbis*) und in ontologischer (göttlicher vs. menschlicher Autor), nicht aber in prädikationslogischer Hinsicht von einer Theorie der Metapher als doppelter Synekdoche; vgl. UMBERTO ECO, Semiotik und Philosophie der Sprache, München 1985, S. 133–192.

pretationsprozeß immer an dieser Identifikation ansetzen ließ. (Analogieaussagen über Gott stellen sowohl im platonisierenden als auch im aristotelisierenden Denken eine Ausnahme dar.) Die uneigentliche Rede geht wegen der hergestellten Analogie nicht in der Substitution auf, aber die Substitution begründet ihre Eindeutigkeit.

Während die Dingbedeutungen, insofern sie die Ordnung der Schöpfung offenbaren, feststehen wie ihr Gegenstand, kann die Analogie im Fall der von menschlichen Autoren produzierten Metapher, wie jede Begriffsbildung im Paradigma der ›Substanzenontologie‹, durchaus innovativ sein.[75] Aber auch im Innovationsfall repräsentiert sie eine als dem sprachlichen Zeichen vorgängig unterstellte Wirklichkeit. Zwischen den Wörtern einerseits und den Dingen, Eigenschaften und Relationen andererseits gibt es in der uneigentlichen Rede, bei menschlicher wie bei göttlicher Autorschaft, im metaphorischen wie im allegorischen Fall und ebenso beim Vergleich, eine Repräsentationsbeziehung, die die prädikative Bedeutung des uneigentlichen Ausdrucks determiniert.

Der Habitus, uneigentliche Bezeichnungen nach der Prozedur ›erst Identifikation des eigentlich Gemeinten, dann Festlegung der relevanten Analogie‹ zu interpretieren, verdient nicht zuletzt angesichts jener Ausdrücke Beachtung, die sowohl in einem geistlichen als auch in einem weltlichen Kontext verwendet werden. Was nimmt, beispielsweise, die Lilie von ihren Dingbedeutungen mit, wenn sie als Metapher die säkulare Geliebte bezeichnet? Auf der Basis der Interaktionstheorie wird die Antwort optimistisch ausfallen: Wer nämlich vom metaphorischen Ausdruck her interpretiert, kann eine Menge geistlicher Dingbedeutungen und weltlicher Codes projizieren, die die Geliebte im Nimbus schillernder und vieldeutiger Assoziationen erstrahlen läßt. Gegenüber einem solchen Modell der »symbiotischen Bereicherung«,[76] das mit der Durchdringung von Weltlichem

---

75 Dies spielt für die neuen Ansätze von *ars dictandi* und *ars poetriae* eine herausragende Rolle: Schon Alberich von Montecassino zufolge erneuern Metaphern den Sprachgebrauch und ›verkaufen‹ Gedanken durch neue Ausdrucksformen; vgl. dazu Krewitt [Anm. 34], S. 226–240. Galfrid von Vinsauf rühmt die spracherneuernde Funktion von Metaphern in der ›Poetria nova‹ ([Anm. 43], V. 761–769) geradezu emphatisch.

76 Köbele [Anm. 7], S. 231. Köbele benutzt eine Kombination aus Interaktions- und Bildtheorie.

und Geistlichem zudem noch historischen Bedürfnissen gerecht wird, kommt jedes Vorgehen auf der Basis der Substitutionstheorie wenig glanzvoll daher. Es kann bestenfalls auf WARNINGS Modell der »konnotativen Ausbeutung« eines geistlichen Codes zum Zweck der »Artikulation und Legitimation eines säkularen Rollenprogramms« rekurrieren,[77] denn es muß den ausgebeuteten Code als einen sekundären klar von dem allein durch das eigentlich Gemeinte begründbaren Code als dem primären unterscheiden. Wo das säkulare Konzept eine Artikulationshilfe oder eine Legitimationskrücke nicht nötig hätte, bliebe noch nicht einmal die konnotative Analogie.

Das Problem läßt sich nicht nur anhand der Relation zwischen geistlichen Code-Traditionen und der volkssprachlichen höfischen Dichtung diskutieren; es stellt sich auch bei der Beziehung zwischen biblischer Sprache und der ovidianisierenden Sprache der Liebe in lateinischen Texten. Für das Verhältnis zwischen Dinghermeneutik und rhetorischer Metapherntheorie einerseits, Dingbedeutungen und Metapherngebrauch andererseits scheinen mir in diesem Zusammenhang zwei Traktate Boncompagnos da Signa beachtenswert, der in der ersten Hälfte des 13. Jahrhunderts Rhetorikprofessor in Bologna war und zu den wichtigsten Autoren der *ars dictandi* zählt.[78]

Boncompagnos Überlegungen zur übertragenen Rede gehören zu den interessanteren seiner Zeit. Das *transumptio*-Kapitel seiner ›Rhetorica novissima‹[79] ist im hier verfolgten Zusammenhang von Bedeutung, weil es rhetorische und exegetische Konzeptionen zusammenführt und einen Bildbegriff ins Spiel bringt. Der Liebesbriefsteller ›Rota Veneris‹[80] macht in ovidianisierender Manier anhand einer Rei-

---

77 RAINER WARNING, Lyrisches Ich und Öffentlichkeit bei den Trobadors, in: Deutsche Literatur im Mittelalter. Kontakte und Perspektiven, hg. von CHRISTOPH CORMEAU, Stuttgart 1979, S. 120–159, hier S. 135–141, Zitat S. 140.

78 Vgl. zu Boncompagno CARL SUTTER, Aus Leben und Schriften des Magisters Boncompagno, Freiburg i.Br. 1894; zum weiteren historischen Kontext PETER VON MOOS, Rhetorik, Dialektik und »civilis scientia« im Hochmittelalter, in: Dialektik und Rhetorik im früheren und hohen Mittelalter, hg. von JOHANNES FRIED, München 1997, S. 133–155; zu Boncompagnos Metaphernlehre KREWITT [Anm. 34], S. 240–259.

79 Boncompagni Rhetorica novissima, hg. von AUGUSTO GAUDENZI, in: Bibliotheca iuridica Medii Aevi. Scripta anecdota glossatorum. Bd. 2, Bologna 1892, S. 249–297; TERENCE O. TUNBERG, What is Boncompagno's »Newest Rhetoric«?, Traditio 42 (1986), S. 299–334.

80 Magister Boncompagno, Rota Veneris. Ein Liebesbriefsteller des 13. Jahrhun-

he von Musterbriefen samt Erläuterungen vor, wie ein Mann brieflich um eine Frau werben soll und wie eine Frau brieflich darauf reagieren kann. Die Briefe verwenden einen beträchtlichen Teil der Metaphorik, die man aus der lateinischen wie aus der volkssprachlich-höfischen Liebesdichtung des 12. und 13. Jahrhunderts kennt, und Boncompagno stellt auch einige Reflexionen darüber an.

Im *transumptio*-Kapitel der ›Rhetorica novissima‹ beginnt die Theoriesynthese mit der einleitenden Reihe von Definitionen:[81]

Transumptio est mater omnium adornationum que non desinit dicendorum genera circuire; vel transumptio est quedam imago loquendi in qua unum ponitur et reliquum intelligitur; vel transumptio est transmutatio locutionum, que semper intellectum imaginarium representat; vel transumptio est positio unius dictionis vel orationis pro altera, que quandoque ad laudem, quandoque ad vituperium rei transumpte redundat; vel transumptio est quoddam naturale velamen, sub quo rerum secreta occultius et secretius proferuntur.

Die einzelnen Begriffsbestimmungen sind trotz der teilweise eigenwilligen Formulierungen traditionsbedingt: Die *unum-reliquum*-

---

derts, hg. von Friedrich Baethgen, Rom 1927 (zitierte Edition); Friedrich Baethgen, Rota Veneris, DVjs 5 (1927), S. 37–64; Boncompagno da Signa, Rota Veneris. A Facsimile Reproduction of the Straßburg Incunabulum with Introduction, Translation, and Notes by Josef Purkart, Delmar (NY) 1975; Ernstpeter Ruhe, De amasio ad amasiam. Zur Gattungsgeschichte des mittelalterlichen Liebesbriefes, München 1975 (Beiträge zur romanischen Philologie des Mittelalters 10), S. 127–150; Josef Purkart, Boncompagno of Signa and the Rhetoric of Love, in: Medieval Eloquence, hg. von James J. Murphy, Berkeley [usw.] 1978, S. 319–331; Alfred Karnein, Andreas, Boncompagno und andere: Oder das Problem, eine Textreihe zu konstituieren, in: Mittelalterbilder aus neuer Perpektive, hg. von Ernstpeter Ruhe/Rudolf Behrens, München 1985, S. 31–42; Ronald Witt, Boncompagno and the Defence of Rhetoric, Journal of Medieval and Renaissance Studies 16 (1986), S. 1–31; Boncompagno da Signa, Rota Veneris, a cura di Paolo Garbini, Rom 1996.

81 Rhetorica novissima [Anm. 79], S. 281. – »Die Übertragung ist die Mutter aller Schmuckmittel, die in allen Arten der Rede auftritt. Entweder ist die Übertragung ein Redebild, in dem das eine gesagt und etwas anderes verstanden wird. Oder die Übertragung ist eine Vertauschung von Ausdrücken, die immer eine bildhafte Vorstellung vergegenwärtigt; oder die Übertragung ist die Verwendung eines Wortes oder einer syntaktischen Fügung anstelle eines oder einer anderen, die sich manchmal zum Lob, manchmal zur Schelte der übertragenen Sache ergießt; oder die Übertragung ist eine Art natürlicher Schleier, unter dem über die Geheimnisse der Dinge auf verborgenere und geheimere Weise gesprochen wird.«

Definition läßt sich als Variante der *aliud-aliud*-Formel verstehen, die aus Ciceros Allegorielehre über Isidor von Sevilla in die rhetorische wie in die exegetische Überlieferung vermittelt wurde.[82] Es folgen zwei Varianten der rhetorischen Substitutionstheorie; die letzte Erklärung spielt auf die aus der Bibelexegese entwickelte *integumentum*-Lehre an.[83] Ornative und laudativ-vituperative Funktion sind rhetorisches Gemeingut; wenig später behauptet Boncampagno, daß die *transumptio* zum Zweck des Rühmens und Schmähens erfunden worden sei.[84]

Daß Boncompagno die *transumptio* mit dem Begriff *imago* in Verbindung bringt, ist im historischen Umfeld außergewöhnlich. Die Formulierung *intellectum imaginarium repraesentat* läßt sich auf die Geschichte der Begriffe *evidentia* und *repraesentatio*, damit auf das Konzept der Seelenbilder beziehen. In der Formulierung *imago loquendi* kann man *imago* dagegen über die in der *unum-reliquum*-Definition aufscheinende Kontamination von rhetorischer und exegetischer Allegorielehre wohl eher auf den neuplatonischen Abbildbegriff zurückführen. In diesem Sinn behauptet Boncompagno nämlich wenig später, daß die *transumptio* im Paradies erfunden wurde, als Gott den Menschen zu seinem Bild und Gleichnis schuf.[85]

Im Anschluß an seine Definitionenreihe behandelt Boncompagno ein dieser durchaus adäquates, bemerkenswert weites Feld: Das irdische und das himmlische Jerusalem, Visionen, Träume, den Baum der Erkenntnis, Tiermetaphern für Menschen (darunter die Evangelistensymbole), Brot und Wein der Eucharistie, medizinische Termini und Euphemismen für Sexuelles und Skatologisches, den Physiologuslöwen, laudative und vituperative Metaphern für Frauen, Metaphern für Sodomiten, Metaphern von *ioculatores*, Gemälde und Skulpturen, Gesten. Den großen, alles verbindenden Zusammenhang hebt der Schluß des Kapitels nochmals emphatisch hervor:[86]

---

82 Krewitt [Anm. 34], S. 149–157.

83 Vgl. z.B. Krewitt [Anm. 34], S. 276–279.

84 Rhetorica novissima [Anm. 79], S. 281.

85 Ebd., S. 281: *In terrestri paradiso, in quo Deus hominem ad imaginem et similitudinem suam formavit, transumptio sine dubio fuit inventa.*

86 Ebd., S. 285f. – »Alle verschiedenen Arten der Übertragenden und der Übertragungen kann niemand kennen, denn alle Völker der Erde übertragen die benachbarten und die enthaltenen [i. e. Unter-] Gattungen der Dinge und die

Omnes vero transumentium et transumptionum diversitates nemo scire valeret, quia universe nationes orbis terrarum continentia et contenta, rerum genera et species secundum linguarum et voluntatum varietates transumunt, nec excludi posset aliquis vel aliqua homo vivens, qui vel que transumpte non loquatur, postquam incipit rationem et intellectum habere. Insuper omnis allegoria, tropologia, moralitas, metaphora et quelibet locutio figurata transumptiones possunt et debent merito nominari, quia omnis qui unum ponit et aliud intelligit, sine omni dubitatione transumit: unde colores qui de transumptionibus oriuntur sicut stelle celi et arene maris numerari valerent.

Wie kaum ein anderer war Boncompagno an der Beobachtung interessiert, daß der Übertragungsprozeß die gesamte kommunikative Praxis durchzieht. Der außerordentlich weite Horizont des *transsumptio*-Konzepts und der eingangs eingeführte Bildbegriff scheinen geradewegs danach zu verlangen, die Übertragung vom uneigentlich benutzten Ausdruck her anzugehen und die Frage nach Kontaminationen verschiedener Codes aufzuwerfen. Doch die Erwartung, daß der Reichweite des Blicks für die Gegenstände ein Blick für die Reichhaltigkeit des metaphorischen Prozesses entsprechen müßte, ist eine moderne. Boncompagnos großer Zusammenhang besteht allein darin, daß alle Übertragungen dieselbe logische Form haben, nämlich die von der Substitutionstheorie vorgesehene. Das wird in einer langen Reihe von Beispielen über alle traditionsbedingten Unterschiede hinweg ausgeführt. Metaphern für Frauen beispielsweise beziehen sich auf die Schönheit, ob ihr Code nun auf eine antike Göttin oder auf die biblische Libanonzeder zurückführt:[87]

Arten gemäß der Verschiedenartigkeit ihrer Sprachen und ihrer Wünsche, und kein lebendiger Mensch, männlich oder weiblich, kann davon ausgeschlossen werden, der oder die nicht auf übertragene Weise spricht, nachdem er oder sie begann, Verstand und Einsicht zu zeigen. Überdies kann und muß jede Allegorie, Tropologie, Moralisierung, Metapher und welche figürliche Rede auch immer mit Recht Übertragung genannt werden, denn jeder, der das eine verwendet und etwas anderes versteht, überträgt zweifelsohne. Daher sind die Redefiguren, die durch Übertragungen entstehen, so zahlreich wie die Sterne des Himmels und die Sandkörner des Meeres.«

87 Ebd., S. 283. – »Eine schöne Frau wird übertragen auf [i. e. metaphorisch bezeichnet als] Göttin, Venus, Pallas und Juno; Sonne, Mond, Stern [...]; Balsam, Ambra, Moschus und Manna; Palme, Lorbeer, Zeder des Libanon, Ölbaum, Pinie; Taube, Turteltaube; Edelstein, Perle, Lilie, Rose, Veilchen, Blume, Alraune; und manchmal berühmte Heldinnen der alten Zeiten wie Helena und Isolde.«

Mulier speciosa transumitur in deam, Venerem, Palladem et Iunonem; in solem, lunam, et stellam [...]; in balsamum, ambram, muscum et manna. Transumitur etiam in palmam, laurum, Libanum cedrum, olivam et pinum; item in columbam et turturem; item in gemmam pretiosam, margaritam, lilium, rosam, violam, florem et mandragoram; et quandoque in antiquas et famosas dominas ut in Helenam et Isoctam.

Obschon Boncompagnos großherzige Gegenstandskonstituierung eine Interaktionstheorie der metaphorischen Übertragung in Reichweite zu rücken scheint, ist nirgends die Rede davon, daß ein metaphorischer Ausdruck, der für verschiedene Dinge verwendet wird, eine Beziehung zwischen diesen Dingen herstellt. Boncompagno fragt gar nicht erst nach einem Bedeutungspotential der Metapher ›Lilie‹, sondern gegenstandszentriert nach dem Metaphernarsenal für Schönheit. So bestimmt auch hier jedes Ding die Bedeutung des metaphorischen Ausdrucks, das ihn bezeichnet, allein. Ebenso wenig wie eine Interaktionstheorie gibt es in der ›Rhetorica novissima‹ eine Bildtheorie der übertragenen Rede, weil weder der aristotelische noch der neuplatonische Bildbegriff die Auslegungsprozedur verändern.

Während Boncompagno in der ›Rhetorica novissima‹ die Frage metaphorischer Code-Kontamination trotz des synthetischen Zugriffs auf Dinghermeneutik und rhetorische Metapherntheorie nicht aufwirft, macht er sie in der ›Rota Veneris‹ zur Schlußpointe – am Ende eines Traktats, der sich an der Konfrontation von biblischer Sprache und ovidianisierender Liebeswerbung delektiert.

Vergleiche und Metaphern sind laut ›Rota‹ für Liebende äußerst nützlich, weil sie den *vigor amoris* steigern. Sie sollten deshalb in Liebesbriefen in großer Anzahl benutzt werden, und zwar nicht nur von *milites* und *dominae* – offenbar dachte Boncompagno auch an die Liebesmetaphorik der ›ritterlichen‹ volkssprachlichen Dichtung –, sondern ebenso von *populares*.[88] Ihre Wirkung erzielen die behandelten Metaphern, indem sie die Schönheit des erotischen Objekts rühmen. Boncompagno führt auch hier eine Reihe von Beispielen an, die in der zeitgenössischen lateinischen und volkssprachlichen Dichtung weit verbreitet sind: Sonne, Mond, Stern, Palme, Zeder, Lorbeer, Rose, Lilie, Veilchen, Edelsteine.[89] Freilich

88 Rota Veneris [Anm. 80], S. 15.

89 Ebd., S. 12f.

fügt er hinzu, daß die Möglichkeiten unendlich und deshalb nicht aufzählbar sind: Trotz des konventionellen Repertoires gelten ihm Metaphern als Ergebnis eines produktiven Sprachgebrauchs, der immer wieder neue Möglichkeiten findet.

Auf der Basis der Substitutionstheorie stellt Boncompagno in der ›Rota‹ auch Überlegungen zum semantischen Wert des metaphorischen Modells an:[90] Ob eine Metapher ihre Funktion gut erfüllt, hängt davon ab, daß der zugrunde liegende Vergleich glücklich gewählt ist. Der metaphorische Prozeß geht nicht in der Substitution auf, sondern umfaßt die prädikative Leistung der Analogie. Beispielsweise ist es keine geglückte Metapher, wenn man eine Frau in einem erotischen Kontext metaphorisch als Eiche bezeichnet und dann mit der Bemerkung fortfährt, daß man es auf ihre Früchte abgesehen habe; denn Eicheln werden an Schweine verfüttert. Geglückt ist dagegen die metaphorische Bezeichnung einer Frau als Palme, denn deren Früchte – Datteln – sind süß. Wie man sieht, entfaltet Boncompagno die metaphorische Analogie (Gervais hätte von *advocatio* gesprochen); zugleich bestimmt er sie aber eindeutig und legt den Sinn der Metapher dadurch fest. Vor dem Horizont der Interaktionstheorie würden sich weitere Eigenschaften der Eiche für eine assoziative Anreicherung der metaphorischen Analogie geradezu aufdrängen, doch das ist für den Substitutionstheoretiker Boncompagno nicht das Proprium des Metapherngebrauchs.

In der Metaphernliste wie in den Liebesbriefen finden sich allerhand Ausdrücke, die auf das Hohelied zurückgehen, und auch darüber hinaus geizt Boncompagno nicht mit Bibelallusionen. Er stellt jedoch zunächst keine Reflexionen darüber an, ob man seine Geliebte in irgendeine Art von Beziehung zu Maria oder zur Kirche setzt, wenn man Hohelied- oder Psalmensprache benutzt. Die betreffenden Metaphern erscheinen, in Abhängigkeit von ihrem Gegenstand, als rein diesseitige Angelegenheit mit der Funktion, die Aussagen über die Schönheit – und zwar allein über die körperliche Schönheit – der Geliebten möglichst weit zu steigern. Erst am Schluß kommt er doch noch auf das Thema zu sprechen:[91]

---

90 Ebd., S. 15f.

91 Ebd., S. 26. – »Obschon ich in diesem Werk allerhand geschrieben habe, was sich als Zügellosigkeit auszunehmen scheint, darf man doch nicht glauben, daß ich zügellos war oder sein wollte. Denn Salomo, der es verdiente, mit der

Licet autem plura, que lasciviam ostendere videntur, in hoc opere posuerim, non tamen est credibile me fuisse aut velle fore lascivum, quia Salomon, qui meruit assistrici Dei, id est eius sapiencie, copulari, multa posuit in Canticis canticorum, que secundum litteram magis possent ad carnis voluptatem quam ad moralitatem spiritus trahi. veruntamen sapientes dubia in meliorem partem interpretantur, dicentes sponsam vel amicam ecclesiam fuisse, sponsum Iesum Christum. credere igitur debetis, quod Boncompagnus non dixit hec alicuius lascivie causa, sed sociorum precibus amicabiliter condescendit.

Hier wird nicht mit ›symbiotischer Bereicherung‹ argumentiert, sondern mit einer Unterscheidung der Bedeutungen, die auf einer Unterscheidung der Gegenstände beruht. Die Passage bezieht ihren Witz daraus, daß sie explizit zwischen dem wörtlichen und dem spirituellen Sinn des Hohenlieds differenziert, implizit zugleich aber auch zwischen dem rhetorischen und dem exegetischen Blick auf das Hohelied: Wo der Exeget die Verhüllung der Erkenntnis sieht, sieht der Rhetoriker die Verhüllung der Frivolität, denn er erkennt die konventionelle Funktion übertragen benutzter Ausdrücke, beim Reden über Sexualität Obszönitäten zu vermeiden.[92] Demgemäß stehen zwar verschiedene Bedeutungszuweisungen nebeneinander, aber sie fallen in Abhängigkeit von Intentions- und Gegenstandsunterstellungen auf jeder Interpretationsebene eindeutig aus. Wenn man dem Autor Salomo eine frivole Intention unterstellt, ist fleischliche Liebe der Gegenstand des Textes; wenn man seiner Rede die Inspiriertheit durch den göttlichen Autor unterstellt, handelt der Text von Christus und der Kirche. Die Bedeutung der Sprachzeichen folgt aus der Identifikation des eigentlich Gemeinten.

In Analogie dazu ist die fleischliche Liebe der Gegenstand der ›Rota Veneris‹, wenn man dem Autor Boncompagno eine frivole Intention unterstellt. Die angebotene Alternative besteht darin, von der Absicht einer spielerisch-artistischen Kommunikation unter Gelehrten auszugehen;[93] dann demonstriert der Text die Kunstfertigkeit sei-

---

Assistentin Gottes, will sagen der göttlichen Weisheit [vgl. Sap. 9,4] vereinigt zu werden, schrieb im Hohenlied vieles, was dem wörtlichen Sinn nach mehr zur fleischlichen Lust als zur geistigen Tugendhaftigkeit anhalten könnte. Freilich interpretieren die Gelehrten die zweifelhaften Stellen auf vorteilhaftere Weise, indem sie sagen, daß die Braut oder Freundin die Kirche sei und der Bräutigam Jesus Christus. Ihr müßt deshalb glauben, daß Boncompagno das alles nicht in irgendeiner zügellosen Absicht sagte, sondern daß er aus Freundschaft den Bitten seiner Freunde folgte.«

92 Vgl. oben, Anm. 51.

93 Dies ist der im Text mehrmals genannte Produktionsanlaß, mit ihm die Intention des Traktats.

nes Autors, nämlich seine Kompetenz in der *ars dictandi.* Freilich handelt der Text auch in diesem Fall immer noch von der fleischlichen Liebe.

Die ironische Entschuldigung beutet das Modell von Literalsinn und spirituellem Sinn explizit in einer legitimatorischen Funktion aus, ohne die Differenz der Bedeutungen auch nur ansatzweise aufzuheben. Daran würde sich nichts ändern, wenn die Apologie nicht ironisch, sondern ernst gemeint wäre. Die Ironie erhebt sich freilich souverän über jene, die die Legitimation angesichts der *lascivia* für nötig halten, und damit über die Funktionalisierung der Analogie. Das scheint mir deutlich zu machen, daß die Code-Analogie eine Funktion nicht per se, sondern nur dort hat, wo es tatsächlich etwas zu legitimieren gibt. Anders als die Schönheit ist die *lascivia* für Boncompagno ein solcher Grund, wenn auch – in der ironischen Brechung – nur angesichts möglicher Vorbehalte der weniger Klugen.

Damit die konnotative Analogie zustande kommt, braucht es einen von der Kontamination der metaphorischen Codes nicht erst konstituierten, sondern ihr vorausliegenden Grund, auf den sich die Analogie beziehen kann. Auch in solchen Fällen determiniert der spezifische Gegenstand die Bedeutung von Metaphern. Es ist die unverhohlene Frivolität der ovidianisierenden Liebeswerbung, die dem Rekurs auf die biblische Sprache in der ›Rota Veneris‹ seine Funktion verleiht; und nicht zufällig entfaltet dieser Rekurs seinen maximalen Reiz dort, wo ein ganz bestimmter Gegenstand des Begehrens nahelegt, eine Relation zwischen der geistlichen und der fleischlichen Liebe herzustellen: in den Liebesbriefen an eine Nonne.[94]

Boncompagnos Denkmuster bieten keinen Ansatzpunkt für die Versuchung, Symbiosen zwischen metaphorischen Codes herbeizuführen. Im Hohenlied kann die Lilie, je nach Gegenstandsunterstellung, die Schönheit der Geliebten oder die Demut der Kirche meinen; in der ›Rota Veneris‹ meint sie stets die Schönheit der Geliebten. Das Spiel hat seinen Witz, aber die Grenzen zwischen den Bedeutungen bleiben gewahrt, weil die Unterschiede der Bedeutungen durch die Unterschiede der Gegenstände konstituiert werden. Ge-

---

94 Rota Veneris [Anm. 80], S. 20–22.

nauso würde es sich mit Maria und der Geliebten verhalten: Wenn die Lilie Maria bezeichnet, bedeutet sie, je nach Kontext, Demut, Reinheit oder Keuschheit, weil sie die Gottesmutter bezeichnet, die diese Eigenschaften hat. Wenn die Lilie eine irdische Geliebte bezeichnet, bedeutet sie Schönheit, weil sie ein erotisches Objekt bezeichnet; ein solches ist zu Boncompagnos Zeit a priori schön. Nur wenn im konkreten Kontext, unabhängig von der Metapher Lilie, Maria als erotisches Objekt oder die Keuschheit einer irdischen Geliebten thematisiert werden, kann die Metapher auch die jeweils andere Bedeutung ins Spiel bringen: Der bezeichnete Gegenstand muß im Paradigma der Substanzenontologie so beschaffen sein, daß sich die Metapher auf eine bestehende Eigenschaft beziehen kann.

Unter den Bedingungen der Metapherninterpretation vom Bezeichneten her war Bedeutungssymbiose schwer denkbar; denkbar war der Wechsel zwischen verschiedenen Bedeutungszuweisungen, eine Art *code-switching*. Eine Metapher konnte, wie jedes sprachliche Zeichen, mehrdeutig sein, wenn im spezifischen Kontext verschiedene Gegenstandsbezüge möglich waren. Sobald man aber einen Gegenstandsbezug unterstellte, wurde sie eindeutig. Mehrdeutigkeit gab es nicht als Bedeutungsoffenheit, sondern nur als Nebeneinander unterscheidbarer Eindeutigkeiten. Daraus resultiert jene Möglichkeit des Bedeutungswechsels, die, anders als die der Bedeutungssymbiose, bei Boncompagno Eingang in die zeitgenössische Reflexion fand.

Boncompagnos Rekurs auf die artistisch-gelehrte Intention seines Traktats schließlich geht in der ironischen Entschuldigung allein nicht auf. Dabei kommt außerdem ein Gedanke ins Spiel, der auch in den Poetiken des 12. und 13. Jahrhunderts und in ihren Reflexionen über Metaphern von zentraler Bedeutung ist. Metaphern gelten als herausragender Ausweis von Formulierungskunst und deshalb als prominenter Beleg jener Kompetenz, die den Dichtungsbegriff der Poetiken begründet. Während die Metapher im 18. Jahrhundert – und darüber hinaus – als Modellfall einer spezifischen, nämlich sinnlichen Erkenntnisleistung gilt, die die Dichtung als einen besonderen Typus von Rede konstituiert, gilt sie im 12. und 13. Jahrhundert als Modellfall einer Kompetenz, die dem Sprach- und Textartisten eigen ist. Die Differenz in der Einschätzung der Metapher verweist damit auf die Differenz zwischen dem alten, aus der Antike ererbten und vom 12. Jahrhundert an wiederbelebten Dichtungsbegriff, dessen Kern Form- und Formulierungskunst ist, und der modernen Literarästhetik des 18. Jahrhunderts, deren Kern die sinnliche Erkenntnisleistung der Dichtung ist.

Ich fasse zusammen: Die rhetorische Metapherntheorie ist der Ausdruck der Einschätzung, daß die Metapher eine bestimmte Eigenschaft hervorhebt, die das eigentlich Gemeinte ontologisch hat und die auf einen Begriff gebracht werden kann. Darauf basiert der interpretatorische Habitus antiker und mittelalterlicher Theoretiker – die Selbstverständlichkeit, mit der sie vom eigentlich Gemeinten her die metaphorische Analogie auf eine bestimmte Bedeutung festlegten. Solange Metaphern Gegenstände, Eigenschaften oder Relationen nicht konstituieren, sondern repräsentieren, vermögen sie es nicht ohne weiteres, Eigenschaften von einem Gegenstand auf einen anderen zu projizieren. Sie heben immer nur Eigenschaften hervor, die dem Gegenstand unabhängig vom Metapherngebrauch zu unterstellen sind. Metaphern können im alten erkenntnis- und sprachtheoretischen Paradigma nicht bedeutungsoffen im modernen Sinn sein. Mehrdeutig kann eine Metapher nur sein, insofern sie auf verschiedene Gegenstände bezogen wird; aber auch in diesem Fall konstituiert jeder Gegenstandsbezug jeweils eine bestimmte Bedeutung. Ansonsten können alte Metaphern höchstens rätselhaft sein – in dem Sinn, daß die unterstellte Analogie schwer zu erkennen ist.

Ehe man davon ausgeht, daß ausgerechnet die Metapherntheoretiker des 12. und 13. Jahrhunderts zu kurz dachten, um die Implikationen des zeitgenössischen Metapherngebrauchs zu erkennen, sollte man die Möglichkeit in Erwägung ziehen, daß ihre Erklärungen dem erkenntnistheoretischen Paradigma ihrer Zeit verpflichtet waren, das zugleich auch den Metapherngebrauch bestimmte. Vielleicht haben sie Metaphern in der Tat so interpretiert, wie Metaphern zu ihrer Zeit funktionierten.

Marianne Kalinke

Lost German Literature in Icelandic Translation

The Legends of King Oswald and Emperor Henry II

Had it not been for the diligence of fifteenth-century scribes, two important twelfth- and early thirteenth-century legends would today be unknown, namely Ebernand von Erfurt's legend of Henry and Cunegund and the anonymous legend of Oswald of Northumbria.[1] The legend of the Northumbrian king and martyr is extant in two German versions, in a prose version ultimately deriving from that found in Bede's ›Historia ecclesiastica‹ and in a metrical version, transmitted in two redactions, the so-called ›Münchner Oswald‹ and ›Wiener Oswald‹. At one time there had also existed diverging German legends of Henry II and Oswald, which found their way to Iceland, where they were translated in the second quarter of the sixteenth century. The Icelandic translations, ›Hendreks saga og Kunegundis‹ and ›Ósvalds saga‹, are significant for preserving lost German versions that most likely represent very early, if not the earliest, legends of the two royal saints.

Oswald of Northumbria was killed on August 5, 642, in a battle against Penda, king of the Mercians. Bede relates that Oswald *pro patria dimicans a paganis interfectus est* (iii.9).[2] The martyred king's cult spread rapidly. Indeed, by the time Bede had completed the ›Historia ecclesiastica‹ in 731, Oswald's fame as a saint, thus Bede, had already crossed the borders of Britain. Bede reports that »the rays of his beneficent light shone far overseas, and reached Germany and Ireland.«[3] When Athelstan's half-sister Edith went to

---

1 The oldest manuscripts of both legends date from the fifteenth century. See Michael Curschmann, Münchner Oswald, ²VL VI, cols. 766–771, here col. 766; Helga Schüppert, Ebernand von Erfurt, ²VL II, cols. 290–293, here col. 291.

2 The question is whether for Bede *patria* refers to Northumbria or to heaven, the *patria aeterna*. See John M. Wallace-Hadrill, Bede's Ecclesiastical History of the English People: A Historical Commentary, Oxford 1988, p. 103, note to iii.9: *Cuius quanta fides* [...] *satis duximus.*

3 [...] *sed etiam trans oceanum longe radios salutiferae lucis spargens Germaniae*

Germany to marry the future emperor Otto I in 929/930, »she was described as ›of the blessed line of Oswald‹« and her marriage reinforced diffusion of Oswald's cult in Germany.[4] In 1038, during the abbacy of Rumoldus (1031–68), the Benedictine abbey of Bergues-St.-Winnoc in French Flanders received relics of several saints, including those of Oswald.[5] At this time Drogo († 1084), one of the monks of St.-Winnoc, composed a ›Vita Oswaldi‹, drawn largely from Bede but also augmented with his own reflections, exhortations to the monks, and slight embellishments of incidents in the martyred king's *vita*. In the prologue Drogo is quite specific as to what he has done: the *vita* has been written in response to his fellow monks' request to bring together in one work the life, martyrdom, and miracles of St. Oswald.[6] Additionally he produced a rhymed office of St. Oswald some time between 1058 and 1070, copies of which reached the German language area, as attested, for example, in a thirteenth-century copy in St. Gall.[7]

Relics of St. Oswald came to southern Germany when in 1071 Judith of Flanders (c. 1027–1094), the widow of Earl Tostig of Northumbria, the brother of King Harold Godwinsson, married Duke Welf IV († 1101) of Bavaria.[8] In 1094, the year of her death, she

simul et Hiberniae partes attigit (iii.13). References are to Bede's Ecclesiastical History of the English People, ed. Bertram Colgrave/R. A. B. Mynors, Oxford, 1969. I cite the English translation in Bede: Ecclesiastical History of the English People, trans. Leo Sherley-Price, rev. R. E. Latham, London 1990.

4 Allan Thacker, *Membra Disjecta*: The Division of the Body and the Diffusion of the Cult, in: Oswald: Northumbrian King to European Saint, ed. Clare Stancliffe/Eric Cambridge, Stamford 1995, pp. 97–127, pp. 121 and 123.

5 E. P. Baker, St. Oswald and his Church at Zug, Archaeologia or miscellaneous tracts relating to antiquity 93 (1949), p. 106, note 5.

6 [...] *vestræque petitioni voluntatique, fratres, satisfaciens, vitam martyriumque sancti Oswaldi regis, seu miracula ejusdem in uno opere conjunxi* (p. 94). References are to Acta Sanctorum, Augusti, II, 5–12. Aug. 5: De S. Oswaldo rege ac mart., pp. 83–103. Subsequent page references are to this edition.

7 Paul Bayart, Les Offices de Saint Winnoc et de Saint Oswald d'après le Manuscrit 14 de la Bibliothèque de Bergues, Annales du Comité flamand de France 35 (1926), pp. 57–67; see esp. pp. 33–36.

8 For a summary of the spread of Oswald's cult in the German language area to the twelfth century, see Michael Curschmann, Der Münchener Oswald und die deutsche spielmännische Epik. Mit einem Exkurs zur Kultgeschichte und Dichtungstradition, München 1964 (MTU 6), pp. 169–174.

bequeathed to the monastery of Weingarten not only liturgical manuscripts but, more importantly in this context, relics of St. Oswald – *arcellam fabrefactam, plenam reliquiis sancti Oswaldi*[9] – who came to be greatly venerated in the twelfth century and in 1217 joined St. Martin as patron saint of Weingarten.[10] Subsequently a great number of texts in honor of St. Oswald were composed, including a rhymed office, hymns, prayers, and a sequence.[11] A ›vita sancti Osvaldi‹ in a manuscript produced in the last quarter of the twelfth century compiles, like Drogo, material from Bede relating to Oswald. Unlike Drogo's *vita*, however, this text does not contain the Flemish monk's exhortations to his fellow monks or his amplifications vis-à-vis Bede, e. g., in recounting Oswald's virtues.[12] Twelfth-century manuscripts, some containing Drogo's *vita*, attest that the Latin legend of St. Oswald was well known throughout the southern German language area, especially in Regensburg.[13] Not only did Latin *vitae* of the saint abound but Oswald's life was also vernacularized. Two German versions of his legend have been transmitted, one a metrical romance, the ›Münchner/Wiener Oswald‹, the other a prose legend current in the most popular vernacular legendary of the Middle Ages, ›Der Heiligen Leben‹. The hagiographic romance version departs from Bede's and consequently also Drogo's *vita*, inasmuch as the miracles are not transmitted. More strikingly, the saint of the metrical romance does not die a martyr's death. The prose version, however, adheres closely to the account known from Bede: it transmits the miracle sequence and depicts Oswald's death as a martyr in his struggle against pagan forces.

---

9 De Inventione et Translatione Sanguinis Domini, MGH, SS 15, p. 923; this is cited by BAKER [note 5], p. 106.

10 See THOMAS ZOTZ, Weingarten, LexMA VIII, cols. 2132–33; Weingarten. Von den Anfängen bis zur Gegenwart, ed. NORBERT KRUSE [et al.], Weingarten 1992, pp. 117, 127–129; DAGMAR Ó RIAIN-RAEDEL, Edith, Judith, Mathilda: The Role of Royal Ladies in the Propagation of the Continental Cult, in: Oswald: Northumbrian King to European Saint [note 4], pp. 216–222. BAKER [note 5], p. 104, reports that a century before Oswald became a patron saint of Weingarten, a chapel was dedicated to him in 1129 in Petershausen, founded in 983 by monks from Einsiedeln.

11 Weingarten [note 10], p. 117.

12 See WOLFGANG IRTENKAUF, Stuttgarter Zimelien. Württembergische Landesbibliothek. Aus den Schätzen ihrer Handschriftensammlung, Stuttgart 1985, p. 36.

13 See Ó RIAIN-RAEDEL [note 4], pp. 225–227.

The German versions introduce an innovation vis-à-vis Bede: the fact of Oswald's marriage to the daughter of the erstwhile pagan King Cynegisl is expanded into a full-fledged bridal-quest narrative. It is the quest for a pagan princess and the conversion of her people that generates the plot and serves as focal point of the narrative in the vernacular legend. The bridal-quest paradigm is paramount in the metrical version, where the saint dies a confessor's death at the side of his wife in bed. There is no encounter with Penda's heathen forces and consequently no martyrdom. Therefore, the posthumous miracles recounted by Bede, several attested at the site of Oswald's martyrdom, are also missing.

Although the ›Münchner Oswald‹ is transmitted solely in fifteenth-century manuscripts, scholarship places the composition of the metrical romance in the twelfth century, that is, in the very century that the ›Vita Osvaldi‹ was compiled in Weingarten.[14] If the ›Münchner Oswald‹ was in fact composed toward the end of the twelfth century, then two quite different saints were venerated simultaneously in the German language area: the historical Oswald and an apocryphal Oswald. The official church celebrated a martyr, but popular piety, it would seem, a confessor. While the liturgy called upon the *sancte martyr, miles Dei* and relates that *martyrum proclamat turba*,[15] the vernacular legend recounted the life of a virginal confessor. Not until the cult of St. Oswald had spread throughout the entire German language area, that is, around 1400, did someone remember the historical figure – thus the scholarly literature – and set about revising the German legend in accordance with Bede's account.

Given the lively cult of St. Oswald in the German language area, it is curious at best that the veneration of this saint, unlike that of other popular German saints, for example, Henry and Cunegund, should not have been accompanied early on by a vernacular legend containing evidence in support of Oswald's sanctity, that is, the miracles occurring at the site of his death; that the vernacular legend should disseminate a fiction at odds with the facts of Oswald's

---

14 CURSCHMANN [note 1], col. 766.

15 BAYART [note 7] pp. 57, 66; see also Analecta Hymnica Medii Aevi, ed. CLEMENS BLUME, Leipzig 1911 (Thesauri Hymnologici Prosaurium. Die Sequenzen des Thesaurus Hymnologicus H. A. DANIELS und anderer Sequenzenausgaben. Erster Teil 53), p. 324.

life and death as transmitted in the Latin legend. Traditional scholarship has claimed that late in the development of the vernacular legend, the fictional confessor saint, as known from the metrical romance (›Münchner Oswald‹), underwent a transformation in the late medieval prose version, so that he regained his martyr status. The German prose version is a significantly condensed account of an older version, however, a now lost text that is represented, we shall argue, by the Icelandic translation.

Iconographically Oswald appears with the royal insignia, often with a palm branch or with a ciborium, or with a raven carrying a ring or a vial with chrism for Oswald's coronation.[16] Oswald is depicted in numerous woodcuts accompanying the legend in imprints of ›Der Heiligen Leben‹. In the 1492 imprint of ›Dat Passionael‹, that is, the Low German translation of ›Der Heiligen Leben‹, the legend ›Van sunte Oswaldo deme konunghe‹ is headed by a woodcut the iconography of which embraces every salient event of Oswald's life and death (Ill. 1).[17] A crowned and haloed Oswald is seated on a throne, a scepter in his left hand and a palm in his right, thus identifying him as both king and martyr. On his left, that is, left of the hand carrying the scepter, a raven flies toward the saint; it has a vial in its beak, and a letter to which seals are attached hangs around its neck. Flying away from the king above the palm on the right is the same raven, this time bearing a ring in its beak. The location of the chrism-bearing raven next to the royal scepter clearly denotes the introductory coronation narrative with its divine intervention through the heavenly chrism and St. Peter's letter.[18] The position of the ring-bearing raven above the palm of martyrdom connects the bridal-quest/conversion narrative to Oswald's martyrdom.[19] Oswald is thus depicted as king, husband, and martyr, but the ›Münchner Oswald‹ thought to have originated in the twelfth century presents only the king and husband, not the martyr. What caused

---

16 See Oswald. König von Northumbrien, Lexikon der christlichen Ikonographie, ed. WOLFGANG BRAUNFELS, Rome 1976, pp. 101f.

17 The woodcut is on fol. C.ii. The photograph was provided by the Royal Library, Copenhagen.

18 It has been pointed out to me that the object in Oswald's left hand resembles a pilgrim's stave rather than a sceptre. Whatever the artist's intent may have been, the legend itself demands that this be interpreted as a sceptre.

19 See Dat Passionael, Lübeck 1492, C.ii.c.

the discrepancy between Latin and vernacular hagiography? How did the metrical legend and the prose legend come to diverge? Why does the liturgy invoke Oswald as the martyr that he was, whereas the vernacular legend portrays a virginal confessor who never existed?

According to Germanists and hagiologists, vernacular hagiography developed as a means of propagating a saint's cult among the laity. The purpose of vernacular legends was to establish and stabilize a cult. Ebernand von Erfurt's legend of Henry and Cunegund is, according to HELLMUT ROSENFELD, literary propaganda for the new saints. Indeed, he asserts that propaganda underlies all the pre- and early courtly legends.[20] In respect to Oswald, one must question, however, who this new saint is. According to the ›Münchner Oswald‹, he sets out on a quest to win a bride and thus to secure heirs for his kingdom. With the aid of an unusual proxy suitor, a talking raven, he woos a pagan princess, marries her, but then observes conjugal chastity for the rest of his life. He dies a confessor, not a martyr. Nonetheless, MICHAEL CURSCHMANN observed: »Im ›Münchener Oswald‹ ist das Wissen um die historische Person Oswalds noch unmittelbar lebendig, genauso wie das Wissen um die Eigenschaften, die ihn zum heiligen Herrscher erhoben: Oswald ist als im Heidenkampf gefallener Märtyrer und Missionsförderer, also *quasi sacerdos*, zugleich *rex iustus* und Fürsorger der Armen [...].«[21] Whereas this is true for the liturgy, the Latin legend, and the German prose legend, it does not apply to the metrical legend, for there Oswald is not depicted »als im Heidenkampf gefallener Märtyrer«.

In any case, the original vernacular legend of Oswald has not been transmitted. According to ACHIM MASSER, there are only two possibilities: either the legend was »›rein spielmännisch‹ angelegt« and the hagiographic aspect was added later, or it was from the outset a hagiographically conceived work (»ein als wirkliche Legendendichtung konzipiertes Werk«), which out of »Fabulierlust« evolved in the late Middle Ages into the work that we know as the ›Münchner Oswald‹.[22] CURSCHMANN believed that the hagiographic

20 HELLMUT ROSENFELD, Legende, Stuttgart ^{3}1972, p. 50.

21 CURSCHMANN [note 8] p. 180.

22 ACHIM MASSER, Bibel- und Legendenepik des deutschen Mittelalters, Berlin 1976, p. 163.

component was added later and he derived the hagiographic prose redactions from the ›Münchner Oswald‹: »Diese Prosa, aus der später noch – über die nd. Fassung des Legendars – eine isländische Bearbeitung hervorging, gibt – mit gelegentlichen eigenen Zusätzen – erst ungefähr das Handlungsgerüst des ›M. O.‹ wieder [...], um es dann an die kirchliche Legende nach Beda zurückzukoppeln«. According to CURSCHMANN, the Icelandic redaction, that is, ›Ósvalds saga‹, derives from the Low German prose version.[23]

CURSCHMANN is mistaken, however, for the Icelandic ›Ósvalds saga‹ does not derive from the Low German prose redaction but rather from a lost German legend that was the source of the condensed version in ›Der Heiligen Leben‹ and ›Dat Passionael‹. The answer to MASSER as to the character of the original German Oswald legend is to be sought in this no longer extant German version, which is transmitted, however, in ›Ósvalds saga‹. Repeatedly this version has appeared in the stemmas proposed by scholars for the Oswald legend, and repeatedly it has been misplaced. Since the nineteenth century Germanists, and consequently also Old Norse scholars, have identified the Icelandic version as a translation of the German prose legend, that is, the version in ›Der Heiligen Leben‹ and ›Dat Passionael‹.[24] ›Ósvalds saga‹ derives, however, neither from the prose legend in ›Der Heiligen Leben‹ nor from the Low German translation in ›Dat Passionael‹, but rather from a Low German translation of the unknown version – not the ›Münchner Oswald‹ – that the compiler of ›Der Heiligen Leben‹ »abbreviierte, [...] völlig enthistorisierte und entrhetorisierte«, as WERNER WILLIAMS-KRAPP has so aptly characterized his method.[25]

---

23 MICHAEL CURSCHMANN, Oswald (Prosafassungen), ²VL VII, cols. 126–128, here col. 126.

24 The first to propose this was OSKAR KLOCKHOFF (Om Osvalds saga, in: Små Bidrag till nordiska Literaturhistorien under Medeltiden, Upsala 1880, p. 17), but the theory gained currency in the twentieth century through two publications by HANS BEKKER-NIELSEN/OLE WIDDING: En senmiddelalderlig legendesamling, Maal og Minne (1960), pp. 105–128; Low German Influence on Late Icelandic Hagiography, Germanic Review 37 (1962), pp. 237–262. On the basis of their publications, AGNETE LOTH espoused the same position in her edition of Reykjahólabók. Islandske helgenlegender, Copenhagen, 1969–70 (Editiones Arnamagnæanæ, A, 15–16) I, p. xxxvi.

25 WERNER WILLIAMS-KRAPP, Die deutschen und niederländischen Legendare

›Ósvalds saga‹ is one of twenty-five legends in ›Reykjahólabók‹, the »Book of Reykjahólar«, which was compiled in the 1530s, shortly before the Reformation took hold in Iceland.[26] Twenty-two legends in this compilation are translations from Low German. It seems most likely that the compiler, Björn Þorleifsson, the wealthy landowner of Reykjahólar in northwestern Iceland, was not only the scribe and compiler of the legendary but also the translator of the German versions, none of which are extant today. For a long time scholars believed that the legends were translations of the corresponding legends in the ›Passionael‹, but it has been shown that this is not at all the case.[27] ›Ósvalds saga‹ is an Icelandic translation of a long, narratively sophisticated German version that circulated in the German language area before 1400.[28]

This Oswald legend was most likely a metrical legend, as were the sources of the other legends in ›Der Heiligen Leben‹, for traces of rhyme are still evident in the condensed prose redaction.[29] In his monograph of 1876, »Untersuchungen über das Gedicht von St.

des Mittelalters: Studien zu ihrer Überlieferungs-, Text- und Wirkungsgeschichte, Tübingen 1986, p. 367. On the basis of the legends of Henry and Cunegund, George, and Gregorius peccator, VOLKER MERTENS summarized the character of the legends as follows: »Kürzung auf die Summa facti, Abbau von individualisierenden Darstellungsmomenten, Ausklammerung einer differenzierten Problematik und im Stilistischen eine vergleichbare Tendenz zur syntaktischen Reihung mit Nivellierung komplexer Abhängigkeitsverhältnisse« (Verslegende und Prosalegendar. Zur Prosafassung von Legendenromanen in ›Der Heiligen Leben‹, in: Poesie und Gebrauchsliteratur im deutschen Mittelalter, Würzburger Colloquium 1978, ed. VOLKER HONEMANN [et al.], Tübingen 1979, pp. 265–289, here p. 287).

26 The manuscript was edited by LOTH [note 24]. ›Ósvalds saga‹ is found in Reykjahólabók I, pp. 71–95. Subsequent references to this edition are abbreviated Rhb.

27 See MARIANNE E. KALINKE, The Book of Reykjahólar: The Last of the Great Medieval Legendaries, Toronto 1996, ch. 3, pp. 45–77.

28 The argument is fully developed in my forthcoming book, St. Oswald of Northumbria: Continental Metamorphoses, Tempe, AZ (Medieval & Renaissance Texts & Studies).

29 The legend can be found in Der Heiligen Leben. Band I: Der Sommerteil, ed. MARGIT BRAND [et al.], Tübingen 1996, pp. 358–368. Traces of some rhymed couplets correspond to text in the metrical ›Münchner/Wiener Oswald‹, but others do not, such as the following: *Vnd schraib im ain prief hin wider / vnd net dem raben den prief vnter sein gefider* (360:21); *vnd schuelt got piten, was dor an ste, / daz das schier zwischen ev peden gescheh* (361:16); *vnd wer ihtes von im begert, / dez waz er gewert* (366:32).

Oswald«, ANTON EDZARDI maintained that it was still possible to reconstruct entire stanzas.[30] Be that as it may, the presence of rhyme in the prose legend cannot be denied, and thus one can assume that the Icelandic redaction ultimately derives from a metrical Oswald legend. This version, as also the other translations in ›Reykjahólabók‹, was not Middle High German, but rather Middle Low German, as the many Low German loan words, some of these hapax legomena in Icelandic, and loan translations as well as Low German syntax attest.[31]

What was the character of this lost metrical legend of St. Oswald? As aforementioned, this version exists, albeit in condensed form, in ›Der Heiligen Leben‹/›Dat Passionael‹. The legend was quadripartite and consisted of a coronation legend, a bridal-quest and conversion legend, Oswald's *passio*, and a collection of miracles. The last two parts, the *passio* and the miracles, as well as some of the material in the coronation legend, ultimately derive from the various incidents of Oswald's life that are found in scattered form in Books 2 and 3 of Bede's ›Historia ecclesiastica‹. These were subsequently compiled into a continuous narrative by Drogo[32] in the eleventh century and by an anonymous twelfth-century compiler in the Weingarten ›Vita Oswaldi‹.[33] The coronation and bridal-quest legends, however, exist only in the vernacular legend that was composed in the German language area.

Almost a century ago, IGNAZ V. ZINGERLE had already suggested that the source of Oswald's coronation legend was the legend of St.

---

30 ANTON EDZARDI, Untersuchungen über das Gedicht von St. Oswald, Hannover 1876, pp. 9–18.

31 KALINKE [note 27], pp. 96–105. It should be noted, however, that the immediate source of ›Ósvalds saga‹ may have been a prose version that still retained some of the rhymes of an original Middle High German metrical version.

32 See Acta Sanctorum, Augusti, II, 5–12. Aug. 5: De S. Oswaldo rege ac mart., pp. 83–103.

33 See IRTENKAUF [note 12], p. 36. IRTENKAUF states that the manuscript opens with the lives of Sts. Martin and Oswald, but this is not the case. The ›Vita sancti Oswaldi‹ is found on fols. 90^r–99^v. The text is incomplete and breaks off at the beginning of the last miracle account. It also contains material not found in Drogo, for instead of relating only the Cynegisl section of Bede iii.7, the manuscript continues with the rest of the chapter, even though it has nothing to do with Oswald. I am grateful to the Württembergische Landesbibliothek, which made a microfilm of the ›Vita sancti Oswaldi‹ available to me.

Remigius, which contains an account of the baptism of Clovis. More recently ROBERT FOLZ argued convincingly for this thesis in his study of the development of the Oswald legend.[34] The legend of St. Remigius is found in many German legendaries and the similarity between the two Germanic rulers, the Frank Clovis and the Northumbrian Oswald, is striking. Both played a significant role in the spread of Christianity and both legends contain an account of the conversion of the royal protagonists: Clovis is converted through the efforts of his Christian wife Clotildis and the saintly bishop Remigius, while after his own conversion to Christianity, Oswald participates in the conversion of a pagan king, stands godfather at his baptism, and subsequently marries his daughter. The Remigius legend, which was composed by Hincmar in the ninth century, relates how a dove descends from heaven with chrism for Clovis's baptism, when none can be found. This very chrism is subsequently used to anoint French kings at their coronation.[35] In the oldest source for the account of Clovis's baptism, Hincmar thus establishes a relationship between the baptismal and coronation liturgies. Therefore it is not surprising that the later legend of St. Oswald should appropriate the chrism delivered by an avian messenger at Clovis's baptism for Oswald's coronation. The relationship between the baptismal and coronation episodes is also attested iconographically. The vessel containing chrism for Oswald's coronation is not the silver dish broken at the king's behest for distribution to the poor – as CURSCHMANN has suggested –[36] but rather the chrismatory for the baptismal and coronation liturgies.

---

34 ROBERT FOLZ, Saint Oswald roi de Northumbrie: Étude d'hagiographie royale, Analecta Bollandiana 98 (1980), pp. 49–74, here p. 58.

35 Vita prolixior fabulis respersa auctore Hincmaro archiepiscopo Remensi, Acta Sanctorum, Octobris, I, pp. 146–147. Cf. Remi de Reims, in: Iconographie de l'art Chrétien. III: Iconographie des Saints, ed. LOUIS RÉAU, Paris 1959, III, cols. 1144–45.

36 CURSCHMANN [note 23], cols. 126f. writes: »Die Versuchung des Helden und seine keusche Ehe entfallen und stattdessen wird erzählt, wie er bettelnde Pilger mit seiner eigenen kostbaren Schüssel beschenkt. [...] Das hat den Verfasser allerdings nicht daran gehindert, in einem Vorspann zum Ganzen das aus dieser Episode abgeleitete *ciborium*, Hauptattribut O.s in der älteren Ikonographie, literarisch umzudeuten – als Salbgefäß, das der Rabe zur Krönung O.s beisteuert.«

The heavenly messenger in the Oswald legend is not a dove, however, but a raven whom God has chosen not only to deliver the divine chrism but also to serve as proxy suitor and proselytizer in Oswald's bridal quest. At the same time that he woos the pagan princess for Oswald he also seeks to convert her. This is quite clear in the Icelandic legend. When Oswald's courtiers advise him to marry, a divine messenger in the guise of a pilgrim appears to tell Oswald that God has sent him to announce that he is to marry a pagan princess, that God has chosen him to convert her to Christianity, and that he is to engage in a great battle for her sake (Rhb I:74, 4–24).[37] Consequently, Oswald has the raven deliver a letter to the princess in which he informs her that she will be freed from the tortures of hell and from eternal death, provided she is ready to renounce her pagan faith, to believe in the one true God, and to accept the twelve articles of the holy faith (Rhb I:77,16–18). The bridal quest and conversion to Christianity are thus closely linked in ›Ósvalds saga‹. The Icelandic translation of a German source permits one to reconstruct the development of Bede's laconic account into a legend in which proselytization and the quest for a bride are intimately connected.

In Drogo's ›Vita Osvaldi‹ the story of Oswald's marriage to the daughter of Cynegisl is presented as part of the conversion politics of the Northumbrian king. Drogo relates that Oswald made efforts to convert all peoples to the true faith. He sent letters and emissaries to foreign kings and he himself participated in the work of proselytization. Through his own participation in the missionary activity he encouraged heathens to subject themselves to the true God and thereby earn true victory.[38] As an example of Oswald's missionizing – *Unde unum de multis exemplum ponemus* – Drogo briefly re-

---

37 An edition of ›Ósvalds saga‹ in normalized modern Icelandic will be published in St. Oswald of Northumbria [note 28].

38 *Non solùm autem Oswaldus rex gloriosissimus suæ gentis sollicitus fuit; verum etiam aliarum gentium, quæ sub extero jure regum erant constitutæ, volens omnes ad cultum unius veri Dei, veræque religionis tramitem adducere, quapropter suos ecclesiasticos nuntios ad amicissimos sibi reges mittebat, ad fidei suæ lumen provocans; tum verò litteris, tum autem regiis xeniis animos eorum sedulò alliciebat. Nonumquam per se, suique præsentiam eos monebat, uti religionem suam pio quidem animo amplecterentur, Deoque omnipotente colla submitterent; eo victores hostium gloriosè existerent; in quo sperare, sive inniti, veram semper victoriam esse affirmabat* (De S. Oswaldo [note 6], p. 98).

counts Bede's story of »the man whose daughter Oswald would later receive as his wife«. If one recalls that through the baptism of a pagan king, Oswald also won a wife, then one can understand why a hagiographer would have been inspired to expand Bede's brief reference to a baptism and marriage into a fullfledged bridal-quest and conversion legend, in which a princess, her father, and his entire people are converted to Christianity. The narrative gap left by the historiographer Bede and the hagiographer Drogo is filled by an anonymous hagiographer with a plausible sequence of events.[39]

Following the story of Oswald's coronation, the saga reminds us that the historical Oswald is remembered for his having completed the construction of St. Peter's church in York, the upkeep of which he supported with tithes, and that he furthermore provided for priests to serve there (Rhb I:72,22–26). This corresponds to what Drogo tells us – Bede only mentions that Oswald completed building the church begun by Edwin[40] – *Construxit namque templum honorabile beati Petri Apostoli, quod mirificè decoravit, & dignos ministros, qui ibidem Deo deservirent, regio usu deliberavit* (De S. Oswaldo, p. 95). Within a few years Oswald has gained so much power, we read in the saga, that nobles, abbots, and bishops serve him; yet despite his successes, the narrator observes, Oswald remains humble and serves God (Rhb I:72,32–73,5).

There now follows the story of Oswald's quest for a bride, which utilizes the elements of a typical bridal-quest narrative. Oswald's councillors convene, for they are distressed that their king is not married and has not provided for heirs. They advise him to marry, for they do not wish to be subject to foreign rulers after his death. They also express concern that the kingdom he has so successfully built up and strengthened might be destroyed by others (Rhb I:73,15–35). Oswald asks for some time to consider the matter, for, as the narrator relates, Oswald had not intended to marry but rather to observe lifelong chastity (Rhb I:73,35–74,3). At this moment there is a knock on the gates and a heavenly messenger appears to inform the king that it is God's will for him to marry a pagan princess, for he is to convert her and her people to the Christian faith.

---

39 Cf. DENNIS HOWARD GREEN's explanation for the rise of apocryphal literature (The Beginnings of Medieval Romance: Fact and Fiction, 1150–1220, Cambridge 2002 [Cambridge Studies in Medieval Literature], pp. 187–188).

40 Cf. Ecclesiastical History [note 3], ii:20.

What is the source of the chastity motif and the bridal-quest narrative? The legend of St. Oswald developed in the German language area at the same time as the legend of another ruler, namely Henry II. The German emperor died in the year 1024, but already around 1060 Leo of Ostia made mention of the conjugal chastity of the imperial couple in his ›Chronicle of Montecassino‹.[41] The virginal marriage and Cunegund's chastity test belonged to the material collected for Henry's canonization process. In the bull of canonization of 1146, Pope Eugene III confirmed that Henry *integritatem castimoniae usque in finem vitae conservavit.*[42] And when a half century later Cunegund was declared a saint, Innocent III adduced the virginal marriage and Cunegund's chastity test as evidence of her sanctity.[43]

A German legend of Henry and Cunegund was composed around 1220 by Ebernand von Erfurt.[44] His sources for the bridal-quest narrative and the chastity-test episode were the ›Vita Heinrici‹, written by the Bamberg deacon Adalbert around 1145 in furtherance of Henry's canonization, and the so-called ›Additamentum‹, thought to have been produced around 1200.[45] Ebernand's metrical legend in turn was the source of the condensed prose version in ›Der Heiligen

---

41 See RENATE KLAUSER, Der Heinrichs- und Kunigundenkult im mittelalterlichen Bistum Bamberg, Bamberg 1957, p. 33. Cf. ROBERT FOLZ, Les saints rois du Moyen Âge en Occident (VIe-XIIIe siècles), Brussels 1984 (Subsidia Hagiographica 68) p. 87.

42 MGH, SS IV (1841), p. 813,b.

43 *B. Kunegundis S. Henrico Imperatori fuit matrimonialiter copulata, sed ab eo non extitit carnaliter cognita. Vnde, cum Dominus Imperator ageret in extremis, Principibus & parentibus inquit de illa: Qualem mihi eam assignastis, talem vobis eam resigno: Virginem eam dedistis, & Virginem reddo* (Acta Sanctorum, March, I, pp. 281f.). The document goes on to mention Cunegund's chastity test: *ita quod, cum aliquando, instigante humani generis inimico, suspicio quædam contra ipsam fuisset exorta; ipsa, vt suam innocentiam demonstraret, super ignitos vomeres nudis plantis incessit & processit illæsa* (p. 282).

44 Heinrich und Kunegunde von Ebernand von Erfurt, ed. REINHOLD BECHSTEIN, Quedlinburg and Leipzig 1860 (Bibliothek der gesamten deutschen National Literatur 39). Cf. SCHÜPPERT [note 1], col. 291.

45 Adalberti Vita Heinrici II. Imperatoris, MGH SS IV, Hannover, 1841, 792–816. Vitae S. Heinrici Additamentum, MGH SS IV, Hannover, 1841, 816–20. See KLAUSER [note 41], pp. 114f.

Leben‹[46] and ›Dat Passionael‹.[47] In the legend of Henry and Cunegund virginity plays an extremely important role; neither Henry nor Cunegund wants to marry, since each has vowed lifelong chastity. Already the ›Additamentum‹ of the ›Vita Heinrici‹ includes an extensive account of a meeting of Henry's councillors and, as in the Oswald legend, Henry's vow of virginity determines his reaction to the councillors' request that he seek a bride.[48] Unlike Oswald's desire to observe virginity, chastity is not a blind motif in the legend of Henry; in fact, it is the determining factor in the development of the bridal-quest story and the »marital romance«, to borrow THEODORE ANDERSSON's term,[49] that follows. During the wedding night, Henry confesses to Cunegund that he has taken a vow of lifelong virginity. She responds that she has done the same, and the two decide not to consummate the marriage, but instead to observe a virginal marriage.

The couple's conjugal chastity as well as Cunegund's chastity test are from the very beginning important components of the legend of the imperial couple. In Adalbert's ›Vita Heinrici‹, Henry takes the hand of his wife as he is lying on his death bed and in the presence of all the relatives and courtiers, he says: *Hanc ecce, inquit, michi a vobis, immo per Christum consignatam, ipsi Christo domino nostro et vobis resigno virginem vestram.*[50] His dying words are already found in Leo of Ostia's ›Chronicle of Montecassino‹ – *Recipite quam michi tradidistis virginem vestram*[51] – and thus are a part of the oldest legend about the emperor. Similarly, at the beginning of the ›Vita Cunigundis‹ the anonymous author mentions the two most important hagiographic motifs in the lives of both saints. Cunegund is portrayed as the wife *terreno Imperatori corporaliter, non carnaliter coniuncta*, who *cælesti Regi suam virginitatem consecrauit, quam vsque in finem, castis coniu-*

---

46 Heinrich, in: Der Heiligen Leben, Vol. I: Der Sommerteil [note 29], pp. 233–244.

47 Van Keyser Hinrik, in: Dat Passionael [note 19], lviii.a-lx.c. In ›Der Heiligen Leben‹ and ›Dat Passionael‹ the legends of Henry and Cunegund are separate texts. The material concerning the bridal quest and marriage occurs in the legend of Henry; the legend of Cunegund deals solely with her life following Henry's death.

48 Vitae S. Heinrici Additamentum [note 45], pp. 816f.

49 THEODORE M. ANDERSSON, A Preface to the Nibelungenlied, Stanford/CA 1987, p. 68.

50 Vita Heinrici II [note 45], p. 810.

51 Chronica monasterii Casinensis, MGH SS VII, Hannover 1846, p. 658.

gis consensu, Deo teste, conseruauit. Indeed she demonstrated this latter, comments the author, when she *ad confundendum virginitatis hostem, & obstruendum os mandacia contra Virginem Christi loquentium, super ignitos vomeres incedere, & illæsam procedere dedit.*[52]

The legend of Henry and Cunegund is transmitted in Icelandic translation in ›Reykjahólabók‹;[53] the legend immediately precedes that of Oswald, ›Ósvalds saga‹. The exemplar of ›Hendreks saga og Kunegundis‹ was not, however, as is the case with ›Ósvalds saga‹, the German source of the reduced version in ›Der Heiligen Leben‹, but rather a unique, otherwise not extant version that contained a significant variant of the bridal-quest narrative. Whereas Ebernand's bridal-quest story derives from the ›Additamentum‹, the bridal-quest narrative in the Icelandic translation, and therefore also in its unknown German source, transmits a manifest restructuring of the Latin legend. According to the ›Additamentum‹, Cunegund has taken a vow of chastity: *virginalem continentiam Deo devota devoverat* (817, a). When she learns of Henry's marriage proposal, she becomes very sad and begins to cry. She does not want to marry the emperor, since she has chosen the king of the angels as her bridegroom. Nonetheless, her relatives insist on the marriage and eventually Cunegund relents.

Cunegund's reaction to the marriage proposal is quite different in the ›Additamentum‹, and consequently also in Ebernand's version, from that in ›Hendreks saga‹, and this difference is crucial. In the ›Additamentum‹ she refuses the emperor's proposal of marriage – *regi Romanorum licet inclito nubere recusabat* – but finally gives in, though against her will – *non animo volenti* (817, b) – yet nonetheless in the hope that God, *cui subest cum voluerit posse, etiam in coniugo sibi posite florem pudicicie sue, ne marcesceret, posset conservare* (p. 817, a). Cunegund's *non animo volenti* presumably inspired the anonymous author of the German version we know only in Icelandic translation to expand and revise the bridal-quest and wedding-night episodes: he made the consensuality motif the focus of the narrative and restructured the couple's wedding-night discourse accordingly.

Henry's bridal quest develops as follows in ›Hendreks saga‹: Henry's emissaries learn that Cunegund's parents have died and that she

---

52 Acta Sanctorum, Martius I. Mar. 3, pp. 272f.

53 Hendrek og Kunegundis, in: Reykjahólabók [note 24], I, pp. 35–70.

has vowed eternal chastity. They are distressed at this news, but decide nonetheless to turn to her relatives and present Henry's marriage proposal to them. When they do so, her relatives say that they cannot respond until they have told Cunegund of the marriage proposal. When she is informed of this, the following exchange takes place:

›Ef ég má sjálfráð vera, þá ætla ég mér ekki annan brúðguma að eiga en þann ég hefir valið mér áður.‹ Þá svara þeir og segja að það megi ekki fyrir sakir hennar stórra eigna og annarra auðæfa er henni til heyrði. Hún sagðist þar öngva hugsan á hafa og öngva veraldlega hluti þvíað það væri ⟨ekki⟩ annað nema hégómi einn. Af þessum hennar orðum styggjast þeir og segja að þeir eiga sjá ráð fyrir henni en ekki hún og skuli hún ekki ráða, þvíað með öngu móti, sögðust þeir, vilja það að hennar arfur og góðs eignist nokkur maður nema hún sjálf og hennar afkvæmi›. (Rhb I:46, 3–12)

[»›If I may make my own decision, then I do not intend to have any other bridegroom than the one I have already chosen.‹ They then answer and say that this cannot be on account of her great possessions and the other wealth that belonged to her. She said that she had no thought for these nor for any worldly things because that was nothing but vanity. At her words they get angry and say that they are the ones to make decisions for her and not she herself and that she was not going to be the one to decide, because in no way, they said, did they want her inheritance and property to belong to anyone but herself and her heirs.«]

The emissaries are recalled and Cunegund is betrothed to Henry on the spot, but the narrator interjects that this occurred against her will – *á móti hennar vilja* – that is, *non animo volenti*. Cunegund sets out in tears on her journey to Henry.

The exchange between Cunegund and her relatives is important because it raises a central issue in respect to marriage: whether the woman has the right of choice. Cunegund wishes to have *sjálfráð* (»self-determination«), while her relatives insist that she does not have a right to this, that they are the ones who alone have the decision-making power (*ráð*) and that she therefore may not decide (*ráða*) for herself. The author of this version of the legend clearly has constructed Cunegund's disagreement with her relatives and, as we shall see, her subsequent interaction with Henry in light not only of the position of some canonists at the time the legend was developing but also the practice of consensual marriage in southern Germany.[54]

---

54 See JAMES A. BRUNDAGE, Law, Sex, and Christian Society in Medieval Europe, Chicago, 1987, p. 187; also pp. 183, 194, 264. Cf. DYAN ELLIOTT, Spir-

The exchange between Cunegund and her relatives also addresses the material consequences of her desire to preserve her virginity. In so doing, it anticipates, and hence reflects, a real conflict with her brothers, not at the time of the marriage, but subsequently, when she agreed to give up Bamberg, which Henry had presented to her as his morning gift, so that a bishopric could be founded there. Henry announced this at an imperial synod held on 1 November 1007; he declared Christ his heir, since he no longer hoped to have progeny, and announced that his wife's generosity enabled him to do so.[55] This generated not merely protest from Cunegund's brothers, since they therefore had to give up the hope of inheriting her wealth, but also led to protracted feuding between Henry and the Luxemburg house.[56]

Upon Cunegund's arrival, Henry's courtiers now urge him to keep his promise and to celebrate the wedding. Before doing so, however, he asks Cunegund whether this is according to her will – *hvort þetta væri henni til vilja*. Her reply is frankly negative:

›Verðugi herra, með yðru orlofi, hingað til hefir ég aldreigi verið þessu samþykk og eigi heldur jáyrði til gefið, þvíað ég hefði valið mér annan unnasta, ef ég hefði sjálfráða verið. En nú, kærasti herra, síðan að ég er hér komin, þá legg ég mig og mitt mál á yðvart vald.‹ (Rhb I:46,32–47,3)

[»›Gracious lord, by your leave, until now I have never given my agreement to this and also not my consent, for I would have chosen for myself another beloved, if I had made my own decision. But now, dearest lord, since I have come here, I place myself and my case in your hands.‹«]

Henry remains silent, but is pleased by her answer and the wedding takes place. After the couple has been led ceremoniously to their bed and everyone has left the room, Henry breaks the silence and asks Cunegund about her *non animo volenti*:

---

itual Marriage: Sexual Abstinence in Medieval Wedlock, Princeton 1993, pp. 138, 157.

55 See Bernd Schneidmüller, Kaiserin Kunigunde. Bamberger Wege zu Heiligkeit, Weiblichkeit und Vergangenheit, Historischer Verein Bamberg, Bericht 137 (2001), pp. 13–34, here p. 23.

56 Sigeberti chronica, ed. L. C. Bethmann, MGH SS 6, p. 354. Cf. Sven Pflefka, Heilige und Herrscherin – Heilige oder Herrscherin? Rekonstruktionsversuche zu Kaiserin Kunigunde, Historischer Verein Bamberg. Bericht 137 (2001), pp. 35–51, here pp. 43f. See also Kaiser Heinrich II. 1002–1024, ed. Josef Kirchmeier [et al.], Augsburg 2002 (Veröffentlichungen zur Bayerischen Geschichte und Kultur 44), pp. 257f., on Cunegund's donations to the Church after the death of Henry.

›Kæri jungfrú,‹ segir hann, ›ég hefir nokkuð hugsað eftir því orði er þér svöruðuð mér svá látanda að þú hefðir útvalið einn annan þér til unnasta ef þú hefðir ráðið. Og vil ég að þér viljið láta mig vita hver að sá er. Kann vera að yður skuli það ekki til styggingar vera, þó ég viti það með yður.‹ (Rhb I:47, 12–17)

[»›Dear maiden,‹ he says, ›I have reflected on the response you gave me, to the effect that you would have chosen another as your beloved if you had made your own decision. And I want you to be willing to let me know who that is. It may be that this will not be a stumbling block for you, should I also know of it.‹«]

Cunegund now tells him of her vow of chastity and the opposition of her relatives:

›Minn kærasti herra, með yðru lofi til að segja, þá hefði ég gjarnan hreinlífi halda ef ég hefði so mátt gjöra. En mínir frændur sem fyrir mínu ráði þóttust eiga sjá vildu það ekki, einkanlega síðan þeir fengu yðvart bréf og boð og sendu mig með þessu til yðvar. Og ég er nú komin á yðra náð bæði um þetta og so allt annað á mína vegna.‹ (Rhb I:47, 20–25)

[»›My dearest lord, with your leave if I may speak, I had very much wanted to observe virginity, if I had been able to do so. But my relatives, who thought that they had the right to provide for my marriage, did not want that, especially once they received your letter and proposal, and accordingly they sent me to you. And now I place myself at your mercy both in respect to this and everything else pertaining to me.‹«]

Henry is overjoyed at her response. He tells her of his own vow of chastity, the opposition of his courtiers, and his hope that God would send him a wife with whom he might jointly make a decision to observe conjugal chastity. They now vow perpetual virginity and agree that no one should be informed of this.

The German legend transmitted in ›Hendreks saga og Kunegundis‹ is unique. It is remarkable for voicing secular and ecclesiastical concerns attendant upon a childless marriage. Both Henry and his courtiers are aware of the potential negative consequences to the empire and the Church should Henry not marry. Similarly, Cunegund's relatives force her into marriage so that her patrimony will not be expropriated. The Icelandic version injects the notion of consent to marriage into the narrative, and for this reason Cunegund is given the opportunity by Henry to initiate the conversation during the wedding night that is to lead to their mutual decision to observe conjugal chastity. While it is true, as DYAN ELLIOTT has noted, that

»[m]uch of the familiar rhetoric of consensuality and mutual sanctification resurfaces in the *vita* [i. e., the ›Additamentum‹] that was written at the time of Innocent III's bull of canonization« (p. 130), only the Icelandic version draws the ultimate consequences of consensuality in constructing the story of Henry and Cunegund's marriage.

It has been suggested that Henry's prayer on his deathbed – *Hanc ecce, inquit, michi a vobis, immo per Christum consignatam, ipsi Christo domino nostro et vobis resigno virginem vestram* (›Vita Heinrici‹, p. 810) – indeed, the story of his virginal marriage, is reminiscent of Gregory of Tours's story of the two lovers, that is, the tale of the chaste marriage of Injuriosus and his wife, both the sole children of wealthy parents.[57] When his wife precedes him in death, according to Gregory, Injuriosus prayed: *Gratias tibi ago, domine Iesu Christi, aeternae domine deus noster, quia hunc thesaurum, sicut a te commendatum accepi, ita immaculatum pietati tuae restituo.*[58] The similarity of Henry's deathbed prayer and Injuriosus's at the grave of his wife is striking. As noted above, Injuriosus's prayer had already found its way into Henry's legend several decades before the ›Additamentum‹ was composed, for Leo of Ostia cites it in his ›Chronicle of Montecassino‹.[59] Gregory's tale may have inspired more than Henry's prayer, however; it may also have inspired other aspects of the German legend of Henry and Cunegund that we know from the Icelandic translation.

Gregory's tale consists of little more than the wedding-night conversation between the couple; in fact, the major portion of the dialogue is given to the bride, who remains nameless throughout. The conversation is generated by the fact that the bride starts to cry and

---

57 Hans-Jürgen Schröpfer, ›Heinrich und Kunigunde‹. Untersuchungen zur Verslegende des Ebernand von Erfurt und zur Geschichte ihres Stoffs, Göppingen 1969 (GAG 8), p. 24, note 28.

58 Gregor von Tours, Zehn Bücher Geschichten. Erster Band: Buch 1–5. Auf Grund der Übersetzung W. Giesebrechts neubearbeitet von Rudolf Buchner, Darmstadt [7]1990, I, pp. 47–51. The story is repeated in Gregory's ›Liber in gloria confessorum‹, although the lovers remain nameless, and there the husband says at his wife's burial: *Gratias tibi, rerum omnium artifex, ago, quod, sicut mihi eam conmendare dignatus es, ita tibi reddidi ab omni voluptatis contagio inpolllutam* (MGH, SS rer. Mer. Hannover 1885, p. 767).

59 According to the Chronica monasterii Casinensis [note 51], Henry says: *Recipite quam michi tradidistis virginem vestram* (p. 659).

Injuriosus asks her the reason for this. There follows a long response in which she tells him that she had determined to preserve her body for Christ, untainted by the touch of any man. In a passionate lament the bride wishes that she had died at birth. Injuriosus responds that they are the only children of their parents and they wanted them to marry so that their respective families would not die out, thus permitting strangers to inherit their wealth – *ad propagandam generationem coniungere voluerunt, ne recedentibus de mundo succederet heres extraneus* (I:48). The bride responds, however: *Nihil est mundus, nihil sunt divitiae, nihil est pompa saeculi huius, nihil est vita ipsa quam fruemur* (I:48). Convinced by her fervent words, Injuriosus responds: *si vis a carnali abstinere concupiscentiam, particeps tuae mentis efficiar* (I:48).

There are striking echoes of Gregory's tale in ›Hendreks saga‹, where Cunegund, like the maiden in Gregory's tale, is given such a prominent role. At issue in the story of Injuriosus is the extirpation of a family through lack of progeny and the question of inheritance. As is the case with Cunegund's family, the parents of Injuriosus and his bride do not wish their wealth to be expropriated. There too the lovers' conversation concludes with the mutual decision to lead a virginal marriage, the initiative for which comes from the bride, as Injuriosus's final words confirm: *Faciam quae hortaris* (I:48). While there is no certain evidence that Gregory of Tours's affecting tale was a source of this part of the legend of Henry and Cunegund, it nonetheless offers evidence for the existence of a model that may have inspired the author of the German legend represented by ›Hendreks saga‹ to restructure and refocus the legend of Henry and Cunegund as transmitted in the ›Additamentum‹.

To return to the Oswald legend and the composition of the lost German version that diverges from the ›Münchner Oswald‹: In ›Reykjahólabók‹ the legend of Oswald, ›Ósvalds saga‹, immediately follows that of Henry and Cunegund, ›Hendreks saga og Kunegundis‹. The two legends are linked not only in that both recount the lives of holy rulers but also that the bridal quest plays a significant role in each. Common to both legends are extended council scenes in which Henry's, respectively Oswald's, courtiers attempt to convince their lord to marry. As noted earlier, the council scene is already found in what presumably is the oldest version of the bridal-quest narrative of the legend of Henry, namely the ›Vitae S. Heinrici Additamentum‹. It therefore was not invented by the author of the German version. What distinguishes the council scenes in ›Hendreks saga‹ from the corresponding text in the Latin version is their extraordinary narrativization and dramatization. Furthermore, the council scenes in ›Hendreks saga‹ and ›Ósvalds saga‹ are so similar that the Swedish scholar OSKAR KLOCKHOFF concluded over a century ago that the council scene in ›Ósvalds saga‹ had been interpolated by the Icelandic translator in imitation of the episode in ›Hendreks saga‹.[60] This is not the case, however, for it has been demonstrated that Björn Þorleifsson, the compiler of ›Reykjahólabók‹ and its presumed translator, was an extremely precise, even slavish, translator who did not interpolate text on his own, that he, in fact, translated so exactly that he intermittently introduced otherwise completely unknown Low German loan words and loan translations as well as German syntax into the Icelandic of his time. Occasionally his text can be understood only if one knows German. Nonetheless, the extremely close relationship of the two legends cannot be denied, but this is to be sought in the German sources themselves that were translated into Icelandic.

If one did not know that ›Hendreks saga‹ and ›Ósvalds saga‹ were translations of Low German texts, one might be led to postulate, as earlier scholars have done, that the compiler of ›Reykjahólabók‹ arbitrarily interpolated text into the works he was translating and that he expanded and revised the council scene in ›Ósvalds saga‹ on the model of ›Hendreks saga‹, that he plagiarized parts of the council scene in ›Hendreks saga‹ and introduced them into the following legend, that is, ›Ósvalds saga‹. The council scene in the legend of Henry II indeed was the model for that in the Oswald legend, but this innovation had already occurred at the pen of the author of the original German Oswald legend.

As noted, in the liturgy, the Latin legend, and iconography, Oswald is celebrated as a martyr. Scholars have assumed, however, that the vernacular legend, as known from the ›Münchner Oswald‹, rep-

---

60 KLOCKHOFF [note 24] explains the similarities of the two council scenes, »att sagosamlaren, då hann nyss förut behandlat Henriks historia, lät de tankar, som han där framstält, återkomma äfven i Osvalds, som i några afseenden bildar ett motstycke till den förres.« (p. 16).

resents the oldest Oswald legend that accompanied the cult of the saint in the German language area. Yet no one seems to have considered why the German legend presumed to stand at the beginning of Oswald's cult should present the saint as a virginal confessor rather than the historically attested martyr. The Oswald of the Icelandic translation is portrayed as a martyr, however, and thus the saga bears witness to the existence of a German legend that transmitted the facts of Oswald's *vita* and, even more importantly, of his *passio*, as well as the bridal-quest narrative imitative of that found in the legend of Henry and Cunegund. This no longer extant German Oswald legend must have existed prior to the ›Münchner Oswald‹.

CURSCHMANN undoubtedly was right when he suggested that »der Abschluß [des ›Münchner Oswald‹] nach Art der Legende von Heinrich und Kunigunde gedichtet wurde«,[61] but the indebtedness of the Oswald legend to that of Henry and Cunegund is even more farreaching. The legend of Henry and Cunegund inspired the author of the lost German Oswald legend to interpolate a bridal-quest narrative in the first place, that is, to fill the lacuna left by Bede, who merely noted that Oswald married the daughter of the pagan king whose godfather he was, and to construct the narrative on the model of Henry's legend. The chastity motif occurs only once in ›Ósvalds saga‹ – and this would presumably also have been the case in its German source – when the courtiers advise Oswald to marry. The arrival of a messenger, who informs the king that God wants him to woo a pagan princess in order to convert her and her people, clearly indicates that the Northumbrian king is to serve God not by observing chastity but rather by marrying.

The Icelandic legend, which corresponds in broad strokes to that reported by the historiographer Bede and the Latin hagiographers, and which portrays Oswald as the martyr celebrated by the liturgy, represents the original German legend from which the ›Münchner Oswald‹ (and ›Wiener Oswald‹) derives. The thesis that the vernacular Oswald legend has its origin in folklore and was composed by a ›Spielmann‹ and that the earliest version is represented by the ›Münchner Oswald‹ is not tenable. Nor can the position be maintained that the vernacular martyr legend is a late medieval product.

---

61 CURSCHMANN [note 1], col. 769.

On the contrary, the transmission of the German Oswald legend begins with a version that has been transmitted solely in Icelandic translation. This lost version, a coronation, bridal-quest/conversion, and martyr legend, was subsequently reduced, simplified, and substantially revised by the author of the ›Münchner Oswald‹. The author of the original German Oswald legend was inspired by the legend of Henry and Cunegund. The historically attested fact of Oswald's marriage to the daughter of an erstwhile heathen king moved the vernacular author to compose an extended bridal-quest narrative on the model of the legend of Henry II. The bridal-quest paradigm and the typical motifs associated with it are already found in the Latin legend of Henry: an unmarried monarch at the height of his power, having pacified his realm, needs a wife in order to beget children; his councillors urge him to marry, but he is reluctant to do so because of his vow of virginity; in the end ambassadors are dispatched to a foreign country with a marriage proposal.

The ›Münchner Oswald‹ does not represent the beginning of the German Oswald legend but rather its final stage, when both the introductory coronation legend and the concluding miracle tales – attesting Oswald's martyrdom – were omitted, and the sole focus of the narrative became the bridal quest. In the oldest form of the Oswald legend the chastity motif, which was borrowed from the legend of Henry, remained a blind motif, for Oswald's desire to remain a virgin – there is no indication in the saga that he has actually vowed to do so[62] – is shown to be contrary to God's plan for him, that is, that he should marry a heathen princess and convert her and her people to Christianity. With the removal of Oswald's martyrdom and the miracles attesting his sanctity, the author of the version represented by the ›Münchner Oswald‹ modeled the path to sanctity on that of the virginal confessor Henry. A vernacular legend was created that subverted the truth of Oswald's martyrdom in the interest of having the life of the royal saint, an immigrant to Germany, conform to that of the indigenous royal saint Henry II. While the creation of the bridal-quest plot in the earliest vernacular Oswald legend is merely an attempt by the hagiographer to fill gaps with

---

62 *Var honum í hug að kvongast ekki heldur að halda hreinlífi* (»He had in mind not to get married but to preserve his virginity instead«; Rhb I:74, 1–2).

plausible events, additional fictionalization in the divergent metrical legend, the ›Münchner Oswald‹, resulted in the creation of an apocryphal saint, an Oswald who had never existed. Henry's legend was not only the source of the chastity motif and the quest for a bride in the oldest form of the legend, but it now also provided the revisionist model of sanctity that is found in the ›Münchner Oswald‹. An Oswald is proposed who is a virginal confessor rather than the martyr documented in historiography. In effect, the author of the ›Münchner Oswald‹ engaged in a game of make-believe with his audience.[63] He created fiction, not hagiography, for he knew very well that he was not transmitting a plausible scenario for the *lacunae* left by historiography. He asked the audience to conspire with him and to imagine how Oswald might have become a saint had he not died on the battlefield in the cause of Christianization. The model is Henry II and, like the author of Henry's legend, the author of Oswald's apocryphal legend drew the ineluctable consequences of his vow of virginity. Like Henry and Cunegund, Oswald and Paug observe conjugal chastity.

The original German Oswald legend, that is, the source of ›Ósvalds saga‹, developed in the wake of the legend of Henry and Cunegund, presumably in the twelfth century. The Oswald legend underwent a twofold revision that was influenced by the legend of Henry: at the beginning of its German transmission, Bede's account was augmented by a coronation legend and a bridal-quest narrative; this expanded legend was subsequently reduced to the bridal-quest narrative and at the same time transmuted through the reappearance of the chastity motif after Oswald has married. In this second revision of the legend, Oswald was completely transformed into a virginal confessor saint. Once this second, apocryphal legend had been created, two diverging Oswald legends presumably had currency in the German language area, the older legend that is the source of ›Ósvalds saga‹, in which the life and death of the king are transmitted in historically accurate form, and the younger, apocryphal legend, the ›Münchner Oswald‹, which portrays a saint who had never been.

The Icelandic translations of the German legends of Henry and of Oswald not only transmit lost German texts, but they also offer in-

---

63 See Gregory Currie, The Nature of Fiction, Cambridge, MA 1990, pp. 70f.

sight into the creation of vernacular hagiography and, in the case of the Oswald legend, the creation of vernacular fiction. If the bridal-quest narrative of the Oswald legend was patterned after that found in the legend of Henry, then one cannot concur with GISELA VOLLMANN-PROFE that a work like ›Oswald‹ represents »den Moment der Transformation von der Mündlichkeit in die Schriftlichkeit« and that the legend developed »aus der Mündlichkeit in die schriftliterarische epische Großform«.[64] The bridal-quest paradigm of the Oswald legend replicates that of the vernacular legend of Henry and this model was not provided by oral literature but was borrowed from Latin hagiography and historiography.

›Ósvalds saga‹ and ›Hendreks saga og Kunegundis‹ suggest that two quite different legends of the two rulers were current in the German language area. In the case of the Oswald legend, two different types of saints were presented, the martyr slain on the battlefield by heathen forces and the virginal confessor who dies at the side of his wife in bed. In respect to the legend of Henry II, the one version, that is, the Latin *vita* and Ebernand's German version, assigns Cunegund the traditional role of the woman subject to her relatives and husband, but the other version, the one transmitted in Icelandic translation, introduces the issues of female self-determination and mutual consensuality to marriage itself and conjugal chastity into the bridal-quest narrative. Even though Cunegund marries Henry in the end, for, after all, that is what history demanded, the author of the version represented by the Icelandic translation gave Cunegund a voice and permitted her to play the leading role in the wedding-night discourse.

Despite a gap of presumably some four centuries between the lost German legends of Oswald and Henry II and the Icelandic versions, the translations offer invaluable evidence of the development of vernacular legends in the German language area and the role played by Latin historiography and hagiography in the process. Moreover, in the case of the Oswald legend, ›Ósvalds saga‹ may be a key to understanding the rise of vernacular fiction.

---

64 GISELA VOLLMANN-PROFE, Geschichte der deutschen Literatur von den Anfängen bis zum Beginn der Neuzeit, I/2: Wiederbeginn volkssprachiger Schriftlichkeit im hohen Mittelalter (1050/60–1160/70), Tübingen ²1994, p. 171.

Oſwaldo deme konninghe

De leue here ſunte oſ
wald was eyn gued criſten.
vn̄ was doghētlik. vn̄ had/
de god leeff. vn̄ gaff vele al/
miſſen. vn̄ beſchermede we/

Ill. 1:
›Dat Passional‹, Steffen Arndes, Lübeck 1492, fol. C.ii. (Courtesy of Royal Library, Copenhagen)

William Layher

Siegfried the Giant

Heroic Representation and the Amplified Body in the ›Heldenbuch‹ of 1479

Critics have seen Siegfried as a distant reflection of Arminius, hero of the battle of Teutoberg forest,[1] as a Migration-Age »Sproß eines ripuarischen Fürstenhauses«,[2] as a viking from the Rhineland,[3] an embodiment of Indo-European mythical consciousness,[4] and an unstable amalgam of »Minneritter« and »Usurpator«.[5] For medieval audiences, Siegfried's identity was defined largely by the deeds recounted in the epic works in which he appears: Siegfried is a dragon-slayer (›Hurnen Seyfried‹), Brynhild-tamer and murder victim (›Nibelungenlied‹), and horn-skinned champion (›Rosengarten‹). But was he ever a giant?

The brief answer is: yes – but in the main, only in the years after 1400, and then only sporadically. This essay, a contribution to the reception of Siegfried in post-›Nibelungenlied‹ heroic legend, grapples with a specific problem of heroic representation in late medieval German culture – namely, the amplification (and simultaneous degeneration) of the heroic body in the fourteenth through early sixteenth centuries. A woodcut in the first printed ›Heldenbuch‹ (Johan Prüss, Straßburg, 1479) is the locus at which these discourses intersect.[6] That image on 249ʳ, an illustration of a scene in ›Rosen-

1 Otto Höfler, Siegfried, Arminius und die Symbolik, Heidelberg 1961.

2 Helmut de Boor, Hat Siegfried gelebt? in: Zur germanisch-deutschen Heldensage, ed. Karl Hauck, Darmstadt 1965 (WdF 14), pp. 31–51, here p. 49.

3 Joachim Peeters, Siegfried *von Niderlant* und die Wikinger am Niederrhein, ZfdA 115 (1986), pp. 1–21.

4 Claude Lecouteux, Siegfrieds Jugend: Überlegungen zum mythischen Hintergrund, Euphorion 89 (1995), pp. 221–27.

5 Otfried Ehrismann, Nibelungenlied. Epoche – Werk – Wirkung, Munich 1987, p. 117.

6 The 1479 print is most easily consulted in the facsimile and accompanying commentary volume: Heldenbuch. Nach dem ältesten Druck in Abbildung. Band 1: Abbildungsband. Band 2: Kommentarband, ed. Joachim Heinzle, Göppingen 1981, 1987 (Litterae 75/1, 75/2). All quotations from volume 1 will be given parenthetically in the text.

garten‹, is a portrait of Siegfried entering Kriemhild's rose garden in Worms just before his battle against Dietrich von Bern (Ill. 1). Before we explore the significance of that image, however – what it reveals about the epic, historical, visual, and legendary discourses operative in late-medieval heroic legend – let us begin by casting our eyes over Siegfried's bones.

During a visit to the imperial city of Worms in April 1488, Emperor Friedrich III visited a large burial mound that lay just inside the city wall. According to local legend, inside this mound lay the giant-sized bones of the slain hero *Sifridus des Hörnen*. Although the gravesite is no longer visible today, written accounts from the late fifteenth to early seventeenth century suggest that it lay between St. Cecilia's church and St. Meinhard's church along the southern (riverside) edge of the city. Those chronicles, histories, and travelogues that mention the site in Worms give no indication that the site was marked in any way as being Siegfried's grave, nor do they mention a sarcophagus, tombstone, or other funerary architecture that would indicate the actual size of the skeleton. The vast dimensions of the burial mound itself – which one visitor measured as being *44 schuh lang* – seem to have been sufficient evidence of Siegfried's giant stature in this city renowned in heroic legend as the place where Siegfried met his doom.[7]

Two contemporary sources from around 1500 indicate that Friedrich III was less interested in the mound itself than in what lay underneath. The emperor wanted to test the veracity of the legend of Siegfried's immense size by examining the bones with his own eyes. To this end, Friedrich ordered the burial mound to be excavated, at considerable expense. The ›Acta Wormatiensa‹ of Adam von Schwechenheim, *Unterschreiber* of the imperial city in the late fifteenth century, takes note of Friedrich's sudden interest in the burial mound that day, and records some details of the excavation, arguably

---

[7] EUGEN KRANZBÜHLER, Worms und die Heldensage. Mit Beiträgen zur Siegel- und Wappenkunde, Münz- und Baugeschichte der Stadt, Worms 1930, pp. 84–92. The remark that the burial mound was forty-four feet in length is found in MARTIN ZEILLER, Itinerarium Germaniae, Straßburg 1632, vol. 1, p. 312. Given the size of the mound and the fact that one sixteenth-century source mentions two stone pillars or monuments flanking the burial site – possibly menhirs or other megalithic structures – the mound in all likelihood dated from the Bronze Age or even earlier. See KRANZBÜHLER, p. 84.

one of the first quasi-archaeological digs on German soil. Another contemporary account with eyewitness character is the ›Cronica civitatis Wormatiensis‹ from the nearby monastery of Kirschheim, west of the city of Worms, which was written between 1501 and 1503.

›Acta Wormatiensa‹

> [1488] Aber des dritten tags morgens frů erhůbe sich der keyser, ee man das innen ward, was er zur porten ausz und reit oder ging niemants von rats wegen mit im und viel seiner diener, die alle nit darumb wisten und nachzugen.
> Auff das male begert der keyser der stadt graben mecher und liesz graben kreutzwyse auff sant Meinharts kirchhoff, ob man gebeyne mocht fynden vom hornin Sifridt; man grub bisz auff wasser und fand nichts dann einen kopff und etlich gebeyn, die waren großer dann sust gemein dot menschen haupt und gebyn.[8]

›Cronica civitatis Wormatiensis‹

> Anno Domini 1488 Fridericus III imperator venit Wormatiam diebus paschalibus [...] Audiens esse sepulchrum famosum cujusdam gigantis in coemeterio beatae Ceciliae vel beati Meynardi, quod est in suburbio, versus Spiram; qui gigas dicebatur Sifridus des Hörnen tenuitque hoc rusticorum stoliditas, quia in loco illo etiam signa posita videbantur. Voluit imperator ipse hoc experiri, si verum esset, unde vocans ad se dispensatorem suum quator vel quinque dedit florenos, dicens: ite ad consulatum et dicite, ut nomine meo faciant fodi in coemiterio illo, ut agnoscam, si vera sit fama illa. Qui accipientes pecuniam ad fodiendum conduxerunt, qui ad locum praefatum venientes usque ad ebullitionen aquae foderunt et nullum signum humani corporis vel ossium ibi invenerunt. Et sic renunciantes imperatori, fictitium illud fuisse narraverunt.[9]

> [»In the year of our Lord 1488, the emperor Frederick III came to Worms at Easter. He was told that the tomb of an illustrious giant lay in a cemetery by St. Cecelia or St. Meynard's church, which was on the outskirts of town, in the direction of Speyer. This giant was called *Sifridus des Hörnen*, whose memory is preserved by the foolish stories of the peasants, and of whom signs can be seen in that place. The emperor wanted to put this to the test, to see if it were true. And, calling his attendants to him, he gave them four or five florins, and said: go to the council and declare in my name that the cemetery is to be dug up, in

---

8 Heinrich Boos, Quellen zur Geschichte der Stadt Worms, Berlin 1886–93, vol. 3, p. 563.

9 Ibid., pp. 92f. All translations are my own, unless otherwise indicated.

order to learn if this rumor is true. They accepted the money and gathered at the digging site. They dug until water came bubbling up, but no sign of a human body or bone was found there. And thus they announced to the emperor that the rumors mentioned above were false.«]

The accounts in the ›Acta Wormatiensa‹ and the Kirschheim ›Cronica‹ portray the emperor as a man seized by a sudden curiosity. His desire to verify the legend's veracity – *voluit imperator ipse hoc experiri, si verum esset* [...] *si vera sit fama illa* – resembles nothing less than the impulsive act of an enthusiast caught up in the moment. Hot fires burn quickly, however, and when the excavation failed to produce the objects Friedrich wanted to see, eagerness presumably gave way to disenchantment. Without the bones, the legend did not hold up to scrutiny, and it was dismissed as a *fictitium*. Friedrich III left Worms for Speyer the next day.

Legends about the giant-sized bones of Germanic heroes are not uncommon. One of the oldest accounts is found in the eighth-century ›Liber Monstrorum‹, a Latin treatise on the monstrous races of the East that was composed in Anglo-Saxon Britain. It contains a curious reference about the gigantic bones of Hygelac, king of the Geats, being displayed along the Lower Rhine:

De Hyglaco Getorum rege. Et fiunt mirae magnitudinis et rex Hyglacus qui imperavit Getis et a Francis occisus est, quem equus a duodecimo aetatis anno portare non potuit; cuius ossa in Rheni fluminis insula, ubi in Oceanum prorumpit, reservata sunt et de longinquo venientibus pro miraculo ostenduntur.[10]

[»Concerning Hygelac, king of the Geats. And there are (monsters) of wondrous size, such as King Hygelac who ruled the Geats and was killed by the Franks. From the twelfth year of his life, no horse could carry him. His bones are preserved on an island in the Rhine, where it flows into the sea, and they are exhibited as a marvel to travelers coming there from afar.«]

---

10 On this text and its connections to ›Beowulf‹ see L .G. WHITBREAD, The ›Liber Monstrorum‹- and ›Beowulf‹, Mediaeval Studies 36 (1974), pp. 434–71; MICHAEL LAPIDGE, ›Beowulf‹, Aldhelm, the ›Liber Monstrorum‹ and Wessex, Studi Medievali, Ser. III 23,1 (1982), pp. 151–91; and most recently ANDY ORCHARD, Pride and Prodigies. Studies in the Monsters of the ›Beowulf‹-Manuscript, Cambridge 1995, esp. pp. 86ff. The passage on Hygelac's bones was probably inspired by a Virgilian locution (›Georgics‹, I.493–7), and its veracity is doubtful; see ORCHARD, p. 106.

By the thirteenth century, the bones of legendary giants were not merely exhibited as wonders and curiosities; they were also pressed into the service of memorialization and used to create or legitimize foundational myths. Thomas of Cantimpré noted in his thirteenth-century ›Liber de natura rerum‹ that the grave of the giant *Theutanus*, eponymous hero and father of the German peoples, had recently been discovered along the banks of the Danube. The massive bones of this hero were exhibited near the Stephansdom in Vienna, and came to be seen as proof of a nation's ancient claim to those lands:[11]

Secundum quod Lucanus et multi alii testantur, constat in Theutonia gigantes plurimos extitisse, ita quod a Theutano gigante maximo nomen Theutonia sortiretur; unde Lucanus: Placabant sanguine Theutani. Huius sepulchrum iuxta Danubium in villa, que dicitur Sancti Stephani, ad duo miliaria prope Wiennam in Austria nonnulli esse dixerunt, quod in longitudine nonaginta quinque cubitos continet; et in eo ossa posse videri, que omnem ammirationen humanam excedant. Testam vero capitis tante amplitudinis esse constat, ut aliquis manu duos gladios cum capulis apprehendens eos vertat in capite, nec tamen attingat teste parietes. Dentes vero habent plus quam latitudinem palme.[12]

[»According to Lucan and many others, it is widely understood that a great number of giants once lived in Germany, and indeed the name Teutonia is derived from a huge giant named Theuton; as Lucan states: they appeased Theuton with blood. His tomb lies in a settlement on the Danube, which is called Saint Stephen's (and many claim it is about two miles from Vienna in Austria). It is ninety-five cubits in length. Inside it, bones are visible that cause every witness to gape in wonder. The fragment of the skull is said to be so large that even if someone rotated two swords held hilt-to-hilt within the skull cavity, the points would not reach the bone. And the teeth are broader than a man's palm.«]

News of this discovery spread to the Netherlands and to northwestern Germany by the end of the thirteenth century in the vernacular with Jacob van Mærlant's ›Der Naturen Bloeme‹, in part a translation of Thomas' work. There, Mærlant reiterates Thomas' observation that the German nation was once filled with giants (*henne was menech starc gigant / wilen eer in duutscer lant*) and suggests

---

11 The bones exhibited in the Stephansdom were probably fossilized mammoth bones. See HANNES KÄSTNER, ›Der großmächtige Riese und Recke Theuton‹, ZfdPh 110 (1991), pp. 68–97, esp. p. 82, note 58.

12 Liber de natura rerum Thomas Cantimpratensis, ed. HELMUT BOESE, Berlin [etc.] 1973, vol. 1, p. 100.

that the bones on display in Vienna serve as the embodiment of the birth of the German nation itself.[13]

The excavation in Worms in 1488 was not the first time that Siegfried's giant bones are mentioned in the historical record, however. Another such account, from the early fifteenth century, appears in the medieval annals of Iceland. The ›Lögmanns-ánnall‹ contains a brief entry about a pilgrimage undertaken in 1406 by Árni Ólafsson and his wife Sigrid Erlendsdóttir from Iceland to the Continent. While on their pilgrimage, they visited a cathedral that was probably in northwestern Germany – the Icelandic text is unclear as to the exact location – where some marvelous relics were on display. One of the items they saw was the immense hilt of Siegfried's sword:

> Arne Olafs son var þar med hustru Sigride Erlendz dottur oc var settur penitenciarius ollum norænum monnum. þar sa hann serk vorar fru sancte Marie. Oc reifa vars herra oc bellti. Oc duk Johannes baptiste j þeim stad er Affrica heitir. Sa hann hiallted af sverdi Sigurdar Fofnes bana ok mælltist honnum þa .x. fota langt [...] þar var oc taunn er sogd var ur Starkadi gamla. Var hun þverar handar a leingd oc breidd. fyrir þat er j holldinu hafdi stadit.[14]

> [»Arne Ólafsson was there with his wife Sigrid Erlendsdóttir. They had set off on the pilgrimage made by all men from the North. There he saw the cloak of our Lady the Virgin Mary. And the swaddling clothes of our Lord and the belt. And the cloak from John the Baptist in the place called Africa. He saw the hilt of Sigurd Fafnisbani's sword, which was said to be 10 feet long [...]. There was also the tooth which was said to come from Starkad the Old. It was three spans long and wide. At one time it used to be in his mouth.«]

One of the remarkable things about this entry is the insight it gives into the practice of exhibiting holy relics alongside secular, ›heroic relics‹ in the early fifteenth century. It is clear that these artifacts were not venerated as their sacred counterparts were, nor did they serve any theological or ecclesiastical purpose, but the heroic objects

---

13 Corpus van Middelnederlandse Teksten (tot en met het jaar 1300), Reeks II: Literaire Handscriften, Deel 2, Der Naturen Bloeme, ed. MAURITS GYSSELING, The Hague 1981, vss. 625f.

14 GUSTAV STORM, Islandske Annaler indtil 1578, Christiania 1888, p. 288. For a more detailed discussion of Starkaðr's giant teeth and the gendered aspects of his defeat and humiliation at the hands of Siegfried (as recounted in the thirteenth-century ›Norna-Gests Þáttr‹), see my article, Starkaðr's Teeth: Relics of a Heroic Life [forthcoming].

functioned just as holy relics did to substantiate the physicality of their donors. Bones and teeth, cloaks and sword hilts provided visual proof that John the Baptist, Jesus, Siegfried, and Starkaðr actually walked the earth, thus confirming the veracity of the stories, legends, and sacred texts in which these objects appear. In the same way that the display of the swaddling clothes of Jesus verifies the physicality of his human incarnation in the nativity, the length of the sword hilt mentioned in ›Lögmanns-ánnall‹ proves that Siegfried's body must have been correspondingly immense, for no mere mortal could have wielded such an enormous weapon. And yet, Siegfried's body remains intangible, unseen. As in Worms, Siegfried's gigantism is not confirmed through primary contact with the bones and tissues, but rather it is hinted at, indirectly, by the traces left behind by the immense hero. Confirmation, as Friedrich III discovered after the failed excavation of 1488, proved to be elusive.

If the cathedral that the Icelander Árni Ólafsson visited was indeed in Aachen,[15] the entry in ›Lögmanns-ánnall‹ from 1406 indicates that the Siegfried-as-giant topos was not a local tradition that centered around the city of Worms, the legendary seat of the Burgundians and – according to the manuscripts A and B of the ›Nibelungenlied‹ – the final resting place of Siegfried's bones. Rather, the topos was a widespread phenomenon in German-speaking Europe. Indeed, by the end of the fifteenth century it had reached the city of Straßburg as well, for a book printed there in 1479 contains a version of ›Rosengarten‹ in which Siegfried appears – in a sharp break from tradition – as a *ryse*.

***

The first ›Heldenbuch‹ manuscripts appeared in the 1470s in Franconia and the Rhineland. Typical of the ›Heldenbücher‹ is the way in which a diverse mixture of heroic epics of varying length – in large part those associated with Dietrich von Bern – are compiled and copied into a single codex.[16] It has been argued that the ›Helden-

15 As suggested by PAUL HERRMANN, Die Heldensagen des Saxo Grammaticus. Erläuterungen zu den ersten neun Büchern der dänischen Geschichte des Saxo Grammaticus, 2. Teil: Kommentar, Leipzig 1922, p. 567. See also my discussion in: Starkaðr's Teeth [note 14].

16 On the origin and contemporary use of the term ›Heldenbuch‹ in the late

bücher‹ are in effect collections that serve an overtly historical purpose. These codices trace the broad sweep of heroic adventuring through several generations of Dietrich von Bern's family, and some texts like the ›Heldenbuchprosa‹ are explicit in providing evidence of an historical/heroic continuum: »die Intention [ist] unverkennbar, quasi chronistisch Anfang und Ende dieser Heldenwelt wenigstens im Umriß vorzuführen.«[17] The 1479 ›Heldenbuch‹ is typical in this regard, as it contains the ›Heldenbuchprosa‹ (1^r–6^r), ›Ortnit‹ (9^r–44^v), ›Wolfdietrich‹ (45^r–215^r), ›Rosengarten‹ (217^r–255^v), and ›Laurin‹ (257^r–281^r).

The ›Rosengarten‹ is preserved in twenty-one manuscripts dating from the early fourteenth century to around 1500, and in six printed editions that appeared between 1479 and 1590.[18] Despite the relatively young age of the extant manuscripts, the ›Rosengarten‹ was in all likelihood a composition of the early thirteenth century, and the most recent scholarship dates its origins to the period 1220–1250.[19] While the twenty-seven surviving manuscripts and prints of ›Rosengarten‹ agree on the broadest elements of the plot – the rose garden in Worms is the setting for an elaborate ›Männervergleich‹ between Burgundian champions and challengers led by Dietrich von Bern – the texts differ widely in tone, style, and significant details; thus it is impossible to identify one surviving manuscript or print as representative of *the* ›Rosengarten‹. Instead, scholars have grouped the extant text witnesses into five discrete types known as A, DP, F, C, and a Low German version.[20] Some of these versions, in turn, exhibit

Middle Ages, see JOACHIM HEINZLE, Heldenbuch, ²VL III, cols. 947f., and JOACHIM HEINZLE, Einführung in die mittelhochdeutsche Dietrichepik, Berlin/New York 1999, pp. 43f.

17 GISELA KORNRUMPF, Strophik im Zeitalter der Prosa: Deutsche Heldendichtung im ausgehenden Mittelalter, in: Literatur und Laienbildung im Spätmittelalter und in der Reformationszeit, ed. LUDGER GRENZMANN/KARL STACKMANN, Stuttgart 1984, pp. 316–340, here p. 320.

18 For a brief overview of ›Rosengarten‹, see most recently HEINZLE, Einführung [note 16], pp. 169f., an abbreviated treatment of the epic that is designed to work in tandem with HEINZLE's standard work Mittelhochdeutsche Dietrichepik. Untersuchungen zur Tradierungsweise, Überlieferungskritik und Gattungsgeschichte später Heldendichtung, Zurich 1978 (MTU 62).

19 HEINZLE [note 18], p. 51; HEINZLE, Einführung [note 16], pp. 178f.

20 There is no standard edition of ›Rosengarten‹. Partial editions include GEORG HOLZ, Die Gedichte vom Rosengarten zu Worms, Halle 1893 (›A‹ [older Vulgate], ›D‹, ›F‹); KARL BARTSCH, Der Rosengarte, Germania 4 (1859), pp. 1–

considerable variation within themselves, making a further breakdown into distinct redactions necessary. ›Rosengarten A‹, the version this article most concerns itself with, exists in three redactions: the older Vulgate redaction in six manuscripts of the fourteenth and fifteenth century; the younger Vulgate in the six prints dating from 1479 to 1590; and the ›Dresdner Rosengarten‹ in one manuscript from 1472.[21]

It has long been clear that the ›Rosengarten‹ versions overlap considerably and appear to build upon one another. SCHNEIDER described this as an »Erweiterung«, »Verkürzung«, »Verschmelzung« or »Umschmelzung« of narrative elements in different combinations.[22] But whereas SCHNEIDER attributed this in large part to careless manuscript transmission or the natural degradation of the epic theme, modern scholarship recognizes it as the natural expression of the fundamental »strukturelle Offenheit« of the ›aventiurehafte Dietrichepik‹ as a genre.[23] In HEINZLE's words: »Extrem gesprochen, steht hinter jeder Realisierung des Textes im Reproduktionsprozeß dessen gesamte Tradition, die in jeweils beliebiger Auswahl und Kombination ihrer Elemente aktualisiert werden kann.«[24] Therefore

---

33 (›P‹); WILHELM GRIMM, Der Rosengarte, Göttingen 1836 (›C‹); the ›Dresdner Rosengarten‹ redaction of ›A‹ is in FRIEDRICH HEINRICH VON DER HAGEN/ALOIS PRIMISSER, Der Helden Buch in der Ursprache. Zweiter Teil, Berlin 1825, pp. 188f. Recent discoveries of fragmentary ›Rosengarten‹ manuscripts are listed in HEINZLE, Einführung [note 16], pp. 171f.

21 The older Vulgate manuscripts are cataloged as R_4 (Munich, BSB, Doceniana C 56); R_{10} (Dessau, StB, Hs. Georg. 224 4°); R_{11} (Berlin, SBB-PK, Ms. germ. quart. 771); R_{12} (Berlin, SBB-PK, Ms. germ. quart. 744); R_{17} (Dresden, Sächsische LB, Msc. M 56); R_{20} (Crakow, Bibl. Jagiellonska, Berol. Ms. germ. 4° 1497). The printed editions are r_1 (Straßburg, Johann Prüss, 1479), r_2 (Augsburg, Johann Schönsperger, 1491), r_3 (Straßburg, Heinrich Gran/Johann Knobloch, 1509), r_4 (Augsburg, Heinrich Steiner, 1545), r_5 (Frankfurt a. M., Weigand Han/Siegmund Feierabend, 1560), r_6 (Frankfurt a. M., Siegmund Feierabend, 1590). New fragments of the 1479 ›Heldenbuch‹ occasionally come to light. A folder of eight loose leaves of ›Wolfdietrich‹ and ›Rosengarten‹ that is currently undergoing cataloging at the Houghton Library of Harvard University (Cambridge, MA) should be added to the register of known copies of the 1479 edition. The woodcuts on these leaves have been hand-colored in ochre, pink, red and gray. The ›Dresdner Rosengarten‹ is cataloged as R_{14} (Dresden, Sächsische LB, Msc. M 201).

22 HERMANN SCHNEIDER, Das mittelhochdeutsche Heldenepos, in: Kleinere Schriften zur germanischen Heldensage und Literatur des Mittelalters, ed. KURT HERBERT HALBACH/WOLFGANG MOHR, Berlin 1962, pp. 18–51, here p. 46.

23 HEINZLE [note 18], pp. 230f.

24 HEINZLE [note 18], p. 140.

it is impossible to determine which, if any, of the extant versions represents the oldest or most original version of the epic (provided such an ›Ur-Rosengarten‹ ever existed) – the »antihöfische« version of ›Rosengarten A‹ (390 stanzas), the »parodistische« version ›Rosengarten D‹ (633 stanzas), or some other realization of the epic.[25] It is certain that several different versions of ›Rosengarten‹ were circulating in manuscript copy in Straßburg during the second half of the fifteenth century, for the text of r_1, interpolates (in a somewhat haphazard fashion) a few elements from ›Rosengarten D‹ into the ›A‹ version. But the manuscripts show no trace of the Siegfried-as-giant topos; only in the printed versions of ›Rosengarten A‹ does Siegfried appear as a *ryse*. This suggests that the innovation of the printed ›Rosengarten‹ – Siegfried's appearance as a giant – has no immediate textual forebears, but was inspired, rather, by heroic and legendary discourses that circulated around and underneath the texts but never entered the epic transmission directly until the 1479 print. Thus we must look back to what HEINZLE called the »gesamte Tradition« of the Siegfried figure for clues about the origins of Siegfried's somatic abnormality, and in this case, the manuscripts do provide telling indications that the body of this hero was already understood to be a locus of conflict long before Johan Prüss published the Straßburg edition.

Siegfried's gigantism steps fully into the foreground in the 1479 print at the climax of his battle against Dietrich in the rose garden. Their encounter differs little from the way it is portrayed in some fourteenth and early fifteenth-century manuscripts of ›Rosengarten A‹, except for two crucial deviations at the end of the battle which are discussed below. Common to all versions of this battle is the fact that Dietrich shies away from facing Siegfried in combat. Dietrich's characteristic reluctance to face his challenger – Dietrich's *zagheit* under duress – reaches almost pathological heights in the preamble to his clash with the horn-skinned hero Siegfried. Here, Dietrich stubbornly refuses to enter the rose garden under any circumstances.[26] Hildebrant and Wolfhart try to persuade him to fight with

---

25 See the discussion, with references to previous scholarship, in HEINZLE [note 18], pp. 247f.

26 On this topic see most recently JENS HAUSTEIN, Die ›zagheit‹ Dietrichs von Bern, in: Der unzeitgemäße Held in der Weltliteratur, ed. GERHARD R. KAI-

Siegfried, but he rebukes them, calling them false friends who want to see him killed, *ir brechten mich vm̄ dē leib / ir seind zwen falsche wicht*. Dietrich believes that he will surely die if he takes up the fight: *bestand ich den hůrnen man / dz wer mein grőstes ungemach / ich miest den leib ferlorn han* (249^{v}). When pressed to explain himself, Dietrich mentions Siegfried's sword Meming and the armor he received from Erkenbrecht among the reasons he is reluctant to fight, but the element he appears to fear most is the fact that Siegfried's body is unnatural, aberrant, not made of flesh and blood: *er ist ein hůrnen man / vnd het er fleisch und plůt / ich wőllt in gern bestan* (249^{v}).[27] Dietrich's anxiety about the abnormality of his opponent's body is strongly reminiscent of the misgivings expressed by two allies, Heime and Witege, before they face the Burgundian giants selected to be their foes: they complain about the giants' bodies. Heime declares: *ich will sein nit bestan / er hat trey mal mer sterke / dann ich noch bye gewan* (239^{v}), while Witege says that *Er ist mir zů grosse* [...] *er ist des teůffels genosse / wann er sein gesicht ferkert* (240^{v}). At issue here is the exceptionality of the giants, for the challengers from Bern complain about the unnatural physicality of their opponents only when they are about to do battle with giants, or with Siegfried; there are no such issues when human heroes face each other. While it is possible that the ›Rosengarten‹ poet(s) magnified Dietrich's typical reluctance for comic or parodistic effect in this scene – indeed, the situation deteriorates to such an extent that Hildebrant is forced to punch Dietrich in the mouth in order to fire him up for battle – the justification Dietrich gives for his reluctance is, I would argue, not coincidental. There was something about Siegfried's horned-skinned body that thrust him into a different somatic category, one affiliated more with giants than human champions.

SER, Heidelberg 1998 (Jenaer Germanistische Forschungen, N. F. 1), pp. 47–62.

27 Siegfried's abnormality is attested in the manuscripts of ›Rosengarten D‹: Dietrich refuses to fight Siegfried, saying that he would only be willing to fight *einen andern bidermann / der sî von vleische und beine / als ein ander man gelîch / mit deme wil ich strîten.* HOLZ [note 20], ›Rosengarten D‹, st. 473. In the older Vulgate redaction of ›Rosengarten A‹, Dietrich tells Gibeche that he would have willingly faced Siegfried, *wær er niht hürnîn* and *wære er mîn gelîch / hête er vleisch und bein / ich wolte in gerne bestân.* HOLZ [note 20], ›Rosengarten A‹, st. 335, 340.

As Dietrich finally rushes at Siegfried in a rage, fire spouting from his mouth, he gains the upper hand and Siegfried is hard-pressed to ward off the attack. In desperation, Siegfried turns from the battle and flees from Dietrich's onslaught, seeking refuge on the sidelines in the sanctuary of Kriemhild's skirts. A comparison of the older Vulgate redaction of ›Rosengarten A‹ with the younger Vulgate redaction in the 1479 print shows the points at which the heroic Siegfried is suddenly described as being the gigantic Siegfried:

	Das jm das rote plůt
	ward fliessen in das gras
	seiffrit durch die rosen wůt
	mit flucht er kaum genas
Her Dietrich jagete in umbe	dieterich mit ferwegem sinne
mit starken slegen grôz	schlůg auff *den rysen gros*
dô viel er der küniginne	das er der kůniginne
nider in die schôz	ward fliehen in ir schos
dô warf si einen stûchen	Ein schleyrlein mit iren liste
über den küenen degen	warff sie ůber den tegen
dâmite si gevriste	mit dem sie da friste
hern Sîvride lîp und leben	seiffritten leib vnd leben
Dô sprach diu küneginne:	da sprach die kůnigein
wurdet ir ie ein biderbe man	berner bist ein frummer man
des sült ir disen recken	so soltu den *rysen hůrnein*
mîn geniezen lân.	mein heůt geniessen lan
(HOLZ, › Rosengarten A‹, 365–366,2)	(›Heldenbuch‹, 252r; my emphasis)

The amplification of the heroic body in this scene of the ›Heldenbuch‹ print – signaled by the lexical shift from *recke* to *ryse* – appears to be a manifestation of the so-called ›Riesen und Recken‹ topos, a medieval discourse that centers around the belief that the heroes of ancient days were actually as large as giants, and that in matters of size, courage, ferocity, and martial prowess – but not intelligence, temperament, adherence to the Christian faith, or other ideological factors – there were no fundamental differences between giants and heroes. Both had equal claim to a »preeminence« of body or achievement.[28] With its roots in the biblical exegesis of

28 On the ›Riesen und Recken‹ topos, see JOHN FLOOD, Theologi et gigantes, Modern Language Review 62 (1967), pp. 654–60; WALTER STEPHENS, ›De historia gigantum‹: Theological Anthropology before Rabelais, Traditio 40

Genesis 6:4, which concerned the antediluvian giants of the Old Testament, the topos dovetails neatly with the widespread belief in the general decline in the stature of mankind through the centuries. The notion of a progressive diminution in the human frame is evident already in the first half of the thirteenth century, if not earlier, for the prologues of ›Laurin‹ and the Old Norwegian ›Þiðreks saga‹ refer explicitly to the disparity in size between the larger-than-life epic heroes of the past age and the lesser men of the contemporary age. Some of the smaller-than-average heroes at Dietrich von Bern's court are described in ›Laurin‹ as *cleine, als itzund sein die leut*, while the Norse saga sketches out the general decline in human stature by observing that since the reign of Emperor Constantine *siðann* [...] *urdu menn litler og osterker, sem nu eru*, »many men became smaller and weaker, as they are now«.[29] There are intriguing parallels here to the prologues of courtly romances such as ›Iwein‹ – if those prologues lament the decline in virtue and in the practice of knighthood since the Golden Age of Arthur had passed, some of the ›aventiurehafte Dietrichepen‹ map that decline onto the frame of the human champion, using the size of the hero's body as a yardstick for measuring the passage of time and the rate of diminution. And yet, manifestations of the ›Riesen und Recken‹ topos appear only within the context of Germanic heroic epic and biblical or historical commentary. Its marked absence in other vernacular literary genres such as the Arthurian novel or the courtly romance suggests that heroism *per se* is not a determining factor in the reconceptualization of the hero as a giant; instead, it is the historical self-consciousness of ›Heldensage‹ and heroic legend itself that makes it possible to view these texts from a specific »Verständnisperspektive« in which the deeds of the heroes – and their bodies – become magnified.[30] Thus the ›Riesen und Recken‹ topos

(1984), pp. 43–89; HANS FROMM, Riesen und Recken, DVjs 60 (1986), pp. 42–59; KÄSTNER [note 11], pp. 68–97; and, most recently, WOLFGANG HAUBRICHS, Ein Held für viele Zwecke. Dietrich von Bern und sein Widerpart in den Heldensagenzeugnissen des frühen Mittelalters, in: Theodisca. Beiträge zur althochdeutschen und altniederdeutschen Sprache und Literatur in der Kultur des frühen Mittelalters, ed. WOLFGANG HAUBRICHS [et al.], Berlin [etc.] 2000 (Ergänzungsbände zum Reallexikon der Germanischen Altertumskunde 22), pp. 330–64.

29 See FROMM [note 28], pp. 46f., and the discussion there.

30 KURT RUH, Verständnisperspektiven von Heldendichtung im Spätmittelalter

is at its core a historicizing discourse: it estranges the heroic epics from the present moment and secures them as documentation of human achievements in the past.

One example of this historicizing function is found in a passage from the fourteenth-century ›Lamprechter Chronik‹ from Austria, in which several familiar heroes from the ›Nibelungenlied‹ are identified as *gigantes* that lived in the fifth century, during the reign of Pope Leo I (d. 461):

Tempore Leonis papæ apparuerunt gygantes, videlicet Dietricus Veronensis, Hyldebrandus, Rugerus marchio de Pechlarn, Hagen et multi alii plures, et tunc secum habuit gygantes Atyla rex Hunarum, cuius uxor erat Chriemhilt.[31]

[»In the days of Pope Leo there were giants, namely Dietrich of Bern, Hildebrant, Rüdiger the Markgraf of Pöchlarn, Hagen, and many others besides. Attila, King of the Huns, whose wife was Chriemhilt, also had giants at that time.«]

The word *gigant* should be approached with caution, however. In the context of this passage, its precise meaning is ambiguous, for belief in the somatic equivalence of giants and epic heroes led, by extension, to a corresponding breakdown and blending of the terminology used to differentiate them. While the word *rise* continued to be used to describe ›authentic‹ giants through the end of the Middle Ages and beyond, by the fourteenth century the MHG and Latin terms *rise* and *gigant* took on a secondary function and began to serve also as synonyms for *helt*, *recke*, and *wigant*, or – more loosely – as a kind of shorthand for describing the quality of being preeminent, outstanding, larger-than-life in a broad variety of skills and abilities.[32] Some examples are given below.

---

und heute, in: Deutsche Heldenepik in Tirol. König Laurin und Dietrich von Bern in der Dichtung des Mittelalters. Beiträge der Neustifter Tagung 1977 des Südtiroler Kulturinstituts, ed. EGON KÜHEBACHER, Bozen 1979 (Schriftenreihe des Südtiroler Kulturinstitutes 7), pp. 15–31.

31 WILHELM GRIMM, Die Deutsche Heldensage, Gütersloh 1889, p. 313.

32 This polysemy with *ryse* and its Latin analogues is asymetric: heroes could be called ›Riesen‹ – and often were – but giants were never described with the word ›Recken‹. On the ideological implications of heroic stature in selected texts from the ›aventiurehafte Dietrichepik‹, see UTA STÖRMER-CAYSA, Kleine Riesen und große Zwerge? Ecke, Laurin, und der literarische Diskurs über kurz oder lang, in: 5. Pöchlarner Heldenliedgespräch: Aventiure, märchen-

The fourteenth-century ›Puch von den VI namen des fronleichnams‹, for example, characterizes two of the early fathers of the Church as *di risen sant Augustin und Ambrosius*, while the ›Vocabularius optimus‹ from the years 1328/1329 contains an entry on the word *gigas* that gives its German equivalent as ›hero‹ and ›giant‹: *gigas atlas, ein ris oder ein heild.*[33] Virgil Raber's early sixteenth-century play ›Das recken spil‹, one of two known exemplars of a dramatization of the ›Rosengarten‹ epic, likewise suggests that some basic equivalency existed between the terminology for heroes and giants. That play appears as the ninth item in Raber's autograph manuscript from the year 1511, under the complete title ›Das recken spil – ain fastnacht spill von den risen oder recken, etc.‹ The word *oder* in the title is highly significant, for the play, as a reflection of ›Rosengarten‹, its epic source, obviously celebrates the deeds of the heroes, not the giants; indeed, the Burgundian giants' only function is to highlight the martial skill of the human challengers from Bern. The Carnival play is in no way about heroes ›or‹ – in the sense of ›additionally‹ – about giants, for that would run contrary to the source and its epic tradition. Thus the title phrase ›risen oder recken etc.‹ is not used to identify two distinct groups of protagonists in the play, but to describe more fully the one relevant group – the heroes – through the use of a synonym.[34] Martin Luther's explication of the words ›Riese‹ and ›Held‹ in a sermon from the year 1522 indicates that the two expressions were indeed conterminous and undifferentiated, and that the use of the word ›Riese‹ has much to do with the illustrious deeds and accomplishments of heroes and correspondingly little to do with their actual physical size:

Denn ynn kriechischer sprach nennett man Heroes die grossen leutt von grossem geschrey und thatten, als da ist geweßen Hercules, Hector, Achilles und yhr gleychen, wilch auff deutsch wyr Ryßen heyssen oder auff sechsisch kerle, daher der nam Carolus kompt, der so viel gillt bey uns als Heros odder Herodes bey den kriechen; denn Herodes kompt von Heros und

hafte Dietrichepik, ed. Klaus Zatloukal, Wien 2000 (Philologica Germanica 22), pp. 157–75.

33 Ernst Bremer, Vocabularius optimus, Tübingen 1990 (Texte und Textgeschichte 28), vol. 1, p. 3. Das puch von den VI namen des fronleichnams, ed. J. F. L. Theodor Merzdorf, Berlin 1870, p. 4.

34 Sterzinger Spiele nach Aufzeichnungen des Virgil Raber, ed. Oswald Zingerle, Wien 1886 (Wiener Neudrucke 9), pp. 146f.

heyst kerlisch, rißisch, großthettig, eyn Ditterich von Bern odder Hildebrantt odder Roland, odder wie man sonst dieselben grossen morder unnd leuttfresser nennen will [...].[35]

Lastly, an incunabulum printed in the same city and era of the 1479 ›Heldenbuch‹ provides a telling example of the degree of semantic overlap between words for ›hero‹ and ›giant‹ in the late fifteenth century. ›Der Enndkrist‹ (Straßburg, Georg Hussner/Johannes Bekkenhaub, 1476) explicates in text and illustration the history and warning signs of the Antichrist. A woodcut on fol. 9ʳ shows the Antichrist performing some of the false miracles that will deceive mankind in the last days. Like a magician pulling a rabbit out of a hat, the Antichrist causes a hero to come forth from an egg. The woodcut depicts a knight (of ordinary human stature) dressed in plate armor arising out of the egg, but the rubric above the image identifies him not as a *held* or *recke* but as a *rise*: *Er heist einen risen us einem ey schliffen* (Ill. 2).[36] The apparent discrepancy between image and text at this point in ›Der Enndkrist‹ – between the depiction of a human champion and the identification of him as a ›giant‹ – is, in the end, not a discrepancy at all, for the image in the woodcut confirms that the word *rise* stands here as an appellation for ›hero‹ or ›champion‹. The above examples prove that language alone – the use of the word *rise* – is not unimpeachable evidence of a hero's giant stature in late-medieval German texts. The woodcut of the Anti-

35 Martin Luther, Kritische Gesamtausgabe, Weimar 1883, vol. 10.1, p. 620. On Luther's use of the word ›Riese‹ as an appellation for ›hero‹ within the context of Germanic heroic legend, see also his sermon of 1524: *Oportet omnes scripturæ loci de Christo intelligantur sive aperte sive in figura. Mysterium hoc ipsum indicat, quod locus. Herodes teutonice ›riß‹ velut gigantes, Saxonice ›kerl‹, die grossen leutfresser, ut Dittrich von Bern, qui multa fecerunt* (vol. 15, p. 413); his tractate ›Vom Abendmal Christ‹ of 1528: *die grossen Rolande und Risen* (vol. 26, p. 338); the ›Aliquot nomina propria Germanorum ad priscam etymologiam restituta‹ of 1532: *Hiltebrand pro ›Heltbrenn‹, id est gygas & Heros brennorum* (vol. 50, p. 148,), but note also his ›Wider die himmlischen Propheten‹ from 1525, in which Luther discusses the allegorization of salvation history by comparing it to Dietrich's adventures: *alls wenn ich aus Dietrich von Bern wollt Christum machen und aus dem Rysen mit dem er streytt den teuffel und aus dem zwarge die demut, aus seynem gefengnis den tod Christi* (vol. 18, p. 178). There, the word ›Riese‹ is used in its traditional sense, meaning ›giant‹.

36 Der Enndkrist der Stadt-Bibliothek zu Frankfurt am Main, ed. ERNST KELCHNER, Frankfurt a. M. 1891, 9ʳ.

christ's false miracle shows, in turn, that the ›giant‹ was in fact nothing of the kind.

***

But what about Siegfried, the *ryse*? Is there any way to prove that his gigantism, his characterization as a *ryse* on 252ᵛ of the printed ›Rosengarten‹ is not, likewise, merely a rhetorical or metonymical state of gianthood, a manifestation of a late-medieval slippage in language rather than an actual re-conceptualization as a giant in the popular imagination? As in ›Der Enndkrist‹, the woodcuts of the printed ›Heldenbuch‹ stand as a valuable and independent witness to contemporary attitudes vis-à-vis the heroic body, and an analysis of these images can open up new perspectives into the ›Riesen und Recken‹ topos in late-medieval German culture. Those woodcuts featuring giants permit us to reach two conclusions: first, that Siegfried was unambiguously envisioned to be as large as a giant in this particular context, and second, that Siegfried was not the only Burgundian hero whose body had been corrupted by the gigantic.

The 281 printed folio pages of the 1479 ›Heldenbuch‹ are decorated with 230 woodcuts.[37] All but one were created specifically for this book, and in the main, the illustrators did not recycle older woodcuts for use in the ›Heldenbuch‹ – a common practice in print workshops of the time – nor is there any indication that the imagery, content, or composition was based on models found in older, illustrated manuscripts of heroic epic.[38] Thus the woodcuts of the 1479 print are uniquely qualified to bear witness to the contemporary understanding of how epic giants and heroes should be represented visually at the close of the fifteenth century.

---

37 On the woodcuts see NORBERT OTT, Das Heldenbuch als Zeugnis der Kunstgeschichte, in: HEINZLE [note 6], vol. 2, pp. 245f., and LILLI FISCHEL, Bilderfolgen im frühen Buchdruck. Studien zur Inkunabel-Illustration in Ulm und Strassburg, Konstanz 1963, pp. 108f.

38 The only image in the 1479 edition previously used elsewhere is woodcut 149, which appears on 199ᵛ; Prüss used that woodcut in an edition of ›Peter von Stauffenberg‹ that he printed in Straßburg in 1478. See HEINZLE, Heldenbuch als Zeugnis der Literaturgeschichte, in: HEINZLE [note 6], vol. 2, pp. 165–66.

Nearly all the woodcuts are headed by a brief title or rubric, usually no more than a dozen words of text, that describes the image depicted below and identifies the characters by name. The rubrics over the woodcuts depicting Pusolt, Ortwein, Schrûtan, and Asprian – the four ›authentic‹ giants who appear in all redactions of ›Rosengarten A‹ – make conspicuous use of the word *ryse*. On 237^{v}, for example, we see Wolfhart decapitating the giant Pusolt with one massive blow of his fist. The rubric above the image reads *Hie streit der held Wolfhart mit dem rysen Pusolt · Und schlecht Wolfhart dem rysen das haubt ab* (Ill. 3). The following woodcut on 238^{v} shows Sigestap stabbing the giant Ortwein, under the heading *Hie streit Sigestab mit dem rysen Ortwein · Und ward der ryse Ortwein dot geschlagen von dem recken Sigestab* (Ill. 4). The woodcut on 239^{v} depicting Heime in battle against Schrûtan – the title reads *Hie streit der reck heyme mit dem rysen Schrůtan · vnd schlecht heime den rysen zů tode* – is a duplicate of a woodcut used twice previously: in ›Wolfdietrich‹ on 79^{r} (Wolfdietrich killing the heathen Belmunt) and on 97^{r} (Wolfdietrich killing the giant Drasian) (Ill. 5).[39] The last woodcut in this series of four giants is of Asprian on 241^{r}, entitled *Hie streit Wittich mit dem rysen asperian / vnd ward der ryse Asperian flichtig mit zweyen schwerten* (Ill. 6).

The illustrations share a number of common iconographic features that underscore the giants' lack of courtly refinement and call attention to their status as an ideological Other within the world of heroic epic. The portraits of the giants emphasize their somatic inferiority. Despite their overwhelming physicality, the giants' bodies are out of control, chaotic, hirsute, and clumsy. While the human heroes defending Worms and all the challengers from Bern – with the exception of Ilsan the monk – are invariably depicted as clean-shaven, the four giants are bearded or (in the case of Schrûtan) have wild, untamed hair. The giants also have distorted facial features such as grotesque, oversized noses and protruding lips, in contrast to the

39 The rubric above the woodcut on 97^{r} also invokes the word for ›giant‹: *Hie schlecht wolfdieterich den risen tress zů tod / der jm sein frawen genumen het / vnd die czwerglin fluhen all in das hinder hausz*. The same woodcut appears on 79^{r} under a different rubric, one that identifies Belmunt not as a giant but as a heathen: *Hie streit Wolfdieterich zů dem tritten male mit dem heiden belmunt / vnd schlůg vom jm sant jörgen hembd / vnd schlůg in nider / da wolte er sich nit lassen teiffen / da schlůg er jm das haupt ab.*

fine-featured, almost delicate faces of the men. The giants' hands are likewise crude and thick-fingered; by comparison, the men's hands are elegant and graceful. With regard to sheer physical size, the text makes it clear that the giants tower over their opponents: Pusolt is *der grosse rysz pusolt* (238^r); Ortwein, the *grosse rysz*, regards his challenger Sigestab as an insignificant opponent and taunts him as being no bigger than *ein knab* (239^r); Schrûtan has *trey mal mer sterke* than Heime and calls him *du wunder cleiner man* (239^v); and Witege is reluctant to face Asprian because, as he claims, *er ist mir zů grosse* (240^v). The woodcuts confirm that the giants are indeed much larger than the men facing them. Ortwein, for example, is nearly twice as tall as Sigestab, although there are exceptions to this rule; the image of Pusolt on 237^v suggests that the decapitated giant was only marginally taller than Wolfhart.

These four giants are not the only characters who are depicted or labeled as *rysen* in the woodcuts, however. Five other Burgundian champions – Studenfuhs, Volker, Hagen, Gibeche, and Siegfried – are either identified as *rysen* in the rubrics above their woodcuts, or are depicted as giants even in the absence of the word *ryse* in the woodcut titles. The sole portrait of Volker on 245^r shows him grappling with his human challenger Ortwein, one of Dietrich's men. The title reads *Hie streit der iung Ortwein der recke / mit dem rysen Fölcker von alczē genant fideler · Und wird der ryse flichtig*. Volker's grotesque facial features, bearded face, crudely-rendered hands and colossal stature are consistent with the portraits of Schrûtan and Asprian and the other giants that appeared earlier (Ill. 7). Hagen's woodcut on 245^v follows in the same vein. Underneath the rubric *Hie streit der getrüw Eckart mit dem rysen Hagen · Und ward Hagen flichtig · Und ferdienet eckart ein rosenkrenczelein* is a depiction of a bearded, longhaired, and beak-nosed man of considerable size (note the bulky fingers on the left hand) lying defeated on the ground. Over him crouches a knight in plate armor who thrusts a sword into the giant's chest (Ill. 8). On 248^r we see a depiction of the eleventh battle, in which Gibiche carries a halberd in his thick-fingered hands. His nose is beaked, he is slightly taller than his opponent, and although a scarf or shawl obscures his chin, traces of a beard can be seen on his cheeks. The rubric makes no mention of the word *ryse*, however, saying only that *Hie streit künig Gibich vnd der alt Hildebrant vnd ward der künig gibich flichtig / vnd ferdient Hildebrant ein rosenkrenczelein* (Ill. 9). Lastly, we see Siegfried on 249^r, entering the rose garden with weapon in hand. Above the woodcut is the rubric *Hie sprang der hürnen Seifrit in den Rosengarten vnd reift was der vō Bern sey ober er mit jm wölle streiten · und meint er sey ferczagt* (Ill. 1). Here, too, the word *ryse* is not in the title, but Siegfried's portrait nevertheless bears a striking resemblance to those of the other giants in the 1479 ›Rosengarten‹: he is depicted with a hooked nose and a beard, and his rough hands are carrying a lance that looks suspiciously like the traditional, crude ›Stange‹ that giants typically wield in medieval epic.[40]

The last woodcut of this series, that of the *ryse* Studenfuhs on 242^r, is perhaps the most instructive example, in that it reveals the limitations of the ›Riesen und Recken‹ topos as well as the extent to which words like ›giant‹ can be ambiguous in the late-medieval reception of heroic legend (Ill. 10). In this image, Studenfuhs appears as a human hero of conventional size and appearance. He is the figure on the right-hand side of the image: note his plate mail, long tapered shoes, delicate features, and small hands. The portrait shows no trace of the giant typology used in the previous depictions of the other giants, even though the rubric identifies him as the *rysen Staudenfus von dem Rein*. But the visual evidence proves that the *ryse* Studenfuhs is obviously not a giant; that word functions here as a synonym for ›hero‹, much in the same way as it is used in the 1476 ›Der Enndkrist‹. Studenfuhs' depiction as a human champion proves that the presence or absence of the word *ryse* in the woodcut title was not the sole determinant of whether a particular Burgundian hero is represented as a giant in r_1, for the heroic amplification of the body – from champion to giant champion – has little to do with language or epic text (with labels, in a word) and everything to do with the historical, legendary, and anthropological discourses that emerged in medieval and late-medieval German culture to help con-

40 Several other giant ›Stangen‹ feature prominently in the 1479 printing and codify that weapon as one used exclusively by giants. An unnamed giant wields one on 80^r; a giant woman carries a tree sapling as a club on 99^r; Velle drops one in the woodcut on 104^v; a giant named Baldemar brandishes a club on 146^r; and the *ryse* Volker is shown holding a ›Stange‹ in his woodcut on 245^r, even though the text describes him as wielding a sword: *mit grossen schwertes streichē / sprangen zů samen die man* (245^r).

textualize, explain, and ›flesh out‹ the order and organization of the heroic world of the past.

While discrepancies and dissonances between text and image are not uncommon in illuminated texts of the Middle Ages, the clashes of representation in the portion of the 1479 ›Rosengarten‹ are extreme, and highly significant for what they reveal about the illustrator's relationship to the source material and his understanding of the ›Riesen und Recken‹ topos. First, the source material. There are five occasions in the 1479 ›Heldenbuch‹ where the woodcuts and/or rubrics stand in contradiction to the printed texts of ›Wolfdietrich‹ and ›Rosengarten‹.[41] In each of these cases (45^v, 53^r, 54^r, 175^r and 231^v), it is notable that the ›incorrect‹ illustrations actually correspond with the way events are portrayed in other manuscripts of those epics. For example, while the printed text of ›Wolfdietrich‹ states on 53^v that Hugdietrich gives a ring to the princess of Salnek, the manuscripts of that epic have the exchange occurring in the opposite direction – Hugdietrich receives the ring from the princess. The woodcut of this scene on 53^r follows the manuscript tradition instead of the printed text. Similarly, the rubric above the woodcut of a sorrowful Hugdietrich on 54^r reinforces the idea of manuscript ›contamination‹ here, for the hero is said to be *alle zeit traurig wann er das fingerlein ansache / das jm die kůnigin gegeben hat*. From this example and others, it is clear that the illustrator did not work solely from the printed text, but may have sought inspiration from elsewhere: from other textual witnesses (manuscripts) that were circulating in Straßburg, from verbal recitations or performances (oral tradition), or, perhaps, from his own (faulty?) memory. Ott seems to prefer the first scenario, concluding that »der Illustrator nicht (nur) nach den Texten des Druckes gearbeitet hat, sondern Bildvorlagen in Handschriften suchte, ohne sich darum zu kümmern, daß diese andere Fassungen der Texte enthielten.«[42] This hypothesis rests on two questionable assumptions, however: first, that the illustrator's artistic inspiration was mediated solely through written sources in manuscript form; and second, that the illustrator's carelessness and lack of regard for narrative continuity and mimetic accuracy led to ›errors‹ of artistic representation because, in a word, he just didn't care

41 Ott [note 37], p. 254.
42 Ott [note 37], p. 254.

enough to get it right. Those conclusions may match the small test sample of five images under discussion, but the 1479 ›Heldenbuch‹ has a number of other text/image inconsistencies – especially in ›Rosengarten‹ – that OTT did not take into account. A broader investigation of the topic is necessary for the ›Riesen und Recken‹ paradigm in the ›Rosengarten‹ adds an additional layer of complexity to the discussion about sources and their effect on heroic representation.

It is important to acknowledge the distinction between textual and visual discourses in illustrated manuscripts and prints, and resist the impulse to valorize the authority of the written word.[43] As the examples discussed above suggest, the woodcuts of the 1479 ›Heldenbuch‹ are not subservient to the text; on the contrary, they constitute an independent graphic system that contradicts, amplifies, and re-defines the epic on its own terms.[44] Since images – like the verses of the epic – release their meanings only through the act of reading, the woodcuts must be accorded the status of an autonomous discourse, one that is not bound by the restrictions of a written text that remains faithful to the epic tradition (lit. ›überliefern‹), but is, instead, able to ›speak‹ to the eye with a narrative and artistic freedom that the written text cannot equal. Despite its canonical »strukturelle Offenheit«, then, the text of the 1479 ›Rosengarten‹ is clearly indebted to its written progenitors in the ›Rosengarten A‹ and ›D‹ versions. Even though r_1

---

43 On this point see STEPHEN NICHOLS, The Image as Textual Unconscious: Medieval Manuscripts, Studies in 20th Century Literature 29 (1989), pp. 7–23. On the relationship of text to image in medieval manuscripts, especially concerning the ›reading‹ of images, see also MICHAEL CURSCHMANN, *Pictura laicorum litteratura?* Überlegungen zum Verhältnis von Bild und volkssprachlicher Schriftlichkeit im Hoch- und Spätmittelalter bis zum Codex Manesse, in: Pragmatische Schriftlichkeit im Mittelalter. Erscheinungsformen und Entwicklungsstufen. Akten des Internationalen Kolloquiums 17.–19. Mai 1989, ed. HAGEN KELLER [et al.], Munich 1992 (Münstersche Mittelalter-Schriften 65), pp. 211–29; MICHAEL CAMILLE, Seeing and Reading: Some Visual Implications of Medieval Literacy and Illiteracy, Art History 8 (1985), pp. 26–49; NORBERT OTT, Mündlichkeit, Schriftlichkeit, Illustration, in: Buchmalerei im Bodenseeraum, 13. bis 16. Jahrhundert, ed. EVA MOSER, Friedrichshafen 1997, pp. 37–51, esp. pp. 37–41. For an overview of the evolution of manuscript illustration in the German tradition from the ninth through sixteenth centuries see NORBERT OTT, Die Handschriften-Tradition im 15. Jahrhundert, in: Die Buchkultur im 15. und 16. Jahrhundert, ed. BARBARA TIEMANN, Hamburg 1995, pp. 47–124, especially the discussion of »Handschriftenillustrationen und Inkunabelholzschnitten« on pp. 105f.

44 NICHOLS [note 43], p. 12.

stands apart as a new iteration of the epic tale, the text – in its bones – is old, and (in peculiar ways) inflexible. The illustrations, on the other hand, had no direct progenitors: they were created specifically for use in the 1479 edition, and although one cannot fully discount the normative effects of tradition on these portraits and illustrations – note the fiddler's crest on Volker's helmet, a motif that is also attested in a ›Rosengarten‹ manuscript[45] from the early fourteenth century (Ill. 11) – the woodcuts were far more able to reflect contemporary concerns or non-canonical discourses, and introduce such things as legendary or ›unlettered‹ heroic substrata into the printed ›Heldenbuch‹. One of the discourses shaping the characterization of heroes like Hagen, Volker, and Siegfried in this late-medieval book is the ›Riesen und Recken‹ topos, and it is precisely through the discontinuities, the »rupture[s] between the pictorial and the linguistic«, that the transformative influence of the topos becomes fully visible.[46]

Viewed in isolation, then, the woodcuts strongly suggest that by the late fifteenth century a fruitful overlap between the ›Riesen und Recken‹ topos and some epic substratum of the Nibelungen legend made it possible to envision Hagen, Volker, Gibeche, and Siegfried as giant-sized heroes, and to represent them as such in the 1479 ›Heldenbuch‹. In all but one case, however (Siegfried is the exception), this gigantism finds expression solely within the context of the visual discourse in ›Rosengarten‹, in the woodcuts. The text does not corroborate this representation, for neither the ekphrastic passages nor the boilerplate scenarios of the battle scenes give any indication that Hagen, Volker, and Gibeche were anything other than ›normal‹ human champions. For example, note the dissonance between the woodcut of Volker on 245^{r} and its rubric, on the one hand, and the narrative on the other. While the woodcut and title suggest that Volker was a *ryse* in both senses of the word, Volker is not described as a *ryse* in the text, nor is he said to be larger or stronger than the other Burgundian heroes. Gibeche, his portrait on 248^{r} notwithstanding, also appears as an otherwise undistinguished human champion in the text of r_1. Hagen's circumstances are slightly different, in that the word *ryse* appears in the title above his portrait as a giant on 245^{v} but is also attested in

45 Heidelberg, UB, Cod. Pal. germ. 359, 46^{v}. The manuscript was produced no later than 1420 in Diebolt Lauber's workshop in Straßburg.

46 Nichols [note 43], p. 15.

the text, on two occasions – *da sprach der ryse hagen* (245v) and *crimhilt* [...] *erlost den rysen hagen / wann es was an der zeit* (246r). The word *ryse* in these two examples does not connote anything beyond ›hero‹, however, for the broader context of this episode gives no indication that Hagen was extraordinarily large or uncommonly fierce, or in any way analogous to the way giants typically are portrayed in medieval epic. Thus, while the woodcuts of Volker and Gibeche reflect on some level a late medieval belief that those Nibelungen heroes were as large as giants – the same belief, incidentally, which may have influenced the *Tempore Leonis papæ apparuerunt gygantes* [...] passage from ›Lamprechter Chronik‹ – the text of the 1479 ›Rosengarten‹ did not corroborate that identity, nor did it do so in the case of Hagen, even though here, too, some sixteenth-century illustrations of Hagen as a grotesque and fleshy giant suggest that the conceptualization of that hero as an abnormal figure may have had some basis in the medieval popular tradition.[47]

Siegfried stands alone amongst the human champions of Worms as the only one whose giant stature is actually corroborated in the text of r_1. In the key passage, where Siegfried flees from the rose garden and takes refuge on Kriemhild's lap, he is described as a *ryse gros* – a commentary about size that was never applied to Hagen, Volker, Gibeche, or Studenfuhs. In this case, text and image work harmoniously to present a fully-realized portrait of the hero: both discourses of the 1479 print – verbal as well as pictorial – corroborate his characterization as a giant.

***

In closing let us look briefly at how the excavation of Siegfried's gravesite in Worms in 1488 complicates the historicity of the heroic epic. Examples are commonplace in medieval historiography where

47 An ink drawing in the fragmentary ›Berliner Rosengarten‹ manuscript (Berlin, SBB-PK, Ms. germ. fol. 800, 6v) depicts the defeated Hagen as a hulking and ugly giant. There is insufficient space to explore the issue here, but the previous illustration on 6r shows a completely different Hagen: one whose armor, weapons, stature and demeanor show no trace of the gigantic. One can only speculate why Hagen is portrayed in such radically different ways; perhaps the shame of his defeat at the hands of Eckart is reflected allegorically as a ›deformation‹ of the body in the latter illustration.

the events of heroic legend insinuate themselves into the fabric of history, to the extent that the line dividing *res factae* from *res fictae* becomes blurred and the legendary material takes on the authority of historical evidence. Generally, such interpolations into the historical record never transcend the level of text. The ›Stoff‹ of heroic legend may cross over from the oral tradition to written transmission (and back again), and may find fertile ground amongst the learned and the unlettered alike, but on the whole the medieval debate about the impact of heroic legend on historical discourses was accomplished in and through language; it ultimately boils down to a dispute about the authority of written sources versus the popularity of the oral tradition. In the main, one never escapes the hermetic loop of verbal discourse.[48] Objects such as Siegfried's sword hilt and Starkaðr's tooth break that loop, however, offering the medieval observer the chance to use direct sensory experience in order to verify a legend's veracity. Eyewitness accounts of every stripe – in travel literature, encyclopedic compendia, legal proceedings, and the like – become all the more popular at the close of the Middle Ages as a newfound interest in substantiation through evidence replaces the medieval conviction

---

48 See, for example, OTTO GSCHWANTLER, Zeugnisse zur Dietrichsage in der Historiographie von 1100 bis gegen 1350, in: Heldensage und Heldendichtung im Germanischen, ed. HEINRICH BECK, Berlin 1988 (Ergänzungsbände zum Reallexikon der Germanischen Altertumskunde 2), pp. 35–80. There were also, in contrast, deliberate attempts to integrate heroic legend into the framework of historical fact; on this see GISELA KORNRUMPF, Heldenepik und Historie im 14. Jahrhundert, in: Geschichtsbewußtsein in der deutschen Literatur des Mittelalters. Tübinger Colloquium 1983, ed. CHRISTOPH GERHARDT [et al.], Tübingen 1985, pp. 88–109. For more on the complicated interface between history and heroic legend in the German Middle Ages (and on medieval attempts to clarify the relationship), see FRITZ-PETER KNAPP, Historische Wahrheit und poetische Lüge. Die Gattungen weltlicher Epik und ihre theoretische Rechtfertigung im Hochmittelalter, in: Historie und Fiktion in der mittelalterlichen Gattungspoetik, ed. FRITZ-PETER KNAPP, Heidelberg 1997, pp. 9–64; JAN-DIRK MÜLLER, Wandel von Geschichtserfahrung in spätmittelalterlicher Heldenepik, in: Geschichtsbewußtsein in der deutschen Literatur des Mittelalters, pp. 72–87; KLAUS GRAF, Heroisches Herkommen: Überlegungen zum Begriff der ›historischen Überlieferung‹ am Beispiel heroischer Traditionen, in: Das Bild der Welt in der Volkserzählung. Berichte und Referate des fünften bis siebten Symposions zur Volkserzählung, Brunnenburg/Südtirol 1988–1990, ed. LEANDER PETZOLDT [et al.], Frankfurt a. M. [etc.] 1993 (Beiträge zur Europäischen Ethnologie und Folklore. Reihe B: Tagungsberichte und Materialien 4), pp. 45–64.

that inherited knowledge is intrinsically accurate.[49] If Mærlant ends his report about the bones of Theuton by declaring that everything he has written down was taken from *gheloveliker scrifturen*, i. e., reliable sources – a familiar trope in the encyclopedic tradition that seeks to assure the reader that the account, though it may at times strain credulity, was based on authoritative texts and is therefore truthful – later historical accounts place a higher value on verification and personal testimony than on the reliability of an inherited text.[50] In this Friedrich III was no different: he wanted to see Siegfried's bones in order to evaluate for himself if the legend was true, *voluit imperator ipse hoc experiri, si verum esset* [...] *si vera sit fama illa.*

JAN-DIRK MÜLLER argues that the burgeoning popularity of such anthropological discoveries and exhibitions at the close of the Middle Ages is related to the process of memorialization – that is, of corroborating past events through the display of physical remains.[51] Because of the shifting horizons of expectations, the new dawn of Humanistic inquiry and the popularity of alternative modes of historical self-identification (other than the ones traditionally passed on by heroic epic), the classic tenet that ›Heldenepik ist geschichtliche Überlieferung‹ had become fatally compromised by the end of the fifteenth century. A corresponding interest in relics – in physical, tangible confirmation of authenticity – began to appear. Indicative of this new attitude is Friedrich Zorn, writing in the middle of the sixteenth century, who closes his report about Friedrich's expeditionary dig with an editorial remark about the failure to find any giant-sized bones in 1488. Zorn suggests that since no trace of Siegfried's remains were ever discovered – *aber nit ein einzige anzeigung eines körpers funden* – the lack of evidence should stand as a final refutation of the fabrications surrounding Siegfried's alleged giant stature. Zorn does not deny that giants may have once walked the earth, but he rejects the notion that Siegfried should be counted among them: *derohalben ob schon etwan riesen hierum gewohnet, ist*

---

49 LORRAINE DASTON/KATHERINE PARK, Wonders and the Order of Nature 1150–1750, New York 1998, pp. 21f.

50 Der Naturen Bloeme [note 13], vs. 650.

51 JAN-DIRK MÜLLER, Gedechtnus. Literatur und Hofgesellschaft um Maximilian I., Munich 1982 (Forschungen zur Geschichte der älteren deutschen Literatur 2), pp. 190f.

doch lauter fabelwerk, was von diesem hörnin Seifried seiner stangen und schwertsknopf gedichtet wird.[52] The proof of the bones became necessary because the heroic epics had become estranged from the traditional associations – collective memory, and the personalization of history – that guaranteed their appeal and vouched for their accuracy; therefore the truthfulness of heroic legend had to be established through other means, through archaeology. In MÜLLER's words, »Gemeinsam ist diesen ›archäologischen‹ Unternehmungen, daß die ›Wahrheit‹ der höfisch-heroischen Literatur durch den Augenschein bewiesen werden soll.«[53] MÜLLER regards the objects as complementary to and derivative of the texts, and to the oral traditions (legend, epic, saga, and so on) that the texts transmit: artifacts like Theuton's bones or Siegfried's sword hilt were discovered (if not invented outright) in order to corroborate the legends.

I wonder, however, if the situation might be reversed for the 1479 ›Rosengarten‹ and Siegfried the giant. Is it possible that the redactor of r_1 made a small but profitable alteration in the text of the epic – interpolating an element of ›history‹ (the giant-sized Siegfried of Worms) into the heroic narrative – and changed Siegfried from a *recke* to a *ryse gros* in order to make the literary text conform to the popular image of the hero at the time? In other words, was the epic rewritten to corroborate the accuracy of the legend of Siegfried's gigantic bones? I would suggest that this is plausible, and even likely. The woodcuts of the 1479 ›Rosengarten‹ give ample evidence that the ›Riesen und Recken‹ topos had a strong effect on heroic representation in late-medieval German culture, and historical accounts suggest that the real truthfulness of heroic epic was no longer bound up in the tradition, but in the heroic artifacts that could be touched and seen. Siegfried's giant bones were thus no longer secondary to the epic tradition, but took on a preeminence of their own. As a work of history, the 1479 ›Heldenbuch‹ responds to the concerns of its age even as it presents a picture of the past.

---

52 Wormser Chronik von Friedrich Zorn, ed. WILHELM ARNOLD, Stuttgart 1857, rpt. Amsterdam 1969 (Bibliothek des Literarischen Vereins in Stuttgart 43), p. 196. The reference to Siegfried's giant »Schwertsknopf« is puzzling; KRANZBÜHLER [note 7] has no mention of such an object in Worms. Perhaps Zorn was referring to the massive ›Siegfriedstein‹ that lay near the cathedral.

53 JAN-DIRK MÜLLER [note 52], p. 191.

Ill. 1: Siegfried in the rose garden.
HEINZLE, Heldenbuch [note 6], 249r.

Ill. 2: False miracles of the Antichrist.
Der Enndkrist der Stadt-Bibliothek zu Frankfurt am Main, ed. ERNST KELCHER, Frankfurt a. M. 1891, 9r.

Ill. 3: Wolfhart fighting Pusolt.
HEINZLE, Heldenbuch [note 6], 237v.

Ill. 4: Sigestab fighting Ortwein.
HEINZLE, Heldenbuch [note 6], 238v.

Ill. 5: Wolfdietrich killing the heathen Belmunt.
HEINZLE, Heldenbuch [note 6], 293v.

Ill. 6: Asprian fighting Wittich.
HEINZLE, Heldenbuch [note 6], 241r.

Ill. 7: Schrûtan and Asprian.
HEINZLE, Heldenbuch [note 6], 245[r].

Ill. 8: Eckart fighting Hagen.
HEINZLE, Heldenbuch [note 6], 245[v].

Ill. 9: King Gibich fighting Hildebrant.
HEINZLE, Heldenbuch [note 6], 248[r].

Ill. 9: The *ryse* Studenfuhs in combat.
HEINZLE, Heldenbuch [note 6], 242[r].

Ill. 11: Volker with a fidler's crest.
Heidelberg, UB, Cod. Pal. germ. 359, 46ᵛ.

Freimut Löser

Postmodernes Mittelalter?

›New Philology‹ und ›Überlieferungsgeschichte‹

›Neue Altgermanistik‹ – so hat Jan-Dirk Müller einen programmatischen Aufsatz überschrieben, in dem »Anstöße« zur Neuorientierung des Faches benannt werden. Ein solcher Anstoß sei vornehmlich von der ›New Philology‹ ausgegangen, die versucht habe, »die Andersartigkeit mittelalterlicher gegenüber nachmittelalterlicher Literatur herauszuarbeiten.« Dabei gehe es – zumindest in der Wahrnehmung der ›New Philology‹ in Deutschland – vor allem um die Kritik an einer Editionspraxis, wie sie mit dem Namen Karl Lachmann verbunden sei. Die ›New Philology‹ wende sich gegen Lachmanns Anspruch, aus der vielfältigen Überlieferung einen autornahen Text zu rekonstruieren und zur Grundlage einer kritischen Edition zu machen. Ein solches Verfahren sei den mittelalterlichen Überlieferungsprozessen grundsätzlich unangemessen. Soweit Müller.[1]

Die ›New Philology‹ hat viel (und viele) bewegt, sie stand (und steht) im Zentrum einer regen Debatte. Aber: in der deutschen überlieferungsgeschichtlich orientierten Forschung sind ihre Methoden längst ausgeprägt und angewandt worden. Allerdings ist diese Forschung durch die französischen und amerikanischen ›neuen Philologen‹ kaum wahrgenommen worden. Das mag an der Sprachbarriere liegen, das kann auch daran liegen, daß die deutschsprachige Forschung ihre neuen Methoden zunächst an Texten erprobte, die nicht zum Kanon gehören (Prosa, vor allem geistliche Prosa). Vielleicht liegt der eigentliche Grund aber darin, daß die überlieferungsgeschichtlich orientierte Forschung der deutschen Altgermanistik kaum theoriebezogen operierte und – an der philologischen Praxis orientiert – keine Texte von Manifestcharakter hervorgebracht hat wie sie Bernard Cerquiglinis ›Éloge de la

---

[1] Jan-Dirk Müller, Neue Altgermanistik, Jahrbuch der deutschen Schiller-Gesellschaft 39 (1995), S. 445–453.

variante‹[2] oder das Speculum-Sonderheft ›The New Philology‹[3] zweifellos darstellen. Als federführend für die Richtung gilt vielen die ›Würzburger Forschungsgruppe‹, als grundsteinlegend die Arbeit KURT RUHS und seiner ›Schule‹. WERNER WILLIAMS-KRAPP hat diesem Komplex einen wegweisenden Aufsatz gewidmet.[4] Wie eine »Überlieferungsgeschichte der Überlieferungsgeschichte« zu zeigen hätte, handelt es sich dabei um einen seit langem und breit dahin fließenden Strom innerhalb der Altgermanistik, der nicht nur die Editionswissenschaft erheblich beeinflußt hat.[5]

Ich möchte im Folgenden versuchen, die Neuanstöße der ›New Philology‹ mit denen der überlieferungsgeschichtlichen Forschung zu vergleichen. Für erstere will ich die Postulate kurz darstellen (Teil I). Für die zweite kann ich abschließend nur auf deren Beginn eingehen (Teil III). Im zweiten Teil versuche ich vor allem, die Quellen und Prämissen zu eruieren, die einer wie immer gearteten ›New Philology‹ zugrunde liegen, verstehe ›New Philology‹ also ihrerseits als wissenschaftshistorisches Phänomen. Dabei will der Vergleich nicht Gräben aufwerfen, sondern Brücken bauen.

I. ›New Philology‹

In der Einleitung zu dem 1990 erschienenen Speculum-Sonderheft mit dem Titel »The New Philology« stellt sich STEPHEN G. NICHOLS die Frage, »why should one postulate a ›new‹ philology [...]?«. Die Antwort lautet:

> What is ›new‹ in our enterprise might better be called ›renewal‹, *renovatio* in the twelfth-century sense. On the one hand, it is a desire to return to the medieval origins of philology, to its roots in a manuscript culture where, as BERNARD CERQUIGLINI remarks ›medieval writing does not produce variants; it is variance‹. On the other hand, a rethinking of philology should seek

---

2 BERNARD CERQUIGLINI, Éloge de la variante. Histoire critique de la philologie, Paris 1989.

3 Speculum 65/1 (1990).

4 WERNER WILLIAMS-KRAPP, Die überlieferungsgeschichtliche Methode. Rückblick und Ausblick, IASL 25 (2000), Heft 2, S. 1–21.

5 Künftig: FREIMUT LÖSER, Überlieferungsgeschichte und ›New Philology‹. Methodische Varianten in der Altgermanistik, Wiesbaden 2005.

to minimize the isolation between medieval studies and contemporary movements in cognitive methodologies.[6]

Es geht also um eine Rückkehr zu den Ursprüngen, zu den mittelalterlichen Handschriften, zu den Wurzeln der Philologie. Sie soll einhergehen mit einer Verbindung zur zeitgenössischen Theoriebildung. Scheinbar paradoxerweise bedingt die Hinwendung zum »origin« gleichzeitig eine Abkehr vom Original. An seine Stelle tritt die Varianz. Das erste Zitat, das NICHOLS verwendet, stammt aus BERNARD CERQUIGLINIS ›Éloge de la variante‹, aus jenem 1989 erschienenen Buch also, von dem die Überlegungen der ›New Philology‹ ihren Ausgangspunkt nahmen.[7] Das Buch hat eine heftige Debatte ausgelöst. Sie hat sich vornehmlich an einigen Punkten entzündet – und man erkennt diese Punkte gleich, wenn man nach dem viel zitierten Satz weiter liest. Mittelalterliche Literatur sei steter »récriture« (Wieder- und Neuverschriftlichung) unterworfen; und die Veränderungen seien niemals nur punktueller Natur.[8] Hier hat CERQUIGLINI recht. Und von hier aus versteht sich auch seine heftige Kritik an der von ihm als ›gängig‹ bezeichneten Editionspraxis. Daß diese Kritik berechtigt ist, weiß jeder, der versucht hat, ›herkömmliche‹ Editionen zu benutzen, um die Lesarten von Handschriften oder gar ganzen Fassungen und Redaktionen in ihrem Zusammenhang aus einem atomisierten, oft unvollständigen und in Einzelteile zerfallenden Variantenapparat zu rekonstruieren.

Aber: Wenn Varianz tatsächlich das primäre Kennzeichen mittelalterlicher Literatur ist, die diskursive Mobilität das Charakteristikum der prämodernen Gesellschaft, dann ergäbe sich Alterität des Mittelalters nur im Vergleich zur Moderne. Denn die Wesensmerkmale der mittelalterlichen Literatur würden in verblüffender Weise denen der Postmoderne entsprechen. Das gegenwärtige Projekt hieße dann nicht ›Modernes Mittelalter‹, sondern ›Postmodernes Mittelalter‹. Es fällt also auf, daß sich die Diskussion – von einem Standpunkt der Postmoderne aus – eine Prämoderne sucht, die den

---

6 STEPHEN NICHOLS, Introduction: Philology in a Manuscript Culture, Speculum 65/1 (1990): The New Philology, S. 1–10, hier S. 1.

7 Im Jahr 1988 war schon ein Sonderheft der Romanic Review mit dem Titel ›The Legitimacy of the Middle Ages‹ erschienen: Romanic Review 79/1 (1988).

8 CERQUIGLINI [Anm. 2], S. 111.

eigenen Konditionen entspricht: Der ›stabile‹ Text als Konstrukt des 19. Jahrhunderts weicht der Mobilität der Texte im ausgehenden 20. Kann es also sein, daß sich die Postmoderne im Mittelalter einen Verbündeten gegen die Moderne sucht? Oder soll auf diese Weise das Mittelalter in die Postmoderne gerettet werden? Nach CERQUIGLINI ist es charakteristisch für die bisherigen Editionen mittelalterlicher Texte, daß sie einem »pensée textuaire« verhaftet seien und für eine maximale Reduktion der handschriftlich überlieferten Varianz optierten, um den Text eines vorgeblichen ›Originals‹ zu rekonstruieren.[9]

Um es kurz zu sagen: Die Wahrheit des Editors gehe an der Wirklichkeit der Texte vorbei, indem sie einen geschlossenen Text produziere, der so nie existiert habe. Man meint ROLAND BARTHES zu hören: Ein solches Vorgehen bedeute »to close the writing.«[10] Aber BARTHES hatte damit eine weitere Instanz im Blick, den Autor:

> To give a text an Author is to impose a limit on that text, to furnish it with a final signified, to close the writing.[11]

Es verwundert also nicht, wenn CERQUIGLINI folgerichtig auch diese Instanz auf den Prüfstand stellt: Mittelalterliche Literatur entstehe im Abschreibevorgang (oder besser: im steten Neuschreiben). Der Autor – in der Regel ohnedies anonym – sei irrelevant.[12]

Damit kommt es für CERQUIGLINI zu einem grundsätzlichen Gegensatz zwischen der neuzeitlichen Idee des schöpferischen Autors und dem mittelalterlichen Literaturbegriff, für den der Autor keine

---

9 »L'édition est un choix: il faut trancher, et savoir les raisons du geste qui récuse. En d'autres termes, étant donné l'alterité de notre disposition instituée de l'écrit et de ce qui s'essaya au Moyen Age, il importe de retenir de la disposition médiévale ce qui fait sens et doit être sauvé, aux dépens éventuels du reste. L'éditeur choisit de donner à entendre ce qu'il juge la spécifité de l'œuvre, ce qui est pour lui sa vérité; on comprend dès lors que toute édition se fonde sur une théorie, souvent implicite, de point de vue, la philologie médiéviste, fondée dans la pensée textuaire, a opté pour une réduction maximale du manuscrit à l'objet textuel contemporain et à l'idée des Lettres dont il s'accompagne.« (CERQUIGLINI [Anm. 2], S. 43f.).

10 Ich zitiere nicht die Originalversion (von 1968), sondern die amerikanische Fassung, die auf die Theoriebildung der ›New Philology‹ stark eingewirkt hat: ROLAND BARTHES, The Death of the Author, S. 117; zit. n. Modern Literary Theory, hg. von P. RICE/P. WAUGH, London u.a. 1989.

11 Ebd.

12 CERQUIGLINI [Anm. 2], S. 57.

Rolle spiele, während nur der Schreiber als Produzent des Textes anzusehen sei. Dies berührt sich mit der Problematisierung des Autorbegriffes, wie man sie von MICHEL FOUCAULT her kennt. CERQUIGLINI zitiert FOUCAULT:

Comme l'avait bien vu Michel Foucault, l'idée d'auteur s'installe au centre de la notion de texte, qui devient de façon constitutive l'›œuvre de‹ le texte moderne est génitif. [...] L'auteur n'est pas une idée médiévale.[13]

Aber die Negationsbewegung geht noch weiter, denn wo das Original der Varianz weicht, der Autor dem Schreiber,[14] kann auch der Text als solcher nicht unberührt bleiben. Dem ›Tod des Autors‹ folgt bei CERQUIGLINI, ich formuliere zugespitzt, der ›Tod des Textes‹:

L'œuvre scribale est un commentaire, une paraphrase, le surplus de sens, et de langue, apporté à une lettre essentiellement inaccomplie. On comprend que le terme de texte, soit mal applicable à ces œuvres. Il n'est qu'un texte au Moyen Age.[15]

Der offene Text müßte also als Prozeß definiert werden. Das Prozeßhafte der Textualität und damit seine Geschichte wird allerdings bei CERQUIGLINI kaum je thematisiert. Was bleibt ist eine merkwürdig vage, gleichwertig gewichtete »variance« in etwas, das stets nur als »œuvre« bezeichnet wird. Die Frage muß dann sein, wie sich die »variance« des »œuvre« editorisch darstellen läßt. Es versteht sich, daß in CERQUIGLINIS Augen die ›herkömmliche‹ Edition dazu keine Handhabe bietet. Gebildet nach dem Modell der klassischen Philologie griechisch-lateinischer Texte, sei die Mittelalter-Philologie in den Volkssprachen eine Methode der Handschrifteneinordnung und des Textvergleiches. Sie interessiere sich für Handschriften nur insofern, als sie Kopien eines Textes seien. Eine Hinwendung zu den Handschriften selbst bringe dagegen das gesamte System ins Wanken.[16]

---

13 Ebd., S. 25.

14 »Nous y reviendrons, et, même si l'on peut faire apparaître, dès le XIVe siècle, la figure et la pratique d'un écrivain, un anachronisme que l'on dirait fonctionnel s'attache à l'expression ›auteur médiéval‹.« (Ebd., S. 25).

15 Ebd., S. 58f.

16 Ebd., S. 61: »Formée à l'édition des œuvres latines et grecques, anciennes et sacrées, qui furent reproduites en particulier au cours du Moyen Age, la philologie est une pratique, mesurée et patiente, de comparaison; elle rapproche des manuscrits que sépare – c'est l'axiome – la seule altération propre à l'ac-

Si l'on se tourne vers les manuscrits médiévaux [...] l'automate philologique s'emballe et s'affole.[17]

Es entbehrt nicht einer gewissen Ironie, daß der Ausweg, den CERQUIGLINI sieht, darin besteht, den zusammengebrochenen »automate philologique« durch eine Maschine zu ersetzen, den »éditeur« durch den »ordinateur«, den Editor durch den Computer:

Car l'ordinateur, par son écran dialogique et multidimensionnel, simule la mobilité incessante et joyeuse de l'écriture médiévale. [...] L'écrit électronique, par sa mobilité, reproduit l'œuvre médiévale dans sa variance même.[18]

Der Schluß von CERQUIGLINIS Buch klingt hymnisch und von Technikgläubigkeit getragen. Übersehen sind dabei acht Gesichtspunkte:

1. Computergestützte Editionen sind vor 1989 nicht, wie behauptet, »jamais réalisée«, sondern relativ häufig unternommen worden.
2. Die neue Technologie stellt nicht nur die Mittel zur Verfügung (über die die sogenannte ›alte Philologie‹ einfach nicht verfügte), sondern sie bringt auch die Idee selbst hervor. Das heißt: Die Methode verdankt sich der Technik (nicht umgekehrt). Letztlich wird damit die Methode der Technik nachgeordnet. Methodisch richtig sei, was technisch machbar ist.
3. Die Multidimensionalität des Bildschirms entspricht dem postmodernen Hypertext und nicht den mittelalterlichen Gegebenheiten. Dem mittelalterlichen Leser oder gar Hörer war – anders als uns – die »mouvance« des Textes nicht präsent. Er hatte es mit einem Text zu tun.
4. Die Reproduktion am Bildschirm tritt nicht nur an die Stelle der ›Originale‹ der Texte, sondern an die Stelle der ›Originale‹ der Handschriften und der Varianten.
5. Der Bildschirm simuliert die Mobilität. Das heißt – charakteristisch für die Postmodernität des Ansatzes –, das Simulacrum nimmt den Platz des Originals ein.

---

tivité de copie. Quand la *tradition* (l'ensemble des manuscrits qui nous sont parvenus) offre à un point du texte des *leçons* (*lectio*: ce qu'on lit) distinctes, il y a *variante* (la philologie dit parfois, comme en reproche, *innovation*), et il convient de s'assurer du texte (›bonne leçon‹, etc.).«

17 Ebd., S. 62.

18 Ebd., S. 114–115.

6. Die Materialität des Codices (Einbände, Lagen etc.) ist nur eingeschränkt simulierbar.
7. Natürlich ist eine solche Edition technisch machbar; es wird einfach darauf ankommen, wie beschränkt das ausgewählte Textkorpus und seine Variation ist. Es steht zu vermuten, daß ein theoriebestimmter Ansatz in der Praxis ein gering überliefertes ›Œuvre‹ mit interessanter Varianz wählen wird.[19]
8. Technisch durchführbar ist vieles. Die Frage ist, ob die Durchführung sinnvoll ist. Als wir vor Jahren die vierbändige Edition der ›Rechtssumme‹ Bruder Bertholds erarbeiteten,[20] gab es ein spezielles TUSTEP-Programm, das die Synoptisierung von vier Fassungen auf dem Bildschirm ermöglichte (mehr wären möglich gewesen) und sämtliche Lesarten aller Handschriften (120 Stück) in einem bisher nicht veröffentlichten Sonderlesarten-Verzeichnis enthielt. Warum es nicht auf CD-Rom erhältlich ist, hat auch folgenden Grund: JORGE LOUIS BORGES hat in einer Erzählung die ideale Landkarte beschrieben. Sie ist im Verhältnis 1:1 und bildet die Wirklichkeit perfekt ab. Das Problem ist nur, daß eine solche Landkarte für ihren Benutzer keinerlei Erkenntniswert mehr hat.

Fazit: Im Gegensatz zu den mittelalterlichen Texten, die er beschreibt, ist CERQUIGLINIS ›Éloge de la variante‹ selbst eher variantenarm. Das Buch kreist immer wieder um dieselben, aber fraglos treffenden und berechtigten Gedanken: Der mittelalterliche Text in seinem Variantenreichtum kann durch die herkömmliche Philologie, die immer nur auf das ›Original‹ zielt, nicht abgebildet werden.

Diesen Punkt greifen auch die einzelnen Beiträge des Speculum-Sonderheftes ›The New Philology‹ auf, wobei ein – in den USA stets virulentes und im wissenschaftlichen Diskurs unverzichtbares – wei-

---

19 Dazu: BERNARD CERQUIGLINI/JEAN-LOUIS LEBRAVE, PHILECTRE: Ein interdisziplinäres Forschungsprojekt im Bereich der elektronischen Philologie, LiLi 27 (1997), H. 106 (Technologischer Wandel in den Philologien), S. 83–93 mit den Begriffen »Hypertext« und »Hypercodex« [!] und den »ersten Ergebnissen«: »Nach einigen Monaten haben die Forschergruppen ihre Zielsetzung enger gefaßt« (S. 90).

20 Die ›Rechtssumme‹ Bruder Bertholds [...] Synoptische Edition der Fassungen B, A und C, Bd. I-IV, hg. von GEORG STEER [u. a.], Tübingen 1987 (Texte und Textgeschichte 11–14).

teres Theorem hinzutritt: *theory* selbst; und das heißt hier: die vorgebliche Theoriefeindlichkeit mittelalterlicher Studien. NICHOLS stellt in der Einleitung fest:

> Medievalists are frequently viewed by modernist colleagues as hostile or indifferent to contemporary theory.[21]

Es ist nicht ganz unrichtig, wenn den »medievalists« im Jahr 1990 eine gewisse »reluctance to contemporary theory« nachgesagt wurde. Die deutsche überlieferungsgeschichtliche Forschung z. B. unterließ lange die Reflexion über ihre theoretischen Prämissen. Und KURT RUH beispielsweise stand zeitgenössischen Theorien (wie der Rezeptionsästhetik) mitunter geradezu ablehnend gegenüber. Allerdings war es gerade HANS ROBERT JAUSS, der bereits 1977 feststellte: »Das Studium der Literatur des europäischen Mittelalters [...] stand lange abseits vom modernen Trend der Theoriebildung.«[22] Und so ist NICHOLS nicht der erste, der diese vorgebliche Bruchstelle bemerkt hat. Er selbst beruft sich auf RENÉ WELLEK:

> This split between modernist and medieval studies could be felt already in 1948, when RENÉ WELLEK suggested that ›philology‹ should be dropped from the lexikon of literary studies.[23]

NICHOLS hat früher als Herausgeber von Aufsätzen WELLEKS fungiert. Und so wird WELLEK noch eine Rolle spielen, wenn nach den Quellen zu fragen sein wird, aus denen sich die ›New Philology‹ speist. Bevor ich jedoch diese Quellen offenlege, will ich kurz die Fortschritte und Akzentverschiebungen der ›New Philology‹ amerikanischer Prägung gegenüber CERQUIGLINIS Theoremen aufgreifen:

1. Nach NICHOLS enthalten Handschriften verschiedene Systeme der Repräsentation: Poetische oder narrative Texte, die sehr individuellen und unterschiedlichen Schreiber(innen)hände, bildliche Darstellung, Rubrizierungen, Glossen und Kommentare am Rand. All dies sei zu berücksichtigen.[24] Damit wird – deutlicher als bei CERQUIGLINI – erstmals das in den Mittelpunkt

---

21 NICHOLS [Anm. 6], S. 1.

22 HANS ROBERT JAUSS, Alterität und Modernität der mittelalterlichen Literatur. Gesammelte Aufsätze 1956–1976, München 1977, S. 9.

23 NICHOLS [Anm. 6], S. 2.

24 Ebd., S. 7f.

der Aufmerksamkeit gerückt, was in der Folge als ›material philology‹ bezeichnet werden wird. Die deutsche überlieferungsgeschichtliche Forschung hatte sich all dem längst zugewandt, es freilich manchmal mit selbstzweckhaften Beschreibungen begnügen lassen, ohne die Handschriften vor einem weiteren Horizont zu interpretieren.

2. SIEGFRIED WENZEL bemüht sich – als einziger der Beiträger zum Sonderheft ›New Philology‹ – zunächst um eine Definition dessen, was Philologie (jenseits von alt und neu) eigentlich bedeutet:

> By tradition, ›philology‹ can be taken in either a narrow or a broad sense. In the former it designates the academic discipline of studying or »scientifically« elucidating the basic, literal meaning of verbal documents.[25]

Damit wäre im wesentlichen das beschrieben, was NICHOLS oder CERQUIGLINI als »old philology« kennzeichnen würden. WENZEL hält aber fest, daß es auch ein weiteres Verständnis von Philologie gibt (und immer gegeben hat), das ein breiteres Methodeninstrumentarium zur Anwendung bringt und ein weiteres Erkenntnisinteresse am Text hat:[26] Die Berücksichtigung der Quellen, der politischen, historischen, biographischen, sozioökonomischen Bedingungen von Texten, die Untersuchung von Schreibprozessen oder Druckerwerkstätten, die Berücksichtigung im weitesten Sinne schließlich der Religion, Weltanschauung und Kultur werden als Grundmöglichkeiten der Philologie beschrieben, die schon immer realisiert worden sind. Und WENZELS wörtliches Zitat vom ›Sitz im Leben‹ als »fashionable phrase«[27] macht deutlich, daß man sich hier an deutsche Vorgänger anschließt. WENZEL plädiert dabei gerade nicht für die Einbeziehung postmoderner Theoriebildung: Die Einsichten seien weitgehend banal und würden sich bei der philologischen Arbeit auch ohne größere Theoriebildung einstellen.[28] ›New Philology‹ meint somit für WENZEL nur, »that it is currently moving a little more to the front.«

25 SIEGFRIED WENZEL, Reflections on (New) Philology, Speculum 65/1 (1990): The New Philology, S. 11–18, hier S. 11.

26 »In its wider sense, philology preserves the basic urge to understand a work of verbal and usually written communication, but in doing so it goes beyond the strict concentration on language and its aspects, to include whatever contextual information might help to elucidate a text.« (Ebd., S. 11).

27 Ebd., S. 12f.

28 Ebd., S. 13.

3. Ganz anders verfährt SUZANNE FLEISCHMAN in ihrem Beitrag.[29] Sie beruft sich gleich eingangs – wie NICHOLS – auf CERQUIGLINI und fordert

> the practice of a postmodern textual criticism in which ›the text‹ is destabilized into the plurality of its variants. The editor of a medieval text is typically confronted with manuscript variation. In such a situation [...] it cannot be decided – nor is it interesting do ascertain – which variant is closest to the elusive *Urtext*. The philologist's task should be comparison, not archeology, since the latter reduces to singularity what acquires meaning precisely through plurality, through variation.[30]

Postmodern kann dieser Ansatz genannt werden, weil er sich mit dem Textverständnis der postmodernen Literatur und Kritik trifft. FLEISCHMANN bezieht sich hier implizit auf den BAKHTINschen Begriff der »multiplicity of voices«, wie ihn besonders ROLAND BARTHES (S/Z) aufgegriffen hat oder wie ihn in der Literatur JOHN BARTH vertritt. IHAB HASSAN, einer der ›Gründerväter‹ der Postmoderne, hat gar von einem »critical pluralism« gesprochen, fordert also die Multiplizität von Deutungen in der Literaturwissenschaft, nicht die einsinnige Interpretation.[31]

4. Auch GABRIELLE M. SPIEGELS Beitrag legt sehr deutlich noch einmal die postmodernen Wurzeln des ›Unternehmens New Philology‹ offen:

> The paradigms that have governed historical and literary study since the nineteenth century no longer hold unquestioned sway. [...] At stake in this debate are a number of concepts traditionally deployed: [...] causality, change, authorial intent, stability of meaning, human agency and social determination.[32]

---

29 SUZANNE FLEISCHMANN, Philology, Linguistics, and the Discourse of the Medieval Text, Speculum 65/1 (1990): The New Philology, S. 19–37.

30 Ebd., S. 25.

31 Vgl. GERHARD HOFFMANN/ALFRED HORNUNG/RÜDIGER KUNOW, »Modern«, »Postmodern« und »Contemporary«: Zur Klassifizierung der amerikanischen Erzählliteratur des 20. Jahrhunderts, in: G. HOFFMANN, Der zeitgenössische amerikanische Roman, Bd. 1, München 1988, S. 7–44, hier S. 32.

32 GABRIELLE M. SPIEGEL, History, Historicism, and the Social Logic of the Text in the Middle Ages, Speculum 65/1 (1990): The New Philology, S. 59–86, hier S. 59.

Was aus der semiotischen Perspektive als literarisches Werk noch bleibe, sei nicht die autonome Äußerung eines zentrierten, sprechenden Subjekts, sondern codierte Texte und die »multiple readings«, denen sie unterzogen würden. Mittelalterliche Texte, wie Texte überhaupt, seien aufgebrochen »into a series of discontinuous, heterogeneous, and contradictory codes which defy interpretative unification.«[33]

II. ›Postmoderne‹

Alle Axiome, die die ›New Philology‹ zu den ihren gemacht hat und für das Mittelalter einfordert, begegnen schon im Jahr 1975 in dem Buch, das von vielen als eines der ›Gründungsmanifeste‹ einer Bewegung verstanden wurde, die man seinerzeit in Deutschland noch nicht kannte und die lange Zeit nur als ›Postmodernismus‹ (mit Häkchen) bezeichnet wurde: Ihab Hassans ›Paracriticisms‹, von Raymond Federman, einem der ersten postmodernen Schriftsteller als »an attempt to recover the art of multi-vocation« – auch in der Wissenschaft – gepriesen.

Hassan konstatiert: »I have not defined Modernism. I can define Postmodernism less.« Das erklärt sich aus einer dezidierten Wendung des ›Postmodernist‹ gegen jede Art von Definition. Dann folgt allerdings eine Reihe von »Postmodernist Notes«, die ›Postmodernism‹ von ›Modernism‹ abheben, und von denen ich nur einige nenne:

- »Anarchy and fragmentation«
- »New media. The problematics of the book as artifact«
- »The computer as substitute«
- »Anti-authoritarianism«
- »Diffusion of the ego«
- »Entropy of meaning«
- »Negation, abstraction taken to the limit coming back as New Concreteness«
- »Open, discontinuous, improvisational, indeterminate [...] structures«
- »Against interpretation.«[34]

---

33 Ebd., S. 61f.

34 Ihab Hassan, Paracriticisms. Seven Speculations of the Times, Urbana/Chicago/London 1975, S. 54–58.

Man sieht: All dies liest sich schon 1975 nahezu wie eine Zusammenfassung der Positionen der ›New Philology‹. Anhand der Lektüre von HASSAN, FOUCAULT, BARTHES u. a. im Vergleich mit den Positionen der ›New Philology‹ wird deutlich, wie schwierig es am Ende der 90er Jahre geworden war, die Grundbedingungen der eigenen wissenschaftlichen Tätigkeit zu erkennen, sich diese bewußt zu halten und allgegenwärtigen aktuellen Theoremen mit der nötigen Distanz zu begegnen. Wenn dies nicht gelingt, ist die Gefahr kaum zu vermeiden, daß auch der entfernteste Spiegel immer nur die eigenen Positionen zu reflektieren scheint.[35] Wir betrachten dann ein ›postmodernes Mittelalter‹, das wir eben erst selbst geschaffen haben.

Was aber ›New Philology‹ andererseits leisten kann, wird deutlich, wenn man sich in ihr ›Quellgebiet‹ begibt: Man sieht dann beispielsweise, daß STEPHEN G. NICHOLS schon im Jahr 1963 RENÉ WELLEKS ›Concepts of Criticism‹ herausgegeben und mit einer Einleitung versehen hat. Interessant ist aus heutiger Sicht dabei, wie WELLEK das Konzept der »coherence and wholeness« des literarischen Kunstwerks in Frage stellt,[36] ferner die nebenbei erfolgte Prägung des Terminus »new historicism«,[37] die abschätzige Darstellung der Philologie in Deutschland[38] und die Abwehr des »evolutionism«.[39] Alles Dinge, die die ›New Philology‹ übernimmt. Und: Im Jahre 1966 (etwa zur selben Zeit also, als NICHOLS die Schriften WELLEKS herausgab und zwei, bzw. drei Jahre vor den epochemachenden kurzen Beiträgen BARTHES' und FOUCAULTS über den Autor) erschien ein Buch, das zwischen 1958 und 1965 entstanden war,

35 Vgl. GEOFFREY HARTMANN, Ästhetizid – Die Ordnung der Schätze. Und des Schrotts: Ist das Studium der Literatur an sein Ende gekommen? (Vortrag im Rahmen der Mosse-Lectures in Berlin), Frankfurter Rundschau vom 27.11.1999, Nr. 277, S. ZB3.

36 RENÉ WELLEK, Concepts of Criticism. Edited and with an Introduction by STEPHEN G. NICHOLS, JR., New Haven/London 1963, S. 7 und 60f.

37 Ebd., S. 10.

38 Ebd., S. 63 (»either philological or *geistesgeschichtlich*«), bes. aber S. 268f.: »Germany, which had been the motherland of philology and has been the bastion of philological literary history in the nineteenth century, reacted most sharply and most violently against its methods. This reaction went in all possible directions, going, as it is apparently usual in Germany, to almost unimaginable extremes.«

39 »Evolutionism is false when applied to literature because there are no fixed genres comparable to biological species which can serve as substrata of evolution. There is no inevitable growth and decay.« (Ebd., S. 51).

als Manifest der beginnenden literarischen und kulturwissenschaftlichen Postmoderne gelesen wurde und rasch zur ›Bibel‹ der ›Bewegung‹ avancierte: NORMAN O. BROWNS ›Love's Body‹. Es weist einen ersten historischen Weg zwischen Mittelalter und Postmoderne.

BROWN stellt darin nämlich das mittelalterliche Textverständnis dem modernen gegenüber und zeigt erstmals wie mittelalterliche Textinterpretation mit der Postmoderne zu verbinden sei. Dabei geht es um die Reduktion der Interpretation auf einen festgelegten Sinn und die Offenheit der Interpretation und der Lektüre: »Augustine had said: ›What more liberal and more fruitful provision could God have made in regard to Sacred Scriptures than that the same words might be understood in several senses.‹« Dem entspräche das mittelalterliche Schema des vierfachen Schriftsinns. Es sei »at least a commandment not to rest in one simple solid and constant meaning.«[40]

Demgegenüber erscheint die Eindeutigkeit der Aussage als Konstrukt. BROWN sieht ihren Ausgangspunkt in der protestantischen ›Buchstabilität‹:

> Protestant literalism: the crux is the reduction of meaning to a single meaning – univocation. Luther's word is *Eindeutigkeit*: the ›single, simple, solid and stable meaning‹ of scripture.[41]

Ich lasse die Frage beiseite, ob hier nicht BROWN seinerseits den komplexen Luther vereindeutigt. BROWN zufolge legt jedenfalls erst der »protestant literalism« den Grund für die Fixierung des Textes auf einen Sinn. Dies betrifft aber auch die Wissenschaft vom Text und die Textkonstitution selbst. Textwissenschaft erscheint als Ausfluß einer so definierten Einsinnigkeit der Interpretation:

> Protestant literalism is modern scholarship. Parallel to the emphasis on the one true meaning of scripture there was an increase in Luther's interest in grammar and textual criticism; to establish the text, *die feste Schrift*, a mighty fortress; the authoritative Text.[42]

Diese Bestimmung und Festlegung des Textes konfrontiert BROWN mit der älteren Auslegungs- und Textverständnispraxis des Mittelal-

---

40 NORMAN O. BROWN, Love's Body, New York 1966.
41 Ebd., S. 192.
42 Ebd., S. 193.

ters. Erst der »protestant literalism« habe danach gestrebt, den Text eindeutig festzulegen; und die Textkritik, wie wir sie kennen, sei dem Wunsch nach Festlegung des Textes entsprungen:

> Textual criticism is part of the search for the one true and literal meaning. The old spiritual or symbolical consciousness had not hunted that will-o'-the-wisp, the one true text; instead it found symbolical meaning in every textual variation.[43]

Damit findet sich bereits bei BROWN die für die ›New Philology‹ charakteristische Konfrontation neuzeitlicher Textkritik und mittelalterlicher Variation, die ihrerseits dem postmodernen Textverständnis nahesteht: Genau wie in der ›New Philology‹ wird die Forderung formuliert, von dieser Festlegung des Textes auf die Intention des Autors, auf die bewußte Bedeutung, auf die eine Bedeutung Abstand zu nehmen und sich zu befreien.

Demnach finden sich schon bei NORMAN O. BROWN, im Quellgebiet der postmodernen Strömung (1965), mindestens die folgenden Positionen, die sich die ›New Philology‹ dreiundzwanzig Jahre danach zu eigen machte:

- Ablehnung der »univocation« des Textes;
- Offenheit des Textes und damit auch der Interpretation;
- Öffnung der Textwissenschaft von der Einsinnigkeit hin zur Vielstimmigkeit;
- Abkehr von der Intention des Autors und dem autorisierten Text und damit Befreiung des Lesers;
- Verknüpfung dieser postmodernen Positionen mit dem mittelalterlichen Textverständnis und Radikalkritik des angeblich engen Textverständnisses seit der Frühen Neuzeit (insbesondere des »postmodern literalism«); damit auch ein Brückenschlag zwischen Mittelalter und Postmoderne über die frühneuzeitlichen, aufklärerischen und modernen Positionen hinweg.

Zusammenfassend läßt sich demnach sagen:

1. ›New Philology‹ ist nicht neu. Sie speist sich aus alten Quellen, ohne diese immer und eindeutig zu nennen. Das Postulat der eigenen Neuheit hat universitätspolitische und gesellschafts-

---

[43] Ebd., S. 193.

politische Gründe. Die ›Krise der Philologie‹ ist eine Krise der Gesellschaft, die nicht als solche benannt wird. Damit ist nichts – das sei betont – über die Qualitäten der Vertreter der ›New Philology‹ und die Berechtigung ihrer Positionen an sich gesagt. Sie bleiben weitgehend unwidersprochen.

2. Diese Positionen sind zu bestimmen als eine radikale Auseinandersetzung mit den Methoden der ›Vorfahren‹. Damit ist aber die Philologie des 19. Jahrhunderts gemeint (LACHMANN). Eine Auseinandersetzung mit den Positionen, die die Forschung des 20. Jahrhunderts bis etwa 1980 entwickelt hatte, findet nicht statt. Insbesondere die deutsche Forschung wird nicht zur Kenntnis genommen.
3. Der Aufruf zur ›neuen‹ Philologie ist – wie schon damals der Ruf der ›New Critics‹ oder der Ruf des ›New Historicism‹ – ein Kampfruf. Das äußert sich auch im Stil mancher Beiträge. Der Kampf wird an zwei Fronten geführt: gegen die herkömmliche Philologie und gegen den mittelalterlichen Autor, für die Computer-Philologie und die Varianten.
4. Die eigenen Positionen stellen dem »toten« Autor den lebendigen Text gegenüber. Dieser Text ist stets im Wandel, multipel (und ›fragmented‹). Dem fixierten Autortext der Philologie des 19. Jahrhunderts wird der bewegte Text der mittelalterlichen Handschriften gegenübergestellt, heute in seiner ›variance‹ wieder reproduzierbar durch die Bildschirm-Edition. Die Frage, ob der Fragment-Charakter auch intendiert ist oder sich den Zufällen der Überlieferung verdankt, wird nicht gestellt.
5. Es erfolgt eine Anknüpfung an zeitgenössische Theoriediskussionen und methodologische Überlegungen genereller Art, oder genauer an solche der 80er Jahre, die die Debatten in Frankreich und den USA überall dominierten. Auch damit ist nichts über die Berechtigung und die Richtigkeit dieser Theorien gesagt. Fruchtbar zu machen und zu diskutieren wäre das Verhältnis zwischen mittelalterlichem und postmodernem Textverständnis. ›New Philology‹ – und das ist ihre Leistung – stellt mittelalterliche Texte plötzlich ins Zentrum des zeitgenössischen Theoriediskurses.
6. Die eigentliche philologische Qualität der ›New Philology‹ scheint mir in drei grundsätzlichen Beobachtungen zu liegen: der

mit Recht monierten Atomisierung von Varianz in manchen bisherigen Editionen, der Befreiung des Lesers und der Hinwendung zur ›manuscript culture‹ oder zur ›material philology‹.

Damit ergebt sich eine Reihe von Berührungspunkten mit der deutschen überlieferungsgeschichtlichen Forschung. Diese historisch in ihrer Breite darzustellen, wäre illusorisch.[44] Ich kann nur einen ersten Teil anreißen.

III. ›Return to Philology‹

»Unter Textgeschichte oder Überlieferungsgeschichte verstehen wir die zusammenfassende Betrachtung der Schicksale, die ein Schriftstück von dem Augenblick der ersten Niederschrift bis auf unsere Tage durchlebt. Von diesen Erlebnissen sehen wir entweder den unmittelbaren Niederschlag in der allmählichen Umformung des Wortlautes, der viele Stadien der Verderbnisse und wieder versuchten Besserung durchläuft, oder wir hören von ihnen durch einzelne [...] äußere geschichtliche Zeugnisse, in denen Namen und Tatsachen vorgebracht werden dafür, daß spätere Zeiten das Schriftstück lasen und an der Feststellung seines Wortlautes einen bestimmten und bestimmenden Anteil nahmen, daß sie einzelne Fassungen unterschieden, ja [...] wir erfahren von einzelnen bevorzugten Handschriften.«

Am Wortlaut, nicht am Inhalt, merkt man – vielleicht –, daß dieser erste Satz aus dem Vorwort einer textgeschichtlichen Untersuchung nicht aus der Gegenwart stammt. Ich habe LUDWIG TRAUBES ›Textgeschichte der Regula S. Benedicti‹ aus dem Jahr 1898 zitiert.[45] Ich suche also nicht den Gegensatz zum ›Alten‹, sondern Verbindungslinien. ›Return to Philology‹ meint damit ›Return to great Philologists‹.

Für die frühe Zeit der Forschung, die sich in Deutschland der Überlieferungsgeschichte verschrieben hat, sind insgesamt elf Punkte – fünf schon in dem zitierten Absatz genannt – charakteristisch:

---

44 Vgl. LÖSER [Anm. 5].

45 Textgeschichte der Regula S. Benedicti von LUDWIG TRAUBE. Zweite Auflage, hg. von H. PLENKERS, München 1910.

1. Nicht auf den Text allein zielt man, sondern auf die Geschichte des Textes und auf die Geschichte seiner Überlieferung.
2. Das Bewußtsein von der Veränderung des Wortlautes von Texten unterscheidet zwei Kategorien, nämlich unbewußte und fehlerhafte ›Verderbnis‹ einerseits, versuchte ›Besserung‹ andererseits; sehr viel klarer als dies beispielsweise CERQUIGLINI 100 Jahre später im undifferenzierten Begriff der ›variance‹ tut.
3. Es existiert ein Bewußtsein von den Möglichkeiten verschiedener Fassungen.
4. Die Bedeutung der Einzelhandschrift ist klar erkannt.
5. Die Verbindung der inneren Geschichte eines Textes mit äußeren geschichtlichen Zeugnissen wird gezogen (und damit immanent die nicht angewandte Möglichkeit angedeutet, zwischen der inneren Entwicklung eines Textes und seiner Realisation in der Überlieferung klarer zu differenzieren).[46] In der Einleitung zur ›Textgeschichte der Regula‹ wird auch auf die Bedeutung von Schreibernotizen, auf die Provenienz der Handschriften und auf Eintragungen in mittelalterlichen Bibliothekskatalogen hingewiesen. Überlieferungsgeschichte, würde man heute formulieren, liefert den Schlüssel zur Textgeschichte.

Dazu tritt – sechstens – ein Bewußtsein der Geschichtlichkeit des eigenen Forschungsansatzes:

---

46 Wie eine in gewisser Hinsicht bereits überlieferungsgeschichtlich im heutigen Sinn orientierte Arbeit zu Beginn des 20. Jahrhunderts aussehen konnte, läßt sich etwa an FRIEDRICH WILHELMS ›Geschichte der handschriftlichen Überlieferung von Strickers Karl dem Großen‹ aus dem Jahr 1904 demonstrieren: Hier gibt es etwa schon die heute in manchen Fällen so virulente Annahme einer »zwiefachen Rezensio, die wohl vom Autor selbst herrührt« (S. 11), die Forderung nach einer neuen und sehr genauen Untersuchung der Handschriftenverhältnisse (S. 27), eine detaillierte Untersuchung der Handschriften selbst (Kap. II, S. 28–74), die sich freilich sehr stark auf den Dialekt der Handschriften konzentriert und bereits an der Klärung der inneren Textgeschichte mehr interessiert ist als an den äußeren Fakten (vgl. die Unterscheidung der verschiedenen ›Gruppen‹, die den Hauptteil des Buches ausmacht). Allerdings wird auch erhebliches Gewicht auf die Mitteilung besonders auffälliger Verhaltensweisen einzelner Schreiber und von Fakten zu diesen Schreibern gelegt (z. B. S. 32f., 53, 66f.). Ebenfalls so weit seinerzeit möglich wird die Wirkungsgeschichte behandelt (besonders das Weiterwirken des ›Karl‹ in den Weltchroniken).

Wer zuerst solche Fragen an die Überlieferung unserer Texte richtete und von ihrer Beantwortung den Schritt zur Textgeschichte machte, das wird dereinst in einer Geschichte der Philologie festzustellen sein. Ich finde Namen und Sache zuerst in Richard Simons berühmten bibelkritischen Werken: in der Historie critique du Vieux Testament (1678) und in der Histoire critique du texte du Nouveau Testament (1689).[47]

Ein solches Bewußtsein der Geschichtlichkeit der eigenen Forschung bedingt – siebtens – eine gesunde Skepsis gegenüber den eigenen Methoden:

Jede Textgeschichte ist abhängig von Rückschlüssen mancher Art, und je mehr des Forschers Kunst zur Routine wird, um so weniger wird er der Gefahr entgehen, ebenso viele Trugschlüsse zuzulassen.[48]

Demgemäß erscheint »Textgeschichte« nicht als ein objektiv stattgehabter Vorgang, sondern in weitem Maß als Rekonstruktion dessen, der sie schreibt. Manchen Arbeiten, die in den 70er Jahren in der ›Würzburger Schule‹ (zu der ich mich selbst zähle) und in deren Gefolge entstanden sind, wäre vorzuhalten, daß zwar viele überlieferungsgeschichtliche Fakten gesammelt, diese aber selten – mit Blick auf die Texte – interpretiert wurden. Das Bewußtsein, damit geschichtliche Rekonstruktion zu betreiben, sollte nicht in die Apostasie führen, diese interpretative Rekonstruktion als Hypothese gar nicht erst zu versuchen. Das Bewußtsein der Rekonstruktion ist aber wichtig, und es führte schon bei Traube – achtens – zu einer kritischen, jedoch wohlwollend kritischen und konstruktiv-kritischen Auseinandersetzung mit den Methoden Lachmanns:

Lachmann hat nicht nur das Verhältnis der überlieferten Handschriften zueinander bestimmt und den Wortlaut seines Textes auf dieser Bestimmung aufgebaut [was in der ›New Philology‹ zur Kritik am »Konstrukt« führt]; er hat auch erkannt, daß diese aus der Überlieferung gewonnenen Tatsachen greifbare Gestalt erst gewinnen, sobald er sie einordnet in die Ereignisse des geistigen Lebens der mittleren Zeit.[49]

Damit nimmt das Gestalt an, was man als ›Sitz im Leben‹ bezeichnet. Die Kritik gilt nicht der Methode Lachmanns selbst, sondern der Tatsache, daß »allmählich aus seiner überlegungsvollen Kunst ein Handwerk mit Griffen und Kniffen geworden ist«. Am deutlichsten

47 Textgeschichte der Regula [Anm. 45], S. 5.
48 Ebd., S. 7.
49 Ebd., S. 6.

in der kritischen Auseinandersetzung moniert wird – neuntens – die Tatsache, daß Überlieferungsgeschichte in ihren Möglichkeiten verkürzt und beschnitten wird, wenn sie nur im Dienst der Ausgabe steht. Demgegenüber hebt schon TRAUBE hervor, daß

> die Überlieferungsgeschichte neben ihrer mehr philologischen Seite, von der aus betrachtet sie als dienstbar sich erweist für die Zwecke einer kunstgemäßen Herausgabe, eine mehr historische Seite hat, woher die für sie gesammelten und zu einheitlicher Betrachtung gebrachten Zeugnisse nun wieder sich einstellen lassen als ebenso viele Urkunden in der Geschichte des Geisteslebens der dem Autor gefolgten Zeit.[50]

Modern formuliert: Die Rezeptionsgeschichte eines Textes, die Veränderungen, die er durchläuft, und seine Wirkung sind ebenso interessant wie der Ausgangstext selbst.

Daraus ergibt sich schließlich – zehntens – die Bedeutung der Rezeptionsgeschichte, der einzelnen Schreiber und auch schon dessen, was die ›New Philology‹ als ›manuscript culture‹ oder ›material philology‹ bezeichnen wird:

> Schon die Abschreibung irgend eines Schriftstellertextes ist eine kleine historische Tatsache, all das, was dieser und jeder folgende Schreiber von Eigenem absichtlich oder unbewußt hinzutut, seine Fehler und Verbesserungen, seine Randbemerkungen bis herab zum einfachsten Avis au lecteur, dem Zeichen für *nota* und *require* oder der weisenden Hand, all diese kurzen, fast stummen Winke und Zeichen können als geschichtliche Zeugnisse betrachtet werden.[51] Bei dieser Betrachtung tritt die Rücksicht auf den Schriftsteller immer mehr in den Hintergrund, und die Forschung beginnt sich ausschließlich in den Dienst der mittleren Zeit zu stellen.[52]

Wenn hier schon eine deutliche Verschiebung vom ›Autortext‹ hin zu einer Berücksichtigung seiner Überlieferung spürbar ist, so wird im Folgenden überdeutlich, daß die Veränderungen eines Textes sogar von höherem Erkenntniswert sein können als seine Urgestalt, gleichgültig, ob sie rekonstruierbar ist oder nicht. Elftens nämlich ist der Interpolator von höherer Bedeutung als die getreue Textabschrift:

---

50 Ebd., S. 6.

51 TRAUBE geht weiter als mancher Heutige, wenn er sogar den Wert von schlichten Abschriften betont: »Selbst solche Handschriften, die jeden Wert einzubüßen scheinen, da ihre unmittelbaren Vorlagen noch erhalten sind und aufgefunden wurden, können bei historischer Betrachtungsweise ihren Wert zurückgewinnen.« (Ebd., S. 7).

52 Ebd., S. 6.

Der Historiker kann gar manche Handschrift aufnehmen und sich nutzbar machen, die der Herausgeber [...] als interpoliert und das Urteil verwirrend aus der Hand gelegt hat. Ja vielleicht wird der Historiker gerade solche Handschriften suchen. Die Handschrift, die einen guten und reinen Text liefert, kann ebensowohl ein Beweis für anhaltenden grammatischen Sinn und Sorgfalt und Treue im kleinen sein als ein Beweis für Trägheit und Teilnahmslosigkeit im ganzen. Der Interpolator aber ist zwar im philologischen Sinn ein Übeltäter, aber er ist [...] faßbar, persönlich und, historisch betrachtet, mehr klug als böse, nicht ein Schreiber, sondern ein Philolog, ein Herausgeber.[53]

Hinter dieser ›Verteidigung des Schreibers‹ wird ein Bewußtsein von der Gesamtheit der Veränderungsprozesse sichtbar, die ein Text im Lauf seiner Geschichte durchläuft, eine Hinwendung zum einzelnen Textzeugen in dessen Situierung im Lauf der Textgeschichte.

So begann die deutsche überlieferungsgeschichtliche Forschung. Wie sie sich in praxi ausfaltete, muß ich hier übergehen. Wichtig ist aber eine historische Beobachtung: Die überlieferungsgeschichtliche Methode erlebte mit der Würzburger Forschergruppe einen ersten Höhepunkt seit den 70er Jahren des 20. Jahrhunderts. Sie operierte an der Praxis orientiert und weitgehend ohne Theoriebindung und -bildung. Konfrontiert man sie mit den Theorien der 70er Jahre (der Rezeptionsästhetik und dem hermeneutischen Modell GADAMERscher Prägung), die zur selben Zeit omnipräsent waren, ergeben sich sechs kurze letzte Punkte:

1. Die Überlieferung des Textes im Mittelalter und ihre Betrachtung schaffen eigentlich erst den historischen Horizont, aus dem heraus der Text zu verstehen ist, und zwar sowohl in seinen Produktions- als auch in seinen Rezeptionsbedingungen. Wichtig ist dann weniger, was der Autor mit dem Text sagen wollte, als das, als was er gelesen, wie er verstanden wurde.
2. Die Tatsache, daß es schon im Mittelalter verschiedene Möglichkeiten gab, einen Text zu lesen, manifestiert sich in bewertbaren Fassungen, Redaktionen, Varianten, sie manifestiert sich aber auch im Überlieferungsverbund einer Handschrift oder in der Bibliotheksordnung, die darüber Aufschluß geben, wie ein Text eingeordnet wurde. Es gibt nicht die eine historisch korrekte

53 Ebd., S. 6.

Lesart; der historische Horizont hat viele Aspekte und Perspektiven. Und: Überlieferungsgeschichte blickt über Varianten und Handschriften hinaus.

3. Das Verhältnis zwischen heutigem Leser (Interpret) und Text wird auf entscheidende Weise erweitert, wenn die verschiedenen früheren Lektüremöglichkeiten mit einbezogen werden. Es ist nicht mehr ein bipolares Verhältnis: hier Text – dort Leser (eine Entgegensetzung gewissermaßen), sondern es schließt die Auseinandersetzung anderer Leser mit dem Text mit ein. Damit entsteht ein multipolares Verhältnis zum Text. Das heißt mit Blick auf die Alteritätsdebatte beispielsweise, daß sich die Frage der Alterität zwischen Mittelalter und Moderne sehr viel differenzierter stellt: Die mittelalterliche Lesart eines Textes gibt es nur in Ausnahmefällen. Wenn beispielsweise Marquard von Lindau die Texte Meister Eckharts rezipiert und verändert, löst sich der einheitliche mittelalterliche Text auf.[54] Das ›Andere‹ enthält eine Vielzahl von wieder ›Anderem‹, das nicht nur im Vergleich zur Moderne anders ist. Überlieferungsgeschichte mittelalterlicher Texte wäre auch zu schreiben als eine Geschichte dieser Texte zur Moderne hin und auf sie zu (unter teleologischem Aspekt). Wer hat sich schon Martin Luthers eigenhändige Randskizzen zu Meister Eckharts Predigten angesehen? Unter einem synchronen Aspekt würde sich aber die Verschiedenheit dessen ergeben, was wir unter mittelalterlichem Textverständnis verstehen.
4. Eine solche Erweiterung des Verhältnisses dient also einerseits der Erweiterung des Horizontes, insofern der historische Horizont auf eine breitere und fundiertere Basis gestellt wird; diese Basis wird auch als in sich widersprüchliche hinzunehmen sein.
5. Sie dient andererseits der stetigen Bewußtmachung des eigenen Horizontes und macht dessen eigene historische Bedingtheit deutlicher sichtbar: Was PFEIFFER als Meister Eckhart edierte, war PFEIFFERS Eckhart, was KURT RUH als Eckhart liest, ist RUHS Eckhart; und die Eckhart-Predigten, die ich Meister Eckhart zugeschrieben habe, sind nicht nur durch Redaktoren und Schreiber gebrochen: ihre Zuschreibung gilt dem Eckhart,

---

54 FREIMUT LÖSER, Rezeption als Revision. Marquard von Lindau und Meister Eckhart, PBB 119 (1997), S. 425–458.

den ich kenne, und den die Edition Josef Quints erst konstituiert hat.

6. »Überlieferungsgeschichtliche Horizonterweiterung« dient somit letztlich dem Bewußtsein dessen, daß auch »der Horizont der Gegenwart in steter Bildung begriffen [ist], insofern wir alle unsere Vorurteile ständig erproben müssen. Zu solcher Erprobung gehört nicht zuletzt die Begegnung mit der Vergangenheit und das Verstehen der Überlieferung, aus der wir kommen.«[55]

All dies betrifft das Verhältnis des heutigen Lesers/Interpreten zum geschichtlichen Text. Gadamer dynamisierte aber auch den Textbegriff selbst, wenn er davon ausgeht, »daß das historische Interesse sich nicht allein auf die geschichtliche Erscheinung oder das überlieferte Werk richtet, sondern auf deren Wirken in der Geschichte.«[56]

Hier werden die Unterschiede deutlich: Aus Sicht der ›New Philology‹ und des ›Éloge de la variante‹ ist nicht das Werk primär, auch nicht dessen Wirkung, sondern dessen Aufnahme. Überlieferungsgeschichtlich hingegen wäre die gleichrangige Zusammenschau aller Aspekte.

Cerquiglinis New ›Philology‹ zielt auf die Varianz, Überlieferungsgeschichte auf Ausgangstext und Varianz; ›New‹ Philology negiert den Autor zugunsten des Schreibers, Überlieferungsgeschichte läßt beiden ihr Recht. ›New‹ Philology startet von postmodernen Theoremen aus, überlieferungsgeschichtliche von der mittelalterlichen Praxis; ›New‹ Philology verzichtet zugunsten dessen, was uns allein überliefert ist, auf dessen Geschichte, Überlieferungsgeschichte versucht die Geschichte des Überlieferten zu schreiben. ›New‹ Philology definiert sich selbst in Abgrenzung vom selbsterschaffenen ›alten‹ als ›neu‹. Überlieferungsgeschichte sieht sich selbst in ihrer eigenen Überlieferungsgeschichte.

---

55 Hans Georg Gadamer, Wirkungsgeschichte und Applikation. In: Rezeptionsästhetik. Theorie und Praxis, hg. von Rainer Warning, München 1975, S. 113–125 (= Auszüge aus: Wahrheit und Methode – Grundzüge einer philosophischen Hermeneutik, Tübingen [3]1972).

56 Ebd., S. 113.

Volker Mertens

Geschichte und Geschichten um den Gral

1. Geschichte

›Wer zählt die Völker, kennt die Namen‹: über einhundert ›reale‹ Städte und Länder von Grönland bis Griechenland hat Wolfram im ›Parzival‹ aufgeführt, sie zentrieren sich allerdings auf Frankreich und Nordspanien. Jedoch hat eine bestimmte Gruppe daraus die Forschung immer wieder besonders in Bann gezogen: die Ortsnamen aus Wolframs mutmaßlicher Heimat und der Umgebung möglicher Gönner zwischen Thüringen und der Steiermark. Man hat daraus ›Bausteine zu einer Lebensgeschichte Wolframs von Eschenbach‹ gewinnen wollen, wie der Titel einer immer wieder zitierten Publikation ALBERT SCHREIBERS aus dem Jahre 1922 lautet, so, als hätte Wolfram die Umstände der Entstehung des ›Parzival‹ und seines ›Erstvortrags‹ im Text verschlüsselt, gewissermaßen einen ausführlich inskribierten Grundstein vergraben zur Auslegung durch zukünftige Textarchäologen. Zwar ist nicht auszuschließen, daß Wolfram spielerisch entsprechende Hinweise geben wollte, die dann schon den Lesern seiner Zeit kaum mehr verständlich waren, aber allein die Tatsache, daß die Überlieferung der kryptischen Anspielungen keine auffälligen Defizite aufweist, deutet darauf, daß sie nicht in ihrem Informationswert verstanden wurden (was außerhalb von Wolframs Heimat kaum möglich war), sondern in ihrem Funktionswert: als eigenwilliger *verificatio*-Topos, als Fenster zur ›Mikro-Realität‹. Neben den fiktionalen topischen Räumen der Artus- und Gralwelt, der Herbeizitierung des Orients aus anderen literarischen Gattungen steht also der konstruierte Raum einer ›Autorwelt‹.

Um die ›Fenster‹-Technik des Erzählers in ihrer Funktion genau zu verstehen, werfe ich zunächst einen Blick auf die Tradition vergleichbarer Anspielungen. Sie sind dem deutschen arthurischen Roman fremd;[1] wir finden sie jedoch bei Heinrich von Veldeke im ›Eneasroman‹ mit den sog. ›Stauferpartien‹ im Fall der Auffindung des Pallas-Grabes durch Kaiser Friedrich (V. 8374–8408) sowie mit dem Bezug des finalen Festes auf den Mainzer Hoftag Barbarossas im Jahre 1184 (V. 13221–13252).[2] Heinrich schreibt damit seinen Roman von der Gründung der römischen Herrschaft ein in die Geschichte der regierenden Staufer, der Anspruch eines welthistorischen Epos von fortbestehender Aktualität wird hier implizit Gestalt. Letztlich stammt dieses Verfahren aus Vergils ›Aeneis‹, die Heinrich neben und nach seiner altfranzösischen Vorlage benutzt hat. Es ist nicht auszuschließen, daß auch Wolfram die ›Aeneis‹ im Original gekannt hat, Heinrichs Roman war ihm jedenfalls vertraut. Wolfram ironisiert nun eben dieses gelehrte Vorgehen, wenn er gerade welthistorisch unbedeutende oder sogar unsinnige Parallelen zieht, den Blick statt auf die politische ›Makro-Realität‹ also auf eine tatsächliche oder erfundene ›Mikro-Realität‹ lenkt.

Wolfram ist mit dieser Technik ein Neuerer. Das muß für Zeitgenossen und Nachfolger auffällig gewesen sein, denn Albrecht ironisiert dies im ›Jüngeren Titurel‹. Er spricht ihn in Str. 5028,1 (ed. HAHN) bzw. 5087,1 (ed. NYHOLM) als den »Freund von Pleinfelden« an, damit setzt er statt des gewohnten kleinen Eschenbach einen anderen unbedeutenden fränkischen Ort als Herkunftsnamen. Es ist wenig wahrscheinlich, daß er damit eine topographisch-historische Korrektur anbringen wollte. Womöglich war er zwar motiviert durch die Tatsache, daß die Grafen von Wertheim dort Besitzungen hatten, aber ob Albrecht damit auf die gesellschaftliche Wirklichkeit,

---

1 Chrétien spielt im ›Yvain‹ auf den Zeitgenossen Nur-ed-Din (Nuraddin) an (V. 596) und öffnet damit ein ›Fenster‹ auf die Realität der Kreuzzüge: Nur-ed-Din hatte durch die Eroberung von Edessa und die Zerschlagung des ältesten Kreuzfahrerstaats den 2. Kreuzzug ausgelöst; er starb 1174, Saladin übernahm sein Erbe, der durch seinen Sieg bei Hattin (1187) den 3. Kreuzzug auslöste. Mit der Nennung Nur-ed-Dins werden die Artusritter zu Zeitgenossen der Kreuzfahrer.

2 Heinrich von Veldeke, Eneasroman, mhd./nhd. nach dem Text von LUDWIG ETTMÜLLER ins Nhd. übersetzt, mit einem Stellenkommentar und einem Nachwort von DIETER KARTSCHOKE, Stuttgart 1986 (RUB 8303). Den Bezug auf Kaiser Friedrich I. hat erst Veldeke hergestellt (nicht in seiner Vorlage, im Fall des Pallas-Grabes auch nicht in der Tradition). Ob beide »Stauferpartien« später von Veldeke oder einem thüringischen Redaktor eingeschoben wurden, ist umstritten. Vgl. ebd., S. 800f.

also auf eine reale Abhängigkeit Wolframs verweist, ist weniger erheblich als der literarische Verweischarakter: Er wendet Wolframs ambivalente soziale Positionierung durch die Apostrophierung des Grafen Poppo von Wertheim als *mîn herre*, also »mein Dienstherr« oder »Monsieur« für die Wissenden ironisch. Die Darstellung der ›Räume‹ ist in der mittelalterlichen Literatur zumeist nicht als geographische Wissensvermittlung zu verstehen, sondern als Bedeutungsträger im Rahmen der fiktionalen Konstruktion. Die Positionierung der Räume markiert Geltungen. Wolfram situiert sich als Erzähler im kleinen Raum Frankens und Thüringens im Vergleich zu Artus[3] und den *Anschewîn*.

Für die ›große‹ welthistorische Perspektive verwendet Wolfram hingegen eine andere Technik, von der später die Rede sein wird. Mit der Ironisierung der reichsgeschichtlich-imperialen Geste des Vorgängers ist jedoch die Funktion dieser ›Fenster‹ nur allgemein bestimmt, erst ein Blick auf die fünf wichtigsten unter ihnen gibt weitere Aufschlüsse.

Die Anspielungen konzentrieren sich auf folgende Bereiche der Erzählung: 1. Pelrapeire, 2. Munsalvaesche, 3. den Artushof am Plimizöl, 4. Bearosche und 5. Schampfanzun mit Antikonie als Protagonistin.

1. Pelrapeire

Bei Parzivals Ankunft in Pelrapeire, das von der Belagerung und der daraus resultierenden Hungersnot schwer gezeichnet ist, öffnet der Erzähler ein Fenster auf den Grafen von Wertheim (184,4–6; in der Handschriftengruppe G mit dem Namen Poppo genauer benannt), die Ortschaft Hohentrüdingen (184,24f.), sie liegt wenig südlich vom fränkischen Eschenbach, und des Erzählers eigenes Haus (184,28–185,8). Der Ton ist durchweg ironisch: Der Graf wäre mit dem Solde, den man vor Pelrapeire hätte geben können, keineswegs zufrieden gewesen, Schmalzgebackenes nach Trüdinger Art gab es dort nicht, im Haus des Erzählers würden nicht einmal die Mäuse satt. Während die Referenz auf den Grafen leicht nachvollziehbar ist (wie die Ergänzung

3 Vgl. BERNHARD SCHMITZ, Nantes. Spielfelder der Handlung in Wolframs ›Parzival‹, ZfdA 133 (2004), S. 22–44.

des Namens in G beweist),[4] ist es mit der auf die Trüdinger Pfannkuchen vermutlich nicht so gewesen. Weder wissen wir, ob derartiges Gebäck überhaupt besonders bekannt war (und nicht eher Trüdinger Wurst oder Trüdinger Käse),[5] und dann dürfte die topographische Reichweite sehr gering gewesen sein, d. h. man hätte die Anspielung rein faktisch nur in einem engen Bezirk überhaupt verstehen können. Der Effekt der *verificatio* aber tritt dennoch ein: Die Verfügung über ›Mikro-Realität‹, auch wenn diese nur fingiert ist, schließt für einen Augenblick die Erzählwirklichkeit mit einem zeitgenössischen Genrebildchen kurz, der Effekt des Zeitfensters zur Gegenwart wird durch die Trivialität eben dieser Gegenwart noch verstärkt, denn gerade eine ›Mikro-Realität‹ (deren Fiktionsgehalt per se kaum überprüfbar ist) wirkt vertrauenerweckend, stellt eine besondere Nähe zwischen erzählter Situation und der Erfahrungswelt der Rezipienten her.

Es handelt sich, wie man an diesen Stellen gut erkennen kann, um verschiedene Schichten des Fingierens: die Romanhandlung um König Artus bewegt sich auf einem Niveau der literarisierten Vorzeithistorie, die Gralgeschichte auf einer höheren fiktiven Ebene; die ›Mikro-Realität‹ der Fenster aber ist fingierte Nähe zur Zuhörerrealität. Daß es sich um Fiktion handelt, macht der Erzähler deutlich mit der Referenz auf seinen eigenen Haushalt, den eines armen Ritters,[6] einer literarischen Figur aus Gaweins Phillipika über unkämpferische Ritter oder aus dem Neidhartschen Riuwen-

---

4 Es wird sich um Poppo I. oder eher Poppo II. handeln, der seit 1190 urkundlich breit belegt und 1238 gestorben ist. Vgl. dazu UWE MEVES, Die Herren von Durne und die höfische Literatur zur Zeit ihrer Vogteiherrschaft, in: Die Abtei Amorbach im Odenwald, hg. von FRIEDRICH OSWALD/WILHELM STÖRMER, Sigmaringen 1984, S. 113–143, hier S. 115f.; HUGO STEGER, Abenberc und Wildenberc. Ein Brief mit einem neuen Vexierbild zu einer alten Parzival-Frage, ZfdPh 105 (1986), S. 1–41, hier S. 9–11. Zur älteren Forschung vgl. die (weithin unterschätzte) Arbeit von HENRY KRATZ, Wolfram von Eschenbach's *Parzival*. An Attempt at a Total Evaluation, Bern 1973, S. 9–13.

5 Friedrich von Trudendingen tritt als Zeuge zusammen mit Poppo (I.) von Wertheim 1192 und 1213 auf. STEGER [Anm. 4] erwägt sein Mäzenatentum für Buch 3 und 4 (S. 7). »Über seine Krapfen ist nichts Näheres bekannt. (EBERHARD NELLMANN im Kommentar zur Ausgabe in der Bibliothek des Mittelalters Bd. 8/1 und 2, Frankfurt a.M. 1994, hier Bd. 2, S. 554).

6 Die Armut ist ein typisches (und topisches) Charakteristikum der Erzählerrolle »Wolfram«, vgl. EBERHARD NELLMANN, Wolframs Erzähltechnik. Untersuchungen zur Funktion des Erzählers, Wiesbaden 1973, S. 15.

tal.[7] Der Erzähler öffnet also nur scheinbar das Fenster zur zeitgenössischen Realität, rekurriert letztlich jedoch zwar unausgesprochen, aber doch erkennbar auf die zeitgenössische Literatur. Die Situation in Pelrapeire wird mit der literarischen Erfahrung der Zuhörer vermittelt, Stadt und Burg erhalten damit einen höheren Beglaubigungsfaktor an potentieller Wirklichkeit. Während die arthurische Welt mit der Stadt Nantes ebenso fest in der realen Geographie wie in der literarischen Tradition verankert ist, muß der Erzähler eine solche Verortung für Pelrapeire erst konstruieren, um zu zeigen, daß sein Held sich nicht in einem Traumland des Nirgendwo bewegt.

2. Munsalvaesche

Das gilt in noch stärkerem Maße für Munsalvaesche. Bei Chrétien gibt es ganz deutliche Signale für eine mythische Lokation, die bei Wolfram fehlen. Statt dessen ist der Burganger dem von Abenberg (Klein-Amberg) zu vergleichen (227,13f.), wo wegen des Aussterbens der Grafenfamilie ebenso wenig Turniere stattfinden, wie auf Munsalvaesche wegen der Krankheit des Burgherrn.[8] Die Pracht der Haupthalle mit einhundert Kronleuchtern und drei marmornen Feuerstellen wird 230,13 mit der bescheidenen Ausstattung der Burg Wildenberg verglichen[9] – der spätere großzügige Bau ober-

7 Ob allerdings Wolfram zur Abfassungszeit des ›Parzival‹ (die nach ARTHUR B. GROOS, Romancing the Grail, Ithaca [2]1995 um das Jahr 1208 zu vermuten ist) Neidhart schon kannte, bleibt dahingestellt. Im ›Willehalm‹ (312,12) nennt er ihn. Der *hûssorge*-Topos steht allerdings schon in Gaweins Rat in Hartmanns ›Iwein‹ V. 2807ff. in deutlich ironischer Verwendung. Wieviel biographische Realität dahinter steht (keine feste Anstellung bei Hofe, wechselnde Mäzene) bleibt offen.

8 Abenberg/Amberg liegt etwa 20 km östlich von Wolframs-Eschenbach. Die Grafen waren Verwandte der Wertheimer, sie starben im Mannesstamm um 1200 aus. Vgl. STEGER [Anm. 4], S. 11; BERND SCHIROK, Parzivalrezeption im Mittelalter, Darmstadt 1982 (Erträge der Forschung 174), S. 10f.

9 Mehrere Burgen in Franken tragen den Namen Wildenberg, favorisiert wird der Sitz der Freiherrn von Durne (Walldürn). Rupert I. von Durne, der den Bau um 1200 (oder etwas früher) begann, urkundet im letzten Jahrzehnt des 12. Jahrhunderts häufig zusammen mit Poppo von Wertheim. Ob die große Kaminanlage schon um 1205/10 bestand, ist unsicher; der aufwendige Palas wurde erst gegen 1220 fertig. Vgl. MEVES [Anm. 4], SCHIROK [Anm. 8], S. 11ff.; HERBERT

halb von Amorbach, von dem noch heute eindrucksvolle Ruinen zeugen, war noch gar nicht fertig; die Referenz ist daher, wie in den anderen vergleichbaren Fällen, ironisch zu verstehen, spielt wohl auf den leicht größenwahnsinnigen Bauplan der Freiherrn von Durne an. Die Funktion bleibt wiederum die der *verificatio*, ironisiert wird lediglich das Pathos der Gleichsetzung von literarischer und historischer Wirklichkeit in der veldekischen Manier.

In diesen Zusammenhang gehört auch das sog. »steirische Rätsel«: die Erzählung des Trevrizent über seine wahrscheinlich letzte Turnierfahrt von Sevilla in Richtung Cilli durch Friaul über Aquileja (496,21ff.).[10] Von Cilli reitet er ostwärts über den Rohatscher Berg (498,21) und kommt nah dem Dorf Haidin bei Pettau heraus, wo die Grajena in die Drau fließt. Die beschriebene Welt wird nun immer enger, der Erzähler zeigt intime Lokalkenntnisse, wie daß die Grajena Gold führt. Alle Überlegungen, wie Wolfram zu diesen konkreten geographischen Details kommt, haben bisher in eine Sackgasse geführt: es können nicht die Reisewege von König Richard Löwenherz sein, noch lassen sich irgendwelche dynastischen Verbindungen mit den von Wolfram genannten möglichen Gönnern, wie den Wertheimern oder den Ludowingern, nachweisen. Die Funktion des »steirischen Rätsels« kann also nicht eine kryptokommunikativ vermittelte werk- oder autorgeschichtliche Information sein, sondern wiederum eine Beglaubigung durch Details, durch inszenierte Intimität zwischen Figur und Erzähler: Trevrizent ist ein Mann aus der konkreten Welt, das ließe sich sogar in diversen Einzelheiten nachprüfen, er ist kein mythischer Traumgänger, seine Reisen fanden in Gegenden statt, die es heute gibt, ganz wie der Sitz seines Bruders Anfortas als reale Burg mit Anger und Kaminen dargestellt wird. Zur Bedeutung möglicher dynastischer Implikationen der steirischen Stelle komme ich später.

KOLB, *niemen hie ze Wildenberc*, ZfdPh 105 (1986), S. 384–385. Der Name *Munsalvaesche* wird als »wilder Berg« gedeutet und kann somit auf Wildenberg verweisen; das bedeutet jedoch nicht zwingend, daß ihr Besitzer ein Mäzen Wolframs war.

10 FRITZ PETER KNAPP, Baiern und die Steiermark in Wolframs ›Parzival‹, PBB 110 (1988), S. 6–28. Auf ihn stützen sich die folgenden Ausführungen.

3. Der Artushof

Die Parallelisierung des Thüringer Hofs mit dem Artushof (297,16ff.) bricht wiederum einen klassischen laudativen Vergleichstypus ironisch: Auch Landgraf Hermann würde einen Keie brauchen, einen strengen Truchseß wie Artus ihn hat. Der Name des Heinrich von Reisbach (297,29) bezieht sich vermutlich auf den bayerischen Herzog Ludwig den Kelheimer, dessen Hofbeamter Heinrich könnte aus Reisbach an der Vils zwischen Landshut und Passau stammen, er ist allerdings weder als Person, noch in dieser Funktion bezeugt. Wenn diese Annahme stimmt, ist das sogar eine aktuelle politische Spitze, denn Ludwig verkaufte seine Anerkennung König Ottos IV. gegen die Erblichkeitserklärung seines Herzogtums und die Übertragung der Lehen seines Vetters, des Königsmörders Otto von Wittelsbach, im Jahre 1208. Doch unabhängig von einer solchen werkgeschichtlichen Relevanz ist wiederum die *verificatio*-Funktion: König Artus' Hof ist so ›real‹ wie der von zeitgenössischen Fürsten und – immer deren Vorbild.

4. Bearosche

Auch die berühmt-berüchtigte Weingärtenstelle hat eine vergleichbare Bedeutung: Gawan bewegt sich, wie sein Gegenbild Parzival, in einer ›realen‹ Welt. Die Menge der Speere, die von den Kämpfen vor Bearosche geführt wird, gleicht den Bäumen im Schwarzwald (379,6), und die landwirtschaftlich bebauten Flächen werden nicht geschont – wie seinerzeit in Erfurt: »noch heute zeugen die Weingärten dort von gleichem Schaden, viele Pferdehufe hatten zugetrampelt« (379,18–20). Es steht (und das ist für die Datierung wichtig) nicht zu lesen, die Spuren seien noch zu sehen, sondern nur, die Konsequenzen seien noch spürbar. Bei einem Weinberg bedeutet dies, daß neuer Wein erst nach ca. zehn Jahren geherbstet werden kann. Damit ist der Datierungsspielraum von 1203, der Belagerung Erfurts, bis zum Beginn der zweiten Dekade des 13. Jahrhunderts gedehnt. (Dieses Nebenergebnis wird später noch gebraucht werden.) Die Art der Erzählerbemerkung geht allerdings über den *verificatio*-Topos hinaus: sie dient in ihrer Haltung des ›Wo gehobelt wird, da fallen Späne‹ der Selbstinszenierung des Erzählers als Krieger, als eines, dessen Art *schildes ambet* ist: »Wurde da irgendwo ein Stoppelhalm zertreten, dafür konnte ich doch nichts« (379,16f.).

5. Schampfanzun

In ähnlich doppelter Funktion, des Fensters zur Realität und der Selbstinszenierung des Erzählers, sind die beiden Anspielungen im Zusammenhang mit Antikonie auf Schampfanzun zu sehen. Der Erzähler nennt des Königs Schwester und sagt, er sei Experte, was das betrifft, wie sie gebaut ist (403,24ff.). Schön ist sie und »in ihrer Gesinnung der Markgräfin vergleichbar, die vom Heitstein herab strahlte. Wohl dem, der sich davon in intimer Nähe überzeugen kann – er findet Kurzweil dort besser als woanders« (403,24ff.). FRITZ PETER KNAPP hat wahrscheinlich gemacht,[11] daß mit der Heitsteinerin eine schon zu Wolframs Zeit historische Person gemeint ist: Adela, die Tochter des Markgrafen von Vohburg, die von Kaiser Friedrich Barbarossa im Jahre 1152 verstoßene Gemahlin. Um 1210 notiert Otto von St. Blasien in seiner Chronik, die Scheidung sei wegen ihres üblen Rufes der Unzucht erfolgt. Anscheinend warf man ihr noch zur Zeit der Abfassung des ›Parzival‹ ein sexuell freizügiges Verhalten vor. Die Wendung von der »intimen Nähe« (*heinlîche* 404,3), sei sie nun wieder auf Antikonie oder noch auf die Markgräfin bezogen (wie in der St. Galler Handschrift), macht jedenfalls selbst einem uninformierten Hörer/Leser deutlich, daß es sich bei der Beispielfigur und der Person der Erzählung nicht um eine von besonders keuscher Zurückhaltung handeln kann.

Ähnlich ambivalent ist die zweite Anspielung auf eine ›reale‹ Situation: das Fastnachttreiben der Marktfrauen zu Dollnstein an der Altmühl (409,8ff.). Ob es dort wirklich sprichwörtlich locker zuging, ist unerheblich, die Wortwahl des Erzählers macht jedenfalls deutlich, daß er es die Hörer/Leser glauben lassen will. *Strîten* hat sexuellen Nebensinn, *koufwîp* (409,8) kann ebenso verstanden werden und auch *den lîp müejen*. Die Fastnacht ist ohnehin eine Zeit sexueller Lizenzen, und so kann man die ganze Stelle entsprechend dop-

---

11 Vgl. KNAPP [Anm. 10], S. 6–16.

pelsinnig lesen. Gawan betrachtet Antikonie während des Gefechts mit erotisch gefärbter Bewunderung, und der Erzähler leistet sich den obszönen Vergleich mit dem Hasen am Bratspieß (409,26ff.). Antikonie ist – neben Jeschute – das Ziel männlichen Begehrens seitens des Erzählers, er lädt sogar die Hörer/Leser ein, mitzumachen: »besser auf einem Bratspieß gesteckt habt ihr, glaube ich, nie einen Hasen gesehen, als sie es war, da so zwischen Hüfte und Brust«. Antikonie wird also nicht nur vom Helden Gawan begehrt, sondern auch vom Erzähler und sogar vom fiktiven Hörer/Leser. Deutlicher kann man es kaum machen, daß sie eine Frau von Fleisch und Blut und kein Traumgeschöpf sein soll. Das steht in keinesfalls zufälligem Kontrast zu ihrem Namen, der 404,23 fällt. Der stammt aus dem französischen Thebenroman.[12] Die Herkunft aus dem klassischen Altertum macht Wolfram den literarisch Gebildeten durch die unmittelbar anschließende Nennung Heinrichs von Veldeke (404,29) deutlich, denn dieser ist der paradigmatische Autor der antiken Materie in Deutschland. Gerade auf eine Figur mit einem derart literarisch geprägten Namen konnte der Verdacht fallen, sie sei nur eine Gestalt aus und auf Pergament, der Erzähler aber inszeniert mit selbstgefälligem Gusto, es sei gerade nicht so und kann sich dabei auch noch selbst als sexuell ansprechbaren Mann darstellen.

Nach dem Durchgang durch die fünf Partien läßt sich zusammenfassend festhalten, daß der Erzähler mit seinen Anspielungen auf Gegenwärtiges eine historische und anthropologische *verificatio* betreibt, letztere vor allem durch Einbeziehung des Erzählers in der Form des *argumentum ab auctore* und den Leserbezug. Damit holt er die Erzählung aus der mythischen Welt Chrétiens in eine fiktive geschichtliche Welt.

Für den gleichen Zweck verwendet Wolfram ein weiteres erzähltechnisches Mittel, das der Diaphanisierung von Erzählfiguren: Er inszeniert sozusagen Schattenspiele der Gegenwart. Darunter verstehe ich das Spiel mit realen Figuren und Institutionen, wie den Anjou, dem walisischen Herrscherhaus, den Templern, Lohengrin und den Brabantern sowie Priester Johannes.

---

12 Rüdiger Schnell, Wolframs ›Parzival‹ und der ›Roman de Thèbes‹, Neophilologus 63 (1979), S. 88–94. Zur Inszenierung des Begehrens vgl. Volker Mertens, Masculinity in Wolfram's ›Parzival‹, BBSIA 55 (2003), S. 383–401.

1. Die kompliziertesten Bezüge sind die zu den Anjou. Parzivals väterliche Sippe sind die Angevinen, die Namensgleichheit mit dem zeitgenössischen Herrschergeschlecht (Anjou-Plantagenet), das von der schottischen bis zur spanischen Grenze herrschte, kann kein Zufall sein. Gahmuret und seine Söhne sind für die höfische und militärische Strahlkraft der zeitgenössischen Anjou transparent. (Die G-Alliteration der Anjou-Namen Gandin, Galoes, Gahmuret wird einerseits vom angevinischen Leitnamen Geoffrey angeregt sein, andererseits vom ›Nibelungenlied‹: Gunther, Gernot, Giselher). Die Geschichte des Mazadangeschlechts hat Kyot in einer Chronik in Anjou gefunden (455,12ff.) und diese nahmen – wie andere Familien – zwar nicht Terdelaschoye, aber ebenfalls eine Fee als Ahnfrau in Anspruch. Der ›Parzival‹ ist jedoch kein Schlüsselroman und Gahmuret kein literarisiertes Porträt von Richard Löwenherz,[13] selbst wenn es einzelne direkte Bezüge gibt, wie die Verlobung des englischen Königs mit Alice von Frankreich, die sich in der Beziehung Gahmuret-Ampflîse spiegeln mag. In dieses Spiel mit historischen Gestalten gehört wohl auch der *Anschewin* mütterlicherseits, Vergulaht (Sohn von Gandins Tochter Flurdamurs, also Neffe Gahmurets), in dem sich Otto IV. (Sohn von Mathilde von Anjou, also Neffe Richards) spiegeln mag. In der Forschung schwankt man zwischen den Annahmen, Wolfram habe den Anjou huldigen oder er habe das Ansehen Gahmurets steigern wollen.[14] Beide Möglichkeiten können mitschwingen, Wolfram wollte jedoch gewiß weniger zeitgenössische Politik machen, als sein literarisches Personal historisch-genealogisch verorten.

Vorgänger in diesem Verfahren ist einmal der Autor des Thebenromans: Hier erhält Hekuba Züge der Eleonore, der Gemahlin Heinrichs von Anjou und Mutter Richards. Als zweites Vorbild ist das ›Nibelungenlied‹ anzusehen, wo Bischof Pilgrim von Passau auf den amtierenden Fürsten Wolfger von Erla bezogen wird. Nur einen

---

13 Dazu Friedrich Panzer, Gahmuret. Quellenstudien zu Wolframs Parzival (Sitzungsberichte d. Heidelberger Akademie der Wissenschaften, Phil.-hist. Klasse 1950, 2. Abh.), Heidelberg 1940; Willem Snelleman, Das Haus Anjou und der Orient in Wolframs Parzival, Amsterdam 1941; Kratz [Anm. 4], S. 464ff.; ferner Birgit Eichholz, Kommentar zur Sigune- und Ither-Szene im 3. Buch von Wolframs Parzival (138,9–161,8), Stuttgart 1987, S. 47f.

14 Julius Schwietering, Parzivals Schuld, ZfdPh 81 (1944/46), S. 44–68, hier S. 52.

(flachen) Reflex dieser Technik bietet hingegen Herbort von Fritzlar, wenn er Herkules mit dem thüringischen Landeswappen ausstattet.[15] Es fällt auf, daß die wahrscheinlichen Vorbilder wiederum (wie im Fall der ›Fenster zur Gegenwart‹) aus dem Antikenroman stammen, hier kommt noch das Heldenlied hinzu. Beides sind Gattungen, die beanspruchen, historische Realität zu überliefern. Wolfram reklamiert also mit der Anwendung dieser Techniken das Entsprechende für seinen ›Parzival‹. Daß es sich um eine bewußt eingesetzte literarische Technik handelt, wird in der erfundenen Figur des ›Historiographen‹ Kyot[16] ebenso deutlich, wie in der Konterkarierung der Anjou-Diaphanie im »steirischen Rätsel«. Nicht nur, daß die Hauptstadt der literarischen Angevinen nicht Angers, sondern ein erfundenes Bealzenan ist (261,20f.), sondern Trevrizent leitet König Gandins Namen vom Dörflein Haidin in der Steiermark (498,25) ab und läßt dort seine Schwester Lammire Herrin von Steier sein (499,7f.). Es gibt jedoch keine historische dynastische Verbindung der Anjou dorthin und auch die von der Forschung ins Spiel gebrachten Ministerialen von Anschau (bei Traunstein im Waldviertel) lassen sich dort nicht verorten.[17] Die steirische Perspektive ist anscheinend keine im Verlauf der Erzählung später eingeführte Zutat, denn bereits im 2. Buch (101,7) stattet der Erzähler Gandin mit dem steirischen Pantherwappen aus, plant also wohl schon das »steirische Rätsel«. Die Verundeutlichung des realen Anjou-Bezugs und ihrer Apotheose war anscheinend schon früh geplant; ob eine aktuelle politische Situation zur Zeit der Werkentstehung oder des Erstvortrags eine Anjou-Verherrlichung inopportun machte, sei dahingestellt. Zur Entstehungszeit des ›Parzival‹ war schließlich mit König Johann Ohneland die angevinische Macht auf dem Festland in der Niederlage gegen

15 Herbort's von Fritslâr liet von Troye, hg. von Georg Karl Frommann (Bibl. d. ges. dt. Nat.-Lit. 5) Quedlinburg/Leipzig 1837, Neudruck Amsterdam 1966, V. 1326–34.

16 Erstmals genannt 416,20, der große Unbekannte. Da keine überzeugende Identifikation angeboten wird, ist Erfindung nach wie vor am glaubhaftesten, vgl. Ulrich Ernst, Kyot und Flegetanis. Fiktionaler Fundbericht und jüdisch-arabischer Kulturhintergrund, Wirkendes Wort 35 (1985), S. 176–195. Vgl. die Anmerkungen Nellmanns [Anm. 5] zu 416, 20–30; 416,21; 416,25; 453,5–455,22: 453,11–17; 453,11.

17 Vgl. Knapp [Anm. 10]; David N. Yeandle, Commentary on the Soltane and Jeschute Episodes in Book III of Wolfram von Eschenbach's Parzival (116,5–138,8), Heidelberg 1984, hier S. 371 die Literatur.

Frankreich im Jahre 1206 zusammengebrochen. Demonstriert wird auf jeden Fall die inhaltliche Offenheit der Diaphanisierung. Es kommt vielmehr auf die literarische Funktion einer historischen *verificatio* an, sei sie nun auf die Anjou oder auf die Steiermark bezogen. Wenn man dann beide mischt, wird der Status als literarischer Topos zusätzlich ausgestellt.

In den Anjoukomplex gehört auch die Episode um den Landgrafen Kingrimursel (324,20f.), die durch den Landgrafentitel auf die thüringischen Ludowinger verweist.[18] Die positive Zeichnung Kingrimursels könnte als Hommage an Hermann verstanden werden, der der königlichen Zentralgewalt Paroli bietet. Man sollte jedoch nicht vergessen, daß sein ungestümer König von Mutters Seite ein *Anschewin* ist und er daher auch Parzival ähnlich sieht. Hierin könnte sich ein Antagonismus zwischen dem »deutschen Angevinen« König Otto IV. und der thüringischen Partikulargewalt undeutlich spiegeln.

2. Auch der Gegner Parzivals, Lähelin, gehört zu den Schattenfiguren der Realität. Name und Land verweisen unmißverständlich auf den walisischen Gegner der Angevinen, Llewelyn den Großen, Sohn des Iorwerth, der im Jahre 1200 mit achtundzwanzig Jahren König von Gwynedd wurde und die illegitime Tochter Johanna des angevinischen Königs Johann Ohneland heiratete. Nachdem Llewelyn im Jahre 1208 auch Gwenwynrhyn unterworfen hatte, wurde er Johann zu mächtig. Dieser marschierte daher in Gwynedd ein, um den Waliser zu unterwerfen. Die Kämpfe setzten sich von 1211 bis 1215 mit wechselnden Erfolgen beider Seiten fort. Erst 1216 gewann Johann die Oberherrschaft in ganz Wales. Wolframs Erzählung reflektiert den Antagonismus, ohne sich auf bestimmte historische Ereignisse im Einzelnen zu beziehen. Mit diesen zeitgenössischen Bezügen stärkt der Erzähler wiederum die historische Dimension seiner Erzählung.

3. In diesen Rahmen gehört schließlich auch die Benennung der Gralritter als Templeisen, zuerst zu Beginn des 9. Buches (444,23), in dem das große Historisierungsprojekt des Grals beginnt. Damit wird durch die sprachliche Nähe zum Namen der Tempelritter (afrz. *templier*)[19] neben der mönchischen Lebensweise der Gralritter die Ver-

---

18 Wolfgang Mohr, Landgraf Kingrimursel. Zum 8. Buch von Wolframs Parzival, in: Philologia deutsch: Festschrift zum 70. Geburtstag von Walter Henzen, hg. von Werner Kohlschmidt, Bern 1965, S. 21–28.

19 Vgl. Herbert Kolb, Munsalvaesche. Studien zum Kyotproblem, München

wurzelung des Gralgeschlechts in Frankreich vorbereitet: Kyot, so heißt es, las in Anjou nicht nur die Geschichte der Mazadan-Sippe, sondern auch die des Titurelgeschlechts bis hin zu Parzival selbst, in dem sich beide Familien erstmals verbinden. Beide sind also als historische französische Dynastien dargestellt, wobei sich zwar die Gralsippe nicht auf ein real existierendes Geschlecht bezieht, wohl aber die von ihnen regierte Gralsritterschaft auf den historischen französisch dominierten Templerorden (gegründet 1119) diaphanisiert wird. Und immerhin stammte der Großmeister zur Entstehungszeit des ›Parzival‹ in den Jahren 1201 bis 1209, Philipp de Plessis, aus Anjou.

4. Der geschichtlichen Dimensionierung dient am Schluß der Bezug auf Brabant und die sich tatsächlich vom Schwanritter herleitende Dynastie[20] sowie die Identifizierung eines späteren Nachkommen von Feirefiz und der Repanse mit der als zeitgenössisch verstandenen Figur des Priesters Johannes, der am Ende des 12. Jahrhunderts eine vielbeachtete Gestalt war.[21] Wenn man die ›Fenster zur Realität‹ und die Diaphanisierung auf zeitgenössische Gestalten mit der Ansiedlung der Geschichte in der Vergangenheit des Artusreiches und des frühen Christentums in Indien zusammenzieht, erhält man eine Chronologie von mindestens zwei Geschwindigkeiten. Das wird den

---

1963, S. 64ff.; JOACHIM HEINZLE, Stellenkommentar zu Wolframs Titurel. Beiträge zum Verständnis des überlieferten Textes, Tübingen 1972, S. 25f.

20 Der Schwanritter gilt zumeist als Vorfahr (Großvater) Gottfrieds von Bouillon (um 1060–1100), Herzogs von Niederlothringen und erster ›König‹ von Jerusalem (1099–1100). Damit konnten die Hörer/Leser eine Verbindung des Gralskönigtums mit dem Königreich Jerusalem herstellen. Spätere Könige von Jerusalem waren Anjous. – In Brabant war seit 1204 weibliche Erbfolge möglich, was Wolframs Klitterung hervorgerufen haben mag, vgl. Wolfram von Eschenbach, Parzival, translated by ARTHUR T. HATTO, London 1980, S. 418ff.; JOACHIM BUMKE, Parzival und Feirefiz – Priester Johannes – Loherangrin. Der offene Schluß des *Parzival* von Wolfram von Eschenbach, DVjs 65 (1991), S. 236–264.

21 Zuerst erwähnt wird der Priester Johannes bei Otto von Freising (1146/57), um 1165 taucht ein fingierter Brief Johanns an den byzantinischen Kaiser auf. Vermutlich hat Wolfram den breit überlieferten Brief (J. sei christlicher Herrscher über die drei Indien) gekannt: BUMKE [Anm. 20], S. 247ff. Vgl. ULRICH KNEFELKAMP, Die Suche nach dem Reich des Priesterkönigs Johannes, Gelsenkirchen 1986. CHRISTOPH GERHARD/WOLFGANG SCHMID, Beiträge zum Brief des Presbyters Johannes. Bemerkungen zum utopischen Charakter der Epistola und zu ihrer deutschen Bearbeitung in der Pariser Handschrift (BNF Ms. all. 150), ZfdA 133 (2004), S. 177–194.

Gebildeten unter seinen Zuhörern bewußt gewesen sein: Sie erkannten, daß es sich ganz offensichtlich um eine fiktive Historisierung der Gralgeschichte handelt.

Als Nebenergebnis der Durchmusterung der historischen Anspielungen ist festzuhalten, daß eine Spätdatierung vor und um 1210 v. a. durch die Lähelingestalt mit ihrem Bezug auf Llewelyn den Großen nahegelegt wird, ganz so, wie der astronomische Bezug, den ARTHUR GROOS herausgearbeitet hat, sie suggeriert. Das Weingärten-Datum bietet, wie dargelegt, kein Hindernis. Diese veränderte zeitliche Perspektive ist für die im zweiten Teil diskutierten Bezüge von Bedeutung.

2. Geschichten

Der Erzähler schweigt sich bekanntlich lange über seine mögliche Vorlage aus. Erst im 8. Buch (416,20ff.), an einer inhaltlich banalen Stelle, einer Rede des Herzogs Liddamus, spricht er von dem Provenzalen Kyot, der »diese Geschichte« von Parzival in französischer Sprache verfaßt habe, die der Erzähler nun verdeutsche. Die Quellenberufung an dieser Stelle mag damit zu tun haben, daß im zweiten Gawanbuch der Hörer/Leser meinen konnte, der Erzähler habe die eigentliche »Geschichte von Parzival« aus den Augen verloren. Aber warum nicht Chrétien als Gewährsmann bemüht wird und wer dieser Kyot sein könnte, darüber gibt es eine umfangreiche Forschungsliteratur.[22] In meinem Zusammenhang konzentriere ich mich auf einzelne Aspekte und beanspruche nicht, das Kyot-Rätsel zu lösen. Festzuhalten bleibt, daß der Erzähler im 16. Buch am Schluß des Werkes (827,1ff.) den *recensio*-Topos bemüht (den Gottfried im Prolog seines ›Tristan‹ [V. 131ff.] programmatisch einsetzt), um seine Hauptquelle Chrétien zu diskriminieren: Dieser sei der Geschichte nicht gerecht geworden im Unterschied zu Kyot. Dieser Topos stammt vermutlich aus dem französischen (Didot) ›Prosa-Perceval‹, dem Schlußstück der Robert-von-Boron-Trilogie, wo die Darstellung Chrétiens ausdrücklich abgewiesen wird.[23] Der Autor tadelt

---

22 Vgl. die in Anm. 16 genannten Titel sowie KOLB [Anm. 19].

23 Wenn man den Abschluß des ›Parzival‹ an den Anfang des zweiten Jahrzehnts

dort Chrétien und »den anderen Dichter« (vermutlich den ersten Fortsetzer), die gefällige Reime gemacht und angeblich nicht vom Besuch Percevals beim Eremiten und seinem Sündenbekenntnis berichtet hätten. Die zentrale Szene der Vergeistlichung der Gralsuche nimmt also der Prosa-Autor allein für seine Erzählung in Anspruch. Er beruft sich auf einen historisch legitimierten Gewährsmann, nämlich Blaise, der auf Geheiß Merlins geschrieben habe. Im ›Parzival‹ wird der Erzähler genauer: In Bezug auf die Defizite bezieht er das also einmal auf die Erzählung, die *rehten maere* Kyots, dann auf den bei Chrétien fehlenden Schluß, den nur der provenzalische Autor überliefere (827,11). Es gibt also, so der Erzähler auch hier, zwei konkurrierende Fassungen, von denen nur eine »richtig« und wahr sei. Wie diese aussah, darüber hatte er schon im 9. Buch im Zusammenhang mit Kyot gesprochen (453,1ff.). In unserem Zusammenhang ist die dort getroffene poetologische Aussage wichtig, daß es sich anscheinend um die Kombination zweier literarischer Typen handelte: einer Geschichte des Grals, zuerst in arabischer Sprache (453,11ff.), dann einer lateinischen Chronik vom Mazadan- und Titurelgeschlecht (455,2ff.). Kyot hat daraus – so wird nahegelegt – eine französische Erzählung kombiniert (416,28), der der Erzähler gefolgt sei.[24] Beide Vorlagen hatten eine historische Dimension: die Geschichte des Grals, der von Engeln auf der Erde (zurück?–)gelassen wurde ebenso wie die der väterlichen und mütterlichen Vorfahren Parzivals. Kyot ist hier der historisch zuverlässige Gewährsmann, ganz wie Blaise im ›Prosa-Perceval‹. Eben die historische Dimension, die hier beide Autoren reklamieren, aber ist es, die Chré-

---

setzt (1212/13 etwa), so bleibt genügend zeitlicher Spielraum: der ›Prosa-Perceval‹ dürfte am Ende des ersten Jahrfünft vorgelegen haben. *Mais de çou ne parole pas Crestiens de Troies ne li autre troveor qui en ont trové por faire lor rimes plaisans, mais nos n'en disons fors tant com au conte en monte et que Merlins en fist escrire a Blayse son maistre;* [...]. *Et veoit et savoit les aventures qui a Perceval avenoient cascun jor, et les faisoit escrire* [*a*] *Blayse por ramembrer as preudomes qui volentiers l'oroient.* [...] *B*[*l*]*ayses nos raconte, si com Merlins li fist escire et metre en auctorité* [...]. The Didot Perceval, According to the Manuscripts of Modena and Paris, ed. by William Roach, Philadelphia 1941, lines 1471–1478; Merlin and the Grail. Joseph of Arimathea – Merlin – Perceval. The trilogy of prose romances attributed to Robert de Boron, translated by Nigel Bryant, Cambridge 2001 (Arthurian Studies 48) [Übersetzung der Handschrift Modena E. 39], S. 147.

24 Zu Kyots Vorgehen vgl. Ernst [Anm. 16].

tien fehlt. Seine Erzählung beläßt den Gral in mythischer Ursprungslosigkeit, von den Verwandtschaftsverhältnissen der Gralhüter erfährt der Hörer/Leser so gut wie nichts: Es gibt einen alten Gralskönig, dann den untauglichen Hüter, der wahrscheinlich von seinem Vetter Perceval abgelöst werden wird. Gerade die Historisierung sowohl des Gefäßes wie der Personen, die laut Wolfram angeblich Kyot bot, findet man bei Chrétien nicht. ›Kyot‹ benennt also eben die Differenz zu Chrétien, die man als Demythisierung und Historisierung bezeichnen kann. Ob hinter diesem Konstrukt ›Kyot‹ ein historischer Autor steht, ist mehr als unwahrscheinlich, schon die Unstimmigkeiten des Namens (okzitanisch wäre *Guizot*) und der Literatursprache (ein Provenzale schreibt angeblich französisch) verweisen auf eine Kunstfigur und damit darauf, daß auch seine Geschichte eine Fiktion ist.

Andererseits gab es zur Zeit der Abfassung des ›Parzival‹ einen mit Chrétien konkurrierenden Graltext, der eben das zum Ziel hat, was Wolfram am ›Conte du Graal‹ fehlte: die Historisierung. Es ist die Gral-Trilogie Roberts von Boron.[25] Robert jedoch geht einen deutlich anderen Weg. Er reagiert auf Chrétiens Mythenzauber mit einer Einbindung in die christliche Heilsgeschichte, seine Trilogie ›Joseph‹ – ›Merlin‹ – ›Perceval‹ (die nur in einer Prosafassung vollständig überliefert ist) muß als geistliche Kontrafaktur des ›Perceval‹ gelten. Die Entstehungsumstände dieses Werkkomplexes liegen weitgehend im Dunkeln. Vermutlich geht die gesamte Konzeption auf Robert zurück, allgemein wird angenommen, daß die Versfassung des ›Joseph‹ und der allein erhaltene Beginn des Vers-›Merlin‹ von seiner Hand stammen. Doch scheint auch die Annahme zulässig, daß die Prosa-Trilogie den ursprünglichen Zustand (wenngleich nicht immer den ursprünglichen Text) repräsentiert und die Versfassungen sekundär sind, die Versifikation der Prosa aber mit dem Beginn des ›Merlin‹ abgebrochen wurde. Dann wäre die Robert-Trilogie der erste Prosa-Gralroman, was gut zur pseudoevangelikalen heilsgeschichtlichen Programmatik passen würde: Der den Roman Chrétiens charakterisierende (und im ›Prosa-Perceval‹ ausdrücklich inkriminierte) ›lügenhafte‹ Vers wäre schon in der ersten Konzeption durch die chronikale, geistlich-typisierte Prosa ersetzt worden; die Versifikationen

---

25 Bryant [Anm. 23], mit weiterführender Literatur S. 12f.

wären dann spätere Wiederannäherungen an den besonders ausstrahlungsstarken Gralromankomplex der Chrétien-Fortsetzungen.

Für die Datierung von Roberts ›Joseph‹ ist man auf die Angabe der Versfassung verwiesen, der Autor habe die Geschichte für Gautier von Montbéliard »in Frieden« geschrieben.[26] Da Gautier in den Jahren 1201/02 auf dem Vierten Kreuzzug war, nimmt man an, zumindest der ›Joseph‹ sei vorher entstanden. Die gesamte Trilogie dürfte im ersten Jahrfünft des 13. Jahrhunderts fertig geworden sein, sie könnte Wolfram also vorgelegen haben. Roberts ›Ritterevangelium‹ ist als Korrektur und Ergänzung von Chrétiens ›Conte du Graal‹ angelegt, was wegen dessen ausgebliebener Vollendung leicht möglich war, denn um 1205 gab es noch keine Fortsetzung, die mit Percevals Gralherrschaft endete.

Bei Chrétien (und in der 1. Fortsetzung) waren vor allem zwei Fragen offen geblieben: Was ist der Gral, und wer sind seine Hüter? Robert beantwortet sie im Sinn der Heilsgeschichte. Chrétiens Gral (bei ihm noch »ein Graal« [V. 3220]) ist eine kostbare Schale aus Gold, mit Edelsteinen besetzt. Sie hat anscheinend eine flache, weite Form, denn in ihr könnte man große Fische (Hecht, Lamprete oder Lachs [V. 6420f.]) servieren. Sie enthält jedoch eine Hostie (V. 6422f.) und wird daher vom Eremiten als ein heiliges Ding (*sainte chose* [V. 6425]) bezeichnet. Ob die Speisung der Gralgesellschaft durch sie bewirkt wird, ist nicht klar, aber eher unwahrscheinlich. Die Gralhüter sind bisher zwei: der alte König, der von der Hostie am Leben erhalten wird, und der Fischerkönig, der an einer Verwundung leidet. Ersterer ist der Mutterbruder Percevals, der Sohn, der Fischer, also sein Vetter mütterlicherseits. Ob Perceval selbst Gralkönig werden soll, wird nicht (mehr) erzählt.

Robert gibt eine eindeutige Antwort auf die erste und eine nicht ganz so eindeutige auf die zweite Frage. Der Gral ist bei ihm die Schüssel, aus der Jesus das Abendmahl genossen hat, die dann von Joseph von Arimathia benutzt wurde, um sein Blut unter dem Kreuz aufzufangen. Als Joseph nach der Auferstehung in Verdacht gerät, den Leichnam Jesu gestohlen zu haben, wird er eingekerkert. Jesus selbst bringt ihm das kostbare Gefäß, das *calices* (Kelch) genannt

26 Robert de Boron, Joseph d'Arimathie, A Critical Edition of the Verse and Prose Versions, hg. von Richard O'Gorman, Toronto 1995, V. 3489f.: *A ce tens que je la retreis / O mon seigneur Gautier en peis* [...].

werden soll.[27] Die Bezeichnung als Kelch verweist darauf, daß der Gral nunmehr ein enges und hohes Gefäß ist, wie es in der Kirche als Ziborium benutzt wurde, keine weite Schale mehr. Später richtet Joseph nach dem Vorbild der Abendmahlstafel einen Tisch für das Gefäß ein, vor das der erste Fisch gelegt wird, den sein Schwager (He-)Bron gefangen hat. Hier fällt erstmals der Name Gral, er wird von *agreer*, ›gefallen, angenehm sein‹ abgeleitet (was später oft zitiert wird): Das Gefäß ist allen Gerechten angenehm.[28] Ein Graldienst wird eingerichtet. Aus der mythischen Schale Chrétiens ist ein christlicher Kultgegenstand geworden, eine ganz besonders heilige Reliquie, denn sie steht in unmittelbarer Beziehung zur Erlösung der Welt durch Jesu Blut und zur Einrichtung des Altarsakraments.

Die Geschichte des Grals bestimmt bei Robert auch die der Gralhüter. Mit Joseph von Arimathia steht eine in der Bibel bezeugte Gestalt aus der Nähe Jesu an der Spitze, er ist eine für die ritterliche Gesellschaft besonders geeignete Identifikationsfigur, da er, als Einziger der Jünger, dem jüdischen Adel angehörte. Der zweite Gralhüter wird sein Schwager Bron, der »Reiche Fischer«,[29] sein Name ist von Chrétien übernommen, die Fisch-Geschichte bei Robert eine sekundäre Begründung, die heilssymbolisch unterfüttert ist: Der Fisch ist ein Christussymbol als griechisches Akronym: ἰχθύς: Ἰησοῦς χριστός θεοῦ υἱός σωτήρ. Bron wird sein Amt an seinen Enkel, den *tierz hom* übergeben, den Sohn seines Sohnes Alain. Die Translation des Grals nach Britannien wird von Bron vorgenommen, in Avaron (Avalon) wird er den Nachfolger erwarten. Von einer Krankheit Brons, die ihn zum untauglichen Hüter macht, ist erst im letzten Teil der Trilogie, dem ›Prosa-Perceval‹ die Rede.

Robert hat die Verwandtschaftsverhältnisse gegenüber Chrétien modifiziert und exponiert: Bei ihm sind es statt zwei nunmehr drei Generationen; es gibt in der ersten (nicht wie bei Chrétien in der zweiten) Generation zwei Hüter (Joseph und Bron), die zweite Generation (Alain) hat nichts mit dem Gral zu tun, erst die dritte stellt mit Perceval den *tierz hom*, so daß er seinem Großvater Bron (und nicht, wie bei Chrétien, in der gleichen Generation seinem Vetter)

---

27 *Calices apelez sera*, V. 909.

28 *Par droit Graal l'apelera; / Car nus le Graal ne verra, / Ce croi je, qu'il ne li agree; / A touz ceus pleist de la contree, / A touz agree et abelist*; V. 2659–63.

29 *Hebron, le Riche Pescheeur*, V. 3387 u. ä., ›Perceval‹ erstmals V. 3495.

nachfolgt. Die matrilineare Designation des Gralhelden ist aufgegeben (nur der zweite Hüter Bron ist über die weibliche Linie bestimmt). Der Gralheld selber aber stammt nicht mehr mütterlicherseits, sondern patrilinear aus der Gralfamilie. Das ist vermutlich eine, auf die gesellschaftliche Realität bezogene, genealogische Bekräftigung seiner (bei Chrétien ungeklärten) Nachfolge. Es ist Robert zwar nicht gelungen, seine Genealogie mit der Chrétiens ganz zu harmonisieren, wichtig ist jedoch, daß eine eindeutige Beziehung zum frühen Christentum hergestellt wird: über den ersten Hüter und die Translation einer besonderen Reliquie, die bisher als Kultobjekt praktisch unbekannt war. Das ist nicht als häretische Neuerung mißzuverstehen, sondern allenfalls als heterodoxe Expansion, denn in den beliebten Protoevangelien wurden ja weitere Erzählungen von biblischen Figuren geboten und die kultische Verehrung von Reliquien verschiedenster Provenienz gehörte zur gängigen religiösen Praxis. Robert vermeidet jedenfalls jede Wendung gegen die Orthodoxie. Wie die Hüter es sind, so wird auch das Gefäß aus der Bibel hergeleitet, sakralisiert und in die Heilsgeschichte eingebunden.

Diese Neubestimmung ist unerhört folgenreich gewesen. Vor allem die Gleichsetzung des Grals mit einem geradezu soteriologischen Kultgegenstand, der Abendmahlsschüssel, bleibt in der Zukunft unumgehbar, sie fließt in den ›Prosa-Lancelot‹ ein und kommt mit diesem auch nach Deutschland. Wolframs Position ist zwischen der mythischen Unbestimmtheit Chrétiens und Roberts ›heilswahrer‹ Historisierung zu bestimmen. Weder beläßt er den Gral im Ungefähren, noch versieht er ihn mit der Verbindlichkeit Roberts. Es ist deutlich, daß seine Historisierung fiktiv ist, auch sein Gewährsmann Kyot ist ein Dichter und kein Historiograph: »auch Kyot dichtet«.

Wolfram folgt in der Historisierung des Grals also gerade nicht Roberts soteriologischen Vorgaben, sondern weist sie implizit deutlich ab, sowohl was den Gral wie die Gralhüter angeht. Seine Historisierung hat nicht, wie im Fall Roberts, den Anspruch der Heilswahrheit, ist daher eben nicht soteriologisch, sondern wird heruntergespannt auf eine mittlere Ebene zwischen Heils- und Profangeschichte. Der Gral ist bei ihm weder eine mythische Fischschüssel wie bei Chrétien, noch ein eucharistisches Gefäß wie bei Robert, sondern ein Stein, so groß, daß er auf einem grünen Tuch von der Gralsträgerin getragen werden kann. Das darf als Korrektur sowohl

Chrétiens wie auch Roberts verstanden werden. Robert hatte Chrétiens mythisch unbestimmte Schale, die durch die Hostie christlich geweiht war, intrareligiös vereindeutigt. Wolfram hingegen macht den Gral zu einem interreligiösen Symbol: Einen heiligen Stein verehren die Muslime, die grüne Farbe des Tuches verweist ebenfalls auf den Islam, es ist die Farbe des Propheten Mohammed. Selbst der Reliquienschrein, den Trevrizent aus einem Edelstein machen ließ, den ihm Parzivals Vater Gahmuret aus dem Orient mitgebracht hatte, ist grün (498,9ff.). Andererseits wird bei Wolfram, wie bei Chrétien, der Gral durch eine Hostie rituell christlich geheiligt, sie wird jeden Karfreitag von einer Taube vom Himmel gebracht. Die Gralprozession ist hinwiederum ganz höfisch, die herausragende Rolle der Frauen und ihre sehr weltliche Lieblichkeit läßt sich weder mit muslimischen noch mit christlichen Bräuchen verbinden. Wolfram wehrt sich also gegen die biblisch-eucharistische Vereindeutigung Roberts und revidiert gleich die Vorgaben Chrétiens mit, der sie durch seine Unbestimmtheit möglich gemacht hatte. Entsprechend geht er bei der Geschichte der Hüter des Grals vor, die es bei Chrétien nur andeutungsweise gab. Wolfram verankert die Genealogie nicht, wie Robert, im frühen Christentum, sondern in einer nicht näher bestimmten Vorzeit, auch nicht im Heiligen Land, sondern im Abendland, so daß das Problem der Translatio, das Robert so große Mühe macht, bei ihm entfällt. Im Unterschied zu Chrétien (und in bewußter Abwandlung der Robertschen Vorgabe) erzählt Wolfram eine Geschichte des Grals und seiner Hüter. Das Problem der bei Robert noch zu sehr ›verdichteten‹ Genealogie (drei Generationen vom ersten Hüter bis Perceval, also bis zur Artuszeit) löst er durch die Verlängerung der Generationenfolge, die Einführung Frimutels und die insinuierte besondere Langlebigkeit Titurels: Der zweite Hüter ist also nicht der Schwager (wie Bron), sondern der Sohn des ersten, wie es auch der Regelfall in der Adelsgesellschaft ist. Die matrilineare Bestimmung zum Gral gilt nicht (wie bei Robert) schon für den Reichen Fischer, sondern erst im Sinn eines Paradigmenwechsels für den Retter. Das hat die oben angedeutete besondere Bedeutung: In Parzival verbindet sich das Gralgeschlecht mit einer in Wolframs Zeit höchst prominenten weltlich idealen Herrscherfamilie, den Anjou. In Parzival gipfelt die von Kyot ›gefundene‹ Geschichte, er läßt die alte Gralfamilie mit ihren für die adlige Lebenspraxis wenig geeigneten Mitgliedern durch das Blut der höfisch vollkommenen Anjou erneuern. Damit ist die patrilineare Folge Bron – Alain – Perceval durch eine neue Konstellation ersetzt, die mit Gahmuret eben die Familie hereinbringt, deren Geschichte Kyot vor allem gesucht und gefunden hatte, die der Anjou. Wolfram übernimmt also von Robert das Prinzip der Demythisierung und der historischen Verortung, wandelt es jedoch programmatisch ab: Nicht Judentum und frühes Christentum, sondern zeitgenössisches Ritter- und Herrschertum geben die Vorbilder. Was Wolfram propagiert, ist also eine theokratisch legitimierte weltliche Herrschaft, die neben der des König Artus besteht, eine Herrschaft, die zwar in deutlichem Bezug auf das christliche Heil steht, nicht aber auf die Kirche.

Es gibt zu Wolframs Zeit einen Versuch, einen solchen Staat zu etablieren: den der Templer auf Zypern, das sie von König Richard Löwenherz im Jahre 1191 für 100000 sarazenische Besanten kaufen wollten. Da sich schon 1192 schwere Aufstände gegen die Templer erhoben, kam es nicht zur Etablierung einer von Königen und Kirche unabhängigen Herrschaft.[30] Die Bezeichnung der Gralritter als Templeisen verweist vermutlich auf diesen Vorgang und in der Benennung der indischen christlichen Herrscher als »Priester Johannes« spiegelt sich gleichfalls die Utopie einer solchen theokratisch legitimierten Herrschaft neben dem Imperium und dem französischen (und englischen) Königtum.

Der für die Abweichungen gegenüber Chrétien vom Erzähler verantwortlich gemachte Kyot ist ein *meister*, der aber *la schantiure,* also wohl der »Spielmann«, hieß. Er ist damit im Bereich der Vaganten verortet, gleichzeitig lateinisch gebildeter Kleriker und Berufsdichter, und als solcher hat er eine besonders umfassende Kompetenz, Zugang zu Quellen unterschiedlichster Herkunft. Und als *meister* garantiert er die ›wissenschaftliche‹ Zuverlässigkeit. Chrétien hingegen wird ausschließlich als *meister* vorgestellt, er verkörpert den für laikale Belange zu wenig kompetenten gelehrten Autor, einen Typus, dem der Erzähler mit grundständigem Mißtrauen gegenübertritt. Sich selbst stellt er programmatisch als Ritter dar, deshalb kann er – anders als Robert und prononcierter und grundsätzlicher als Chrétien – die ritterliche

---

30 Malcolm Barber, The new knighthood. A history of the Order of the Temple, Cambridge 1995, S. 119f.

Dimension der Geschichte herausholen, vor allem die in den Anjou verkörperte, die er auf der Basis von Kyot neu eingeführt hat. Kyot ist eine Chiffre der Differenz zu Chrétien einerseits und, unausgesprochen, zu Robert andererseits. Wolfram hat Kyot ›erfunden‹, u. a. um seinen religiösen Synkretismus mit den islamischen Bezügen, die astrologisch-astronomische Perspektive aus arabischer Quelle und, mit der französischen Chronik, die politisch aktuelle Anjou-Thematik zu legitimieren.

***

Geschichte und Geschichten um den Gral sind bei Wolfram in eindeutiger Weise zur Historisierung des Erzählkomplexes funktionalisiert. Er nähert damit den arthurischen Gralroman den ›historischen‹ Erzähltypen an, dem Antikenroman und dem Heldenlied, macht aus dem Produkt der mythisierenden Traumfabrik Chrétiens einen Geschichtsroman für hier und heute. Gattungsmischung wird zum Kennzeichen der Erzählkunst des 13. Jahrhunderts, Wolfram hat hier den Weg gewiesen und Geschichte und Geschichten auf originelle Weise verbunden. Den Nachfolgern blieb nur Vereindeutigung, sei es in der Hypertrophie der Geschichten bei Heinrich von dem Türlin oder der *mise en abîme* der Ritterheilsgeschichte in gewagten frühchristlichen und translatio-Konstruktionen bei Albrecht im ›Jüngeren Titurel‹. Wolframs Kombination von Geschichten und Geschichte blieb unwiederholbar.

Matthias Meyer

Speculum narrationis

Erzählte Sexualität im Spiegel von ›Der Spiegel‹ und ›Spiegel und Igel‹[*]

Der Titel der Tagung, aus der dieser Band hervorgegangen ist, ›Kulturen des Manuskriptzeitalters‹, ist, als typischer Tagungstitel, eine Formel, die das Sammeln unterschiedlicher Themen ermöglicht, andererseits aber zumindest rudimentär (aus)richtend wirken soll. Das Pluralische der Kulturen ist dabei sicher ebenso Programm wie das zumindest einen Zeitrahmen festlegende Stichwort ›Manuskriptzeitalter‹. Eingeengt auf literarische Kulturen, denkt man gleich an das bekannte Bild vom ›Sitz im Leben‹, das in vielen seiner Facetten sicher immer noch umstritten ist und notwendig umstritten bleiben wird, dessen wichtige Grundzüge aber festgelegt zu sein scheinen: Es gibt Literatur, die im Spannungsfeld von Mündlichkeit und Schriftlichkeit existiert; die Vorstellung einer Bimedialität und von den darin liegenden Spannungen und Verhandlungen gehört zum Standard mediävistischer literaturwissenschaftlicher Überlegungen.[1] Die zu-

---

* Die vorgestellten Überlegungen konzentrieren die weitergefaßten Ausführungen während der Tagung auf ein markantes Beispiel. Sie stehen im Umkreis einer geplanten Analyse von Autorisierungs- und Authentisierungsstrategien in mittelhochdeutschen Kurzerzählungen, auf deren systematische Aspekte ich später zurückzukommen hoffe. – Für Anregungen und Diskussionen danke ich den Tagungsteilnehmern.

1 Für die Gattung Märe ist das komplizierte Verhältnis von Mündlichkeit und Schriftlichkeit, wie es sich in zumindest einigen Schwellentexten andeutet, noch nicht systematisch untersucht. Die Vermutung liegt nahe, daß es sich ähnlich kompliziert gestaltet wie das im Falle der Predigt anzunehmen ist. Vgl. hierzu VOLKER MERTENS, Authentisierungsstrategien in vorreformatorischer Predigt: Erscheinungsform und Edition einer oralen Gattung am Beispiel Johannes Geilers von Kaysersberg, editio 16 (2002), S. 70–85, bes. S. 70–73, u. DERS., Stimme und Schrift in der Predigt des Nicolaus von Kues [erscheint demnächst]. Allgemein zur Debatte KONRAD EHLICH, Funktion und Struktur schriftlicher Kommunikation, in: Schrift und Schriftlichkeit. Writing and Its Use, 1. Halbband, hg. von HARTMUT GÜNTHER [u.a.], Berlin/New York 1994 (HSK 10/1), S. 18–41 zu prinzipiellen Aspekten sowie MANFRED GÜNTER SCHOLZ, Die Entstehung volkssprachlicher Schriftkultur in Westeuropa, in: ebd., S. 555–572. Vgl. auch CHRISTINE EHLER/URSULA SCHAEFER,

mindest einigen Mediävisten möglich erscheinenden Aktualisierungen hin zum heutigen Medienwandel verdecken dabei eher dessen Spezifika und Probleme, als daß sie helfen, mittelalterliche Phänomene zu erhellen.

Wie aber wird mit einem wichtigen Protagonisten dieser Bimedialität in den Texten selbst umgegangen? Der Schreiber hat eine vergleichsweise stereotype literarische Karriere hinter sich, die nicht selten von deutlicher Skepsis gegenüber dem ›neuen‹ Medium gekennzeichnet ist.[2]

Aspekte des Medienwechsels in verschiedenen Kulturen und Epochen. Eine Einleitung, in: Verschriftung und Verschriftlichung. Aspekte des Medienwechsels in verschiedenen Kulturen und Epochen, hg. von DENS., Tübingen 1998 (ScriptOralia 94), S. 1–19. Zum Spezialfall Minnesang vgl. zusammenfassend HARALD HAFERLAND, Minnesang bis Walther von der Vogelweide. Eine Forschungsdiskussion, in: Forschungsberichte zur Internationalen Germanistik. Germanistische Mediävistik, hg. von HANS-JOCHEN SCHIEWER unter Mitarbeit von JOCHEN CONZELMANN, Teil 2, Bern [usw.] 2003 (Jahrbuch für Internationale Germanistik Reihe C, 6), S. 54–160, hier bes. S. 88–114.

2 Es fällt wahrscheinlich jedem ein mittelalterlicher Text ein, in dem aufgrund einer schriftlichen Mitteilung Probleme entstehen, die einen längeren Spannungsbogen erzeugen und oft sogar in ihrer Fatalität ganze Romane oder zumindest Romanteile strukturieren. Ich verweise nur auf ›Mai und Beaflor‹, wo die schriftliche Kommunikation zwischen Beaflor samt ihren politischen Vormunden und dem auf Kriegszug weilenden Grafen Mai durch die Mutter des Grafen abgefangen, gelesen und verfälscht wird. Zwar bezahlt die Mutter den Bruch des Briefgeheimnisses mit dem Leben, doch impliziert diese Episode ein deutliches Mißtrauen gegenüber den brieflichen Nachrichten. Unterstrichen wird dieses Mißtrauen durch die Figur des Boten. Denn das eigentliche Aufschreiben sowie das Fälschen der Nachricht – alles Schreibprozesse – werden eher en passant inszeniert; wert legt der Erzähler einzig auf die Feststellung, daß Graf Mai nicht nur lesen, sondern auch die Antwort eigenhändig schreiben kann. Ansonsten spielt eher das (auch in das Aufgabenfeld eines Schreibers passende) Vorlesen eine Rolle. Der Bote aber zeigt in seiner Konstanz eine implizite Kritik an der Schriftorientierung. Denn der Bote weiß nicht, was geschrieben wurde, und steht der fassungslosen Reaktion Mais fassungslos gegenüber: Die Überlegenheit mündlicher Kommunikation wird so immerhin noch erahnbar, auch wenn sie nicht mehr privilegiert ist. Es zeigt sich in dieser Episode auch ein weiteres Problem der Schriftlichkeit, nämlich das der Authentisierung: Die ganze Szene würde nicht funktionieren, wenn die Schreibenden eine Möglichkeit hätten – sei es mit Siegel, sei es durch ihre eigene, markante Schrift – die Botschaft zu authentisieren (das Problem wiederum der Fälschbarkeit solcher Authentisierungszeichen wird hier dementsprechend nicht extra thematisiert, scheint aber generell im Problem der Schriftlichkeit enthalten zu sein).

Jenseits der epischen Thematisierung von Schriftlichkeit gibt es den Schreiber als Personal in Erzählungen, in denen der Aspekt der höfischen Kommunikation und deren Verbindung zum Generalthema Herrschaft keine entscheidende Rolle spielt, in den mittelalterlichen Kurzerzählungen weltlichen Zuschnitts, die ich im folgenden als Mären bezeichne.[3] Ich beschränke mich auf zwei Erscheinungsformen, auf den Schreiber als Figur im Text und den Schreiber als Umschreiber im Prozeß der Überlieferung.

Als Personal eines Märe sind Schreiber relativ häufig anzutreffen, und sie sind dabei oft äquivalent zu anderen Klerikern eingesetzt – genauer, die Bezeichnung ›Schreiber‹ ist in der Regel eine der möglichen Konkretisierungen des Klerikers.[4] Dementsprechend ist auch ihre Rolle stereotyp die des anderen, der entweder in eine Beziehung einbricht oder sich gegen die Standhaftigkeit einer Ablehnung durch-

---

3 Hierin liegt nicht nur eine sprachliche Bequemlichkeit, sondern auch die Überzeugung, daß die Diskussion um den Märenbegriff nicht als endgültig geklärt bezeichnet werden kann. Hierzu vgl. HANNS FISCHER, Studien zur deutschen Märendichtung. 2. durchges. u. erw. Aufl., besorgt von JOHANNES JANOTA, Tübingen 1983; die Kritik an FISCHER bei JOACHIM HEINZLE, Märenbegriff und Novellentheorie. Überlegungen zur Gattungsbestimmung der mittelhochdeutschen Kleinepik, ZfdA 107 (1978), S. 121–138; JOACHIM HEINZLE, Boccaccio und die Tradition der Novelle. Zur Strukturanalyse und Gattungsbestimmung kleinepischer Formen zwischen Mittelalter und Neuzeit, Wolfram-Studien 5 (1979), S. 41–62; die Rechtfertigung und Modifikation FISCHERS durch HANS-JOACHIM ZIEGELER, Erzählen im Spätmittelalter. Mären im Kontext von Minnereden, Bispeln und Romanen, München 1985 (MTU 87); die Replik von JOACHIM HEINZLE, Altes und Neues zum Märenbegriff, ZfdA 117 (1988), S. 277–296; die Debatte zusammenfassend und offenhaltend KLAUS GRUBMÜLLER, Gattungskonstitution im Mittelalter, in: Mittelalterliche Literatur und Kunst im Spannungsfeld von Hof und Kloster, hg. von NIGEL F. PALMER/HANS-JOCHEN SCHIEWER, Tübingen 1999, S. 193–210. Vgl. auch WALTER HAUG, Entwurf zu einer Theorie der mittelalterlichen Kurzerzählung, in: Kleinere Erzählformen des 15. und 16. Jahrhunderts, hg. von DEMS./BURGHART WACHINGER, Tübingen 1993 (Fortuna vitrea 8), S. 1–36.

4 Zu diesem Komplex generell vgl. STEPHEN L. WAILES, Students as Lovers in the German Fabliau, Medium Aevum 46 (1977), S. 196–211; WAILES geht ein auf ›Studentenabenteuer A‹, ›Frauenlist‹, ›Die treue Magd‹ und dort besonders auf die positive Rolle des Studenten. Am Schluß erweitert er seine Überlegungen thesenhaft und betont die positive Rolle des Schreibers, der eine weitere Inkarnation des ›Studenten‹ ist (allerdings, laut WAILES, oft in weniger differenziert erzählten Mären), und hält fest: »we would find further evidence that young clerics [Studenten, Schreiber und andere vagierende Kleriker] are the successors to chivalric heroes« (S. 210).

setzt (denn die Struktur des Dreiecksverhältnisses ist ja meist nur eine Ausschmückung einer Dyade von Ablehnung und Begehren). Häufiger sind dabei die Schreiber die Gewinner (meist unterstützt von der Frau, manchmal, wie im ›Schreiber von Paris‹ [›Die treue Magd‹],[5] auch von einer Heiligen), sie sind jedoch nicht unbedingt die Listigen – eine Konstellation, die vor dem Hintergrund zu sehen ist, daß mit dem Schreiber eine Art Autorfigur in der Geschichte angesiedelt wird. Wenn dann Begehren und Schaffen der Gelegenheit auseinanderdividiert werden, steht der Schreiber letztlich unangefochten da – selbst wenn, wie im ›Schreiber von Paris‹ die Heilige Gertraud zum nicht ganz korrekten Mittel der Brandstiftung greift, um das Liebesverhältnis unentdeckt zu lassen.[6] Doch soll an dieser Stelle keine systematische Analyse der Schreiberfiguren in der Märendichtung vorgestellt werden, sondern ich werde mich auf ein – auch im Prozeß der Überlieferung markantes – Beispiel konzentrieren, in dem der Schreiber zwar keine zentrale handlungstragende Rolle spielt, dafür aber die ›dekonstruierte Hautpfigur‹ ist. Der Text wird in der Forschung ›Der Spiegel‹ genannt, in der Karlsruher Handschrift ist er *Von dem knecht herolt* betitelt.[7] In einer weiteren Fassung ist die Geschichte erweitert und umgeschrieben worden – diese Fassung (als ›Spiegel und Igel‹ bezeichnet [in der Überlieferung oft ›Der Spiegel mit dem Pech‹]) dient mir als Vergleich und als Beleg

5 ›Die treue Magd‹ ist die Ansetzung im ^{2}VL, die handschriftliche Überlieferung und die Ausgabe titeln ›Der schreyber von pareys‹; Text ediert in: Codex Karlsruhe 408, bearbeitet von URSULA SCHMID, Bern/München 1974 (Deutsche Sammelhandschriften des späten Mittelalters = Bibliotheca Germanica 16), S. 720–729.

6 Als Schreiber tätig ist der Protagonist des gleichnamigen Märe aus der Karlsruher Handschrift (›Von dem schreyber‹, in: Codex Karlsruhe 408 [Anm. 5], S. 495–502). Zehn Jahre dient er seinem Herrn in nicht näher bestimmter Tätigkeit, bevor er in *minne* zu dessen Ehefrau entbrennt. Diese Geschichte, die das Motiv vom verprügelten Gatten verarbeitet, weiß am Ende keine sichere Moral mehr zu verkünden, einzig der Titel (*Vnd ist genant der schreyber*, V. 297) wird genannt. Am Beginn des Märe war die Erzählabsicht noch deutlicher: Von den *behenden listen* (›Schreyber‹, V. 4) der *minne*, vor denen sich weder *fraw noch man* (›Schreyber‹ V. 6) behüten kann, sollte erzählt werden – und so ist wohl auch die fast traumartige Atmosphäre dieser Geschichte zu erklären, in der niemand so richtig zu wissen scheint, wie ihm geschieht.

7 Ausgaben: Codex Karlsruhe 408 [Anm. 5], S. 209–211; Die deutsche Märendichtung des 15. Jahrhunderts, hg. von HANNS FISCHER, München 1966, Nr. 4 (S. 48–51) (zitiert).

für den gattungstypischen Prozeß des Umerzählens, also für den zweiten Punkt meiner Überlegungen.

1. Schreiben als Spiegel des Begehrens: ›Der Spiegel‹

›Der Spiegel‹ – ich bleibe bei dem in der Forschung eingeführten Titel – ist in der Karlsruher Handschrift unikal überliefert. FISCHER faßt die Handlung wie folgt zusammen:

> Knecht Herold, der lange Zeit schon vergeblich um die Minne der Magd Diemut wirbt, findet sie eines Morgens neben dem Feuer auf dem Boden eingeschlafen. Er fürchtet, sie könnte ihn in das Feuer werfen, wenn er jetzt sein Verlangen stillte, und aus Rache für die beständige Zurückweisung klebt er ihr einen Spiegel vor die Scham. Als die Magd erwacht, glaubt sie zu brennen und ruft ihre Herrschaft zu Hilfe. Auch die Bäuerin erschrickt, aber der Bauer erkennt gleich den Schabernack und lobt die listige Rache seines Knechtes.[8]

Bereits der Titel in der Karlsruher Handschrift macht ein Spezifikum des Textes deutlich: Die Hauptfiguren erhalten nicht nur Funktionen (Knecht, Magd), sondern – wenn auch sprechende – Namen: Der Knecht heißt Herolt, die Magd Demud. Namenlos bleiben der Meier und seine Frau. Dabei ist besonders der Name des Knechts auffällig. Er verweist möglicherweise auf eine lebendige Spieltradition, in der die Figur des Herolds ihren festen Ort hat; er könnte damit vielleicht sogar ein (wenn auch nicht sehr markantes) Indiz für den Entstehungsort abgegeben. Wichtiger scheint mir indes zu sein, daß der Herold traditionell eine Schwellenfigur ist, die zwischen Publikum und Spielrealität vermittelt – er ist somit von der Funktion her identisch mit der häufiger in den rudimentären Schwellentexten des Märe genannten Schreiber-Figur. Es wird sich zeigen, daß diese Namenszuweisung im ›Spiegel‹ kaum zufällig sein kann.

---

8 FISCHER [Anm. 3], S. 507. Bereits RÜDIGER SCHNELL (Der Spiegel. Überlegungen zur literarischen Herkunft eines spätmittelalterlichen Schwankmäres, Euphorion 68 [1974], S. 252–269 [zitiert]; wieder in: Das Märe. Die mittelhochdeutsche Versnovelle des späteren Mittelalters, hg. von KARL-HEINZ SCHIRMER, Darmstadt 1983 [WdF 558], S. 256–280) weist darauf hin, daß FISCHER hier den Fehler begeht, ›Der Spiegel‹ und ›Spiegel und Igel‹ gleichzusetzen (S. 252).

Man kann nun die Beschäftigung mit diesem Märe kurz abtun – etwa wie der Artikel im Verfasserlexikon, der auf die anspruchslose Erzählung, deren komisches Potential voll ausgeschöpft wird, hinweist sowie auf die implizite Reflexion des Erzählens über sich selbst gegen Schluß des Textes.[9] Das wäre wohl auch immer noch der Stand der Forschung, wenn nicht RÜDIGER SCHNELL 1974 dieser Geschichte einen Aufsatz gewidmet hätte,[10] der besonders einen Vers zum Anlaß nahm, über den Text zu reflektieren: Im Vers 61 ruft die Magd Demud den Heiligen Michael um Hilfe an. Ausgehend von dieser Appellation, der Namensgebung der Magd, die auf die Kardinaltugend der Demut verweist, die sie selbst nicht unbedingt an den Tag legt, ist SCHNELLS Interpretation eine ausführliche Theologisierung des Textes und gleichzeitige Anbindung an die gängige lateinische und französische Minnetheorie. Seine Interpretation rückt drei Elemente des Textes in den Mittelpunkt: die Rolle des Erzengels Michael als Psychopompos, den Spiegel sowie das Feuer. SCHNELL beginnt mit der Frage, warum die Magd gerade Michael und nicht irgend jemand anderen anruft, die Antwort findet er in dessen Funktion als Begleiter der Seelen im Fegefeuer. Die Frage, warum die Magd überhaupt auf die Idee kommen könnte, sie sei im Fegefeuer, obwohl sie doch so standhaft ihre Jungfräulichkeit bewahrt hat, nimmt SCHNELL zum Anlaß, sein zweites Interpretationsstandbein zu entwickeln. Die Magd hat – anders als das in vergleichbaren Konstellationen der Fall ist, und anders, als das auch in der Fassung ›Spiegel und Igel‹ erzählt wird – das Werben des Knechts nicht von vornherein abgelehnt, sondern vielmehr dem Knecht die Minne versprochen. In Vers 9–12 heißt es: *dicke gelobt sie im das, / doch was immer etwas, / das sie zu wort hett / und seinen willen nicht endet.* Hierin, im versprochenen und nicht gewährten Minnelohn, liegt die Sünde der Magd, die nun im Laufe der Geschichte zur im Namen bereits angelegten Demut gezwungen werden soll.[11] Weitere Indizien für die Theologisierung und Exempel im Rahmen eines minnetheo-

---

9 INGEBORG GLIER, ›Der Spiegel‹ und ›Spiegel und Igel‹, ^{2}VL IX, Sp. 92–94, hier Sp. 93.

10 SCHNELL [Anm. 8].

11 Dabei ist auffällig und in den bisherigen Interpretationen nicht festgehalten, daß der Name der Magd hier noch nicht fällt – er wird erst nach ihrer Demütigung durch den Knecht, im Schreckensausruf der Bauersfrau genannt.

retischen Diskussionszusammenhangs sind für SCHNELL der Spiegel und das Feuer, die in der sonstigen Märenüberlieferung nie zusammen erscheinen. Der Spiegel ist für ihn doppelt symbolisch, einmal als Heilsspiegel, Spiegel der Seele und als Hinweis auf die zahlreiche Speculum-Literatur, zum anderen als Vanitas-Symbol; das Feuer ist die textuelle Inkarnation des Fegefeuers. SCHNELL zieht, nachdem er ausführliche Parallelen etwa zu Andreas Capellanus aufgeführt hat, folgendes Fazit: »Man wird den Spiegel als eine zwischen Märe und Bispel stehende Thesenerzählung bezeichnen dürfen, die auf dem Schwankmotiv ›optische Täuschung‹ aufgebaut ist und deren Handlung der Illustration einer Minnedoktrin gilt. Die Minnelehre selbst möchte ich im Bereich der höfischen Vorstellungen Andreas Capellanischer Prägung suchen.«[12] Da aber die Bestrafung scheinbar erst nach dem Tode stattfindet, ist der religiös-christliche Bereich ebenfalls in die Geschichte integriert. SCHNELLS Interpretation hat eine, einem Klerikerscherz durchaus angemessene, doppelte Ausrichtung: Es geht ihm einerseits um das Potential an theologischen Elementen, andererseits um die minnetheoretische Begründung des Fehlverhaltens der Frau. Während ich nicht verhehlen kann, daß mich das Gefühl nie verlassen hat, SCHNELL schieße in seiner Deutung mit theologischen Kanonen auf einen winzigen Kolibri, so hat er mich in einem Punkt überzeugt: Für ihre Kürze[13] ist die Geschichte extrem überdeterminiert. Der Text eignet sich somit besonders für ein der Gattung Märe *prima facie* nicht sonderlich angemessenes *close reading*.

Der Handlungsbeginn liegt – nach SCHNELL – im Minnekontrakt, von dem jedoch, wenn man schon den Text detailliert lesen will, offenbleibt, wie er eigentlich genau aussieht, denn es fehlt das Element, was diesen ›Kontrakt‹, dem das entscheidende *r* zu fehlen scheint und der eher ein Kontakt ist, auf die höfische Minne (und sei es als Parodie) beziehbar macht: die Tauschbeziehung von Dienst und Lohn. Der Knecht wirbt, oder, genauer, er äußert sein Begehren, seinen Wunsch nach der Verfügbarkeit der Magd; ein Hinweis auf Dienstleistungen wie Melken, Feuermachen, die das Äquivalent des höfischen Minnedienstes im Rahmen des bäuerlichen Milieus bilden könnten, fehlen. Das nächste zentrale Moment der Handlung ist der

12 SCHNELL [Anm. 8], S. 269.

13 In der Ausgabe FISCHERS umfaßt ›Der Spiegel‹ 114 Verse, in der Überlieferung im Karlsruher Codex 118 Verse.

Rachewunsch des Knechts, doch er will nicht einfach sein Ziel erreichen, sondern strebt eine doppelte Rache an: an der Magd persönlich und an ihrem Ruf. Der Knecht will von Anfang an nicht nur die Magd düpieren, sondern eine Geschichte machen.[14] Schon hier, nach 20 Versen, wird deutlich, daß es auf einer Ebene des Textes auch um das Märe selbst geht.

Die Rache des Knechts Herold ist von zwei zentralen Bedingungen abhängig: Die erste Bedingung liegt auf Seiten der Magd. Sie ist beim morgendlichen Feuermachen wieder eingeschlafen. Die Inszenierung lädt das Motiv, ursprünglich eines, das auf Trägheit oder Faulheit als Sünde hinweist, weiter auf, denn das Einschlafen zieht hier unkommentiert und automatisch die laszive, erotisch verlockende Pose mit geöffneten Beinen nach sich: Müßiggang ist aller Laster Anfang. Die zweite Bedingung liegt auf Seiten des Knechts. Er muß nicht nur aufgewacht und aufgeweckt sein, sondern auch Angst haben. Denn seine Angst vor dem Feuer, in dem er zu landen fürchtet, wenn er der vermeintlichen Einladung der geöffneten Schenkel nachkommt, ist der Grund dafür, daß es nicht zu einer Vergewaltigung kommt, sondern daß die Ankündigung, eine Geschichte zu machen, in die Tat umgesetzt wird. Der Knecht nimmt also eine Situation wahr, analysiert sie (dazu dient sein Monolog) und zieht daraus Handlungskonsequenzen.

Die folgende Spiegellist beginnt mit dem Anpichen eines Spiegels vor die Scham der Magd. Dieser Akt ist in der realistisch erzählten Geschichte das komplett Andere, programmatisch Unrealistische (und auch Fiktionale), das entsprechende Folgen zeitigt.

Im Aufwachen hat die Magd eine gestörte Selbstwahrnehmung: Zunächst merkt sie, daß zwischen ihren Beinen etwas nicht in Ordnung ist, dann sieht sie das Feuer im Spiegel. Wieso die Anrufung des Erzengels Michael, die SCHNELLS Überinterpretation ausgelöst hat, auf die meine Überinterpretation reagiert? Ist es eine Anspielung auf das Fegefeuer? Aber wieso kommt die Magd auf diese Idee, wo sie doch das Feuer im Ofen sieht, auch sieht und weiß, daß sie in der Situation nicht selbst äußerlich, sondern von Innen brennt, aber auch von dem Feuer in ihr nichts merkt? Ich glaube (anders als SCHNELL,

---

[14] *seit ich dein nicht mag minne, / so wil ich immer etwas / dir zu leide und zu haß / tun, ob ich's gefügen kan, / das paideu frauwen und man / haben zu reden davon vil* (›Spiegel‹ V. 16–21).

der in der Anrufung einen wichtigen Hinweis des Autors auf seine *intentio* sieht),[15] der Ausruf dient zur Charakterisierung der Magd: Ebenso wie der Knecht versucht sie, die Situation, in der sie sich befindet, zu analysieren; sie zieht aber die falschen Schlüsse, sie ist eben nicht aufgeweckt, sondern schlafbefangen und höchstens aufgeschreckt. Die Frau, herbeigerufen von der hilflosen Magd, bleibt ebenfalls hilflos, schätzt die Situation nicht richtig ein, weil sie falsch sieht. Erst der Hausherr kann die Lage normalisieren. Doch auch er sieht zuerst nur ein inwendig der Magd brennendes Feuer, aber er hat den Mut, in das Feuer (und damit präsumtiv in das Geschlecht der Magd) zu greifen, und begreift so endlich den Spiegel. Er hat hier den Mut, der dem Knecht letztlich fehlte – und er erkennt den Trick und bedankt sich beim Knecht für die Maßregelung der Magd, die hiermit durch die höchste Instanz innerhalb der in der Geschichte präsentierten Gesellschaft sanktioniert wird. Die Verfügbarkeit der Frauen für die Männer wird bestätigt (auch wenn der Mann nur wirbt, nicht etwa dient), in der Parallelführung von Frauen und Männern zeigt sich, daß das, was auf der Diener-Ebene verhandelt wird, auch für die Herren-Ebene gilt. So weit so gut, und simpel. Doch die Geschichte ruht merkwürdig auf im Mittelalter ubiquitären Vorstellungen über Begehren. Denn es sind meist die Frauen, die stärker dem sexuellen Begehren unterworfen sind als Männer; in diesem Text aber sind sie nur dumm, nicht sexuell aktiv oder gar bedrohlich.[16]

Durch diese bewußt landläufige Vorstellungen konterkarierende Konstruktion des Textes erhält die Rache des Knechtes einen doppelten Zeichencharakter. Auf einer ersten Ebene wird mit dem Spiegel der Magd ein Spiegel vorgehalten, ist der angepichte Spiegel ein *speculum sexus*: In ihr als Frau sollte das Minnefeuer, das Feuer des Begehrens brennen. Genau das aber fehlt der Magd zu Beginn der Geschichte – oder sie hat es *in potentia*, denn immerhin schläft sie nackt, mit geöffneten Beinen vor dem Feuer ein. Die literarische Topik gibt dem Knecht recht: das morgendliche Feuermachen, das Wieder-Einschlafen ist eine ins Bäuerliche gewendete potentielle Tageliedsituation, wie etwa der Verweis auf ›Das kchühorn‹ des

---

15 Schnell [Anm. 8], bes. S. 258–261.

16 Das wird deutlich in der Angst des Knechts Herolt, der ja gerade nicht die Unersättlichkeit der Frau fürchtet, sondern ihre Abwehr.

Mönchs von Salzburg und den dort thematisierten *Untarnslaf* (W3, 1) deutlich macht.[17] Die Frau soll also letztlich so werden, daß sie einem klerikal geprägten misogynen Diskurs entspricht (und damit einem Diskurs, der eher einem Schreiber als einem Knecht zuzuordnen wäre). Auf einer zweiten Ebene wird die Lage kompliziert durch die Lage der Magd am Feuer. Der Knecht hat Angst vor dem Beischlaf mit der Magd, genauer, vor einem verbrannten *ars* (›Spiegel‹ V. 41), weil er um die Unrechtmäßigkeit seiner sexuellen Annäherung weiß: Wenn man überhaupt theologisch interpretieren will, dann ist das Feuer im Ofen für den Mann das Fegefeuer, das als Strafe für die geplante Vergewaltigung droht. In seiner handgreiflichen Reaktion projiziert er das Feuer, vor dem er Angst hat, in das Innere der Frau: Sein eigenes sexuelles Verlangen, gepaart mit der Angst (vor dem Versagen als Liebhaber), wird im gespiegelten Feuer in die Frau internalisiert. Bei einem inwendigen Feuer ist es vielleicht sinnlos, von einer *vagina dentata* zu sprechen, aber auch diese *vagina caminata* ist nicht behaglich, sondern allverzehrend – und es gibt ja eine Reihe von Mären, in denen der Mann den einmal geweckten sexuellen Appetit der Frau nicht mehr befriedigen kann und von ihm verzehrt wird.[18]

Den Schluß des Märe bildet die doppelte Reaktion des Hausherrn sowie ein dreiversiges Epimythion. Zunächst wird dem Knecht gratuliert und die Magd ermahnt, in Zukunft weniger spröde zu sein. Dann, das ist wichtiger, kommt der Hausherr auf die ursprüngliche Absicht des Knechts zurück, ohne von ihr zu wissen: Er weist auf

---

17 Christoph März, Die weltlichen Lieder des Mönchs von Salzburg. Texte und Melodien, Tübingen 1999 (MTU 114). Das Lied (W3) mit seiner auf den Mittagsschlaf ins bäuerische Milieu verschobenen Tageliedsituation bringt eine interessante Parallele, weil die dritte Strophe die Parallelität von morgendlichem Feuermachen der Magd mit dem sexuellen ›Einheizen‹ des Knechts dokumentiert.

18 Verwiesen sei auf das Hans Rosenplüt zugeschriebene Märe ›Der Barbier‹, in dem ein Ich-Erzähler die Gunst der Stunde ausnutzt, sich als Barbier auszugeben, eine Frau zu verführen, nur um dann ihren sexuellen Ansprüchen letztlich nicht genügen zu können; der Text ediert bei Fischer [Anm. 7], Nr. 17 (in zwei Fassungen, S. 144–161). Die vielleicht drastischste Version der ausgegrenzten weiblichen aktiven Sexualität stellt das zweite besuchte Ehepaar in Heinrich Kaufringers ›Die Suche nach dem glücklichen Ehepaar‹ dar; so auch Grubmüller im Kommentar seiner Ausgabe: Novellistik des Mittelalters. Märendichtung, hg. von Klaus Grubmüller, Frankfurt a. M. 1996 (Bibliothek des Mittelalters 23), hier S. 1280.

den nun unweigerlich aufkommenden nachbarlichen Tratsch hin, der so lange wachsen wird (offenkundig erkennt der Meier eine gute Geschichte, wenn er sie sieht), bis dann schließlich ein Schreiber kommt, der aus der Geschichte etwas macht, worüber das Publikum lacht. Das Epimythion wirkt zunächst sehr einsträngig: *Also geschichet in allen, / die sich nemen an, / das sie effen die man* (›Spiegel‹ V. 112–114). »So geht es allen, die die Männer zum Narren halten« – sprich: Frauen, gebt Euch hin, Männer, begehrt. Höfisches, gar höfische Liebe spielt in der Geschichte überhaupt keine Rolle, so daß eine Interpretation als Parodie auf höfische Minnelehren keine akzeptable Möglichkeit zu sein scheint, diesem Text Herr zu werden. Vielleicht führt eine andere, stark interpretierende Übersetzung des Epimythions weiter: »So geht es allen, die sich unterfangen, die Menschheit zu unterhalten.«

Wer ist in dieser Geschichte eigentlich geschädigt und wer hat etwas erreicht? Der Knecht ist mit seinem ersten, sexuellen Begehren nicht auf konventionellem Wege zum Ziel gekommen; er hat die Magd statt dessen nicht etwa vergewaltigt, sondern er sublimiert: Er wollte eine Geschichte machen und war damit erfolgreich – zunächst im Lokaltratsch, dann als Regisseur einer Geschichte (man müßte wohl genauer sagen: als Verfasser des Treatments) und als Figur. Die Magd hat einen Schreck bekommen, aber die Ablehnung der Avancen des Knechts war erfolgreich. Frau und Mann sind eher unbeteiligt, aber immerhin ist ihr Hof nicht ›abgebrannt‹ durch das inwendige Feuer der Magd. Der Schreiber hat eine erfolgreiche Geschichte gemacht, und die diversen Realisationen des Publikums (innerfiktional die Hörer des Tratsches sowie die Leser/Hörer der Geschichte des Schreibers) haben ihr Gelächter: [Der Bauer imaginiert, der Schreiber werde eine solche Geschichte machen,] *»das sein die leute werden lachen. / der spott wirt in wol gevallen«* (›Spiegel‹ V. 110f.). Das Gelächter aber scheint mir kein didaktisches zu sein – oder mindestens nicht zwangsläufig: Man lacht über den Knecht, der trickreich ist, aber Angst vor der Frau hat; man lacht über die Magd, deren Keuschheit sich selbst als Begehren entlarvt, die aber keusch bleibt; man lacht über die Frau, die die Lage falsch erkennt, aber Mitleid mit der Magd hat. Dieses Märe ist eigentlich eine Unmöglichkeit: eine unterhaltsame Geschichte, die kein Nullsummenspiel ist, oder in dem alle mit einem großen Fehlbetrag enden, sondern alle gewinnen.

Ohne den Schreiber aber gäbe es die Geschichte in dieser Form nicht, und so gehören die von FISCHER in seiner Ausgabe in den Apparat verbannten abschließenden vier Schreiberverse wohl doch integral zu Geschichte selbst. In ihnen wird eine bekannte Formel markant variiert: *Also endet sich daz mere / Got beråt den schreiber / D' daz mere hat geschrieben / D' hat die weile damit v'triebē.*[19] Der Schreiber, von dem in anderen Nachversen regelmäßig gesagt wird, er sei ohne schöne Frau geblieben (und der sich damit von Thema und Inhalt der vorangehenden Erzählung oft distanziert), wird hier zum Schreiber, der sich mit seiner Kunst die Zeit vertreibt – Sublimation auch hier. Ohne den Schreiber gäbe es diese Geschichte nicht; letztlich jedoch ist er Teil einer komplizierten obliquen Authentisierungsstrategie: Die Figuren der Handlung reden über ihre mögliche literarische Existenz und den Prozeß der Verschriftlichung, die Resultat zweier verbundener Umstände ist: der Exorbitanz der Ereignisse und der mündlichen Existenz der Geschichte. Dabei zeigt der Bauer Gattungsbewußtsein; es geht im ›Spiegel‹ um eine *wonderleich mer* (108), um eine unerhörte Begebenheit (und er wird somit zu einem der ersten Theoretiker der Novelle).[20] Es ist dabei signifikant, daß er weiter denkt als der

---

19 Einige Beispiele für diese Formel in ihrer typischen Realisation, wie sie sich in Texten der Karlsruher Kleinepikhandschrift findet (alle Beispiele aus Codex Karlsruhe [Anm. 5]): *Got berot den schreyber. / Der das mer hot geschriben, / Der ist an schon frawen pliben.* (›Von dem preller‹ V. 86–88, S. 525–527); *Got berot den schreyber. / Der das mer hot geschriben, / Der ist an dem roten münd blyben.* (›Von der schonsten frawen genant / der rot münt‹, V. 359–361, S. 503–512); *Got berat den schreiber. / Der daz mere hat geschrieben, / Der ist an schöne fraüwen blieben.* (›Von dem fogelein‹ V. 97–99, S. 289–291); *Got berat den schreiber. / Der dÿz mere hat geschrieben, / Der ist an schöne fraüwen blieben* (›Der keßdiep‹, V. 74–76, S. 259f.). – Die vorliegende Interpretation integriert den Schreiber in das poetologische Konzept des Textes und entfernt sich damit von den Fällen, die im folgendenden Band diskutiert werden: Der Schreiber im Mittelalter, hg. von MARTIN J. SCHUBERT, Berlin 2003 (Das Mittelalter 7/2).

20 Jedenfalls wenn man von der Goetheschen Definition ausgehen will. Auch wenn natürlich der Begriff *mer* in diesem Zusammenhang schwerlich den Status eines mittelalterlichen Gattungsbegriffs hat, so ist doch auffällig, daß der Bauer hier festhält, daß solche unterhaltsamen unerhörten Begebenheiten leicht zur kurzweiligen und unterhaltenden (und weit verbreiteten) Literatur werden. Vgl. WOLFGANG RATH, Die Novelle. Konzept und Geschichte, Göttingen 2000 (UTB 2122). – Vgl. auch FISCHER [Anm. 3], S. 130f. mit Anm. 82 sowie die anderen in Anm. 3 genannten Titel, die sich

Knecht: Denkt der Bauer bereits in literarischen (wenn auch wohl nicht gattungssystematischen) Kategorien, reicht die Imagination des Knechts nur bis zur mündlichen Existenz der Geschichte. So wird denn auch konsequent der Bauer als Gewährsmann der Geschichte eingeführt (›Spiegel‹ V. 2).[21] So wird letztlich der Inhalt der Geschichte qua seiner Exorbitanz sowie die Existenz des Schreibers, die ja nicht zu leugnen ist, da wir die Geschichte lesen, zum Garant ihrer Wahrheit: Die Geschichte legitimiert sich in dieser Volte selbst.

In der Terminologie der Mären des 14. und 15. Jahrhunderts ist der Schreiber meist jemand, der Latein schreiben konnte; ist er, wie hier, als fahrend gedacht, eigentlich fast immer ein Student. Er hat sich in die Geschichte eingeschrieben, um auf genau diesen Hintergrund zu verweisen. Die Existenz des Schreibers, der sich in dieser legitimatorischen Volte der Geschichte selbst eingeschrieben hat, ist der Grund, weswegen eine Überinterpretation erlaubt ist – der Autor verweist mit seiner Inklusion in die Erzählung auf seine Bildung, um auf das skizzierte Spiel mit Zeichen und Topoi, auf das Prinzip der Nicht-Eindeutigkeit, das in diesem Märe vorherrscht, aufmerksam zu machen. Dies zeigt sich besonders, wenn man die Fortschreibungen der Geschichte, die Umarbeitungen durch andere Schreiber in den Blick nimmt.

2. Das fortgeschriebene Ende des Begehrens: ›Spiegel und Igel‹

In einer in 5 Handschriften überlieferten Fassung, die in der Forschung unter dem Titel ›Spiegel und Igel‹ bekannt ist, und die früher aufgrund von Überlieferungsgemeinschaften Hans Rosenplüt zugeschrieben wurde und vermutlich in Nürnberg im 15. Jahrhun-

---

mit dem Verhältnis von Märe und Novelle auseinandersetzen. Dazu vgl. auch Ingrid Strasser, Vornovellistisches Erzählen. Mittelhochdeutsche Mären bis zur Mitte des 14. Jahrhunderts und altfranzösische Fabliaux, Wien 1989 (Philologica Germanica 10).

21 Vgl. hierzu auch Heribert Hoven, Studien zur Erotik in der deutschen Märendichtung, Göppingen 1978 (GAG 256), S. 226f.

dert entstanden ist, wird die Geschichte verdoppelt und eine ›Rache der Magd‹ angehängt.[22]

In der ursprünglichen Spiegel-Episode gibt es folgende gravierende Unterschiede:

1. Der Knecht Herold wirbt erfolglos um die Magd, die ihm gegenüber nie ein irgendwie geartetes Versprechen macht.[23]
2. Es fehlt die Absicht des Knechtes, eine Geschichte zu machen.
3. Die Situation vor dem Feuer ist deutlich unklarer präsentiert: Einerseits ist die Scham der Magd entblößt, andererseits müssen ihre Kleider angehoben werden (›Spiegel und Igel‹ [FISCHER 15b] V. 22 vs. V. 42).
4. Die Anrufung an St. Michael fehlt, dafür wird aber explizit auf das Sündenbewußtsein der Magd hingewiesen und ihr Gefühl, eine Gottesstrafe zu erleiden, inszeniert (›Spiegel und Igel‹ [FISCHER 15b] V. 54).
5. Die Reaktion des Meier nimmt nicht auf das Gerede oder die drohende Aufzeichnung der Geschichte Bezug; überdies stellt sie in einer erhaltenen Version klar, daß die Magd sich dem Knecht besser hingegeben hätte, ohne daß dafür ein Grund genannt wird (›Spiegel und Igel‹ [FISCHER 15a] V. 81–84).

---

22 Die Zuschreibung an Rosenplüt zusammen mit der These, die Fassung ›Spiegel und Igel‹ sei die eigentlich sinnvolle und ursprüngliche bei VICTOR MICHELS, Studien über die ältesten deutschen Fastnachstpiele, Straßburg 1896 (Quellen und Forschungen zur Sprach- und Culturgeschichte der germanischen Völker 76), S. 170–178: »Ohne den zweiten Teil haben wir es mit einer blossen Schmutzerei zu thun« (S. 171). Ohne weitere Erörterung setzt FISCHER (angesichts der fehlenden Autorsignaturverse) ein Fragezeichen hinter die Zuschreibung an Rosenplüt [Anm. 3; Anm. 7]. In die gleiche Richtung argumentiert REICHEL: »Wenn die Zuweisungskriterien streng gehandhabt werden und die Maßstäbe nachprüfbar sein sollen, muß die Entscheidung bei ›Spiegel und Igel‹ negativ ausfallen«; JÖRN REICHEL, Der Spruchdichter Hans Rosenplüt. Literatur und Leben im spätmittelalterlichen Nürnberg, Wiesbaden 1985, S. 97. Vgl. auch INGEBORG GLIER, Hans Rosenplüt als Märendichter, in: Kleinere Erzählformen im Mittelalter. Paderborner Colloquium 1987, hg. von KLAUS GRUBMÜLLER [u.a.], Paderborn [usw.] 1988 (Schriften der Universität-Gesamthochschule-Paderborn 10), S. 137–149.

23 *die meit versaget im das* (›Spiegel und Igel‹ [FISCHER 15 a/b] V. 9) entspricht *dicke gelobt sie im das* (›Spiegel‹ V. 9).

Die Spiegel-Geschichte wird also in ›Spiegel und Igel‹ vereindeutigt; der Bearbeiter schafft Klarheit in den Überdeterminationen des ›Spiegel‹ und nimmt somit mögliche Meta-Ebenen aus dem Verstehensprozeß heraus. Allerdings sind einige der Änderungen auf den angehängten zweiten Teil, auf die Umarbeitung der List zu einer List-Gegenlist-Episode zurückzuführen. So wird etwa das Motiv des Geredes der Nachbarn aus dem ›Spiegel‹ hier durch die Magd aufgenommen: Um Gerede zu verhindern, verspricht sie, sich dem Knecht hinzugeben.

In der Gegenlist-Episode empfängt bekanntlich die Magd am folgenden Morgen den Knecht mit einem Igel zwischen den Beinen; der Knecht erhält bei seinem Beischlafversuch starke Verletzungen, doch das Resultat ist kein eskalierender Krieg der Geschlechter, sondern die Versöhnung der beiden und asexuelle Freundschaft. In einem ausführlichen Epimythion wird die Magd dafür gelobt, daß sie ihre Keuschheit bewahrt hat. Aus der *wonderleich mer* ›Der Spiegel‹ ist das Märe ›Spiegel und Igel‹ geworden, das eine mögliche sexuelle Konflikte in der Stadt regulierende, auf Keuschheit der Unverheirateten pochende Sexualmoral vertritt. Eine gleiche Sozialverträglichkeit ist dem Epimythion von ›Der Spiegel‹ in der wörtlichen, unterkomplexen Lesart kaum zuzusprechen.

Die Moral ist deutlich, das Erzählen eindeutiger; ›Spiegel und Igel‹ ist die schlechtere Geschichte, da sie einen sehr viel engeren Assoziationsraum eröffnet, obwohl sie moderner und auf den ersten Blick emanzipierter wirkt. Doch bleibt auch hier Einiges sperrig: Männer tragen die Geschichte über die symbolische und die verbale Gewalt, wie sich im Werben, im Spiegelankleben und in der innerfiktionalen Bewertung der Handlung (wie, auf einer anderen Ebene, im Epimythion) zeigt. Die Frau dagegen ist Trägerin der physischen Gewalt. Doch ist das letztlich Projektion des Mannes. Denn die Igel-Episode als ›Rache der Magd‹ zu lesen, scheint mir eine äußerliche Interpretationsebene zu sein. Ausphantasiert wird in dieser Episode der Alptraum des Mannes, die Angst, die ihn schon in der Spiegel-Episode am Vollzug der Vergewaltigung gehindert hat. Aus der projizierten und ambivalenten Flammenhölle ist im zweiten Teil der Geschichte eine reale, wenn auch künstlich geschaffene *vagina dentata* geworden. Daß das Resultat einer solchen Erzählung nur allgemeine Keuschheit sein kann, ist nun wenig verblüffend.

Ob – in Fortschreibung der Erzählweise im ›Spiegel‹, der sich, wie ja SCHNELL gezeigt hat, symbolischen Zuschreibungen öffnet – auch der Igel symbolisch zu lesen ist, bleibt eine offene Frage: Er erscheint in der Geschichte, weil er Stacheln hat. Rein praktisch betrachtet müßte es sich eher um einen Igelbalg als um einen ausgestopften Igel gehandelt haben, aber darum geht es wohl nicht.[24] In den naturkundlichen Beschreibungen des Igels werden seine Stacheln humoralpathologisch als Resultat mangelnder Hitze erklärt;[25] während der Igel einerseits als unkeusch gilt (wenn auch die Schwierigkeiten des Igel-Geschlechtsverkehrs bereits etwa bei Konrad von Megenberg diskutiert werden), so ist er andererseits sexuell ambig, weil die Hoden des Igels nach mittelalterlicher Vorstellung innen liegen.[26] Ein symbolischer Konnex scheint mir deutlich zu sein: So wie die humoralpathologisch weiblich markierte mangelnde Hitze die Stacheln des Igels entstehen läßt, so treibt das im ersten Teil der Geschichte in die Frau hinein imaginierte Feuer (als das den Mann für sein unreguliertes Begehren strafende Fegefeuer) den stacheligen Igel nach außen wie einen nach außen gestülpten, verletzenden Uterus. Auf humoralpathologischer Ebene heißt das, daß die kalte Frau durch das imaginierte Feuer letztlich erhitzt und somit vermännlicht wird, und als vermännlichte Frau kann sie keusch bleiben; als Frau ›mit etwas zwischen den Beinen‹ ist sie nicht mehr interessant für das regellose Begehren des Knechts. Das Epimythion reguliert dieses merkwürdige Bild und überführt es in eine städtische Sexualmoral: Mägde dürfen nicht wollen, wenn sie Mägde und nicht Prostituierte sein wollen (›Spiegel und Igel‹ [FISCHER 15a] V. 127–136; [FISCHER 15b] V. 133–142),[27] und man könnte mit Hinweis auf

24 Eine solche Überlegung liegt der Frage zu nahe, wie es denn die Magd nicht hat merken können, daß ihrer Scham mit heißem Pech ein Spiegel angeklebt wird, und wie sie die Kanten des Spiegels an der Innenseite ihres Schenkels nicht bemerkt hat.

25 Zum Igel vgl. den Artikel von CHRISTIAN HÜNEMÖRDER, Igel, LexMA V, Sp. 365f.

26 Ebd., Sp. 365. – Vgl. Das Buch der Natur von Konrad von Megenberg. Die erste Naturgeschichte in deutscher Sprache, hg. von FRANZ PFEIFFER, Stuttgart 1861, hier III A 26, S. 137f.; zu den Stacheln des Igels 138,7–9; zum Geschlechtsverkehr 138,17–21.

27 Zwar ist es richtig, daß das Epimythion die Aussagen des Bauern konterkariert, doch hierin wie HOVEN ein Indiz für eine Negation der Verbindlichkeit des Märes zu sehen, geht am Text vorbei: Hier werden einfach intradiegetische und extradiegetische Autoritäten hierarchisiert (vgl. HOVEN [Anm. 21], S. 260).

andere Mären ergänzen: Wenn Knechte wollen, dann gibt es für sie die Prostitution.

Interessant ist an der Doppelkonstruktion ›Spiegel und Igel‹ also vornehmlich der Wechsel in der Geschlechterkonstrukion. ›Der Spiegel‹ ist eine überdeterminierte Geschichte über männliches Begehren, Frauen spielen in ihr als Objekt, als Staffage und schließlich als Projektionsfläche eine zwar entscheidende, aber passive Rolle. Die Doppelgeschichte ›Spiegel und Igel‹, auf der Textoberfläche eine reine (und nicht sehr originelle) Erweiterung, hat eine gänzlich andere Tiefenstruktur. Sie ist eine Geschichte, die das Begehren aus der Textwelt eskamotieren will und sie geht dazu einen bemerkenswerten Weg. Das Bild vom inwendigen Feuer, im ›Spiegel‹ eine Projektion des Mannes, wird hier zu einer medizinischen Realität. Geht man von dem von LACQUEUR (sicher zugespitzt) beschriebenen Eingeschlechtmodell aus,[28] dann liefert das (vom Mann erst erzeugte) inwendige Feuer der Frau die nötige Hitze, um sie dem männlichen Geschlecht weitgehend anzugleichen. Resultat dieser Angleichung ist das Ende des sexuellen Begehrens, das zwischen Männern als ausgeschlossen gilt; so steht folgerichtig am Schluß der Geschichte die asexuelle Freundschaft zwischen Knecht und nun vermännlichter Magd. Zeichen dieser Vermännlichung aber ist der ambige Igel, dessen (durch mangelnde Hitze weiblich konnotierte) Stacheln ihn hier durch seine anatomische Lage als männlich konnotiert ausweisen. Daß er gleichzeitig nicht nur rein praktisch das Erreichen des Ziels des Begehrens des Mannes verhindert, sondern auch wie ein nach außen gewendeter Uterus als deutlicher Verweis auf die Homologie weiblicher und männlicher Geschlechtsorgane nach dem Eingeschlechtmodell (das den Uterus als nach innen gewendeten Penis und Skrotum liest) interpretiert werden kann, macht ›Spiegel und Igel‹ zu einem weit besseren literarischen Beleg für dieses Modell als die bisher angeführten Beispiele.[29]

---

28 THOMAS LAQUEUR, Making Sex. Body and Gender from the Greeks to Freud, Cambridge/London 1990; dt. Auf den Leib geschrieben. Die Inszenierung der Geschlechter von der Antike bis Freud, Frankfurt a. M./New York 1992. Zu LACQUEUR vgl. die Kritik bei BRIGITTE SPREITZER, Störfälle. Zur Konstruktion, Destruktion und Rekonstruktion von Geschlechterdifferenz(en) im Mittelalter, in: Manlîchiu wîp, wîplîch man. Zur Konstruktion der Kategorien ›Körper‹ und ›Geschlecht‹ in der deutschen Literatur des Mittelalters, hg. von INGRID BENNEWITZ und HELMUT TERVOOREN, Berlin 1999 (Beihefte der ZfdPh), S. 249–263.

29 RALF SCHLECHTWEG-JAHN, Geschlechtsidentität und höfische Kultur. Zur Dis-

Der Schreiber aber ist im Prozeß dieses Umschreibens verschwunden. Das Epimythion spricht ein Erzähler, ein nicht weiter definiertes ›Ich‹. Allerdings ist festzuhalten, daß sich die Moral des Epimythions sozusagen von selbst trägt – wie gut oder schlecht sie letztlich zur erzählten Geschichte passen mag. Generell aber ist ›Spiegel und Igel‹ eine eindeutige und bei aller Drastik der beiden imaginierten sexuellen Situationen eine sozial verträgliche Geschichte, an deren Ende Ordnung bewahrende Freundschaft steht, während ›Der Spiegel‹, wenn man das Epimythion wörtlich-oberflächlich nimmt, die allerhöchstens für vagierende Kleriker zuträgliche Moral verkündet: Mägde, gebt Euch hin, wenn ihr gewollt werdet. Die Inserierung des Schreibers als Vermittler der Geschichte macht erstens dieses Epimythion zu einer Schreibermoral – und das die keine Moral haben, zeigt die aus anderen Mären geläufige Standardrolle der Schreiber; zweitens wird mit der doppelten Existenz des Schreibers als Figur der Geschichte sowie als Autor auf inszenierte Ambiguitäten hingewiesen, wird diese Geschichte als Klerikerscherz geoutet, als artifizielle Übung in Mehrdeutigkeit.

Mit seiner merkwürdigen inhaltlichen Konstruktion sowie seiner komplexen Authentisierungsstrategie verweist ›Der Spiegel‹ auf eine Tendenz, die ich vorsichtig so formulieren möchte: Wenn die inhaltliche Situation eines Textes – sei es wegen zu großer Eindeutigkeit oder zu großer Uneindeutigkeit *in eroticis* – problematisch zu werden droht, dann kann in der schriftlichen Überlieferung gegengesteuert werden, in dem verschiedene, den Tradierungsprozeß aufrufende Legitimations- und auch Distanzierungsinstanzen benannt werden. ›Der Spiegel‹ bietet gewissermaßen die Ausgangsposition dieses Prozesses, auf den ich an anderer Stelle zurückkommen werde; dort wird beschrieben, wie eine Geschichte zur Geschichte wird, wobei gleich angedeutet wird, daß Geschichte und Ereignis nicht identisch sein müssen, denn eine Geschichte wird erst aus dem Ereignis gemacht. Insofern ist – verglichen etwa mit dem Prolog vom ›Nonnenturnier‹, in dem es um mündliches Erzählen geht[30] – die

kussion von Geschlechtermodellen in den sog. priapeiischen Mären, in: Manlîchiu wîp, wîplîch man [Anm. 28], S. 85–109, der auf ›Das Nonnenturnier‹, den ›Rosendorn‹ und ›Gold und Zers‹ verweist.

30 Der Prolog des ›Nonnenturnier‹ (V. 1–11) entwirft ein Bild einer mit Tanzen und Musizieren beschäftigten Gesellschaft, in die hinein ein Erzähler als er-

Situation eine andere, da der Entstehungsprozeß eines Märe reflektiert wird; und zwar so, daß eine Mauer zwischen Geschichte und innerfiktionaler Wirklichkeit errichtet wird, die nur der Schreiber überschreiten kann. ›Spiegel und Igel‹ braucht dieses Spiel von Distanz und Nähe, von Authentisierung, Autorisierung und Inszenierung der narrativen Verantwortung nicht, da das Märe eine eindeutige Moral hervorbringt (nicht nur einfach anhängt, sondern wirklich aus dem Text erzeugt). Doch einfach ist die *moralisatio* auch für den Verfasser von ›Spiegel und Igel‹ nicht zu haben. Wird in ›Der Spiegel‹ das Begehren letztlich nur über dessen Sublimierung darstellbar, so wird in ›Spiegel und Igel‹ am Ende das Begehren nur über das Verwischen der Geschlechtergrenzen ausgelöscht.

---

ster einer angekündigten textuellen Reihe tritt (*wir sollen nu abenteur sagen*, V. 10); der Prolog gilt als einzige deutschsprachiger Beleg für »›Novellieren‹ als Gesellschaftsspiel« (FISCHER [Anm. 3], S. 273). Der Text ist ediert in Novellistik des Mittelalters [Anm. 18], S. 944–977; 1330–1340, und bei FISCHER [Anm. 7], Nr. 3, S. 31–47.

Marian Polhill

›Scientific‹ Bestiaries

Translations, Misreadings, and Cultural Significance[1]

When I was finishing research for my dissertation, I stayed in a small bed-and-breakfast in Würzburg. As I was preparing to check out after a month's stay, the owner asked about my dissertation, discarded pages of which he had found while cleaning my room. The owner, it turns out, was trained as a zoologist, and was interested in learning what I had discovered about the uses of animal substances in late medieval medicine. He was especially interested in hymenopteran studies and told me about the strange claim expressed in many medieval encyclopedias that bees are produced from a bovine carcass.[2] According to his research, large honeycombs were associated with cows and steers in ancient India and often named after these divine animals. He was convinced that Aristotle or another authority had used a source claiming that bees arise in ›steers‹ or in a ›cow‹. The mis-information even caused cattle bludgeoning to procure bees in Europe through the seventeenth century.[3]

---

1 This revised version has benefited from suggestions by Nikolaus Henkel, Marianne Kalinke, Freimut Löser, Matthias Meyer and others offered during the second annual American-German ›Arbeitstagung‹ held in October of 2002 in Göttingen. Arthur Groos, Leslie Adelson, Anette Schwarz, and others at Cornell University and Gundolf Keil at the Institut für Geschichte der Medizin in Würzburg provided helpful comments on earlier versions of the paper.

2 See, for example, the following passage from the early modern English translation of Bartholomaeus Anglicus: *And for to bring forth Bees flesh of calves, which be slaine, is beate that wormes may bee gendered and come of the rotted bloud, the which wormes after take wings, and are made Bees.* Bartholomaeus Anglicus, Batman vppon Bartholome. His Booke De Proprietatibus Rerum 1582, introduction and index by JÜRGEN SCHÄFER, Hildesheim/New York 1976 (Anglistica and Americana 161), book 12, chap. 4.

3 In an article about the soma ›plant‹ as signifying the honeycomb, LEHMANN discusses the ancient association of the soma plant with the udder of either a cow or a steer [!]. See JÜRGEN LEHMANN, Die ursprüngliche rigvedische So-

I found the story intriguing because I had been considering the cultural significance of mistranslations and misreadings, especially as they relate to medieval ›scientific‹ knowledge. Although science in the Middle Ages has often been disparaged for its lack of method and innovation and unjustly neglected as a consequence, texts containing such pre-scientific information provide a wealth of data, not only for the history of science, but also for cultural studies. In this paper I will focus on mistranslations and misreadings relating to medieval bestiaries. The first section will consider modern and contemporary definitions of medieval bestiaries, which have constructed notions of the genre that exclude a great portion of the medieval discourses on animals. The paper then reexamines medieval texts in order to suggest ways in which moving beyond the modern categories and assumptions allows us to re-examine how the medieval texts themselves interconnect with broader cultural discourses, participating in the construction of religious, professional, group, and gendered identities with their own exclusionary agendas.

I. Modern and contemporary definitions of medieval discourse on animals

Modern considerations of medieval bestiaries have categorized them according to magical and allegorical methods of interpreting nature. Such categories discourage an examination of the wide variety of medieval discourses on animals, which include not only allegorical models, but also natural-historical and physiological interpretations. This section will examine recent discussions in scholarly research on medieval bestiaries, in popular culture, and in the history of science and intellectual thought. Although the examples are taken from very different areas, they have a similar effect of excluding medieval observational and physiological discourses in order to emphasize magi-

---

mapflanze war weder grüne Pflanze noch Pilz: Gepreßt wurden Bienenwaben. Sicht eines Entomologen, in: Indoarisch, Iranisch und die Indogermanistik. Arbeitstagung der Indogermanischen Gesellschaft vom 2. bis 5. Oktober 1997 in Erlangen, ed. BERNHARD FORSSMAN/ROBERT PLATH, Wiesbaden 2000, pp. 295–314, esp. p. 299.

cal and allegorical aspects and thereby to establish the medieval as a space of difference to the modern.

In focusing on the ›Physiologus‹ and its derivatives for the purposes of compiling indices of imagery and mythological lore, research on medieval bestiaries has distorted our perspective on animals in the Middle Ages by neglecting other texts and discourses. In ›Beasts and Birds of the Middle Ages‹, WILLENE CLARK and MERADITH MCMUNN define a bestiary as »any work deriving from the Latin ›Physiologus‹ which departs, by means of additions and interpolations, from the Latin ›Physiologus‹ versions known as Y, C, and B.«[4] Although the editors mention the existence of genres such as encyclopedias, which include information about animals, they define these discourses through their relationship to the ›Physiologus‹ and its descendant bestiaries. Though less exclusively, ›Das Lexikon des Mittelalters‹ also bases its ›Bestiarium‹ entry in large measure on the ›Physiologus‹, barely mentioning medical discourse on animals,[5] while the entry on ›Tierbuch‹ only provides a cross-reference to ›Bestiarium‹. ›Tierbuch‹ would be the equivalent of the herbal or ›Kräuterbuch‹ and provide examples of texts of *materia medica animalis*, animal products used in medicine, but this genre of medical bestiaries is not mentioned in either entry. Although it is true that the ›Physiologus‹ and its derivatives were extremely widespread in the Middle Ages, medieval and early modern texts nonetheless interpret animals on a much wider array of levels, and use a greater variety of methodologies, than is acknowledged by literary scholarship on animal imagery.[6]

Popular culture has also focused on magical and symbolic aspects in its representations of medieval animals in television series, film, and fantasy novels. In ›Harry Potter and the Sorcerer's Stone‹, to

---

4 Beasts and Birds of the Middle Ages. The Bestiary and Its Legacy, ed. WILLENE CLARK/MERADITH MCMUNN, Philadelphia 1989, p. 3.

5 NIKOLAUS HENKEL/CHRISTIAN HÜNEMÖRDER, Bestiarium, LexMA II, cols. 2072f.

6 Not all scholars underemphasize medieval non-theological and non-symbolistic discourse on animals. NIKOLAUS HENKEL, for example, has suggested that natural historical discussions of animals in the Middle Ages were at least as widespread as the ›Physiologus‹-derived allegorical models. NIKOLAUS HENKEL, Studien zum Physiologus im Mittelalter, Tübingen 1976. See esp. pp. 152–161.

discuss only one of the many possible examples, Rowling invokes medieval animal lore as part of her construction of a wizard's world. This is the case, for example, when potion-master Snape instructs Harry on the uses of bezoar stones found in the belly of a goat as a remedy for most poisons.[7] A more familiar legendary creature, the phoenix, also plays a central role in the young wizard's adventures, providing the feather for Harry's wand and saving him from his nemesis, Voldemort, on several occasions. In addition, a bestiary accompanies the Harry Potter series, modeled on the late-classical and medieval ›Physiologus‹. As often occurs in the genre of fantasy, the author uses these and other popular notions of the medieval period in order to construct a fantasy realm that exists as an escape from the reality of modern society.

Historians dealing with the development of modern science have also tended to neglect medieval discussions of animals because they view the medieval period as one with little innovative empirical or scientific thought regarding nature. The assumption that the ›Physiologus‹ and its derivatives represent medieval discourse on animals reinforces the perception of ›science‹ in the Middle Ages as unscientific and not empirical, and therefore lacking in value for the history of science because it does not directly participate in the development of the scientific method. In other words, it does not aid in constructing myths of the ›modern‹ and of progress achieved through science and technology.

There are a number of works that deal either in whole or in part with animals in the Middle Ages other than the ›Physiologus‹-derived bestiaries. There are also medical or pharmaceutical treatises dealing with the uses of animal substances, such as those works by or derived from Dioscorides, Rhazes, Avicenna, Pseudo-Serapion, Hildegard von Bingen, and Sextus Placitus. A number of medieval encyclopedias, such as those by Thomas of Cantimpré, Bartholmaeus Anglicus, Vincent of Beauvais, Konrad von Megenberg, and Albertus Magnus, contain chapters devoted to information about animals. Although these works are not ›scientific‹ in the way twentieth-century scientists would define the term – that is, the information they

---

[7] J. K. Rowling, Harry Potter and the Sorcerer's Stone, New York 1998, p. 138. Medical lore of the Middle Ages mentions these stones in the ibex, a mountain goat, from which they were taken as an antidote for poison.

contain is not based on a scientific method and a process of hypothesis and experimentation that is reproducible – they do contain information that exists apart from moral or theological reasoning, that is, apart from the focus on the symbolic value of animal behavior as reflective of a divine order. Many contain observational accounts of animal behavior and might be termed ›natural-historical‹. Others are certainly ›medicinal‹.

It is not my purpose here to recuperate medieval bestiaries within a linear development of Western science, but rather to point out that the dominant definitions that depart from an emphasis on the ›Physiologus‹ exclude a number of other texts containing medieval discourse on animals, which provide valuable information for understanding the medieval period. While an examination of medieval encyclopedias and medical texts contributes to research on the development of modern science, as GUNDOLF KEIL and others have shown,[8] these medieval ›scientific‹ texts, with their often confused and fragmentary synthesis of classical theory combined with observation and medieval philosophy, also provide rich material for the study of medieval culture. Whereas medieval writers recognized the allegorical material contained in the ›Physiologus‹-derived bestiaries as not necessarily representing empirical ›truth‹,[9] they turned to a greater extent to the encyclopedic and medical texts, legitimized as they were by an increased emphasis on observation and real therapeutic practice, for applicable knowledge of this world.

---

8 See, as only one of the many examples, the following article, which discusses an increased emphasis on observation of nature in twelfth- and thirteenth-century encyclopedic works: CHRISTIAN HÜNEMÖRDER, Zur empirischen Grundlage geistlicher Naturdeutung, in: Geistliche Aspekte mittelalterlicher Naturlehre. Symposium 30. November – 2. Dezember 1990, ed. BENEDIKT KONRAD VOLLMANN, Wiesbaden 1993, pp. 59–68. See also the transcription of the discussion following HÜNEMÖRDER's paper for references to a number of works that demonstrate a later medieval interest in empirical observation, pp. 139–144.

9 HENKEL [note 6], pp. 139–146.

II. Medieval misreadings

The following discussion will focus on several examples in which discourse about animals intersects with broader cultural issues, in the process participating in the construction of professional, group, and gendered identities. All the medieval passages in the following discussion involve translations from Latin, the language of the clerical elite, to the vernacular. Translations involve renegotiations of knowledge and material, and are thus sites at which identities are constructed or reconstituted. Mistranslations often constitute nodes of construction as well because although some will be forgotten or ignored, others intersect with dominant discourses and thus have a greater chance of being retained and propagated as additions to the discursive body that produce identity constructions. The examples in the following discussion all center on the body and its processes as a site (here a physical or material site): passages on defecation, sparrow feces, and on cow bone and menstruation. The majority are taken from Hans Minner's ›Tierbuch‹, with supporting examples from other texts.

The administrator of a pharmacy in Zurich in the fifteenth-century, Hans Minner was an unusually productive compiler of pharmacological texts. Among his various projects, including surgical guides, a urological treatise, an herbal as well as several glossaries, he also compiled a ›Tierbuch‹, sandwiched between his herbal and his most extensive glossary in the Marburg Ms. 81, which lists various uses of animal substances in medieval and early modern pharmacy.[10] The text has little or no relation to the ›Physiologus‹. Instead, Minner seems to have used a variety of other sources when compiling his work, including Latin translations of Greek and Arabic pharmaceu-

---

[10] For more information about Hans Minner, see GUNDOLF KEIL, Minner. Hans, LexMA VI, col. 646; GUNDOLF KEIL, Minner. Hans, ^{2}VL VI, cols. 585–593; and MARIAN POLHILL, Materia medica animalis: Untersuchungen zum ›Tierbuch‹ (ca. 1478) des Zürcher Apothekerknechts Hans Minner, [Diss. Cornell] Ithaca 2002. A revised and expanded version is forthcoming in Würzburg 2004. See also URSULA SCHMITZ, Hans Minners ›Thesaurus medicaminum‹. Pharmaziehistorische Untersuchungen zu einer alemannischen Drogenkunde des Spätmittelalters [math.-nat. Diss. Marburg an der Lahn 1973], Würzburg 1974 (Quellen und Studien zur Geschichte der Pharmazie 13), and RUDOLF SCHMITZ, Geschichte der Pharmazie, vol. 1: Von den Anfängen bis zum Ausgang des Mittelalters, Eschborn 1998, p. 392.

tical treatises such as those of Dioscorides and Pseudo-Serapion, as well as late medieval encyclopedic works such as those of Vincent of Beauvais and Albertus Magnus. A number of mistakes that Minner committed during compilation raise questions about the epistemological consequences of his misreadings, propagating as they do mistranslations as pharmacological truths. Other errors, unwitting or at times possibly conscious, intersect with gendered and cultural discourses concerning the developing pharmaceutical profession and its appropriate fields of practice.

I will first consider an example of a misreading with epistemological consequences within the body of pharmaceutical knowledge. In his chapter on the medical usefulness of the horse, Minner provides an indication for a stallion's teeth: *Die zen des pfäritz, daz ein man ist, dem nút vss geworffen ist: geleit vff das hŏpt, der ze nacht jn dem schlaff sich beschist: es vertreiptz* (IV, 5).[11] »The teeth of a horse that is male and not castrated (i. e. a stallion's teeth) laid on the head of a person who defecates in his sleep: it cures (the condition)«. For several chapters of his ›Tierbuch‹, including his section on the horse, Minner appears to have used either ›De animalibus‹ of Albert the Great or one in a common genealogical tradition as his source. The indication is an example of a passage in which Minner misread a word, thereby redefining the proposed cure. According to Albert's text, a stallion's teeth are supposed to cure a person of snoring during sleep: *Dentes equi masculi sub capite vel super caput stertentis in sommo positi prohibent ne stertat* (›De animalibus‹, XXII, 2, 1, 38, 94 = 1400, 2–3).[12] The Latin word for ›to snore‹ in this passage is *stertere*. Minner apparently misread the t in his source for a c – a common source of confusion because c and t appear identical in many medieval scripts – and thereby created a word ›stercet‹ (›defecates‹). Minner encountered the word *stercus*, or ›dung‹, constantly during his compilation activities, since the ›Tierbuch‹ contains numerous indications for animal dung. Here, the similarity of the Latin words

---

11 All references to Minner's ›Tierbuch‹ follow the transcription with its paragraphs and indication divisions in my edition and commentary, Polhill [note 10], pp. 66–76.

12 Albertus Magnus, De animalibus libri XXVI. Nach der Cölner Urschrift, vols. 1–2, ed. Hermann Stadler, Münster 1916–1920 (Beiträge zur Geschichte der Philosophie des Mittelalters 15–16), p. 1400.

influenced a misreading of letters leading to a mistranslation.[13] Minner has, thus, created a new indication for stallion's teeth – they efficaciously cure a person of defecating during sleep.

Although the original indication and the new cure based on Minner's misreading are equally ineffective, or at best efficacious only on a therapeutically suggestive level, such mistranslations result in redefinitions of the corpus of pharmaceutical knowledge. Each text with its translations and accompanying mistranslations produces a new entity, here for example, a new body of pharmaceutical knowledge. Each text with its particular constellation of re-translated and misread materials also intersects with cultural discourses of the moment or moments in which the text is being produced. The next example considers the significance of a misreading in conjunction with fourteenth-century theological discourse. It also suggests the interpretive quandaries that arise when the ›Physiologus‹ is taken as the primary point of departure for analyzing all medieval texts that deal with animals. Thus, here both modern and medieval misreadings will be considered.

Medievalists studying bestiaries have interpreted the animal chapters in Konrad von Megenberg's ›Buch von den natürlichen Dingen‹, also known as the ›Buch der Natur‹, as evidence of the ways in which medieval bestiaries became increasingly scientific in the later Middle Ages.[14] According to this interpretive stance, Konrad's four-

---

13 Rather than a mistranslation, this could also be considered an example of how the identical appearance of ›t‹ and ›c‹ has created variant readings that are both valid interpretations. For the confusion surrounding *tost* (›Dost‹, ›common or wild marjoram‹) and *cost* (›Kostwurz‹, ›costus‹) in medieval German recipes, for example, see JÖRG MILDENBERGER, Anton Trutmanns ›Arzneibuch‹. Teil II: Wörterbuch, vols. 1–5, Würzburg 1997 (Würzburger medizinhistorische Forschungen 56), pp. 987f. The word *stercere* does not appear in the Latin-German dictionary by KARL ERNST GEORGES, Ausführliches lateinisch-deutsches Handwörterbuch, Tübingen [9]1951.

14 See, for example, CLARK/MCMUNN [note 4], p. 5 and note 21. This erroneous interpretation of the relationship between Konrad's ›Buch der Natur‹ and the ›Physiologus‹ pertains mainly to North American scholars of the ›Physiologus‹. To be fair to CLARK and MCMUNN, it must be noted that the last ten to fifteen years have witnessed several breakthroughs in research on the sources of Konrad von Megenberg's ›Buch der Natur‹. See, for an introduction, GEORG STEER, Konrad von Megenberg, LexMA V, cols. 1361f., and GEORG STEER, Konrad von Megenberg, [2]VL V, cols. 221–236. For a more detailed and recent discussion, see GEROLD HAYER, Konrad von Megenberg ›Das Buch der

teenth-century text seems to develop out of the ›Physiologus‹ with its emphasis on allegorical and theological methods of interpreting animals, and then seems to add to that subject matter natural historical, or scientific, material. However, Konrad's text is not a derivative of the ›Physiologus‹, but is rather descended from a thirteenth-century Latin encyclopedia by Thomas of Cantimpré,[15] which in turn departed from Aristotle's work on the natural history of animals, among other sources.[16] Thus, the main source in the genealogy of texts producing Konrad's was not primarily an allegorical work to which natural history was added, but rather one foregrounding natural history. To this material, Konrad's text has added, not more observation of nature, but exegesis concerning the moral symbolism of animals, drawing upon Christian and anti-Jewish discourse. How one views the genealogy of knowledge that produced Konrad's text determines the interpretive emphasis one develops when analyzing his work. If Konrad's text is read as a more scientific work over the theological, moralizing tradition of the ›Physiologus‹, one emphasizes the neutralizing, more objective moves that seemed to produce Konrad's ›Buch der Natur‹. By reading Konrad's text against Thomas's encyclopedia, I emphasize instead the ways in which the genealogy producing Konrad's version participates in constructing a

---

Natur‹. Untersuchungen zu seiner Text- und Überlieferungsgeschichte, Tübingen 1998. See also my note 15.

15 The relationship among Konrad's text and his sources will no doubt be clarified with the publication of the four volume new edition and extensive commentary of the ›Buch der Natur‹ by ROBERT LUFF and GEORG STEER, the first volume of which was scheduled to appear in 2003. Konrad von Megenberg, Buch der Natur. Band 2: Kritischer Text nach den Handschriften, ed. ROBERT LUFF/GEORG STEER, Tübingen 2003 (TTG 54). See also HELGARD ULMSCHNEIDER, Ain Puoch von Latein [...] daz hæt Albertus maisterleich gesamnet. Zu den Quellen von Konrads von Megenberg ›Buch der Natur‹ anhand neuerer Handschriftenfunde, ZfdA 121 (1992), pp. 36–63, and HELGARD ULMSCHNEIDER, Ain Puoch von Latein. Nochmals zu den Quellen von Konrads von Megenberg ›Buch der Natur‹, ZfdA 123 (1994), pp. 309–333, as well as CHRISTIAN HÜNEMÖRDER, Die Lösung des Rätsels der sogenannten 3. Fassung (Thomas III) der naturkundlichen Enzyklopädie ›De natura rerum‹ von Thomas von Cantimpré, Archives Internationales d'Histoire des Sciences 49 (1999), pp. 252–268.

16 A Dominican working in Paris and Louvain, Thomas spent fifteen years compiling information for his ›Liber de natura rerum‹ (completion ca. 1241). See CHRISTIAN HÜNEMÖRDER, Thomas von Cantimpré, ^{2}VL IX, cols. 839–851 and LexMA VII, col. 712.

Christian (and anti-Jewish) identity by drawing on cultural and religious discourses. Seen in this way, his text becomes, not more neutral, but more political.

One example of the cultural manipulations of Thomas's material that produced Konrad's ›Buch der Natur‹ can be illustrated by their respective chapters on the sparrow.[17] The passage in which Konrad's text participates in constructing a Christian identity here is, oddly enough, one about sparrow droppings. It might seem strange to focus on this crude example, but it illustrates well Konrad's linkage of natural history with religious and cultural discourse. The relevant passage in the ›Liber de natura rerum‹ by Thomas with its accompanying textual context appears below and is immediately followed by Konrad's Middle High German compilation:

In furorem citius concitantur, sed nulla mora discordie. Ut dicit Experimentator, passeres calidiores sunt omnibus avibus, unde stiptici sunt et sanguinis incentivi; sunt et super modum luxuriosi. Stercus eius calidissimum, quando emittitur; sed citissime infrigidatur. Et signat eos, qui in tempore credunt et in tempore temptationis recedunt. Passer cito digerit quicquid glutit. Unde fit, ut corpus nequaquam sumptus cibus impinguat, sed tantum sustentat. Femine plus maribus vivere dicuntur. Dicit Aristotiles quod masculi passeres solo tantummodo vivunt anno; femine vero longo vivunt tempore. Hoc quidem credimus de passeribus orientis, quoniam apud nos, qui sumus in Europa, passeres masculi diu vivunt sicut femine. [...][18]

---

17 For the following quotations, selected from the sparrow chapters of Thomas and Konrad, the editions of BOESE, based on the Thomas I- and II-Fassungen, and PFEIFFER's edition of Konrad of Megenberg's text were used because the new edition of Konrad's ›Buch der Natur‹ by ROBERT LUFF and GEORG STEER [note 15] and the Thomas-III-Fassung(en) were not available to the author at the time of writing this article: Thomas Cantimpratensis, Liber de natura rerum, Teil I: Text, ed. HELMUT BOESE, Berlin/New York 1973. Konrad von Megenberg, Das Buch der Natur. Die erste Naturgeschichte in deutscher Sprache, ed. FRANZ PFEIFFER, Stuttgart 1861, rpt. Hildesheim 1962. A further study will need to check the following discussion with the new edition of Konrad because he apparently used as his main source a version of the encyclopedia by Thomas, the so-called Thomas III, not actually compiled by Thomas of Cantimpré (see HÜNEMÖRDER [note 15], p. 252). Thus, there is in all probability at least one intermediate stage between Thomas and Konrad. Because it is not clear, in the absence of LUFF and STEER's edition, how much Konrad changed in his source material (or even which version of Thomas Konrad had as a source for his sparrow passage), I have avoided attributing manipulations directly to Konrad, and instead intentionally use the passive voice or speak of ›Konrad's text‹ or ›the genealogy that produced Konrad's text‹.

18 BOESE [note 17], pp. 223f.

[»They are quickly incited to rage, but discords do not last long. As the Experimentator says, sparrows are hotter than all other birds, from whence they are styptic and heat up the blood; and they are extremely sexual. Their excrement is exceptionally hot when it is emitted; but it becomes cold very quickly. And it signifies those who believe for a while, and in time of temptation they fall away. The females are said to live longer than the males. Aristotle says that male sparrows only live one year; females indeed live for a longer period of time. But we believe this of the eastern sparrows, because in our vicinity, in Europe, the male sparrows live as long as the females. [...].«]

Er wirt gar snell zornig, aber der zorn wert nit lang, sam ain vorscher spricht. die sperken sint mêr hitziger nâtûr denn all ander vogel, and dar umb enzündent si daz pluot und machent ez auz wallend, und dâ von sint si auch gar unkäusch. dar umb habent si den namen ze latein passer, daz ist ain leider, wan welhez tier diu prunst der unkäusch vil rüert, daz hât vil leidens, dar umb sprechent die weisen: minner, martrer. des vogels mist ist gar hitzig an dem auzwurf, aber er wirt gar snell kalt, und bedäut die läut, die ain klain weil gelaubent und zehant wider vallent, sam die bekêrten juden. ez bedäut auch all kurzrewig läut, die an ainr predig haiz wainent und zehant wider vallent. diu spirch kochet gar schier in dem magen ir ezzen und dar umb wirt si selten vaizt. si leident auch in etleichen landen daz vallend leit. [...][19]

In his engagement with Aristotle's text, Thomas had a conflicting agenda. He claimed to have compiled his work because of St. Augustine's assertion in ›De doctrina christiana‹ of the usefulness of books on natural history.[20] In his encyclopedia he also invokes Augustine's Neoplatonic idea of the creation as a mirror of the Creator and mentions that providing exempla for sermons may be a possible use of his work. However, it is widely recognized that the appearance of Michael Scot's translation of Aristotle's ›De animalibus‹, making this classical text available to Western European scholarly circles, was a primary motivation behind Thomas's undertaking.[21] Thus, Thomas invokes one of the Church Fathers in stating an explicit goal in compiling his work, while another motivation (that of recovering and engaging with classical knowledge) remains covert, either intentionally or subconsciously.

---

19 PFEIFFER [note 17], p. 220 (chapter 61 in Konrad's avian book).

20 See HÜNEMÖRDER, LexMA [note 16], col. 712, and LYNN THORNDIKE, A History of Magic and Experimental Science, vol. 2, New York 1923, p. 375.

21 HÜNEMÖRDER, LexMA [note 16], col. 712.

This tension in the stated goal carries over to Thomas's methodology. Aristotle and Pliny are his major sources, and natural historical information outweighs moralizing reinterpretation,[22] but Augustinian ideas have also influenced his methodology. Alternately, he may simply compile quotations from authorities, such as the ›Experimentator‹, without comment, or engage critically with the natural historical information in his sources based on his own personal observations, as he does at the end of the sparrow passage quoted above; or Thomas may provide a biblical passage suggesting a connection between the animal and its moral implication, as do the texts in the tradition of the ›Physiologus‹. Usually, his chapters on animals are a combination of all of these interpretive strategies. Thus, his work manifests an uneasy wedding of several different genres and means of interpretation, such as classical natural history, personal observation, and moral commentary.

So it is that Thomas adds a biblical verse from Luke 8:13, the parable of the sower and the seeds, to his source's natural historical material after quoting various classical authorities and before providing a personal observation about the difference between eastern and western sparrows. He has placed the biblical text immediately after the passage that describes how sparrow droppings rapidly cool after emission: *Stercus eius calidissimum, quando emittitur; sed citissime infrigidatur. Et signat eos, qui in tempore credunt et in tempore temptationis recedunt.* (›Liber de natura rerum‹, 5, 106, 11–13).[23] Whether Thomas intended the biblical citation to refer to the sparrow in general as a symbol of inconstancy or whether the scripture interprets the specific aspect of sparrow physiology (the droppings) is unclear. It is certainly possible that the biblical verse refers to the sparrow in general as a symbol of inconstancy, since this was a common moralizing interpretation.[24]

---

22 Ibid., col. 712.

23 The scriptural citation from Luke 8:13, in which Jesus interprets the meaning of the seeds that fall on rocky ground, reads as follows in the Vulgate: *nam qui supra petram/qui cum audierint cum gaudio suscipiunt verbum/et hii radices non habent qui ad tempus credunt/et in tempore temptationis recedunt.*

24 Several medieval biblical commentators associated the sparrow with inconstancy. According to the twelfth-century Augustinian prior Hugh of Fouilloy in a commentary on Psalm 10:1 (*In Domino confido quodmodo dicitis animae*

In Konrad von Megenberg's translation, the moralizing commentary that follows the natural historical information refers unequivocally to the sparrow droppings: *des vogels mist ist gar hitzig an dem auzwurf, aber er wirt gar snell kalt, und bedäut die läut, die ain klain weil gelaubent und zehant wider vallent, sam die bekêrten juden. ez bedäut auch all kurzrewig läut, die an ainr predig haiz wainent und zehant wider vallent* (›Buch der Natur‹, 220, 13–18). Whereas Thomas had listed various loosely related pieces of information about the sparrow – they have a quick temper, they are hot and therefore sexual animals, etc. – without explicit moral commentary, Konrad's text is organized in such as a way as to provide direct interpretation after specific pieces of natural historical information. After mentioning the hot and sexual nature of the sparrow, for example, it connects the humoral information with a supposed etymology of the name of the bird, *passer* as *leider*, and notes that those with carnal desire are properly termed sufferers. After interpreting the message behind the sparrow's sexuality, the text then turns to this next piece of natural historical information and provides a commentary (here in translation): »the bird's excrement is very hot when emitted but quickly cools, and signifies those who believe for a while but quickly fall, like converted Jews, and signifies all those whose repentance is brief, who cry hotly at a sermon and quickly fall again.« The use of words dealing with temperature – *haiz wainent* – and ›falling‹ that recur in the commentary echo the natural historical information and solidify the creation of this metaphorical association.

---

meae, transmigra in montem sicut passer?) in his ›Aviarium‹, the sparrow, because it is a capricious and inconstant bird, signifies, among other meanings, the inconstancy of the mind. In this passage from Psalms in particular the sparrow symbolizes men who depart from humility to a life of pride (symbolized by the mountain), or alternately to heretics, who turn from their faith, The Medieval Book of Birds. Hugh of Fouilloy's Aviarium, ed. WILLENE CLARK, Binghamton, NY 1992 (Medieval and Renaissance Text and Studies 80), pp. 162f. Hieronymus Lauretus documents a different symbolization of the sparrow in Psalm 10, but provides other sources that equate the sparrow with inconstancy, Silva allegoriarum totius sacrae scripturae, Barcelona 1570, rpt. Munich 1971, p. 777. Thus, Thomas may simply be providing a common biblical interpretation of the sparrow in general. Alternately, the inconstancy of temperature attributed in classical natural history to sparrow droppings may have reminded Thomas of the common allegorical association of the sparrow with inconstancy.

In Konrad's text much of the natural historical information has been eliminated and moral and allegorical interpretations added. When modifying this passage, the compiler (whether Konrad or an intermediary) withheld observational comment about possible differences in the physiology of eastern and western sparrows and instead expanded the moral commentary on the natural historical information. As a pedagogue and member of the clergy, Konrad's primary interests seem to be in the morally edifying messages that could be gleaned from nature and in the educational process of sharing these insights with his students and congregations.[25] To these ends, his text does not merely provide a biblical passage that associates sparrow physiology with a particular message, as did Thomas. Rather, it provides an exegetical elaboration based on the message of inconstancy contained in the scripture. His text educates his audience about what is not included within a good Christian identity. According to the passage, a good Christian is not inconstant, does not become inspired at a sermon only to forget its message quickly, and is not like the converted Jews. The text's implicit definition of what constitutes Christian identity seeks to exclude a group, Jews recently converted to Christianity, who were attempting to integrate within that Christian religious identity.

The general messages about inconstancy and anti-Jewish sentiments are, of course, typical of medieval Christian discourse. What is new is the linkage of a grotesque aspect of sparrow physiology to this message and the creation of a new metaphorical association of Jews with sparrow droppings. Through a process of increasing exegesis performed on Aristotle's natural historical work on animals, a process that quite possibly involved misreadings (assuming that Thomas had intended the scripture about inconstancy to refer to the sparrow in general, rather than to its droppings), Konrad's text participates in constructing a Christian identity by drawing on discourse of the sparrow's inconstancy on both physiological and symbolic levels, linking this discourse to anti-Jewish currents in

25 Which audience Konrad intended for his work has not been clarified by scholarship. I am following one line of interpretation advocated by GEORG STEER, TRAUDE-MARIE NISCHIK, and others in arguing that Konrad was interested in compiling and sharing the spiritual significance of natural phenomena. See HAYER [note 14], pp. 27, 31–39, 432f. etc.

Christian discourse, and creating a new, disturbing metaphorical association.

It is particularly important to view the manipulations of natural historical discourse according to their broader cultural implications because Konrad's text represents a moment at which knowledge belonging to the circles of the clerical elite became translated into the vernacular, and therefore was made available to a wider and different audience.[26] It is a text no longer read only by the clergy, but now, and increasingly, by a wide and non-clerical audience. In addition, it claims legitimacy both as a translation of the Latin, the language of the academy and the clerical elite, and by its invocation of Aristotle as authority. By examining each medieval text on animals as a site at which various discourses on animals interact, rather than merely in relation to the ›Physiologus‹, we discover how Konrad's text reinforces cultural and religious identities, and we also become aware of the cultural repercussions of his manipulations, disseminating knowledge to a broader audience.

I will now return to Hans Minner's bestiary, which represents a moment in which the identity of the pharmaceutical profession was in the process of being negotiated and defined. His text reveals a struggle among doctors, pharmacists, and midwives over the treatment of the human body and which group had the right to cure and accept payment for services relating to particular medical activities. By including treatments that were normally reserved for doctors, Minner's text resists a narrow definition of pharmacy that university-trained doctors tried to secure through legal processes.[27] Minner's concern with treating battle wounds, internal diseases, and gynecological ailments that required surgery are evidence that the professional identity of pharmacists had not yet been restricted to one as distributors of

---

26 For a discussion of the distribution of medieval and early modern manuscripts of Konrad's text, see HAYER [note 14], pp. 1–4, 432–461. HAYER demonstrates that recipients of the ›Buch der Natur‹ were primarily interested in its natural historical and medicinal information. That is, they considered it to be ›science‹.

27 See GUNDOLF KEIL, Zur Frage der kurativ-konsiliarischen Tätigkeit des mittelalterlichen deutschen Apothekers, in: Perspektiven der Pharmaziegeschichte. Festschrift Rudolf Schmitz, ed. PETER DILG [et al.], Graz 1983, pp. 181–196, as well as POLHILL [note 10] and MIKULAS SIMON, Die soziale Stellung der Apotheker in der Zürcher Stadtgesellschaft in Mittelalter und früher Neuzeit, Stuttgart 1983 (Quellen und Studien zur Geschichte der Pharmazie 24).

remedies and treaters of superficial ailments (at least not in Zurich in 1478).

His text also suggests a struggle over which of these groups will treat the female body. BRITTA-JULIANA KRUSE and others have noted that male participation in gynecology seems to increase during the later medieval period.[28] Minner's opus provides evidence that male pharmacists also attempted to appropriate women's medicine during the development of the pharmacist's profession. His works include treatments for women's diseases and for controlling menstruation not found in his sources. I will consider two examples of misreadings that extend the construction of the pharmacist's identity to include that of gynecologist: one example is possibly a conscious modification of the sources and the other a mistranslation based on a misreading.

The first example from Minner's ›Tierbuch‹ demonstrates an expansion of an indication attributed to cow bone due its styptic qualities to stop bleeding. In the thirteenth-century encyclopedia of Vincent of Beauvais and in the pharmaceutical treatise of Pseudo-Serapion, cow bone is said to restrict bleeding and diarrhea, but Minner has modified the indication to include menstruation. Minner's text states: *Die gebein der rinder, wenn man sy brent vnd sy trinckt: es stelt den flusß des blütz vnd dero fro̍wen zitt* (I, 1). [»Bones of cows, when one burns and drinks them: it stanches the flow of blood and menstruation.«] A correspondence to this indication for bovine bones according to Vincent of Beauvais is the following: *Avicenna in 2. can[on] ›Crura vaccina, idest ossa crurum adusta fluxum sanguinis abscindunt, et solutiones ventris* (lib. XVIII,

28 BRITTA-JULIANE KRUSE, Verborgene Heilkünste. Geschichte der Frauenmedizin im Spätmittelalter, Berlin/New York 1996 (Quellen und Forschungen zur Literatur und Kulturgeschichte 5). MONICA GREEN connects the increasing usage of the designation ›Secrets of Women‹ to describe gynecological literature to a change in audience for these medical texts. Primarily addressing women as medical practitioners of women's medicine in the early medieval period, these texts suggest a male audience in the later Middle Ages. MONICA GREEN, From ›Diseases of Women‹ to ›Secrets of Women‹. The Transformation of Gynecological Literature in the Later Middle Ages, Journal of Medieval and Early Modern Studies 30/1 (2000), pp. 5–39. See also Eucharius Rösslin, When Midwifery Became the Male Physician's Province. The Sixteenth-Century Handbook ›The Rose Garden for Pregnant Women and Midwives‹, trans. Wendy Arons, North Carolina/London 1994.

cap. 94 = 1379, D6–7).[29] [»Cow legs, that is the bone from the legs, burned to ashes, halts a flow of blood and the fluids of the stomach.«] A similar indication for the ribs rather than the bones in the legs of the cow is found in the medieval Italian version of Pseudo-Serapion's pharmaceutical bestiary: *E fi dito che* [le] *osse de le còsse dei buò brusè remuo*[ve] *el fluxo del sangue. E qua(n)do le fi bevù,* [le] *tuol via el fluxo del ventre* (3, 39 = 287ᵛ, 36–38).[30] In the passages of Vincent and Pseudo-Serapion, respectively, *solutiones ventris* and *el fluxo del ventre* refer to diarrhea, also bloody diarrhea.[31] Rather than including this indication for diarrhea, Minner adapts the passage to focus instead on woman's menstruation: *den flusß* [...] *dero frőwen zitt.*[32]

Another example of a ›new‹ gynecological cure produced by Minner's text involves a misreading. Similar indications for the ashes of hedgehogs as they appear in the ›Tierbuch‹ and the corresponding passages by Pseudo-Serapion, Vincent of Beauvais, and Albertus Magnus appear below:

Minner: *Ist das man jnn brent, sin esch subrot vnd macht túnn: vnd ettlich philosophi gebends den frőwen, in denen ze vil bösß fleischs ist.*
(›Tierbuch‹ XI, 2)

Ps.-Serap.: *E chi la brusa e mescearla cum le medesine o aministrarla sola, la mundifica le ulceratiom brute e smenuisse la carne sup(er)flua.*
(3, 10, 14–15 = 270ᵛ, 6–7)

---

29 Vinzenz von Beauvais, Speculum naturale [1256/9], vols. 1–2, Duai 1624, rpt. Graz 1964.

30 El libro agregà de Serapiom. Volgarizzamento di frater Jacobus Phillipus de Padua, vol. 1, ed. Gustav Ineichen, Venice/Rome 1962 (Civiltà Veneziana. Fonti e testi 3/1). For more information on Pseudo-Serapion, see Gundolf Keil, Aggregator, LexMA I, col. 206, and Gundolf Keil, Serapion, LexMA VI, cols. 1775f.

31 See Mildenberger [note 13], pp. 2191f. *Fluss des buchs* meaning ›diarrhea‹ often occurs in Minner's ›Tierbuch‹, so he would have been very capable of translating literally the Latin phrase *solutiones ventris* – something he did not do.

32 Although it is possible that the indication for menstruation also appeared in Minner's immediate source, an examination of the major editions of several classical and medieval encyclopedias and medical texts has not revealed another recipe for bovine bones to halt menstrual flow. See Polhill [note 10].

Vinc. of Beau.: *Vtriusque cineres [hericii] sunt absterso, et resolutio, et acuitas, et exiccatio.*
(XIX, 60 = B, 5–6)
Cinis cutis eius confert vlceribus sordidis. Et mundificat carnem additam.
(XIX, 60 = C, 2–4)

Alb. Mag.: *Hyricius autem qui montanus sive marinus vocatur, si comburatur, purgat materiam subtilem et attenuat. Quidem etiam utuntur eo in ulceribus quibus supervenient carnes pessimae.*
(lib. XXII, tract. 2, cap. 1, subcap. 43, par. 99 = 1402, 19–21)
Omnis ericius combustus positus super plagam habentem carnem superfluam removet carnis superfluitatem.
(lib. XXII, tract. 2, cap. 1, subcap. 43, par. 100 = 1402, 34–35)

Several passages from medieval encyclopedias and medical treatises correspond to Minner's indication for the hedgehog, which translates as follows: »If one burns it [the hedgehog], its ashes clean and attenuate, and many doctors give it to women with bad flesh.« What Minner understood with *fröwen, in denen ze vil bösß fleischs ist* is difficult to determine with certainty. It is likely that he is referring to women with gynecological disorders such as tumors or polyps in the reproductive system, although it is also possible that he understood the passage as referring to ›loose‹ or morally depraved women. As is the case for his chapter on the medical uses of the horse discussed above, Minner apparently used Albert the Great's text or a related one as the source for this passage, which we can surmise because the wording and syntax correspond so closely: [...] *si comburatur, purgat materiam subtilem et attenuat. Quidem etiam utuntur eo in ulceribus quibus supervenient carnes pessimae.* The indication for the ashes of hedgehog as alleviating ulcers, upon which bad or putrid flesh has manifested itself, is also found in the passages by Vincent of Beauvais and Pseudo-Serapion. Minner seems to have read *ulceribus* in his source as *mulieribus* and thus modified the cure for ulcers or sores exhibiting putrefying flesh (*ulceribus quibus supervenient carnes pessimae*) to one healing ›women‹ who have too much ›bad flesh‹ (probably vaginal or uterine disorders).[33]

33 It is possible that there was already an ambiguous tradition surrounding the alternate readings of *ulceribus* and *mulieribus*. MATTHIAS MEYER, in a confer-

Minner's ›Kräuterbuch‹ contains numerous indications for female ailments, and a pending source study will examine to what extent the gynecological treatments represent expansions of the source information. I suspect that many are additions, which will provide additional evidence of the attempt by pharmacists to include gynecology within the definition of their field in the later medieval period. This is not to suggest that pharmacists displaced midwives in the development of the profession. Rather, the inclusion of treatments of women's bodies that were not found in their sources reflects (male) pharmacists' attempts to incorporate gynecology within the defined parameters of their field at this particular moment during the development of the pharmaceutical profession. Minner's texts promise to provide more evidence in support of this theory.

ence paper also presented in Göttingen, discussed a passage in ›Spiegel und Igel II‹ by Hans Rosenplüt: *Do sie des nachts gaß und gemalk / do nimt sie her ein igelspalk / und get hin in ir gaden allein / und tut in zwischen ire pein / und pant in für ir heimlich gemach,/do sie vor der spigel stach* (105–110). The relationship between Minner's passage and this text is not clear.

James Rushing

More Images at the Interface

Aeneas in the Visual Arts[1]

In the year 2000 at Cornell, at the first of these American-German medievalist conferences, I attempted to address one of the most basic questions in the study of literary materials in the visual arts: given that some materials are pictorialized much more uniformly than others, can we identify principles that explain why some *sujets* are treated in fairly standard ways by artists, while others are treated in very different ways in different works of art? Today I would like to address what is perhaps an even more basic question: Given that some materials are pictorialized much more often than others, can we identify the circumstances under which literary materials are made into visual works of art? Why, for example, is the German ›Rolandslied‹ illustrated very early, quite often, and often lavishly, while the ›Nibelungenlied‹ is illustrated only once, very late? Why is the German ›Roland‹ illustrated, while the French ›Chanson de Roland‹ is not, and the Latin version of the material only very rarely is, while the material appears early and often in the monumental arts?

My tentative answer is rooted in the relatively familiar division of medieval world into two cultural spheres or epistemes – one literate, Latinate, learned; the other oral, vernacular, unlearned. The two spheres are opposed, for example, in Alcuin's oft-quoted admonition that monks should listen to the reader, not the harpist, to the *sermones patrum, non carmina gentilium*, »the words of the fathers, not the

---

1 The following is a modestly expanded and revised version of the paper delivered at Göttingen. A preliminary version was also read at a meeting of the Delaware Valley Medieval Association in September, 2002. I am grateful for points made by discussants at both conferences. I have kept the conference format and added only sufficient documentation to support the argument and point the reader towards additional sources. Since most of the images discussed are readily viewable in print or internet sources, I have ventured to avoid the expense of including illustrations here, but refer the reader to easily accessible reproductions.

songs of the people«.[2] My suggestion is that literary materials are pictorialized primarily at the interface of these two spheres. When the »songs of the people« are treated like the »words of the fathers«, and for example the originally ›oral‹ Roland material is made more ›bookish‹ in its German adaptation, then it acquires illustrations. Or when material from the *sermones patrum* side of the cultural divide is made available to the *gentes*, then for example the Latin Pseudo-Turpin chronicle may be illustrated in a copy made for a pilgrimage church or its contents may be painted in stained glass. But as long as the material stays at home in the oral sphere, as in the manuscripts of the ›Chanson‹ itself, or as long as the Pseudo-Turpin stays at home in the Latinate sphere, then neither is illustrated. The interface theory certainly seems useful for explaining what happens to the Roland material.[3] In this paper, I would like to test it on another great epic *sujet* – the story of Aeneas. And although my main interest is in the Middle Ages, this material leads us almost inevitably back into Antiquity, where we may be able to form some preliminary idea of whether the theory applies in that era as well.

The theory, then, is that pictorializations of literary materials arise at the interface of the two cultural spheres that we may call for simplicity's sake ›oral‹ and ›literate‹. But as we survey the Aeneas material I believe a second thesis will suggest itself as well: that the educational environment of a given time and place exercises a significant influence on the types of illustration programs that develop. Particular relationships between image and text may be associated with particular levels and types of literacy and particular modes of reception.[4]

---

2 Alcuin, Epistola 124, MGH Epistolae 4, Karolini Aevi 2, ed. Ernst Duemmler, Berlin 1895, p. 183.

3 See James Rushing, Images at the Interface. Orality, Literacy and the Pictorialization of the Roland Material, in: Visual Cultures and the Middle Ages, ed. Kathryn Starkey/ Horst Wenzel, New York (forthcoming).

4 Subsequent research into ›Aeneid‹ art reveals a situation somewhat more complex than the prelimary findings reported at Göttingen. For example, it now appears that not only does the interface of oral and literate, vernacular and learned modes of reception play a role in determining what is illustrated, but also that developments in the history of reading, above all the shift from primarily aural to primarily visual reading, play a major role in determining how often and how a material is illustrated. However, since fully incorporating the results of some eighteen months additional research would badly overburden this paper, I will leave the argument essentially as I made it at Göttingen, while correcting and refining a few statements that obviously require it.

Let us begin at the chronological beginning, and consider – all too briefly – the fate of the ›Aeneid‹ in the visual arts of classical antiquity.[5] Can the interface theory, rooted as it is in the medieval cultural situation, possibly be applicable to the very different linguistic and educational environment of antiquity? To be sure, the opposition of the »words of the fathers« to the »songs of the people« is hardly relevant. And yet, when we look at the classical evidence, what do we find? The first thing is that the text of the ›Aeneid‹ is apparently never illustrated. It is admittedly difficult to be certain about this, since so little manuscript material survives from before about 400, and it is clearly possible that what appear to be the facts may be distorted by accidents of survival. Such evidence as exists, however, from papyrus fragments, from the lack of any mention of Virgil illustrations in ancient sources, and from our general knowledge of ancient book illustration, suggests that manuscripts of Virgil's ›Aeneid‹ in the last century BC and the first centuries AD were unlikely to have been illustrated. The illustration of papyrus rolls in classical antiquity seems to have been essentially limited to texts that we would call non-fiction – mathematical treatises, astronomical/astrological texts, and so forth. The idea of accompanying a narrative text with a set of pictures that in some sense tell the story seems to be an innovation of the period around 400.[6]

---

5 This is of course not the ultimate beginning of the history of Aeneas in the visual arts. Because of his role in the story of Troy, specifically in the ›Illiad‹, Aeneas makes quite a number of appearances in ancient Greek art. For a catalog of Aeneas images in Greek and Roman art, see Fulvio Canciani, Aineias, Lexicon Iconographicum Mythologiae Classicae I, pp. 381–396.

6 Fictional works may sometimes have been accompanied by author portraits, and the dramas of Terrence were sometimes accompanied by images of dramatic masks, but these illustrations are not narrative. See Angelika Geyer, Die Genese narrativer Buchillustration. Der Miniaturenzyklus zur Aeneis im Vergilius Vaticanus, Frankfurt am Main 1989 (Frankfurter wissenschaftliche Beiträge: Kulturwissenschaftliche Reihe 17), esp. pp. 21–41; Thomas B. Stevenson, Miniature Decoration in the Vatican Virgil. A Study in Late Antique Iconography, Tübingen 1983, pp. 17–19. Both Geyer and Stevenson reject the argument of Kurt Weitzmann, Illustrations in Roll and Codex. A Study of the Origin and Method of Text Illustration, 2nd printing with addenda, Princeton 1970 (Studies in Manuscript Illumination 2), that late antique book illustration, like that in the Vatican Virgil, is based on a lengthy tradition of illustration in papyrus rolls, which not only has not survived in a single example but also left no trace in classical writings about books.

On the other hand, the Aeneas material was adapted into the visual arts in classical times, in a variety of monumental contexts, of which I can only discuss two in any detail. Let us consider first a wall painting from the Casa di Sirico in Pompeii, painted around the year 70.[7] The painting depicts a scene from Book 12 of the ›Aeneid‹ with what is, to a medievalist, positively astonishing fidelity to Virgil's text.[8] As I have argued elsewhere, especially with regard to the Rodenegg Ywain murals, it is generally a mistake to assume that a medieval painter is working with a text in one hand and a paintbrush in another.[9] Medieval instructions to painters often request something generic, along the lines of ›make a king here‹.[10] But the Casa di Sirico painter seems to have had the text of the ›Aeneid‹ very much in mind. Here we have Aeneas, for example, leaning on a spear, exactly as in the text: »Aeneas

---

7 Naples, Museo Nazionale, inv. 9009. See G. KARL GALLINSKY, Aeneas, Sicily, and Rome, Princeton 1969 (Princeton Monographs in Art and Archaelogy 40), pp. 28–29, fig. 23; KARL SCHEFOLD, Die Wände Pompejis. Topographisches Verzeichnis der Bildmotive, Berlin 1957, p. 165; JOHANNES OVERBECK, Pompeji in seinen Gebäuden, Alterthümern und Kunstwerken dargestellt, Leipzig [4]1884, rpt. Rome 1968, pp. 322 and 592; CANCIANI [note 5], p. 391, no. 174; GEYER [note 6], pp. 196f. A photograph is at http://galileo.imss.firenze.it/pompei/tecnica/ete11.html.

8 GALLINSKY [note 7], p. 23, considers the painting somewhat »generic« and considers the possibility that it might have been inspired by the ›Iliad‹ (presumably the wounding of Aeneas in book 5, though the details are entirely different). PETER AICHHOLZER, Darstellungen römischer Sagen, Vienna 1983 (Disserationen der Universität Wien 160), finds that the painting »folgt wörtlich den Versen der Aeneis«, but does not offer a detailed analysis (pp. 57f.).

9 See my discussion of Rodenegg in JAMES RUSHING, Images of Adventure. Ywain in the Visual Arts, Philadelphia 1995, pp. 38–40. I do not mean to ignore the fact that Roman painters also sometimes relied on stock images: see TONIO HÖLSCHER, Die Geschichtsauffassung in der römischen Repräsentationskunst, Jahrbuch des deutschen Archäologischen Instituts 95 (1980), pp. 265–321, here pp. 291f.; ANNE-MARIE LEANDER-TOUATI, The Great Trajanic Frieze. The Study of a Monument and of the Mechanisms of Message Transmission in Roman Art, Stockholm 1987 (Skrifter Utgivna ac Svenska Institut I Rom, 4, XLV), p. 28.

10 On medieval instructions to illuminators, see MILLARD MEISS, French Painting in the Time of Jean de Berry. The Late Fourteenth Century and the Patronage of the Duke, New York 1967 (National Gallery of Art/Kress Foundation Studies in the History of European Art 2), p. 13; ROBERT BRANNER, Manuscript Painting in Paris during the Reign of Saint Louis. A Study of Styles, Berkeley 1977 (California Studies in the History of Art), pp. 12–15; D. J. A. ROSS, Methods of Book-Production in a XIVth-Century French Miscellany, Scriptorium 6 (1952), pp. 63–75, here p. 65f.

stood, grumbling bitterly, leaning on his great spear« (398–99).[11] Next to him stands a young man or boy, weeping and drying his eyes on his toga, identifiable as the »sorrowing Iulus« of the text (399),[12] his weeping also picking up the text's comment that Aeneas is unmoved by the tears of those around him (400).[13] Three soliders in the background represent Virgil's »great crowd of warriors« (399f.).[14]

Then we have the doctor, attempting with a forceps to remove something from Aeneas's wound, exactly as in the text, where he »pulls in vain with his right hand on the spear-point, and tugs on the steel with the gripping forceps« (403f.).[15] And then Venus appears, bringing a plant, just as in the text – »Now Venus, the mother, shaken by her son's undeserved pain, picks dittany from Cretan Ida« (411f.).[16] The text continues: »This [the dittany] Venus carried down, her face veiled in an obscuring cloud« (416f.).[17] To be sure, we see no cloud in the picture. But if we take the *nimbo* of the text as Servius glosses it elsewhere in the ›Aeneid‹, as »the cloud that was made to encircle the heads of the gods like a bright fog«,[18] then we have to recognize that the painter has translated the concept rather brilliantly into the way Venus's garment circles her face and torso, and the way she appears dimmer and somehow less real than the rest of the painting.

How the text goes on, how Venus secretly mixes the dittany into the water with which the doctor is bathing the wound, so that Aeneas is suddenly healed, and the doctor realizes that a higher power is in action – none of this is in the picture, because the artist has

11 *stabat acerba fremens, ingentem nixus in hastam / Aeneas* (xii.398f.). The text quoted is P. Vergilii Maronis Opera, ed. FREDERICK A. HIRTZEL, Oxford 1900 (Oxford Classical Texts). Translations are mine, except where noted otherwise.

12 *maerentis Iuli* (xii.399).

13 *lacrimis immobilis* (xii.400).

14 *magno iuvenum* [...] / *concursu* (xii.399f.).

15 *nequiquam spicula dextra / sollicitat prensatque tenaci forcipe ferrum* (xii.403f.).

16 *Hic Venus indigno nati concussa dolore / dictamnum genetrix Cretaea carpit ab Ida* (411f.).

17 *hoc Venus obscuro faciem circumdata nimbo / detulit* (416f.).

18 *proprie nimbus est qui deorum vel imperantium capita quasi clara nebula ambire fingitur.* Maurus Servius Honoratus, In Vergilii Carmina Commentarii, ed. GEORG THILO/HERMANN HAGEN, Leipzig/Berlin 1881, vol. 1, p. 441 (to Aen. iii.587). Cf. CHARLTON LEWIS/CHARLES SHORT, A Latin Dictionary, Oxford 1879, s. v. ›Nimbus‹.

chosen to depict precisely that moment when the doctor is trying in vain to help Aeneas, Iulus is weeping, the soldiers are standing around, and suddenly help comes unseen from Venus.

Not all ancient wall paintings follow texts so closely. The narrative cycle of Aeneas and Dido at Low Ham in England, which can only be mentioned in passing here, has moments of textual high fidelity, but generally narrates somewhat independently.[19] Still, the Wounded Aeneas shows how directly an artist in a highly literate society can react to a text. A mosaic in another English villa, at Lullingstone, shows, in a somewhat different way, the power of literacy even in late, provincial antiquity.[20] Here we have Jupiter in the form of a bull, carrying away Europa. The image itself has nothing directly to do with the ›Aeneid‹, but the mosaic includes a pair of verses – »If jealous Juno had seen the swimming of the bull, she would have been entirely justified in going to the house of Aeolus.«[21] This is an allusion to the passage in the first book of the ›Aeneid‹ (i.50–64), where Juno goes to Aeolus to ask him to create a storm for the Trojans. The verses connect the text of the ›Aeneid‹ with the image of Jupiter and Europa in a clever way that presupposes a fairly high degree of familiarity with both mythology and the ›Aeneid‹, and a habit, on the part of an artist or a landowner, of expressing oneself in formal verse.

At Pompeii and Lullingstone, we have what we might tentatively call the classical mode of reception of the Aeneas material in the visual arts. The images appear not in direct association with texts, but in semi-public rooms of luxurious houses, not exactly at the interface of oral and literate reception, but at the interface of the strictly reading-oriented experience of the text with the broader,

---

19 See D. J. Smith, The Mosaic Pavements, in: The Roman Villa in Britain, ed. A. L. F. Rivet, New York 1969, pp. 71–125, here pp. 80 and 90, pl. 3.5; C. A. Raleigh Radford/H. S. L. Dewar, The Roman Mosaics from Low Ham and East Coker, Somerset 1954 (Somerset County Museum Publications 2); Canciani [note 5], p. 391, no. 159. Excellent color photographs are at http://www.vroma.org/images/mcmanus images/, under several entries for ›Low Ham mosaic‹.

20 A good photograph is at http://www.asprom.org/articles/lullingstone/apse.jpg. On the Lullingstone mosaics, see Smith [note 19], p. 90 and pl. 3.7; also David Neal, Some Background Notes on the Mosaic at Lullingstone Villa, at http://www.asprom.org/articles/lullingstone/lvilla.htm.

21 *Invida si tauri vidisset Iuno natatus / Iustius Aeolias isset adusque domos.*

looser, more informal reception of the story. Even with something that follows the text as closely as the Wounded Aeneas, the goal is not so much to reproduce the text in another medium as to connect the text as a literary artifact with the story as a social, cultural object. At the same time, the presence of the text is stronger than in most medieval adaptations of literary materials, whether in the careful visualization of textual passages or in the even more obvious connection of text and image as at Lullingstone.

This pattern seems to make sense in terms of the interface theory. The classical text, which belongs to a highly literate sphere even though it may often be read aloud, is not illustrated. But in the borderland between the text and the non-text, between the purely textual reception of a material and the partly oral reception of it, between the relatively private experience of reading a text and the utterly public experience of talking about it and sharing knowledge of it with others, the material is pictorialized. The situation is similar to what we find in the highly literate culture of today, where fiction books for adults are very rarely illustrated, but popular works of literary fiction may be made into movies and television shows, and characters and motives from them may appear on advertising billboards, t-shirts, and the like.

As noted earlier, it appears that epic manuscripts were not illustrated before about the year 400. In the fifth and sixth centuries, however, there is a relative explosion of illustrated codices, including two Virgil manuscripts. It is sometimes pointed out that the codex format itself is much more amenable to illumination than the roll,[22] and this, along with other factors, certainly may have played a role in the seemingly sudden development of narrative illumination. But the theory of »images at the interface« would suggest that it is no coincidence that the rise of illumination coincides with the decline of literacy in the late Roman world. The decline had probably begun as early as 200 or 250, and by the early sixth century, at the latest, an almost medieval situation may have existed.[23] Cesarius of Arles, for

22 For example, by Laurence Nees, Codex, in: Late Antiquity. A Guide to the Postclassical World, ed. G. W. Bowersock [et al.], Cambridge, MA 1999, p. 383.

23 On Roman literacy, see William V. Harris, Ancient Literacy, Cambridge, MA 1989, pp. 175–322.

example, takes for granted that *rustici* and *negotiatores* (businessmen) cannot read,[24] and of course by the year 600, Pope Gregory the Great is famously concerned that the lay people of Marseilles need pictures, since they cannot read.[25] To be sure, the reception of the ›Aeneid‹ and other classical texts would have always involved a good deal of reading aloud, of public and semi-public performance readings.[26] But in the first and second centuries AD the audiences for such readings would have been composed largely of literate listeners. By the fifth century, those who listened to the ›Aeneid‹ would have been much more likely to be illiterate or semi-literate, those who read silently or privately would have been more likely to find reading somewhat difficult, and everyone, presumably, would have found Virgil's Latin considerably farther from their own everyday language than it had been for their counterparts in the days of Augustus.[27] Readers and listeners of the early fifth century were thus

24 Sermons VI and VIII, in: Sancti Caesarii Arelatensis Sermones, ed. D. GERMAN MORIN, Turnhout 1953 (CC 103), pp. 31 and 41. Discussed by HARRIS [note 23], p. 316.

25 Gregorius Papa I, Registrum Epistolarum, ed. PAUL EDWALD, Berlin 1899 (MGH Epistolae 2), p. 270. On Gregory's notion of pictures as a substitute for reading, see MICHAEL CURSCHMANN, Pictura laicorum litteratura? Überlegungen zum Verhältnis von Bild und volkssprachlicher Schriftlichkeit im Hoch- und Spätmittelalter bis zum Codex Manesse, in: Pragmatische Schriftlichkeit im Mittelalter: Erscheinungsformen und Entwicklungsstufen. Akten des internationalen Kolloquiums 17.–19. Mai 1989, ed. HAGEN KELLER [et al.], Munich 1992 (Münstersche Mittelalter-Schriften 65), pp. 211–229, here esp. pp. 214f.; LAWRENCE G. DUGGAN, Was Art Really the ›Book of the Illiterate‹?, Word & Image 5 (1989), pp. 227–251.

26 »[T]he reading habits of the ancient world [...] were profoundly oral and rhetorical.« (PAUL SAENGER, Space between Words. The Origins of Silent Reading, Stanford 1997, p. 11). See also HARRIS [note 23], pp. 225–27; on the role of reading aloud and reciting in Roman education, see STANLEY F. BONNER, Education in Ancient Rome. From the elder Cato to the younger Pliny, Berkeley/Los Angeles, 1976, pp. 212–226. On private and public readings and recitations, ELAINE FANTHAM, Roman Literary Culture. From Cicero to Apuleius, Baltimore/London 1996, pp. 37f., 41f., 62f. (on Virgil), 86–88. Virgil's own reading performances are described by Suetonius, De Poetis 27–34, in: Suetonius, trans. J. C. Rolfe, Cambridge, MA 1965, vol. 2 (Loeb Classical Library).

27 On the late antique decline in literacy, see HARRIS [note 23], esp. pp. 297–322; more briefly NICHOLAS EVERETT, Literacy, in: Late Antiquity [note 22], pp. 543f. On changes in Latin, see JÓZSEF HERMAN, Vulgar Latin, trans. Roger Wright, University Park (PA) 1997, esp. pp. 109–115. The point is not that Virgil's Latin would have become incomprehensible by around 400, nor of

more likely than readers of, say, the first century, to need or want pictures as aids to understanding and remembering a text.[28]

In the present context, we can look only briefly at one of the illustrated Virgil codices of Late Antiquity – the so-called Vatican Virgil, currently thought to have been made in the fifth century in Rome.[29] It is not preserved in its entirety, but the extant manuscript includes parts or all of the ›Georgics‹, the ›Eclogues‹, and the ›Aeneid‹, all accompanied by miniatures. In the present context, three points need to be made about the Vatican Virgil's ›Aeneid‹ illustrations. First, the pictures are located very near, usually directly adjacent to the text passages that they pictorialize, suggesting that they are meant to be viewed in close connection with a reading of the text. Second, in contrast to many pictorial narratives of the high Middle Ages, the miniatures in the Vatican Vergil, taken as a group or a series, do not narrate very independently. We might compare the first miniature of the Vatican ›Aeneid‹, for example, with the opening scene of the early thirteenth-century Ywain mural cycle at Rodenegg.[30] That medieval cycle begins with a knight's departure from a castle – a scene that, to anyone familiar with the structure of courtly romance, clearly marks the beginning of a series of adventures and opens a major plot alternative. The knight is leaving the castle to seek adventure, to encounter the Other – will he return in glory, or in shame, or not at all? The first miniature of the Vatican

course that it was anything like everyday speech in its own day, but merely that understanding it would have become more difficult for more people by ca. 400.

28 This is not necessarily to contradict the theory that defenders of pagan values might have commissioned the Vatican Virgil in response to the existence of lavishly illustrated Christian manuscripts like the Quedlinburg Itala (STEVENSON [note 6], pp. 113f.). My contention is actually more general: that the great blossoming of narrative illumination around 400 was generally related to the decline in literacy.

29 Vatican, Vat. lat. 3225, manuscript F of Virgil philology. The miniatures are beautifully reproduced at http://vergil.classics.upenn.edu/images/images.html. On the date, possibly the late fourth century but more likely the early fifth, see GEYER [note 6], p. 19. Of the considerable literature devoted to the manuscript, see especially GEYER [note 6]; DAVID WRIGHT, The Vatican Virgil. A Masterpiece of Late Antique Art, Berkeley 1993; STEVENSON [note 6]. On pre-medieval Virgil codices in general, see MARIO GEYMONAT, Codici, Enciclopedia Virgiliana, Rome 1984, vol. 1, pp. 831–838.

30 See RUSHING [note 9], pp. 63–79.

›Aeneid‹,[31] on the other hand, shows Aeneas and Achates watching the building of Carthage (fol. 13ʳ). The scene does not open any obvious alternatives or raise any plot-related questions other than the most general kind of ›what will happen next?‹

Other scenes at Rodenegg, to use that high medieval example again, open more specific alternatives. The combat with lances between Ywain and Aschelon obviously raises the question ›who will win this fight?‹ – a question that is resolved in the next scene, where Ywain strikes Aschelon a blow that slices through his helmet and into his head. In the Vatican Virgil, by and large, miniatures do not open and close plot alternatives. The appearance of Aeneas and Achates before Dido (fol. 16ʳ), for example, does not open any obvious alternatives, unless it is to wonder where the man at right is going, a question that is not answered by any subsequent miniature. (It is, in fact, Achates, being sent to the ships to bring Ascanius and gifts.) In the third miniature, Venus sends Cupid to take the form of the sleeping Ascanius and to make Dido fall in love with Aeneas (although this last bit is not part of the miniature). Would a fifth century Roman without knowledge of the ›Aeneid‹ even have recognized that the seated woman in the picture is a godess? That the young man about to run away is Cupid? Perhaps. But I do not believe such a viewer would have been able to figure out very much else about what is going on, even if he or she did recognize Venus and Cupid. The image demands to be viewed in association with the reading of the text; it does not open alternatives or narrate independently.

The third point to be made about these images is that they are often remarkably faithful to the text. Consider again the picture of Aeneas and Achates watching the building of Carthage. Just as in the text (ii.419–440), Aeneas and Achates stand on the »hill that looms large over the city« (i.419–20).[32] Just as in the text, we have »massive

31 It is the first miniature in the extant cycle. Traces of paint suggest one earlier miniature at around line 180 of the first book, but the beginning of the ›Aeneid‹ belongs to an unreconstructable lacuna in the manuscript (Stevenson [note 6], p. 40). Still, the failure of the scene to open proairetic alternatives is striking, and characteristic of the Vatican Virgil.

32 The *collem, qui pluribus urbi / imminet* (i.419–20); the translation here is that of H. Rushton Fairclough, Virgil with an English Translation, rev. ed., Cambridge/ Mass. [etc.] 1978 (Loeb Classical Library 63), p. 271. To say that

buildings«, walls, of course, something that might be the citadel.[33] The windlass or crane in the upper center, which seems to be pulling a column into place, is probably connected to the text's phrase *manibus subvolvere saxa* (i.424), perhaps reflecting a more accurate understanding of the text than that of FAIRCLOUGH, who offers »roll up stones by hand«.[34] The variant of Servius's commentary known as the Servius Danielis wonders »why by hand? Were there no machines yet? Or did he [Virgil] want to refer to the speed of the construction?«[35] Austin notes that construction machines are mentioned elsewhere, and assumes that here »*manibus* marks their eager effort.«[36] Recalling that the Servius commentary dates from about the same time as the Vatican manuscript, we may perhaps conclude that the artist follows a contemporary understanding of the text more closely than is first apparent to modern eyes. The phrase »they cut immense columns from the rocks« (i.428–29)[37] is surely reflected in the columns lying on the ground in the lower left-hand part of the image, and the men working in a cave to the left of these columns (under the hill on which Aeneas and Achates stand) may well be fairly literal representation of the quarrying of the columns.[38] On the other hand, if we see the workers as smiths, as GEYER does, then we may accept her argument that their busy activity visually echoes the manuscript's illustration of the Cyclops-smithy in ›Georgics‹ IV, where the activity of bees is compared in epic simile to that of the

---

the images show remarkable closeness to the text is not to deny that they are also influenced by traditional iconography. Here, for example, STEVENSON [note 6] notes that the pose of Aeneas and Achates echoes a traditional way of representing the emperor (40). It must also be acknowledged that some miniatures reflect the text less closely and rely more heavily on iconographic traditions, as STEVENSON's analyses often make clear.

33 »Massive buildings« is FAIRCLOUGH's ([note 32], p. 271) translation of *molem* (i.421).

34 Or cf. »manhandle«, the translation of W. F. JACKSON KNIGHT, Virgil. The Aeneid, London 1956 (Penguin Classics), p. 40.

35 *cur manibus? an quia adhuc machinae non erant? an ad construentium festinationem referre voluit?* (Servius [note 18], vol. 1, p. 140 [commentary to i.424]).

36 P. Vergili Maronis Aeneidos Liber Primus, with a commentary by R. G. AUSTIN, Oxford 1971, p. 148 (note to i.424).

37 *immanisque columnas / rupibus excidunt* (i.428–429).

38 STEVENSON [note 6] sees the workers as »miners« (40), though he does not make the direct connection to the text that I am suggesting.

cyclopses, and connect that comparison with the simile in the text here, where the activity of the builders of Carthage is compared to that of bees.[39] Such clever interplay between image and text appears characteristic of the visual response to a text in a literate and indeed literary environment.

The pictorial narrative of the Vatican Virgil is highly episodic. It shows one event, then another, without generally making explicit the connections between them. Appearing very close to the text passages they illustrate, the miniatures pick up a large number of details from the text, yet often rely on knowledge of the text to make their meaning clear and especially to make clear how the episodes depicted fit together. All this accords quite well with the idea that the manuscript was made in and for a situation where Latin is still the native language of the users of the manuscript, but more people than in Virgil's day need to have pictures to help them understand and remember the text. It is perhaps worth noting that the Vatican Virgil was probably made at about the same time that Paulinus of Nola was describing how he relied on images in churches to teach his lay people about the saints. Unlike Pope Gregory, some 200 years later, Paulinus does not expect his lay people to be entirely illiterate – he expects them to be able to read *tituli*, and to use them as aids to understanding the pictures, which they will then explain to each other. The images are not envisioned as a substitute for texts, but as devices to catch and hold the interest of reader/viewers, to provide stimuli for making the subjects the objects of social interaction, and perhaps to relieve less learned people of the need to read quite so much or quite so carefully. Something like that may be the function of the pictures in the Vatican Virgil as well.[40]

One of the elements marking the end of Late Antiquity and the beginning of an era that is indubitably medieval is the changed status of Latin. There is debate about the exact chronology of the ›death‹ of Latin, but certainly after about 800 Latin was no longer anyone's native language.[41] It was a language learned and used by a relatively

39 GEYER [note 6], p. 103.

40 Paulinus is quoted and discussed by DUGGAN [note 25], pp. 228f.; more briefly by CURSCHMANN [note 25], pp. 214f., neither of whom is responsible for the exact interpretation offered here.

41 For an introduction to this immensely complex and easily oversimplified

small educated elite. And this elite, although it sometimes decorated its books, generally did not need illustrations to help it read. Indeed, the leaders of the educated elite sometimes spoke scornfully of those who needed pictures, and identified themselves as the ones who did not. *Legatur Genesis in libro, non in pariete.*[42] »Genesis is to be read in the book, not on the wall«, admonished Hugh of Fouilloy in the twelfth century, following earlier writers. Thus it is not surprising that the educated elite of the early and high Middle Ages generally did not illustrate its ›Aeneid‹ texts – at least not in ways that were at all narrative. Thirty-five ›Aeneid‹ manuscripts survive from the eighth and ninth centuries.[43] While three of these do contain some sort of isolated marginal drawing, none is illustrated in the sense of having one or more pictures that narrate some significant portion of the story.[44] More generally, only about 4% of the ›Aeneid‹ manuscripts surviving from the whole period between 800 and 1300 con-

---

question, see MICHEL BANNIARD, Viva Voce. Communication écrite et communication orale du IVe au IXe siècle en Occident latin, Paris 1992, pp. 11–69; cf. HERMAN [note 27], pp. 109–115; ROGER WRIGHT, Late Latin and Early Romance in Spain and Carolingian France, Liverpool 1982 (ARCA Classical and Medieval Texts, Papers and Monographs 8).

42 Hugh of Fouilloy, PL 176, cols. 1053B, at http://pld.chadwyck.com; discussed by CURSCHMANN [note 25], p. 215.

43 One of the problems in studying ›Aeneid‹ manuscripts is the lack of anything like a complete and detailed catalog. GIAN CARLO ALESSIO, Tradizione Manoscritta, in: Medioevo, Enciclopedia Virgiliana, Rome 1987, vol. 3, pp. 432–443, attempts to list all Virgil manuscripts from the eighth through the sixteenth centuries, but this enormously useful list provides no details beyond shelf mark, rough date, and (often) approximate place of origin. A number of illuminated manuscripts, but by no means all, are discussed in PIERRE COURCELLE/JEANNE COURCELLE, Les manuscrits illustrés de l'Éneide du Xe au XVe siècle, vol. 2 of Lecteurs païens et lecteurs chrétiens de l'Éneide, Paris 1984. Fortunately, for the early period up through the twelfth century, a complete catalog with detailed descriptions is available: B. MUNK OLSEN, L'Étude des Auteurs Classiques Latins aux XIe et XIIe Siècles, vol. 2, Paris 1985, pp. 673–826.

44 Marginal drawings like the two tridents near the beginning of the ›Aeneid‹ in a ninth century French manuscript now in Paris (Bibliothèque Nationale lat. 13043; see MUNK OLSEN [note 43], p. 766) or the trident and dittany in the margins of another ninth-century French manuscript now in Brussels (Bibliothèque Royale 5325–27; see MUNK OLSEN, p. 709) may have formed some sort of visual gloss, perhaps with some connection to passages commonly discussed in teaching, but they are far too sporadic to create much of a gloss, let alone a narrative.

tain anything like real illustrations.[45] In the twelfth and thirteenth centuries, just over 5% of ›Aeneid‹ manuscripts are illustrated; this may be compared with some 14% of the manuscripts of Heinrich von Veldeke's medieval German adaptation and about 20% of the manuscripts of the Old French ›Roman d'Eneas‹ during the same centuries. The overall numbers of vernacular manuscripts are admittedly much smaller, but it is clear that the interest in illustrating early vernacular manuscripts was much higher than that in illustrating the Latin ›Aeneid‹.

The first post-antique manuscript to attempt anything like a narrative program, and one of the very few to do so between Late Antiquity and the late twelfth century, is a Beneventan manuscript made in the tenth century in southern Italy and now in Naples.[46] Here, each book of the ›Aeneid‹ is preceeded by a verse summary or ›argument‹, and each summary as well as each book begins with a decorated initial.[47] In many cases the initials are merely decorated; others incorporate iconic images of Virgil or Aeneas. But four images, at the beginnings of books one, two, four, and twelve, have clear narrative content and represent attempts to create something like visual equivalents to the verbal summaries. At the beginning of the ›Aeneid‹, for example, the initial P of the argument forms a standing man reading a scroll. Above the first line of the text, we have men in a ship and three soldiers on foot, with round shields and long spears. This is a fairly obvious effort to convey the idea that the first book tells of someone who experiences adventures on both land and sea, of one who, in the words of the text, »was tossed about a great deal on land and on the seas by violence from above« (3–4).[48]

---

45 Based on a survey of published descriptions of 216 manuscripts and the personal examination of some 70.

46 This is Naples, Biblioteca Nazionale, Vindob. lat. 6. Most of the images are reproduced in MARCELLO GIGANTE, Il Virgilio Manoscritto di Napoli, in: GIGANTE, Virgilio e la Campana, Naples 1984, pp. 93–152; some also in COURCELLE/COURCELLE [note 43], where some of the identifications are problematic. See also MUNK OLSEN [note 43], pp.747–748.

47 Except that the initial of book three is not decorated; see COURCELLE/COURCELLE [note 43], p. 11, note 11.

48 *multum ille et terris iactatus et alto / vi superum* (i.3–4) As COURCELLE/COURCELLE [note 43] (p. 16) put it, the image is one of »errances sur mer et combats sur terre«, although that isn't quite right, because the soldiers in the image are not fighting.

Similarly, Book IV begins with Dido posed as the initial A of *At regina* [...]. A bearded male head, presumably that of Aeneas, gazes at her. The drawing of Dido, which picks up some details from the text, such as the embroidered border of Dido's garment and the jewel in her hair, and ignores others, such as the purple cloak and its golden buckle, is remarkably powerful in its evocation of a dangerous, sexually threatening woman – Dido as she was seen by commentators like Fulgentius.[49] Noting how the drapery draws attention to Dido's body, especially her breasts and thighs, PIERRE and JEANNE COURCELLE aptly label the image »Didon séductrice«.[50]

For the history of ›Aeneid‹ illustration that I am undertaking here, what Naples 6 does not do is more significant than what it does.[51] Despite the apparent goal of decorating the beginning of every argument and every book, the decorations move beyond the purely ornamental only 8 of 23 times, and four of these are images of Virgil as author or narrator. The four illustrations that do have narrative content make no effort to narrate events in detail or create visual narrative that carries forward from one picture to another. They serve at most to highlight the main content of a particular book, or perhaps to steer readers gently and subtly towards a particular understanding of the text. These are things that miniatures will do later in the Middle Ages and in vernacular manuscripts. But in Naples 6 we have the merest beginning of such illustrations. The manuscript's creators evidently had no interest in developing a complete illumination program or a pictorial narrative. Despite its pictures, Naples 6 remains essentially a scholar's manuscript, a manuscript of the clerical world.

---

49 On the connection of the moralizing commentaries to ›Aeneid‹ illustrations, albeit without reference to this miniature, see ANTONIE WLOSOK, Gemina Pictura: Allegorisierende Aeneisillustrationen in Handschriften des 15. Jahrhunderts, in: The Two Worlds of the Poet. New Perspectives on Virgil, ed. ROBERT M. WILHELM/HOWARD JONES, Detroit 1992, pp. 412–416.

50 COURCELLE/COURCELLE [note 43], p. 19.

51 It is possible that the miniatures of Naples 6 are based on ancient models, perhaps even on Weitzmannian lost papyri (see COURCELLE/COURCELLE [n.43], pp. 23–24, for this argument). While for the sake of my argument about the situation in Antiquity I would obviously prefer to think that no classical models existed, for my argument about the Middle Ages, it makes no difference at all. Even if the creators of early and high medieval Virgil manuscripts did find illustrations in some of the ancient texts they copied, they rarely saw any need to copy the pictures with the text.

For an illustration program that carries through more completely on the idea of providing each book with a frontispiece, one has to wait some two hundred years, for the late twelfth-century example of Paris, BN lat. 7936 – which illustrates only 10 of 12 books.[52] A manuscript from the second half of the thirteenth century now in Florence may be the earliest surviving manuscript completely to carry out the idea of providing each book with an illustration.[53] Eventually, in the later fourteenth and especially the fifteenth centuries, the method of illustrating the ›Aeneid‹ by providing each book with a frontispiece becomes fairly common. A few manuscripts of the late Middle Ages and the Renaissance undertake even more ambitious programs of illumination. Florence, Biblioteca Riccardiana 492, from the second half of the fifteenth century, offers a picture at the bottom of nearly every page through book three, a total of 86 miniatures.[54] But even in the later fifteenth century it remains quite exceptional to illustrate the ›Aeneid‹ so lavishly. The number of illuminated manuscripts grows, to be sure. It appears that around 20% of ›Aeneid‹ manuscripts from the fourteenth and fifteenth centuries are illustrated, as opposed to some 5% of the manuscripts from the eighth through the thirteenth. But extensive pictorial narratives like those in the vernacular ›Aeneas‹ manuscripts – to be discussed below – remain extremely rare. Illustration in the Latin Virgil manuscripts is generally a matter of a frontispiece to each of the major works of Virgil, or, at most, a frontispiece to each book of the ›Aeneid‹. As Latin literacy becomes again more common and the potential readership for ›Aeneid‹ manuscripts becomes both larger and more diverse, the role of images in the reception of the text becomes more significant. But the text remains, generally speaking, a reader's text, a

---

52 François Avril, Un Manuscrit d'Auteurs Classiques et ses Illustrations, in: The Year 1200. A Symposium, New York 1975, pp. 261–281; Courcelle/Courcelle [note 43], pp. 29–33, figs. 12–21 (some are mislabeled); see also Munk Olsen [note 43], pp. 758f.

53 This is Florence, Biblioteca Medicea Laurenziana, ms. plut. 39,5. See Antonie Wlosok, Eine trauernde Dido in einer Aeneis-Handschrift des 12. Jahrhunderts (Dessau, HB, Hs. 13), in: Storia Poesia e Pensiero nel Mondo Antico. Studi in onore di Marcello Gigante, ed. Francesco del Franco, Naples 1994, pp. 625–640, p. 636 and figs. 3 and 4).

54 Courcelle/Courcelle [note 43], pp. 163–190, figs. 342–353. Described in detail in Maria Luisa Scurcini Greco, Miniature Riccardiane, Florence 1958, pp. 141–148.

text for scholars, for humanists proud of their Latinity, for readers who, like the early medieval monks mentioned above, do not need pictures to help them with their reading.

When the ›Aeneid‹ is adapted into the vernaculars, however, the resulting texts are illustrated rather often, in some cases quite early, and sometimes lavishly. Three of the six complete manuscripts of Heinrich von Veldeke's ›Eneasroman‹, and two of the nine manuscripts of the Old French ›Roman d'Eneas‹ are illustrated. The early thirteenth-century Berlin manuscript of Heinrich's ›Eneas‹ represents one of the most ambitious illustration programs of the German Middle Ages.[55] Almost every opening of the book presents the reader/viewer with a page of text and opposite that a page with two large images, one over the other. Often, at least one of the pictures relates directly to the text on the opposite page. The idea was clearly to accompany the text closely with a vast miniature cycle. Unlike the Munich ›Parzival‹ and ›Tristan‹, for example,[56] where pictures are clustered on separate picture pages, and unlike the late antique ›Aeneid‹, where pictures accompany the text closely but sporadically, the Berlin ›Eneid‹ seems to envision neither the perusal of semi-independent pictorial narratives nor a text-oriented reading assisted by occasional pictures, but the reading, or perhaps more likely the reading aloud of the text closely accompanied by a viewing of the pictures. It is a true multi-media ›Aeneid‹.

On the other hand, even though the picture cycle accompanies the text fairly closely, it is capable of developing its own narrative structures and emphases. Let us consider the marriage of Aeneas and

---

55 Berlin, SBB-PK, Ms. germ. fol. 282. Most accessible in Heinrich von Veldeke, Eneasroman. Die Berliner Bilderhandschrift mit Übersetzung und Kommentar, ed. HANS FROMM [includes all miniatures and an essay about them by DOROTHEA DIEMER and PETER DIEMER], Frankfurt a. M. 1992 (Bibliothek des Mittelalters 4). See also ALBERT BOECKLER, Heinrich von Veldeke, Eneide. Die Bilder der Berliner Handschrift, Leipzig 1939.

56 The ›Parzival‹ is Munich, BSB, Cgm 19; the ›Tristan‹ is Munich, BSB, Cgm 51. Both are still probably most accessible in ROGER SHERMAN LOOMIS/LAURA HIBBARD LOOMIS, Arthurian Legends in Medieval Art, New York 1938 (MLA Monograph Series), pp. 131–132 and figs. 355–358 (›Parzival‹), pp. 132–134 and figs. 359–366 (›Tristan‹); see also BERND SCHIROK, Wolfram von Eschenbach. Parzival, Die Bilder der illustrierten Handschriften, Göppingen 1985 (Litterae 67); JULIA WALWORTH, Tristan in Medieval Art, in: Tristan and Isolde. A Casebook, ed. JOAN TASKER GRIMBERT, New York 1995, pp. 255–299.

Dido. In Heinrich's text, Dido and Aeneas first make love without marriage, then, in response to growing scandal, announce that they are married and hold a wedding feast. But in the pictures, while the scenes on fol.11v follow the text reasonably closely, with the hunt leading to lovemaking under a tree, the two pictures on fol. 13r impose a more stereotypical medieval marriage plot, with a wedding feast followed by lovemaking in a bed – the ›Beilager‹ or wedding night scene which is common in medieval German literature but not an element of the ›Eneit‹ narrative.[57] The love under a tree image on 11v follows the text even to the detail of »the Lord Eneas took / the woman under his cloak« (63,6–7).[58] The feast image, however, is inspired by the laconic »then she openly became his bride / and held a great feast« (65,2–3),[59] and the bed scene has no parallel in the text at all.

The Berlin manuscript seems to pursue two goals simultaneously: it seeks to provide a very close pictorial accompaniment for its text, while within that picture cycle the images sometimes develop considerable independence. The early thirteenth century, in Germany at least, is the great era of independent pictorial narratives. Cycles like the murals at Rodenegg and Schmalkalden, the Munich ›Tristan‹ and ›Parzival‹ illustrations, and others narrate with real independence from texts.[60] WOLFGANG KEMP, who has identified a similar phase of extreme creativity and independent pictorial narrative in the stained glass of this period, associates the development with the contemporary rise of written vernacular narrative, as if the independence of the vernacular from Latin was connected to the new independence of picture from text.[61] In the present context, we may say that the development of vernacular versions of the ›Aeneid‹ represents the interface of the Latin, literate world with the vernacular, oral episteme. It is not surprising that vernacular ›Aeneids‹ are often illustrated.

---

57 Fol. 11v is viewable at http://www.reichert-verlag.de/3882265450c.jpg.

58 *do nam der herre Eneas / die frouwen under sin gewant* (63,6–7). The text is quoted from Heinrich von Veldeke, Eneasroman [note 55].

59 *do wart si offenbare brût vnd machite michel hochzit* (65,2–3).

60 On Rodenegg and Schmalkalden, see RUSHING [note 9], pp. 30–132. For the ›Parzival‹ and ›Tristan‹ manuscripts, see note 56 above.

61 WOLFGANG KEMP, Sermo Corporeus. Die Erzählung der mittelalterlichen Glasfenster, Munich 1987.

While the Berlin manuscript offers a miniature cycle that can be viewed either as a close accompaniment of the text or as a fairly independent pictorial narrative, each of the two later medieval illustrated manuscripts of Heinrich's romance concentrates on just one of these functions. One offers a highly independent pictorial narrative; the other offers a much less independent series of pictures marking the beginning of each of the chapters into which the text has been divided.

The latter is Heidelberg, UB, cpg 403, an Alsatian manuscript of 1419,[62] which divides Heinrich's text into 43 chapters, and, in principle, introduces each by a drawing and a rubric, although in six instances the drawing has not been carried out. It all begins with a drawing of the siege of Troy as a sort of frontispiece. The first chapter heading indicates that the book begins by telling »of Lord Eneas and how he left Troy«, and the picture shows Aeneas with several other people in a boat.[63] Another such chapter is titled »How Duke Eneas travelled over the sea again and Lady Dido fainted from grief.«[64] In the picture, three men sail away in a boat, while, behind them, Dido collapses. The final chapter is »here Eneas and Turnus fight, and the people watch, along with Queen Lavina in a window in the castle.«[65] Eneas and Turnus are imagined in the image of a late medieval tournament, fighting with swords in a fenced yard as a woman looks on from a tower. Aeneas runs his sword through Turnus. The overall layout suggests an intermediate mode of reception, with readers who appreciate a good deal of assistance from pictures and rubrics, or groups of manuscript users in which only one or a few are literate enough to read the whole text, while the rest listen, look at the pictures, and discuss the story.

---

62 Heidelberg, UB, cpg 403. The entire manuscript is viewable in digital format http://digi.ub.uni-heidelberg.de/cpg403; see also the microfiche edition, Heinrich von Veldeke, Eneas-Roman. Farbmikrofiche-Edition der Handschrift Heidelberg, UB, cpg 403, Introduction by HANS FROMM, Munich 1987 (Codices illuminati medii aevi 2).

63 Cpg 403, fol. 4^{r}. *daz buch daz do saget von dem herren Eneaß, wie er von troye kam.*

64 Cpg 403, fol. 48^{v}. *Wie der herzoge eneas wider uber mer fuor und frowe dydon geswant von leide.*

65 Cpg 403, fol. 248^{v}. *hie kempfet eneaß und turnus und sehent die lutte zuo und die konigin lauina an eime fenster in der feste.*

The more independent pictorial narrative is found in a seemingly little-known manuscript made in Swabia in 1474 and now in Vienna.[66] The manuscript combines a shortened version of Heinrich's text with a prose chronicle of popes and emperors. The Eneas romance is accompanied by 152 drawings, grouped together in sets of four to six per page. With the simple rubrics, the picture pages would seem, in at least some cases, to be able to stand alone as a sort of comic strip version of the Aeneas story. On folio 21^{v}, for example, a series of pictures and rubrics narrates the departure of Aeneas and the death of Dido:[67] »Here they load Aeneas's ships with supplies« – »Here he takes leave of Dido« – »Here she watches him leave« – »Here he sails away« – »Here Dido stabs herself and burns herself up« – »Here stands her sister Anna.«[68] With the ever repeated »here« (*da*), the rubrics clearly refer to the pictures, which in turn can stand pretty well alone. The whole pictorial narrative, set into the main text at fairly regular intervals, would seem designed to allow weak readers to follow the story with minimal effort.

Though necessarily limited, this brief discussion of the Aeneas material in the visual arts does allow some tentative conclusions. In antiquity, when literature was for the literate, manuscripts of the ›Aeneid‹ were apparently not illustrated. Wall paintings and other monumental art works reflect a literate relationship to literary materials, whether through closeness to the text, as at Pompeii, or other direct connection between text and image, as at Lullington. In Late Antiquity, the decline in literacy – perhaps alongside other factors – provokes the beginning of epic illustration, but the style of the Vatican Virgil illustrations, which generally require a knowledge of the text for making connections between the pictures, and which often follow the text quite closely, reflects a place and time when books are still primarily for readers – readers who may need some help

---

66 Vienna, ÖNB, Cod. 2861. See the color microfiche edition, Heinrich von Veldeke, Eneas-Roman. Farbmikrofiche-Edition der Handschrift Wien, Österreichische Nationalbibliothek, Cod. 2861, introduction and description of manuscript by Marcus Schröter, Munich 2000 (Codices illuminati medii aevi 59).

67 This page is viewable at http://www.geist.de/lengenfelder/verlag-D.html.

68 *Da speist man eneas seine schif – Da nimpt er urlaub von dido – Da sieht si im nach – Da vert er da hin – Da ersticht sich dido und verbrent sich – Da stat ir schwester anna.*

from pictures, but who nonetheless still belong to a more or less literate community.

In the Middle Ages, however, at least until close to the end of the era, the Latin ›Aeneid‹ is a book for scholars, for an educated elite that prides itself on reading in books, not in pictures. Thus the ›Aeneid‹ manuscripts of this era are rarely illustrated at all, and when they do contain a few images, these virtually never develop real pictorial narratives. When the ›Aeneid‹ is adapted into the vernaculars, however, it is illuminated early, often, and extensively. The Berlin manuscript reflects an extreme of text-picture connectedness, suggesting a use of the book by a reader or group of readers who rely on the pictures for a significant part of their understanding of the story. The later medieval German manuscripts take different approaches to illustration, suggesting different modes of reception. One points toward heavily picture-oriented reception, the other towards much more text-oriented reception, with pictures as signposts in the text.

Before concluding, let me offer a couple of disclaimers. The theory that images arise at the interface of the literate and oral spheres seems to work quite well to explain what happens to the ›Roland‹ and ›Aeneas‹ materials in the visual arts of the Middle Ages. More work remains to be done before the theory's scope can be determined. In particular, at least for now, I cannot claim that it applies to Christian art *strictu sensu*. To be sure, many works of Christian art are created in and for that border area where the literate clergy seeks to present the words of the fathers visually to an illiterate laity, but the role of images in the Church is complex, with meditative and memorative as well as narrative and educational functions, and I must beg to set that whole area aside and focus for the time being on secular art. Secondly, I clearly cannot claim that the theory explains everything, even in the secular realm. Even in the most obvious interface situations, by no means all manuscripts are illustrated, by no means all subjects are treated in the monumental or decorative arts. My theory does not claim to be able to explain why one particular codex is illustrated and another is not, but rather to explain, in general terms, why certain materials are pictorialized more often than others. Thirdly, my thoughts on the use of various manuscripts and picture programs should not be taken too literally as speculations about the actual histories of individual manuscripts. Whether I am talking about the Vatican Virgil or the Vienna Veldeke, I am not really trying to determine how the actual, historical first owners, readers, viewers of the manuscripts used them. I am trying to figure out which modes of reception are suggested by the miniature programs, and to determine whether the theories of reception that can be derived from the study of the illuminations are consistent with our knowledge of trends in literacy and educational environment.

These disclaimers out of the way, I can offer the tentative, general conclusion that from Roman Antiquity through into the late Middle Ages, images of ›Aeneas‹ are produced at the interface of the literate/literary and the oral/vernacular. The location of this boundary moves, and the nature of cross-border movements changes as well, but the role of images as an interface between the literate and the oral modes of reception appears to remain constant.

Uta Störmer-Caysa

Zeitkreise in der ›Crône‹ Heinrichs von dem Türlin

In der Erzählung ›Der Garten der Pfade, die sich verzweigen‹ läßt Jorge Luis Borges den Sinologen Stephen Albert über den titelgebenden Roman und einen Brief seines Autors sagen: »Bevor ich diesen Brief ausgrub, hatte ich mich gefragt, auf welche Weise ein Buch unendlich sein kann. Ich kam zu keinem anderen Schluß, als daß ein solcher Band zyklisch, kreisförmig angelegt sein müßte.«[1] PAUL RICŒUR schreibt im Band 3 seiner großen Abhandlung über die Zeit und das Erzählen, es sei einer der großen Vorzüge von Kunst, daß sie die nichtlinearen Aspekte von Zeit abbilden könne.[2] Beider Autoren Neugier und Wertschätzung könnte die ›Crône‹ Heinrichs von dem Türlin zweifellos erringen: Es wird schwerfallen, einen zweiten volkssprachlichen Roman des Mittelalters zu finden, in dem die Zeit so wenig linear geführt wird, in dem sie sich so sehr zum Kreis rundet. Schließlich wissen, wie seit den frühen Interpretationen des Textes immer wieder vermerkt worden ist,[3] die Figuren im ersten

1 Jorge Luis Borges, Der Garten der Pfade, die sich verzweigen, in: Ausgewählte Werke, Bd. 1, hg. von FRITZ RUDOLF FRIES, übers. von Karl August Horst/Wolfgang A. Luchting, bearb. v. GISBERT HAEFS, Berlin 1987 (Die Bibliothek von Babel 1), S. 152–166, hier S. 161.

2 PAUL RICŒUR, Zeit und Erzählung, Bd. 3: Die erzählte Zeit. Aus dem Frz. v. Andreas Knop, München 1991, S. 208.

3 SAMUEL SINGER, Türlin, Heinrich von dem T., ADB 39 (1895), S. 20f., hier S. 21: »Dadurch entsteht das seltsame Hysteronproteron, daß dieselben Geschichten, die im ersten Teil als in der Vergangenheit liegend genannt werden, in der Gegenwart des zweiten spielen, der sich doch andererseits als die Fortsetzung des ersten gibt.« ROSEMARY WALLBANK, The Composition of Diu Krône. Heinrich von dem Türlin's Narrative Technique, in: Medieval Miscellany presented to Eugène Vinaver, Manchester 1965, S. 300–320, hier S. 317: »[...] the occasional hysteron proteron by which events occuring in II are mentioned as past in I, despite the fact that II presents itself chronologically as a continuation of I, argues if anything *against* regarding I as the first instalment of a Gawein biography. It is rather a complete and well-constructed romance in its own right [...]« ALFRED EBENBAUER, Fortuna und Artushof. Bemerkungen zum ›Sinn‹ der ›Krone‹ Heinrichs von dem Türlin,

Teil wichtige Taten als getan, obgleich sie erst im zweiten Teil, und zwar keineswegs in der Rückblende, erzählt werden. Zu diesen im voraus bekannten Taten gehört auch das Auffinden des Grals, mit dem der Text endet; insofern ist die ›Crône‹ wie ihr titelgebender Gegenstand tatsächlich so rund, wie Borges dies vorführt. Diese tendenziell zyklische, jedenfalls alineare Zeitgestaltung hat Christoph Cormeau mit den Schwierigkeiten erklärt, die sich aus dem Vorhaben ergeben, über einen vollkommenen Helden zu erzählen:[4] Die Vollkommenheit des Helden kann sich nicht auf der Handlungsebene episch entfalten wie eine andere Eigenschaft. Wenn der Held sein Eigentümliches episch entfalten kann, ist es nicht Vollkommenheit, denn Entfaltung, gleichgültig wessen, widerspricht ihrem Begriff. Vielmehr arrangiere der Autor den unwandelbar vollkommenen Helden so, daß Figuren, Erzähler und Hörer oder Leser in ein gemeinsames Urteil eingebunden werden, das auf Vollkommenheit lautet; dann allerdings müssen sie alle, nicht der Erzähler allein, alles immer schon gewußt haben, was Gawein zustößt und zustoßen kann; eine Reihenfolge spielt dann freilich nur eine untergeordnete Rolle. Das ist einleuchtend, aber nicht die einzig mögliche Sichtweise.

1. Nach der zweiten Wunderkette: Umkehrung des Zeitpfeiles

Gawein erhält von Aanzim, dem Ritter der Glücksgöttin, die Anweisung, den Erscheinungen gegenüber, die ihn verfolgen würden, unbewegt zu bleiben. Aanzim charakterisiert die bevorstehenden

---

in: Österreichische Literatur zur Zeit der Babenberger, Vorträge der Lilienfelder Tagung, hg. von A. Ebenbauer [u. a.], Wien 1977, S. 25–49, hier S. 41: »Nach Aussage des Textes liegen die Ereignisse des zweiten Teils zeitlich vor denen des ersten«. Christoph Cormeau, ›Wigalois‹ und ›Diu Crône‹. Zwei Kapitel zur Gattungsgeschichte des nachklassischen Aventiureromans, München 1977 (MTU 57), S. 124–241, hier S. 132: »Die Zeitfolge der Handlung erscheint also prinzipiell gleichgültig, regulierbar, jedenfalls ist sie der Vollständigkeit eines Repertoires von Episoden, die Gawein attribuiert werden, nachgeordnet.« In dieser Sicht lag für die Auffassung der Zeitstruktur ein Neuansatz, weil die seltsame Umkehrung zum ersten Mal als Aussagepotential, nicht als Indiz für ursprüngliche Zweiteilung oder als Fehler interpretiert worden war.

4 Vgl. Cormeau [Anm. 3], S. 130–132, S. 143f.

Prüfungen. Er ermahnt Gawein ausdrücklich, nicht darauf zu reagieren, *swaz ime hinden nâch jeit* (V. 15986). Während Aventiuren nach dem Wortsinn der lateinischen *adventura* immer von vorn kommen, weil der Protagonist sich im Zeitstrom seines Lebens an einer für ihn flüchtigen Umgebung vorbeibewegt, beschreibt Aanzim das Gegenteil zu *adventura*. Zudem behauptet er, ritterlicher Kampf gegen diese Erscheinungen werde Gaweins Kraft übersteigen.[5] Weil der Held darin eigens unterwiesen wird, halte ich für möglich, daß die Umkehrung der Aventiurerichtung in den einzelnen Episoden[6]

---

5 *Und solt sich niht verwerren / Mit keinerhande ritterschaft:/ Der würde ime dâ über kraft / In dem walde geboten an* V. 15990–993 der Ausgabe: Diu Crône von Heinrîch von dem Türlîn. Zum ersten Male herausgegeben von Gottlob Heinrich Friedrich Scholl, Amsterdam 1966, Nachdr. der Ausgabe Stuttgart 1852 (Bibliothek des Litterarischen Vereins in Stuttgart 27). Im folgenden verwende ich diese Ausgabe für den zweiten Teil ab Vers 12282, während bis Vers 12281 zitiert wird: Heinrich von dem Türlin, Die Krone (Verse 1–12291). Nach der Handschrift 2779 der Österreichischen Nationalbibliothek nach Vorarbeiten von Alfred Ebenbauer, Klaus Zatloukal und Horst P. Pütz hg. von Fritz Peter Knapp und Manuela Niesner, Tübingen 2000 (ATB 112). Da die normalisierte Graphie der Ausgabe von Scholl sich schon auf den ersten Blick von der nichtnormalisierten von Knapp/Niesner unterscheidet, kann darauf verzichtet werden, jeweils auf die Ausgabe hinzuweisen.

6 Nachdem Gawein von Aanzim geschieden ist, bricht hinter ihm der Wald zusammen, und die Natur verkehrt sich apokalyptisch (V. 16006–052). Die nun folgenden Aventiureaufforderungen wiederholen dreimal dasselbe Schema: Ein Ritter fordert von hinten zum Kampf, eine andere Erscheinung bittet unmittelbar davor oder danach von vorn oder von der Seite um Rache und Hilfe, und zwar im ersten und dritten Fall explizit gegen den Herausforderer, der gleichzeitig von hinten herankommt. Die Szenen fallen nach textinternen Kommentaren (V. 16137–139, 16303, 16356) sämtlich unter Aanzims Kampfverbot, es ist jedoch nur bei den männlichen Herausforderern eindeutig formuliert, daß sie von hinten kommen. Das Von-vorn-Erscheinen der Hilfsbitten macht die Probe schwieriger, denn es könnte Gawein vergessen lassen, daß er, indem er ihnen entspricht, dann dennoch gegen einen Nachjagenden kämpfen wird. Zuerst nähert sich von hinten ein Ritter, der ihn bei den Werten des höfischen Frauendienstes zur Tjost herausfordert (V. 16056–075), aus dem Wald reitet aus einer schwer zu bestimmenden Richtung vor ihm (*Den walt gein im ûf den pfat/Reit den wec ein schœniu magt*, V. 16083f.) ein Mädchen mit dem abgeschlagenen Haupt ihres Geliebten, das Gawein unter abermaligem apokalyptischem Hagel (V. 16127) um Rache bittet (V. 16091–094). Der Angeklagte ist jedoch der Verfolger Gaweins, *dirre zage* (V. 16118). Es heißt später ausdrücklich, daß Gawein nicht gekämpft habe, weil er an Aanzims Verbot gedacht habe, und daß er auf seinem Weg vor ihnen reitet. (V. 16137–140); er hat also die Probe sowohl im Befolgen guten Rates als auch

der 2. Wunderkette[7] die Umkehrung des Zeitpfeiles zwischen Ge-

im Nachdenken über dessen Inhalt bestanden. *Gein ime ûf dem wege* (V. 16165), das heißt: auf ihn zu, vielleicht von vorn, kommt auch die zweite Hilfsbitte. Eine Frau reitet mit ihrem toten Kind auf dem Weg auf Gawein zu und fordert ihn zur Rache auf (V. 16164–173), während gleich darauf ein zweiter Ritter eindeutig von hinten kommt (*Nu hôrte er aber einen ruof / Nâch im*, V. 16175f.). Auch hier verfolgen ihn beide anschließend gemeinsam (V. 16212f.). Ich nehme an, daß auch diese Situation wie die erste und dritte aufzufassen ist (vgl. etwas abweichend JOHANNES KELLER, ›Diu Crône‹ Heinrichs von dem Türlin. Wunderketten, Gral und Tod, Bern [usw.] 1997 [Deutsche Literatur von den Anfängen bis 1700, Bd. 25], S. 232f.), obgleich die Frau hier nicht ausdrücklich sagt, daß der Verfolger Gaweins ihr Kind getötet habe. Ihre Rede wird kurz zusammengefaßt als *Und wie ez geschæhe / Daz begunde sie im allez zeln* (V. 16208f.). Jedoch vereinigen beide ihre Bitte und verfolgen Gawein, sie verschwinden, als Gawein weiterreitet (*Ze hant er niht mêre / Daz wîp noch den ritter sach*, V. 16224f.), was die Auffassung von einer gleichsinnigen Kampfaufforderung stützt. Der dritte Ritter kommt wieder eindeutig von hinten (*Hinden nâch ein ritter jeit*, V. 16231), während der Ritter und der Zwerg, die das schöne Mädchen auf der Bahre führen, *Gegen ime her ûf der slâ* reiten (V. 16256). Hier ist es ausdrücklich derselbe Weg, den die beiden reiten, und da hinten der nachjagende Ritter ist, der allein schneller ist als die Bahre, kommt die Hilfsbitte als Versuchung von vorn. Doch erweist sich alsbald wiederum, daß der Gegner, gegen den er für sie kämpfen soll, eben der nachjagende Ritter ist: *Vf den ritter, der im nâch jagte, / Begunden sie im zeigen* (V. 16277f.). Sie fungieren also wiederum gleichsam als Verstärkung von dessen Herausforderung, so daß Gawein im Wortsinn des Verbotes gegen den kämpfen müßte, der ihm nachjagt. Da sich diese letzte Gruppe auf Amurfina beruft, wird Gawein unsicher und will kämpfen, eine Botin der Sælde hält ihn aber zurück, und Ritter, Dame und Bahre verschwinden wie ein Spuk (V. 16384f.). – Die nächste Situation markiert den Ausgang der Wunderkette: Die Botin der Sælde ist noch bei Gawein, und es heißt zum ersten Mal ausdrücklich, daß eine Erscheinung – streitende Ritter, die sich sämtlich gegen Gawein wenden – vor ihnen auftaucht (*unz sie vernâmen vor in*, V. 16396). Auch hier wird seine Kampfabsicht durch die Botin vereitelt. – Eine Übersicht über die Wunderketten in wenigen Sätzen bei KELLER, ebd., Anhang S. 467.

[7] Im Sinne eines eingeführten Begriffes benutze ich ›Wunderketten‹ für die Textpassagen, die ALFRED EBENBAUER 1977 [Anm. 3], S. 26 so benannt hat. Diese Stellen, an denen das Verhältnis des Helden zu seiner Umwelt grundsätzlich anders organisiert ist, als man es aus dem Artusroman sonst kennt, haben reiches Interesse der Forschung auf sich gezogen. ULRICH WYSS, Die Wunderketten in der ›Crône‹, in: Die mittelalterliche Literatur in Kärnten. Vorträge des Symposions in St. Georgen / Längsee 1980, hg. von PETER KRÄMER unter Mitarb. von ALEXANDER CELLA, Wien 1981, S. 269–291 zielt auf eine zusammenhängende Gesamtdeutung der Bilderfolgen. Daran anschließend, versucht JOHANNES KELLER [Anm. 6] von den Wunderketten aus eine Interpretation des gesamten Werkes, zur zweiten Wunderkette S. 179–275. Bedeutsam ist das Von-hinten-Herankommen in der zweiten Wunderkette

genwärtigem und Zukünftigem bedeutet. Die Erzählung läßt Gawein gegen seine biographische Zeit reiten, also aus der Zeit heraus[8] oder in die Vergangenheit. Er selbst bemerkt nicht, daß er dadurch in ein Jenseitsland gerät, in dem die Regeln ritterlichen Verhaltens, wie er sie kennt, außer Kraft gesetzt sind.

Gawein hält sich an die Anweisung, nicht zu kämpfen, bis er so geschmäht und bei Amurfinas Liebe beschworen wird, daß er es nicht mehr ertragen kann, obgleich er, indem er der Hilfsbitte folgt, gegen einen Ritter kämpfen muß, der ihn von hinten angerufen hat. Die Schwester Aanzims kann den Kampf verhindern; aber alsbald gerät er in eine Situation, in der Ritter, die zuvor stritten, sich gegen ihn einigen und ihn von vorn zum Kampf gegen einen von ihnen auffordern. Es ist eine merkwürdige Versammlung, die gleichsam die gegnerische Seite von Gaweins Aventiureleben repräsentiert und alle Schuld vorbringt, die er von diesem Standpunkt aus auf sich geladen hat; insofern gehört sie Gaweins Vergangenheit ebenso an wie seiner Gegenwart. Obgleich Gawein von diesen Schatten der Schuld vorverurteilt ist und sie ihn alle gleichermaßen töten wollen, will er sein rechtmäßiges Handeln gleichsam gegen eine Aufrechnung seiner Lebensschuld – oder gegen eine grundlose Anklage, das wird nicht geklärt – verteidigen, glaubt er dem äußeren Anschein, hält er die Situation für lösbar durch ritterlichen Zweikampf. Das ist sie nicht, und die Ritter sind offenbar keine Ritter, sie offenbaren ihr Spukwesen, als Gawein weiterreitet und ihr Kämpfer ebenfalls, wie die vorigen Verfolger, *alles nâch hinden jeit* (V. 16465). Die Jungfrau

---

auch für HARTMUT BLEUMER, Die ›Crône‹ Heinrichs von dem Türlin. Form-Erfahrung und Konzeption eines späten Artusromans, Tübingen 1997 (MTU 112), S. 247–251. Er interpretiert unter der Überschrift »Die zweite Kette als Wertediskurs« (S. 247) die Stelle als epischen Entwurf über Normenkollisionen, besonders S. 147f. Die umgekehrte Aventiurerichtung gehört für ihn zur gleichberechtigten Gegen-Wertewelt, vgl. ebd.

8 Die gefährlichen atmosphärischen Erscheinungen (brennender Wald, kochender Regen, ein Hagel aus brennendem Stein, brennender oder ätzender Schnee) am Anfang der zweiten Wunderkette (V. 16006–052) zeigen eine Natur in der Unordnung der Elemente, das Feurige setzt sich darin durch. Das sind literarische Zeichen einer Jenseitsreise, wie JOHANNES KELLER [Anm. 6] gesehen hat, S. 192, Anm. 79. Zum literarischen Inventar der Jenseitsreisen vgl. ANNE PRIOR: Durch die Hölle gehen. Höllenfahrten in der deutschsprachigen Literatur des Mittelalters und der frühen Neuzeit. Magisterarbeit Freiburg i. B. 2001/2002, Masch.

leitet Gawein nach diesen zwei kapitalen Irrtümern für den Rest des Weges durch den Wald wie einen Unmündigen: *Und daz sie ime liez kein gewalt/Sînes muotes noch der kraft, / Und daz er ieman ritterschaft / Dâ gæbe in dem tan* (V. 16468–471).

Auf Gaweins Urteilsfähigkeit ist offenbar dort, wohin er gekommen ist, wenig Verlaß. Doch statt dadurch gewarnt zu sein und die künftigen Handlungsbedingungen genau zu betrachten, läßt er sich, zunächst als Zeuge, gleich nach ihrem Abschied in eine Auseinandersetzung hineinziehen. Der Sieg des Aamanz, der aussieht wie Gawein und ihm auch im Auftreten so ähnlich ist, daß man seinen wirklichen Namen ganz vergessen hatte, über seinen Gegner Zedoech endet paradoxerweise im Tod des Aamanz. Das wird in einem grausigen Zufall inszeniert, der nur dadurch zustande kommen kann, weil die Verbindung zwischen Urbild und Abbild gestört ist: Der im Kampf gegen Aamanz unterlegene Zedoech ist zu hochmütig, um Sicherheit zu geben,[9] und will sich lieber töten lassen, ohne Sicherheit läßt Aamanz ihn jedoch nicht frei, woraufhin Gawein gegen Aamanz kämpft und siegt. Auch Aamanz will nicht Sicherheit geben, aber es kommt ein Ritter des Wegs, der Gawein bittet, den Unterlegenen ihm schwören zu lassen. Darum bittet auch der zuerst unterlegene Zedoech; beide bieten Gawein Mannschaft an (V. 16676–683). Gawein ist einverstanden und gibt die Verantwortung ab, nicht wissend, daß dieser Dazukommende Gigamec ist, der den Bruder des Aamanz erschlagen hat und deshalb dessen Todfeind ist. Wohl weil Aamanz ihm deshalb nicht schwört und nicht schwören kann (das wird nicht gesagt, sondern muß aus der Konstellation erschlossen werden), tötet Gigamec, dem Gawein die Rolle des Siegers übertragen hatte, im Einverständnis mit Zedoech den Aamanz. Der Doppelgänger verweigert sich der ritterlichen Unterwerfung unter Gawein, das Urbild, und dieser gibt als Herr über des anderen Leben die Herrschaft leichtfertig ab; er sieht die Gefährdung für sein Ebenbild nicht voraus: Er hat im Kampf gegen Laamorz den Tod besiegt

---

[9] Die gegensätzliche Angabe in V. 16566 (daß Zedoech zuerst über Aamanz gesiegt habe) halte ich wie SCHOLL [Anm. 5] in seiner Anmerkung zur Stelle (Ausgabe S. 464) unter dem Kontextaspekt für einen Fehler der Handschrift. Da es sich um einen inhaltlichen, also einen Verständnisfehler handelt, kann man wohl zurückschließen, daß der Tod des Aamanz dem Kopisten zuerst rätselhaft erschien.

(V. 15573–577) und hinter sich gelassen; daß der seinem Alter Ego dennoch bevorsteht, kann er nicht sehen.[10]

Der Tod des Aamanz markiert einen Umkehrpunkt im zeitlichen Verlauf des Erzählens von Gaweins Leben. Bis zur zweiten Wunderkette war es, trotz wundersamer Begebenheiten, möglich, eine lineare Kontinuität vom ersten Vers an zu unterstellen; bisher ist nichts als neu erzählt worden, was in den Tatenkatalogen des ersten Teils schon vorkam. Nun hat Gawein vor der zweiten Wunderkette den Tod Laamorz besiegt und das Rad der Fortuna stillstehen lassen, wodurch es unmöglich wurde, die Figur nach einem biographisch-linearen Zeitverlaufsmuster weiterzuführen (sie kann ja nicht mehr sterben und nicht mehr unglücklich werden). Zum Zeichen dafür ist er durch die zweite Wunderkette geritten, die ihn aus der linearen, physikalischen Zeitrechnung heraus- und in ein metaphysisches Land hineinführt. Weil damit das biographische Erzählkontinuum abgebrochen wird, muß er, wenn auch in einem Doppelgänger, sterben, um anzuzeigen: Das Erzählen über Gawein wechselt in einen anderen Modus.

2. Zeitliches im Unzeitigen

Das Magische an der Verbindung zwischen Aamanz und Gawein wird dem Rezipienten nicht erklärt, sondern im Handeln der Figuren vorgeführt. Es zeigt sich darin, wie die Feinde des Aamanz, Gigamec und Zedoech, nach dem Tod des Aamanz weiter handeln. Sie schienen Gawein bei dessen Dazutreten nicht zu kennen und nicht mit Aamanz zu verwechseln. Mit Aamanz, dessen Bruder er getötet hat, verbindet Gigamec eine gemeinsame Vorgeschichte, mit Gawein nicht. Nun werden Gigamec und Zedoech auch Gaweins Feinde,

---

10 Auch Matthias Meyer sieht Aamanz als Bild für ausgeschlagene Wendungen von Gaweins Geschick ins Negative und Verderbliche: »Der andere Gawein begeht hier den Fehler, an dem der echte Gawein in der zweiten Wunderkette gehindert wurde. Und da er als absoluter Stellvertreter konzipiert wurde, ist die Stellung dieser Episode die eines epischen ›Was wäre, wenn‹«. Matthias Meyer, Die Verfügbarkeit der Fiktion. Interpretationen und poetologische Untersuchungen zum Artusroman und zur aventiurehaften Dietrichepik des 13. Jahrhunderts, Heidelberg 1994 (GRM, Beiheft 12), S. 136.

indem sie schadenfroh seinen Tod behaupten. Seine Handlungsweise hat ihnen aber, falls zwei Figuren zu denken sind, keinen Grund zum Haß gegeben. Gigamec behauptet am Artushof, Gawein im Kampf getötet zu haben, und er antizipiert das Motiv, das man ihm unterstellen könnte, wenn er ohne Beweis Gaweins Niederlage behauptet hätte: *durch hôhen ruom* (V. 16786). Da er unterstellt, was er ja tatsächlich tut, spielt die Ruhmsucht sicher eine Rolle, aber dennoch bleibt in der Szene etwas Feindliches gegenüber Gawein, den Gigamec genüßlich als überwundenen Gegner imaginiert, und gegenüber dem gesamten Artushof, das durch das Ruhm-Motiv allein nicht erklärt wird (viel später wird Gigamec mit Giramphiel in Verbindung gebracht, V. 28546–551). Das Seltsamste an Gigamecs Auftritt am Artushof ist aber, daß er nicht befürchtet, Gawein am Hof zu begegnen. Glaubt er seine eigene Geschichte? Sind Zedoech und Gigamec Gaweins Feinde, weil sie Aamanz' Feinde sind? Jedenfalls unterstellen diese beiden Figuren handelnd eine magische, vielleicht reale Einheit zwischen Aamanz und Gawein.[11] Wenn es diese magische Einheit aber nun für die Figuren gibt, die zuvor sehr wohl zwischen Aamanz und Gawein haben unterscheiden können, soll der Hörer sich vielleicht an dieser Stelle rückwendend fragen, ob nicht Gawein zuvor gegen sich selbst gekämpft und seine sterbliche Hälfte überwunden hat. Auf jeden Fall tragen die Figuren ihre Einheitsthese über Aamanz = Gawein anderen Figuren vor. Indessen lebt Gawein für die Figuren, denen er nun begegnet, weiter; sie bringen ihn nicht mit Aamanz in Verbindung.

Aamanz, der Amandus, stirbt nach der zweiten Wunderkette und bleibt tot.[12] Gawein hat sein Alter Ego verloren, wie der Text ausdrücklich sagt.[13] Das heißt umgekehrt, daß er zuvor ein Alter Ego

---

11 Vgl. MEYER [Anm. 10], S. 136.

12 Seltsamerweise fragt sich niemand am Hof, wer denn der Tote gewesen sei, den man als Gawein lange betrauert hat (nämlich bis Gaweins Bote kommt, V. 21819–837). Gawein war tot, jetzt lebt er wieder, und es drängt die Hofgesellschaft nicht nach der Diversifizierung von Gaweins Identitäten. Schon auf die bloße Botschaft Gaweins freuen sich alle (V. 21940–22144). Niemand fordert Beweise, obgleich der Bote Artus mit seinem Gefolge zu Gawein bestellt und das eine Falle sein könnte (V. 21891–893). Der persönliche Anblick (V. 22294–22300) bestätigt später die Überzeugung des Hofes, der echte Gawein habe die Botschaft bestellen lassen.

13 *In hiezen den andern Gâwein/Alle, die in kanten: / Von rehte si in sô nanten, / Wan er ime was vil gelîch/ Sîn manheit und diu lîch* [...] (V. 16523–527).

hatte: Bis zur zweiten Wunderkette ist die Gaweinfigur gleichsam doppelt, sie besteht aus einem gänzlich irdischen Teil – Aamanz, der im Aussehen und in den Rittertaten ist wie Gawein – und aus einem anderen, der Transzendenzerfahrungen zuläßt und erträgt. Diesen doppelten Zustand kann Gawein nie mehr zurückgewinnen; es ist ihm verwehrt, in den Stand der transzendentalen Unschuld zurückzufinden.

Elisabeth Schmid hat in einem Aufsatz gleichsam nebenhin entwickelt, daß der Tod des Aamanz den Eintritt Gaweins ins Totenreich markiert, aus dem der Held, wie die an Chrétien und Wolfram geschulten Hörer erwarten dürfen, durchaus lebendig wieder zurückkehren kann.[14] Wenn man diese Ansicht teilt, kann man Einzelheiten der Zeitführung genauer sehen. Der Tod des einen spiegelt das Leben des anderen,[15] und Gawein wird als Figur in progressivem zeitlichem Weiterleben gedacht, während ein Totenreich in zeitlicher Hinsicht statisch ist. Gawein hat gegen einen Mann gekämpft, der Dertod heißt, er hat gesiegt und sich schwören lassen. Wenn man die Szene allegorisch nimmt, bedeutet sie, daß Gawein nun das Land des Todes jederzeit betreten, aber auch wieder verlassen kann; eine Annahme, die durch die späteren Jenseitszeichen[16] gestützt wird. Da im Land des Todes die Zeit keine Rolle mehr spielt (was dazu führt, daß Igern Gawein seine Mutter und seine Schwester zur Ehe anbieten kann),[17] lebt Gawein dort außerhalb der Zeit. Allerdings trägt er die

---

14 Elisabeth Schmid, Text über Texte, GRM 75, N. F. 44 (1994), S. 275; sie weist hier auch darauf hin, daß bei Chrétien Perc. 9206f. und Wolfram Pz. 652,6 am Artushof Gauvains/Gawans Tod befürchtet wird.

15 Matthias Meyer [Anm. 10], S. 136 ist ein zusätzlicher Aspekt der Spiegelung aufgefallen: »der andere Gawein ist in einen solchen Konflikt verstrickt, wie er Gawein in der Wunderkette drohte«.

16 Vgl. Christine Zach, Die Erzählmotive der ›Crône‹ Heinrichs von dem Türlin und ihre altfranzösischen Quellen. Ein kommentiertes Register, Passau 1990 (Passauer Schriften zur Sprache und Literatur 5); z.B. S. 138f über die gefährliche Brücke ins Land der Giramphiel (V. 27497ff.); S. 182 über das Schattendasein der Gralsgesellschaft (V. 29501), S. 207 über die Begegnung mit Enfeidas, der Feenkönigin von Avalon (V. 18709–749).

17 *Clarisanz, diu niftel mîn/Diu künigîn von Orcanîe, / Diu sol sîn amie/Sîn, oder ir muoter Orcades* (V. 21031–034). Die Sprecherin, Igern, ist die Mutter des Artus und der Orcades, Clarisanz also seine Schwester, wie V. 21070–076 erklärt. Zur Verwandtschaft mit Artus V. 22320–322: *Dar nâch bewîset er* (= Gawein) *in* (= Artus) *des, / Daz sîn swester Orcades/Wære ouch bî ir muoter dâ.*

Zeitrechnung, seine nämlich, auch in das Totenreich hinein, denn für ihn, den Weiterlebenden, ist es keineswegs gleichgültig, ob er mit Laamorz kämpft, bevor oder nachdem ihn Siamerac instruiert hat; es ist auch durchaus wichtig, daß Laamorz besiegt wurde, ehe Gawein sich auf die Reise macht, die ihn tiefer ins Jenseitsland, zu seiner mütterlichen Familie, führt. Nur als Träger und Fixpunkt einer Zeitrechnung kann Gawein dort, im zeitlosen Jenseitsland, angesichts der Verwicklung, Mutter oder Schwester heiraten zu sollen, eine Frist erbitten (*Sô gebet mir vrist ze zwelf tagen*, V. 21085) und sie einhalten.

Gawein trägt auch in diesen jenseitigen Bereichen Erwartungen an Konditionalität und Kausalität, die sich einlösen, ohne daß das begründet würde, einfach, indem es Gawein dort gibt. So entsteht ein kompliziertes Muster aus Zeitlichem und Unzeitigem, das eingeknüpft ist in den Wechsel diesseitiger und jenseitiger Orte.

Dieses Ineinander von Diesseitigem und Jenseitigem läßt sich mit den Hystera Protera weitgehend korrelieren. Ywalin erinnert – neben solchen Taten, die in der ›Crône‹ nicht erzählt werden – V. 6102–6104 die Geschichte von Fimbeus und Giramphiel, der gegen Ende der Erzählung ein anderweltiger Schauplatz zugewiesen wird (über das Land der Giramphiel spricht Gansguoter, V. 27613–658); zudem eine Wunderbettepisode, die V. 20703ff. erzählt wird und samt ihrer anderweltlichen Einbettung aus dem ›Parzival‹ entlehnt ist, und schließlich V. 5992–5997 die Lohenis-Geschichte, die ab V. 19351 erzählt wird und die der Urjans-Episode aus dem ›Parzival‹ entspricht. Hier ist der anderweltige Schauplatz nicht eigens angezeigt, aber unmittelbar zuvor hat Gawein mit jenseitigen, unerlösten Gestalten zu tun (Erklärung V. 19253–284). Diejenigen Taten aus Gaweins Erinnerungen bei der Betrachtung von Amurfinas Gefäß, die später in der ›Crône‹ noch erzählt werden, gehören sämtlich zur jenseitigen Welt: Gral (V. 9025), Jungbrunnen (V. 9034) und Fimbeus-Geschichte. Es scheint, als ziehe in der ›Crône‹ die Situierung einer Episode im Jenseitigen Gedächtnisanomalien nach sich.[18]

---

18 Die Erinnerungssituation ist nur bei Gaweins Selbstbesinnung in Amurfinas Land hinter dem steinernen Fluß durch das Auftauchen aus dem Jenseitigen geprägt; Ywalin dagegen spricht nicht in einer anderweltigen Szenerie über Gaweins Taten.

3. Die Zeit der Fimbeus-Handlung

Die Verbindung von Jenseitssignalen und Hystera Protera scheint auch in der Geschichte vom Gürtel des Fimbeus geknüpft zu sein, obgleich sie als gemeinsame Vorgeschichte aller Handlungsstufen aufgebaut ist.[19] Und wirklich kann der Hörer lange Zeit der Meinung sein, schlicht mit einer wunderbaren Geschichte aus der einen und einzigen Gawein-Welt zu tun zu haben. Unerwartet wird aber in dem Land, das dem Gansguoter gehört (*Von disem lande er in seit,/ Daz ez sîn eigen wære*, V. 27483f.) und das er durch Zauber versperrt hat (*Und hete ez sô gewære/Und sicher gemachet, / Daz er ungeswachet/Wær vor aller werlt dar an*, V. 27485–488), eine Verbindung zu Giramphiel geknüpft, die ihr Land als jenseitigen Ort bestimmt.[20]

Beim ersten Hinsehen scheint die Fimbeus-Vorgeschichte immer dieselben Umrisse zu haben, als sei sie einmal, zu einer festen Zeit in der fiktionalen Welt, passiert und könne allenfalls verschieden erzählt werden. Doch verhält sich die Sache durchaus komplizierter, denn auf den zweiten Blick ist deutlich zu sehen, daß die einzelnen Abschnitte auch anders verstanden werden könnten, nämlich als Zeitangaben oder Zeitwegweiser für die umgebende Handlung auf der Ebene der jeweiligen fiktionalen Gegenwart.

Die Drachenaventiure nach einem Besuch bei Fimbeus, in der dessen Stein im Gürtel Gaweins Leben rettet (Giramphiels Aventiureempfehlung V. 15039, Kampf V. 15098–15196), steht im zweiten Teil nach der ersten Wunderkette, nach der ersten Gralsszene, aber vor der Begegnung mit Lembil und vor dem Kampf mit dem Tod, also weit vor der Einkehr auf der Jungfraueninsel. Die Verbindung der Fimbeushandlung mit dem eigentlichen Drachenkampf wirkt überaus seltsam, wenn schon ein Kampf Gaweins mit Fimbeus zurückliegen soll, wie der Erzähler explizit behauptet: *Dâ er Fimbeus von Gardîn / Nam, dâ verworht er in* [den Stein] / *Und truoc in ûf*

---

19 V. 4857–4888, 6102–6104, 9039f., 14937–975, 23211–417, 24899–909, 27946–28233.

20 Gansguoter lobt die zerstörte Anlage und fährt fort mit dem Gedanken, *wie harte schadehaft/Wær dar an worden Giramphiel/und Finbeus* (V. 27651–653), denn *ir beider lant, Sardîn, / Mües dulden kumber unde pîn* (V. 27657f.). Giramphiels Land liegt offenbar hinter Gansguoters zauberischer Grenzlinie, wodurch es ihm nach- und zugeordnet wird: Auch ihr Land ist anderweltig und unbetretbar.

den gewin (V. 15137–139). Trotz dieser Vorgeschichte, soll der Hörer oder Leser glauben, begibt sich Gawein vertrauensvoll zu Giramphiel, und hört er gar auf ihren Rat

> Würde ein klein wurm erslagen,
> Und als bald daz wær geschehen
> Sô möhte man vroun Sælden sehen
> In ir grôzen hêrschaft (V. 15039–042),

ohne ihre böse Absicht zu argwöhnen? Das wäre einleuchtend auf einer Zeitstufe vor dem ersten Fimbeus-Kampf, aber es ist alles andere als einleuchtend, wenn das Zerwürfnis mit Fimbeus und Giramphiel schon besteht. Allerdings spielt die Episode in Giramphiels Anderweltland, und vielleicht ist Kausalität hier unerheblich, der Satz vom Widerspruch nie in Kraft gesetzt worden und zeitliche Folge nicht fixierbar. Denn die gegenteiligen Annahmen führen auf Widersprüche: Wenn man Giramphiel als handlungslogischen Zeitgeber für Gawein betrachtet, ist Gawein demnach in dieser Episode jung, jünger als im ersten Teil, in dem Gasozein den Gürtel an Ginover überbringen lassen kann. Doch auch Fimbeus tritt – mittelbar – als Zeitgeber auf: Sein Gürtel ist schon im Besitz Gaweins, es liegt also doch ein Kampf zurück. Fimbeus und Giramphiel, die beiden stets zusammen auftretenden Figuren, wirken in dieser Episode als widersprüchliche Zeitgeber: Es ist unmöglich festzumachen, ob Gawein jung oder älter ist, als er auf Giramphiels Rat hin mit dem Drachen kämpft, und ebenso unentschieden, ob es sein erster Kampf mit Fimbeus ist oder ein Wiederholungskampf.

Ebenso widersprüchlich sind die internen Datierungsangebote in der Einleitung zur Handschuhprobe, die am Artushof spielt, im erzählerischen Diesseits. Der Erzähler begründet die neuerliche Hinwendung zur Fimbeusgeschichte so:

> Ich sol iuch baz bescheiden daz,
> War umbe dar disiu magt,
> Dâ von ich hân gesagt,
> Was gesant und von wem [...]. (V. 23212–215)

Dann führt er Fimbeus für die Erzählung der Gürtelgeschichte ein, als sei von ihm noch nie die Rede gewesen: *Finbeus ein ritter hiez / Von Sgardîn Angiez* (V. 23223–224). Wie Fimbeus hier als neue Figur eingeführt wird, spräche dafür, daß die Geschichte von Ginover und dem Gürtel zum ersten Mal (als diesseitiges Geschehen) erzählt wird. Sie reicht nur bis zu Ginovers Aufforderung an Gawein, die den Kampf Gaweins mit Fimbeus motiviert. In diesem Segment des Fimbeus-Komplexes gibt es ein klares Nacheinander und einen kausalen Nexus. Später wird ein (in Giramphiels Anderwelt ausgefochtener) Kampf Gaweins mit Fimbeus erzählt (V. 28051–208), in dem Fimbeus den Stein besitzt und Gawein ihn erobern will. Er kann, auch wenn der Erzähler ihn als Wiederholungskampf arrangiert (*Daz sie den sigehaften stein/Sô heten von Gâwein/Wider gewunnen mit der valscheit*, V. 27771–773), von der Grundkonstellation her als Jugendaventiure aufgefaßt werden, als der eine und einzige Kampf mit Fimbeus um den Stein. Hier in Giramphiels Welt kämpfen Fimbeus und Gawein offenbar immer wieder, und es ist dennoch derselbe Kampf. Die Grenzen zwischen dem singulär Vorzeitigen, der einmaligen Wiederholung und dem mythisch Ewigen verfließen.

Gleichzeitig wird das Verständnis auch in eine andere Richtung gelenkt, hin zur progressiven Oberflächenstruktur der Zeitführung. Die Handschuhbotin, die zwischen den Welten hin und her geht, erkennt Gawein und seine Freunde sofort: *Dô sie diu juncvrouwe sach,/ Sie kante si an der stunde* (V. 27757f.). Gawein schläfert das Gefolge Giramphiels ein und kämpft dann mit Fimbeus um die Zauberdinge. Nach seinem Sieg schwört Giramphiel, ihm den Stein wiederzugeben:

> Gîramphiel bôt ouch den eit
> Und swuor bî dem eide,
> Daz sie die hantschuoch beide,
> Daz vingerlîn und den stein
> Wider gæbe hern Gâwein [...]. (V. 28224–228)

Giramphiels in Erzählerrede zusammengefaßter Schwur geht also davon aus, daß Gawein den Stein schon einmal besaß. Dann mußte er auch schon mindestens einmal mit Fimbeus gekämpft haben. Die kleine berichtete Rede entfaltet also eine dreistufige Vergangenheit. Unmittelbar zuvor besaß Gawein den Ring, weil er ihn Fimbeus, der den Ring am Anfang trug, wiederum zuvor abgenommen hatte. Diese mehrstufige implizite Vergangenheit ist Zeitgeber für Gawein, aber sie rollt auch eine Folge von Ursachen und Wirkungen auf. Wenn Giramphiel sich in ihrer berichteten Rede auf ein Handeln in der umittelbaren Zukunft verpflichtet, so handelt sie im Sinn der im Dieseits beheimateten Figuren.

Daraus folgt, daß die Handlungszeit der Fimbeus-Episoden widersprüchlich überdeterminiert ist. Eine Gruppe von Verständnisvorgaben, am klarsten die Einleitung *Finbeus ein ritter hiez / Von Sgardîn Angiez* (V. 23223–224), die fast am Schluß des Werkes steht und auf einen Anfang weist, vertrüge sich gut mit der zeitbrechenden Kraft der zweiten Wunderkette, wie sie oben erwogen worden ist: Davor wird Gawein älter, danach zumindest nicht mehr älter, vielleicht jünger; ohne daß das wichtig wäre, denn die Zeit spielt im Anderland keine Rolle. Dagegen steht aber eine zweite Gruppe von Rezeptionsvorgaben, die auch im zweiten Teil lineare und progressive Zeit unterstellt, die Gaweins Handeln mitumfaßt, weil sie von ihm in die jenseitige Umgebung getragen wird.[21] Diese widersprüchliche Überdetermination hat möglicherweise mit der beidseitigen Situierung der Giramphiel-Handlung zu tun: Einerseits reicht die Gürtel-Geschichte immer wieder in die für die Erzählung diesseitige Artuswelt hinein; anderseits wird das Land der Giramphiel durch den komplizierten, ohne Zerstörung nicht zu betätigenden Einlaßmechanismus (V. 27497ff.)[22] als anderweltig gekennzeichnet.

In dieser Hinsicht, im Bezug auf eine mythische Anderwelt, in der es keine menschliche Zeit gibt, kann die Gegnerschaft zwischen Giramphiel und Gawein nicht kausal hergeleitet werden, weil die Reihenfolge der Ereignisse nicht feststeht, während Ursächliches im Bereich menschlicher Erfahrung immer das zeitlich Frühere sein muß. Die ewige Feindschaft ist dann kreisförmg zu denken, deshalb kann auch ein Wiederholungskampf gestaltet werden, in dem man bis in Einzelheiten hinein die Umrisse der initialen Auseinandersetzung erkennen kann – letztlich sind beide vertauschbar. Durch die mythische Auffassung der Feindschaft als ewig, zeitlos und sich stets wiederholend gewinnen auch die Unterschiede zwischen den einzelnen Fimbeus-Erzählungen einen Sinn: Es gibt das Urereignis nur in

---

21 Dazu die Tabelle von ANNEGRET WAGNER-HARKEN, Märchenelemente und ihre Funktion in der ›Crône‹ Heinrichs von dem Türlin. Ein Beitrag zur Unterscheidung zwischen ›klassischer‹ und ›nachklassischer‹ Artusepik. Bern [usw.] 1995 (Deutsche Literatur von den Anfängen bis 1700, Bd. 21), S. 207.

22 Vgl. CHRISTINE ZACH, Erzählmotive [Anm. 16], S. 138 zum Stichwort ›Unterwasserbrücke‹.

seinen Wiederholungen, alle Erzählungen vom Urereignis differieren und meinen dasselbe.

4. Die Andeutung einer Zeitschleife

Eine Art Zeitschleife entsteht durch die Aufforderung der Manbur, Artus Ring und Handschuhe zu senden, damit Gigamec nicht mit einem untrüglichen Zeichen Gaweins Tod behaupten könne.

> Gîramphiel hiet alter haz
> Umb ir amîs dar zuo brâht,
> Daz sie des het gedâht,
> Daz sie in wolt heizen sagen
> Ze hove tôt unde erslagen
> Mit solhem urkünde,
> Den nieman wol künde
> Der wârheit verzîhen; (V. 28518–525)
> [...]
> Sie hât gesant an den wec
> Einen riter, der heizet Gîgamec,
> Der dar brâht daz houbet,
> Des er iuch solt beroubet
> Haben, als er selber jach,
> Dâ von diu grôze klage geschach. (V. 28546–551)

Da man sich kaum ein sichereres Zeichen vorstellen kann als einen abgeschlagenen Kopf, den alle, die Gawein lieben, für den seinen halten, und da Gigamec wohl kaum unerkannt ein zweites Mal am Artushof auftauchen kann, wird der Hörer oder Leser nicht restlos davon überzeugt, daß diese Aufforderung der Manbur auf eine zweite und neue Begebenheit in der fiktionalen Welt rekurriert, nicht auf jene, die in der Erzählzeit wesentlich früher lag und nach dem Tode des Aamanz erzählt wurde. Dadurch entsteht eine doppelte Datierung der Episode: eine erzähllogische, die die Begebenheit für einmalig erklärt und dem bereits Erzählten, also dem Tod des Aamanz, zurechnet; ihr widerspricht die zweite, explizite Datierung durch Figurenrede, die von einer Wiederholung spricht und also eine progressive Zeit in der erzählten Welt unterstellt.[23]

---

23 Arno Mentzel-Reuters, Vröude. Artusbild, Fortuna- und Gralkonzeption

Die Rezeptionsvorgaben sind hier wiederum widersprüchlich angelegt, ähnlich wie vorn V. 16516ff. in Gaweins Begegnung mit Aamanz und Gigamec. Wie man vorn denken mußte, daß Gawein in Aamanz stirbt und dennoch, in einem anderen Modus, weiterleben kann, so muß man hier einerseits glauben, daß sich die Handlung zu Gigamecs Ritt an den Artushof zurückwendet, anderseits, daß sie weitergeht. Hier sind zwei alternative Möglichkeiten für die Gaweinfigur gestaltet: ein Gawein, der in seiner ewigen Jugend immer dieselben Abenteuer erlebt, und einer, der diesen Kreis durchschreitet und schließlich den Gral findet.

Wenn man gedanklich dem Verweis auf die vordere Stelle folgt, kommt Gaweins Lebensalter in dem Moment, in dem Manbur spricht, wieder in der Zeitstufe an, die er hatte, als Aamanz getötet wurde – also nach dem Sieg über den Tod und vor der Erringung der ewigen Jugend. Damit bewegt sich Gawein in einer ewigen, engen Zeitschleife, die seine Jugend ist. Die Zeitschleife beginnt und endet mit dem Auftritt des Gigamec, der Gawein totsagt, vor dem Artushof. Dazwischen liegt eine kleine, geschlossene Geschichte, die von der zweiten und der dritten Wunderkette begrenzt wird. Sie ist in sich linear und progressiv angelegt, führt aber ihren Helden zum Anfangspunkt seines Handelns zurück. Das wird in der Handlung selbst begründet: Der Held wird nicht mehr älter.

Innerhalb der Zeitschleife liegen folgende Erzählinhalte: die Jungfraueninsel, die Parzival-Aventiuren, darin die Eroberung der jugendverleihenden Blumen, die Handschuhprobe, die Erzählung vom Gürtel des Fimbeus, die Entführung der magischen Gegenstände durch den Bocksritter, deren Rückeroberung durch Gawein. Der Besuch beim Glück fällt, wenn man genaue Grenzen zieht, nicht in diesen Zeitraum, was dadurch interessant wird, daß Ywalin Gawein für vom Glück verlassen hielt, als er die jugendspendenden Blumen eroberte[24] – hier passen also Ywalins Rückblick im ersten Teil und das Verständnis, das beim Nachverfolgen der Zeitschleife entsteht, zusammen.

---

in der ›Crône‹ des Heinrich von dem Türlin als Verteidigung des höfischen Lebensideals, Frankfurt a. M. [usw.] 1989 (Europäische Hochschulschriften, Reihe 1, Deutsche Sprache und Literatur, Bd. 1134) bezeichnet die Stelle deshalb S. 45 als »unechtes *hysteron proteron*«. Er erklärt sie ebd. als Motivverdopplung in Anlehnung an CORMEAU [Anm. 3], S. 127–130.

24 *Ja was vrowe Sælde wider in* (V. 6109).

Allen Andeutungen zirkulärer Handlungsführung zum Trotz geht der Roman, nachdem Gawein auf Manburs Rat die Kleinodien an Artus hat senden lassen, weiter, die zirkuläre Rezeptionsweise ist schon deshalb nicht die einzig mögliche. Zum Gral gelangt Gawein in einem Erzählabschnitt mit linearer Zeitzählung, die dadurch verbürgt wird, daß Gawein die vor der dritten Wunderkette vereinbarte Frist zur Gralssuche einhalten kann (Frist V. 18915ff., Einlösung V. 29570–577). Man gelangt mitvollziehend in diesen Erzählabschnitt, indem man die V. 28541ff. behauptete Wiederholung der Konstellationen zwischen Gigamec und dem Artushof tatsächlich als Wiederholung nimmt, also: indem man den Kreis zur Spirale aufbiegt.

Doch darf der Hörer oder Leser dennoch nicht glauben, daß der Zeitpfeil den Zeitraum hinter sich läßt, in dem der erste Teil spielte. Der letzte Erfolg Gaweins im Roman, den Gral zu erringen, war im ersten Teil unter den Taten, an die Gawein sich erinnerte, als er bei Amurfina aus der Liebestrance aufwachte (V. 9023). Wer Gawein bis hierhin nach biographischem Verständnismuster durch den Roman begleitet hat, der wird in seiner nachvollziehenden Rezeption die Ereignisse der fiktionalen Welt so ordnen, als sei er trotz der Gabe der ewigen Jugend in einer eigentlichen Weise, nämlich nach dem Maß der ihn umgebenden Welt, doch älter geworden, dem Zeitplateau des ersten Teiles entgegengewachsen. Für eine Rezeption unter diesen Voraussetzungen entsteht ein zweiter, großer Zeitkreis, der das Ende des zweiten Teiles vor den Anfang des ersten stellt; nach dem großen Fest am Schluß könnte wieder das Weihnachtsfest am Anfang stehen. Dann biegt die ›Crône‹ die Enden der Erzählung dadurch zusammen, daß der Hörer oder Leser erst am Schluß erfährt, was er am Anfang schon wußte, so daß er beinahe genötigt wird, von vorn zu beginnen. Als Zeichen für den Sprung in die Vergangenheitszeit Gaweins während des progressiven Weitererzählens könnte dann die zweite Wunderkette mit ihrer umgekehrten Aventiurerichtung begriffen werden.

5. Konditionale Auflösung mythischer Rätsel

Immer wieder haben die vorgelegten Betrachtungen darauf geführt, daß mehrere Rezeptionsvorgaben über eine Einzelheit der Zeitstruktur im Text gefunden werden können, ohne daß sie sich jedoch auch nur so weit zur Deckung bringen ließen, daß man den verbleibenden Rest für stehengebliebene Inkonsequenzen und tendenziell für Fehler halten könnte. Vielmehr scheint es so, als erzähle die ›Crône‹, ganz wie Borges in der eingangs angeführten Novelle erklärt, in Alternativen, die sich in der Zeit verzweigen.

Die Alternativen entstehen im Gegensatz zweier Auffassungen von Handeln: der jenseitig-mythischen, nach der sich Vorher und Nachher nicht sicher ordnen läßt, und der diesseitig-ritterlichen, für die der Ausgangszustand definitiv verschieden ist vom Endzustand. Sie spiegeln sich in den unterschiedlichen Linien der Zeitführung, in Zeitlinie und Zeitkreis, die einander nicht abwechseln, sondern im Erzählen durchdringen. Für ein und dieselbe Episode ist erzählerisch einerseits eine rationale, insbesondere kausale oder konditionale Erklärung angelegt, die an feste Reihenfolgen angebunden wird, und sie kann andererseits unter dem Aspekt eines jenseitigen Schauplatzes oder Akteurs auch als unzeitig, jederzeit wiederholbar, auf dem Zeitstrahl nicht situierbar erscheinen, was ihren Einbau in kausale Verständnismuster verhindert.

Wenn auf der Ebene der Handlung die Rede davon ist, wie sich Gawein in Gefahren jenseitiger Welten behauptet, so wird diese Behauptung auch auf der Ebene der Zeitführung gestützt: Auf der Oberfläche gibt es stets eine progressive Zeit, während die Episoden in sich oft anders datiert sind. Im Unterschied zur Rückblende, die den Zeitfluß bewußt und für den Rezipienten merklich unterbricht, um ein vergangenes Geschehen nachzutragen, das sich an einem anderen Anfangspunkt in den Zeitstrom einordnet, erlauben die Doppeldatierungen von Handlung es nur noch eingeschränkt, Abfolgen durch kausale Muster zu interpretieren, nicht deshalb, weil die Kausalität bestritten würde, sondern, weil die Voraussetzung ihrer Anwendung als fraglich erscheint.

Gleichwohl entsteht in der Rezeption ein kompliziertes System von Rationalisierungen der unzeitigen Rätsel. Den Anstoß dazu bilden die offenbaren Gegensätze zwischen innerer und äußerer Datierung einer Episode (etwa des Gesprächs mit Giramphiel vor der Drachenkampfepisode oder beim Rat der Manbur). Wenn man die beiden Tatenkataloge einmal ausnimmt, für die man andere Erklärungen finden könnte,[25] ist es immer die äußere, explizite Datierung durch Figuren- oder Erzählerrede, die auf eine progressive Zeit führt, und umgekehrt immer die erzähllogische Komponente, die die Episode in eine frühere Zeit oder in ein mythisches Immer rückt. Erzähllogik ist aber angewandte Kausalität und Konditionalität: Nach dem Maß der literarischen und innerweltlichen Erfahrung erscheint die eine Folge von Umständen in dieser zeitlichen Reihung eher plausibel als die andere, weil sie in sich kausal und dadurch begreiflich ist, während die andere als eine Aneinanderreihung unzusammenhängender Zustände erscheint, denen sich kein Verständnismuster anbietet. Das bedeutet, daß der Rezipient mit seinem Versuch der logischen, also zeitlich geordneten Abfolge von Handlungen auf eine andere Reihung gelenkt wird, als der Text sie ihm explizit anbietet: Es ist gerade die Wahrnehmung vor dem Hintergrund eingeübter Kausalität, die die Zeitkreise und Schleifen aufdeckt. Der Text funktioniert also nach zwei verschiedenen Logiken: einer formalen, die sich an der oberflächlichen linearen Zeitzählung orientiert und Verstöße gegen sie als Fehler oder als Wiederholung interpretieren muß, und einer inhaltlichen, die die plausible Abfolge von Handlungen wichtiger nimmt als die expliziten Bemerkungen über die Handlungszeit, damit aber in Gegensatz zu den expliziten Zeitangaben gerät.

Der Hörer und Leser gerät damit in ein Dilemma: Folgt er der einen Voraussetzung, muß er in seinem Verständnis den einen blinden Fleck in Kauf nehmen, folgt er der anderen, handelt er sich einen anderswo liegenden ein. Die grundlegende Denkfigur einer Rezeption, die diese Alternativen mit- und nachvollzieht, ist die Konditio-

---

25 Noch nicht befriedigend begründet ist meines Wissens die Abweichung der Tatenkataloge von dem später Erzählten. Kein Problem bieten die nur genannten Taten; es ist ja nur vernünftig, daß sich Gawein an Taten in der Vergangenheit erinnert, die in der Zukunft nicht auftauchen. Dagegen sind die Differenzen zwischen Tatenkatalog und späterer Erzählung auffällig: Soll hier auch eine doppelte Rezeption angelegt werden? Wer sich an den genauen Hergang und die richtigen Namen hält, für den ist aus Gaweins Erinnerungen nur das Finden des Grals (V. 9023) ein echtes Hysteron Proteron, die anderen Taten sind ähnlich wie die späteren, die sich in ihnen wiederholen, aber es sind nicht dieselben. Vgl. CORMEAU [Anm. 3], S. 130–132.

nalität.[26] In der ›Crône‹ wird der Leser aufgefordert, die gewählte Seite der widersprüchlichen Verstehensvoraussetzungen bis zu Ende zu denken und danach die Seite zu wechseln, um auch mit der alternativen Voraussetzung zu einem Bild zu kommen. Es ist von vornherein ausgemacht, daß keines dieser Bilder das Ganze des Romans erfaßt.

Jedoch wird mit diesem konditionalen Grundschema des Verständnisses auch die mythische Dimension der Unzeitigkeit von vornherein unterlaufen. Zwar sind auch mythische Geschehnisse nicht von vornherein akausal; kein Mythos kommt, insofern er Erzählung ist, ohne Inseln von sinnhaftem Nacheinander von Handlungen aus. Doch wirkt die Verpflichtung zur Alternative gleichzeitig als eine Umgehungsstraße um das Rätsel, das im Unzeitigen liegt; die Konditionalität untergräbt die mythische Dimension der Erzählung im Sinne einer Rationalisierung.

---

26 Es handelt sich jedoch nicht um die einfache Konditionalität, in der man Regeln formulieren kann. Diese einfache, normative Konditionalität kennt der Artusroman gut, und zwar auf der Ebene des Allgemeinen (z. B. wenn der Ritter um Hilfe gebeten wird, folgt er dieser Hilfsbitte) wie des Speziellen (z. B. wenn Iwein in Bedrängnis gerät, hilft ihm der Löwe). Die einfache Konditionalität des Romans stellt sich dem Beobachter der fiktionalen Welt ebenso dar, wie er sie in seiner Wirklichkeit erfassen kann: Er kann sie aus wiederholten, stereotypen Reaktionen unter ähnlichen Bedingungen selbst abstrahieren, oder sie werden ihm als geronnenes Erfahrungswissen der Figuren nahegebracht. Die einfache Konditionalität drückt die Ordnung und Regelhaftigkeit der höfischen Welt aus, ihre Berechenbarkeit für die Figuren und für den Hörer oder Leser. Sie gilt nicht nur in einem bestimmten Roman (in dem sie sich freilich inhaltlich modifizieren kann), sondern in einer ganzen Textwelt. Ohne die ordnende Kraft der einfachen Konditionalität (z. B. Wenn ein Ritter sein Wort gibt, hält er sich daran) wären die Erwartungen der Figuren an andere Figuren unklar und die Fehler der Helden nicht als solche wahrnehmbar.

Sarah Westphal

Virtues in Print

Johannes Adelphus Muling and the 1512 Edition of ›Die Mörin‹

During the later Middle Ages in Germany a popular literary genre known as the *Minnerede* explored the philosophy and practice of human love. More than five hundred examples still exist in manuscripts.[1] Yet only a handful of *Minnereden* made the transition from manuscript to print in the fifteenth or sixteenth centuries. ›Die Mörin‹ was one of these few, although it hardly seems a likely candidate.[2] Composed in 1453 by Hermann von Sachsenheim, it was intended for a small circle of persons in the immediate vicinity of Mechthild von Österreich and her brother Friedrich, Pfalzgraf bei Rhein. Both are named in the dedication. A courtier's text par excellence, beginning with the observation that courtiers play a constructive role in bringing about a happy ending to the story, its language presents formidable barriers to understanding. It is composed in an apparently conversational mode that often seems comical but whose exact implications are difficult if not impossible to decipher.

The story presents an extended trial description in which the first-person narrator must face the charges of Queen Venus in a suit that involves oath breaking, an act akin to treason. He is further alleged to have been a ruthless seducer of women. The charges, in the forensic realm of the text, are punishable by death. The prosecution is carried out by a dark-skinned personage in the entourage of the Queen, a Moorish woman who is also the title character. Legal scholars since the nineteenth century have been intrigued by ›Die Mörin‹ because of its intricate and historically accurate reflection of

---

1 TILO BRANDIS, Mittelhochdeutsche, mittelniederdeutsche und mittelniederländische Minnereden. Verzeichnis der Handschriften und Drucke, Munich 1968 (MTU 25).

2 Hermann von Sachsenheim, Die Mörin. Nach der Wiener Handschrift ÖNB 29426, ed. HORST DIETER SCHLOSSER, Wiesbaden 1974 (Deutsche Klassiker des Mittelalters, N.F. 3).

trial procedure, its interest in the recent notion of appeal to a higher court, and its legal formalisms – aspects, however, that do not heighten its accessibility to the general reader today (nor, one imagines, in the sixteenth century). Nevertheless, ›Die Mörin‹ was printed in 1512 for the first time and it was followed by four more printings, the last in 1570 (Frankfurt, Weygandt Han Erben).[3] But why, against the general fate of the genre and the limitations of its implied audience, diction, style, and technical legalisms?

The following essay will try to reconstruct the circumstances through which ›Die Mörin‹ made the transition from manuscript to printed circulation. Some clues can be found in the earliest printing of ›Die Mörin‹, the 1512 Straßburg edition.[4] SCHLOSSER notes the location of two copies of the 1512 ›Mörin‹, one in the Niedersächsische Staats- und Universitätsbibliothek in Göttingen and one in the British Library in London.[5] A third copy is found in a bound collection of printed texts in the Herzog August Bibliothek in Wolfenbüttel.[6] The following remarks are based on the Göttingen text. ›Die Mörin‹, as it appeared from the press of Johannes Grüninger, has a folio format and large, attractive illustrations that certainly were made for this text, since many depict legal scenes or situations from the story with accurate detail. Obvious care was taken with the page format and the images, which help create an exotic atmosphere by representing some of the principal actors with African (Moorish) facial features. Grüninger was one of four large-scale printers in Straßburg active in the period from 1480–1533 – a total of 389 editions are ascribed to his press during this time period.[7] Large-scale shops

---

3 Ibid., pp. 23–25.

4 Die Mörin. Ein schon kürtzweilige lesen welches durch weiland Her herman von Sachßenheim Ritter (Eins obentürlichen handles halb/so im in seiner iugend begegnet) lieplich gedicht vnd hernach/die Mörin genempt ist/Allen denen so sich der Ritterschafft gebruchen/auch zarter freuwlin diener gern sein wölten nit allein zů lesen kürtzweilig/sunder auch zů getrewer warnung erschießlich, Straßburg 1512.

5 SCHLOSSER [note 2], p. 24. I wish to express my gratitude to the Niedersächsische Staats- und Universitätsbibliothek for allowing me to consult their copy of the 1512 ›Die Mörin‹. All quotes are taken from this copy. Spelling and orthography have been retained in the transcriptions, except long-s has been replaced with rounded-s.

6 HAB 153.5. Quod. F. (7). It is noted in: Johannes Adelphus. Ausgewählte Schriften, vol. 2, ed. BODO GOTZKOWSKY, Berlin/New York 1980, p. 515.

7 MIRIAM USHER CHRISMAN, Lay Culture, Learned Culture. Books and Social Change in Strasbourg 1480–1599, New Haven/London 1982, p. 4, table 1.

working at full capacity could have employed ten to twelve persons, including specialized workers such as proofreaders with scholarly training, collectors who collated the printed sheets, compositors, and pressmen.[8] As we will see, one of Grüninger's scholarly proofreaders was the key figure in ›Die Mörin‹'s journey to print.

Pre-reformation printers in Straßburg differed in the spectrum of materials they offered the public – Latin or German, Catholic, humanist, scientific, biblical, or classical – but each printer had a distinctive emphasis. The program of the Grüninger press gives a first indication why ›Die Mörin‹ was printed there. Until the Reformation, both large and medium-scale printers published most of their books in Latin. But Grüninger was an exception: between 1483 and 1531 an impressive sixty-one per cent of his output was in German.[9] In addition to popular literary works, his repertoire included Catholic thought in German as well as vernacular scientific works by Hieronymus Brunschwig and Ulrich von Hutten.[10] Among the late medieval literary works that found their way into print through Grüninger are ›Der Freidanck‹ (attributed to Walther von der Vogelweide) from 1508; and the ›History von Hug Schäpler‹ printed in 1500 and again in 1537. Chivalric tales were also in his repertoire.[11] Entrepreneurs such as Grüninger recognized the potential of the popular literature market and made their editions attractive and easy to read to encourage literacy.[12] ›Die Mörin‹ fits this pattern, especially with respect to its generous size and stimulating images and its story about queens, dwarfs with magic powers, and knights set on a tropical island. The extended title aptly though somewhat misleadingly presents ›Die Mörin‹ as *ein schon kürtzweilig lesen.*

Although ›Die Mörin‹ found a place in the program of a press strongly oriented toward the vernacular, the text's complex semantics and multiple modes of communication had something to offer beyond a simple chivalric tale. Its editor, Johannes Adelphus Muling, dedicated it *zů trost vnnd heil allen liephabern / der schrifftlichen*

---

8 Ibid., p. 9.

9 Ibid., p. 34, table 7.

10 Ibid., p. 31, table 5.

11 Miriam Usher Chrisman, Bibliography of Strasbourg Imprints 1480–1599, New Haven/London 1982, pp. 172f.

12 Chrisman [note 7], p. 54.

tugenden (III^r^). As a disclosure of the youthful folly of its first-person narrator, it had the potential to be read as a satire on the disastrous consequences of lust and the benefits of love that resembles friendship. From this standpoint, the text cohered with the typical and more serious interests of humanist satirists whose writings exposed the social chaos and disorder that arises from foolish behavior and hoped for its improvement.

The 1512 printing was overseen by Johannes Adelphus Muling, a scholar-linguist and university-trained physican. Although far less is known about Adelphus, as he preferred to be called, than about his Straßburg contemporaries Thomas Murner or Sebastian Brant, he clearly contributed to the intellectual ferment of the first phase of humanism, the period of clerical dominance from 1480–1520. CHRISMAN counts Adelphus among the first generation of Straßburg humanists, whom she divides into four groupings based on personal connections and intellectual interests: the Catholic theologians, the linguists, the first scientists, and the satirists and authors of light fiction. A man of broad accomplishment, Adelphus published or fostered publications in all three of the secular fields, i. e., linguistics and translation, science, and satire.[13] And in the realm of Catholic thought he published one of the first German translations of the sermons of the influential Straßburg preacher, Johann Geiler von Kaysersberg.[14] His interests in translation, satire, and Catholic reformist thought were all brought to bear on his ›Mörin‹ edition.

In 1512 Adelphus was employed as a proofreader at the Grüninger press. He had received a humanist education at the Latin School in Schlettstadt (Sélestat) and advanced to university training in medicine. By 1512 he had received his license to practice medicine and in 1512–13 he visited Trier, perhaps looking for a professional position. While working for Grüninger and other Straßburg printers he may have been continuing his studies or looking for a post.[15] There was a productive alliance between the Straßburg printers and the circles of scholars and intellectuals, many of whom originated from the arti-

---

13 Ibid., pp. 38f., table 9.

14 BODO GOTZKOWSKY, Untersuchungen zur Barbarossa-Biographie (1520) des Johannes Adelphus und ihr Verhältnis zum Volksbuch (1519) von Kaiser Friedrich, Daphnis 3 (1974), pp. 123–146, here p. 133.

15 Ibid., p. 131; CHRISMAN [note 7], p. 24.

sanat and therefore occupied approximately the same place on the social scale as the educated printers. Grüninger himself was a *magister*. In this way men like Adelphus with no ecclesiastical or academic appointments were able to make a living, pursue their intellectual interests, and even make a name through the new print medium.[16] In 1513 Adelphus had a position as *Stadtartz* in Überlingen on Lake Constance but the next year he transferred to Schaffhausen, where he lived until 1523 as *Physicus* and *Stattarzet*. He became a supporter of Luther and helped spread the Reformation to Switzerland.[17]

The care that Adelphus expended on the 1512 edition of ›Die Mörin‹ suggests that he had more than a casual interest in it. Chronologically it coincides with his translations of two primary sources on Turkish-Christian history, and it is possible that he discovered ›Die Mörin‹, whose characters practice Islam and whose setting is a tropical island in the orient (not Spain), in the course of this research.[18] He combined ›Die Mörin‹ with four additional texts that provide it with an interpretive frame and occasionally comment on it directly. Three of these were written by Adelphus himself in his role as editor; the fourth was certainly his own composition as well, although he does not sign it. The first additional text is a preface to ›Die Mörin‹ in the form of an epistolary dedication in prose to Jacob Bock, *Ritter*, identified as Jacob Bock von Bläsheim.[19] The dedication is followed by a thirty-six line summary of ›Die Mörin‹ in German couplets (III^{v}). Its extreme compression brings schematic clarity to the rambling original (6081 lines in the critical edition) and directs the reader's attention to the life-saving friendship between the narrator and his legal advocate, the loyal knight Eckhart. Following ›Die Mörin‹ are two further texts consisting of a new preface and a couplet text in German on marriage called ›Von dem Elichen stat ein schöne red vff das vorgond lesen fraw venissin / gůt vnd nützlich zů hören‹ (LIII^{v}). The extended title clearly indicates that this »beautiful discourse« on marriage was intended to be »heard« following a read-

16 Chrisman [note 7], pp. 24–26; p. 14, table 4.

17 Gotzkowsky [note 14], p. 131.

18 Historia von Rhodis, Martin Flach 1513; Die Türckisch Chronica, Martin Flach 1513.

19 Schlosser [note 2], p. 23.

ing of ›Die Mörin‹. It is introduced by a preface that is similar to the dedication that precedes ›Die Mörin‹, and in fact this second introduction refers to some of the information in the epistle to Jacob Bock. In all, there are five separate but interlocking parts in the 1512 edition of ›Die Mörin‹ that are intended to form a comprehensive whole: the prose dedicatory epistle, the short summary of ›Die Mörin‹ in couplets, ›Die Mörin‹ itself, the prose introduction to the discourse on marriage, and ›Von dem Elichen stat ein schöne red‹ in couplets.[20]

Adelphus's packaging of ›Die Mörin‹ for the 1512 edition resembles both humanist practice (an epistolary dedication opens the edition) and the old medieval manuscript technique of juxtaposing couplet texts on contrasting themes. In this instance ›Die Mörin‹, in which the narrator is humiliated and tortured for his sexual adventures, contrasts with a couplet text in praise of faithful spouses. Although these companion materials do not tell us how Adelphus, or someone he might have known, obtained ›Die Mörin‹ (what manuscript? in whose ownership?), they do direct our reading to some aspects of the story and downplay others. I can find little or no evidence that law was the point of attraction for Adelphus unless the trial is read figuratively as the externalization of the narrator's guilty conscience for his moral transgressions. Thus the illustrator, who emphasized rituals of the law, and Adelphus, who warns of the moral decay and financial ruin caused by lust, convey differing messages to the reader. What the collateral texts do reflect are the interests and commitments of the early Straßburg humanists in mankind's ability to see itself in negative example and better itself through the experiences conveyed in books.

---

20 Adelphus does not take credit for the authorship of ›Von dem Elichen stat‹ but it is likely that he did in fact compose it. I cannot agree with SCHLOSSER that ›Von dem Elichen stat‹ is a fragment ([note 2], p. 23). Even though the last lines are followed by the symbol for *et cetera*, they provide rhetorical closure to the argument. At least twenty-nine of Adelphus's works are ascribed to his period of employment as a proofreader in Straßburg, »die er entweder selbst ediert oder mit Vorreden, Dedikationsepisteln oder Distichen eingeleitet hatte [...] er verfaßte auch eigene Schriften in lateinischer und deutscher Sprache. Sie alle behandeln religiöse oder zeitsatirische Themen« (GOTZKOWSKY [note 14], p. 132). Adelphus was striving to make a name for himself as well as to advance the program of the press(es) who employed him.

Jacob Bock von Bläsheim, whom Adelphus addressed in his epistolary dedication, was a member of a family that had mercantile roots but became noble soon after 1332. Jacob Bock's father, Stephen Bock von Bläsheim, had entered Palatine service in 1478.[21] The political judgment and savoir faire of the serving nobility to which both Stephen Bock von Bläsheim and the poem's author, Hermann von Sachsenheim, belonged is praised in ›Die Mörin‹ through the character of Eckhart. Perhaps Adelphus was conscious of these resemblances. The Bock family was among the most prominent Straßburg patricians, but they also held fiefs and allods (property owned outright) in the countryside around Straßburg, making them members of the traditional landed nobility. Jacob Bock (d. circa 1511) and his brother, Hans Bock von Gerstheim (d. 1542), exemplify the ties that a single family might have to both rural and urban worlds as well as the different career paths that individuals from the same family might pursue. The brothers divided their inheritance in 1507, Jacob taking »the allodial chateau and estates at Bläsheim« and Hans taking »the Imperial fief of Gerstheim«. Both were knighted and both joined the *Constofel zum Mühlstein*. Subsequently, Hans Bock's political career made him »a pillar of Strasbourg's diplomacy« and »one of the two leading patrician politicians of the Reformation generation«. For twenty years Hans Bock served Straßburg as *Stettmeister*.[22] Jacob Bock, however, seems never to have held a political office. A person of the same name (probably the same person) relinquished his Straßburg citizenship between 1489 and 1500.[23] His daughter married a Knobloch, a family established in Straßburg and Hagenau, but a son also named Jacob married into a »parvenu noble family of the Breisgau«, thus reinforcing family ties among the rural lesser nobility.[24] The death of Jacob Bock in or about 1511, a date posited by Brady, is difficult to reconcile with Adelphus's dedication of ›Die Mörin‹ to him in 1512. It is possible that the intended dedicatee is the son of the man who died about 1511, an alternative

21 Thomas A. Brady, Jr., Ruling Class, Regime and Reformation at Strasbourg 1520–1555, Leiden 1978 (Studies in Medieval and Reformation Thought 22), pp. 83f.

22 Ibid., pp. 88f. Brady names Jacob Sturm as the other leading reform politician.

23 Ibid., p. 89, note 128.

24 Ibid., p. 90.

that has some support in the way he presents his edition of ›Die Mörin‹ as a disclosure of the follies of the young. But as I will discuss below, Adelphus announces a change in his concept for the edition that occurred after he wrote the epistolary dedication to Bock but before the printing was completed, a decision that may have been in reaction to Bock's death while the edition was still in its production phase.

If Adelphus was looking for preferment or employment or some other advantage through his ›Mörin‹ edition, why did he not approach Straßburg's political leader, Hans Bock? Adelphus may have hoped to make himself known, or better known, to Hans Bock and the influential men in urban government by means of a connection to the ›country‹ brother (or the ›country‹ nephew) Jacob. It is a fact that in 1513, Adelphus obtained a letter of recommendation emphasizing his multifaceted accomplishments »von dem Straßburger Stadtpfleger und dem Kanzler der Stadt« to the city council of Überlingen, from which he received an appointment as city physician.[25] The triangular approach to patronage is illuminated by BRADY's arguments about the close social and familial connections between rural nobility and the urban patriciate in Straßburg. Cultural and literary interests must have been shared between the lords of the land and their urban counterparts, especially in cases where close relatives in a single family straddled both worlds despite the differing pressures towards socialization.[26] In such a context an ambitious man like Adelphus could advance his personal fortunes while expanding the market for his editions and Grüninger's productions among those who dwelt beyond the city wall. It is significant in this regard that Adelphus concludes his dedication by promising more editions like ›Die Mörin‹ should this one find favor (III^{r}).

By the same token, Jacob's noble life style provides a telling context for Adelphus's selection of ›Die Mörin‹ as the vehicle for his patronage or attention. Its primary audience traditionally included

25 GOTZKOWSKY [note 14], p. 131.

26 BRADY [note 21], p. 90. BRADY makes the general point that urban patricians and rural nobility were subject to different forms of socialization. The nobles who lived in the city »at the sufference of lesser folk« were subject to »subtle forces of embourgeoisement«; those who remained on the land »still possessed much of the brawling contempt for the law and violent proclivities of the medieval lesser nobility«.

persons of high standing: »Die Manuskripte von Hermanns Text finden sich in höfischen Zentren süd- und südwestdeutscher Herrschaften, deren Mitglieder jeweils auch persönliche Beziehungen zur Widmungsadressatin Mechthild unterhalten«.[27] Johann von Dalberg, chancellor to Philipp von der Pfalz as well as chancellor of Heidelberg University, owned one of the manuscripts in which ›Die Mörin‹ appears with other *Minnereden*, a genre with aristocratic appeal. Another copy of ›Die Mörin‹ was in the possession of the Gräfin Zimburg, wife of Engelbert von Nassau after 1468.[28] By contrast, »Hinweise [...] auf eine Rezeption des Romans etwa in oberdeutschen Stadtpatriziat fehlen völlig«.[29] ›Die Mörin‹ was not a text for urban audiences during its manuscript reception. Adelphus directs the new, printed version to approximately the same category of noble reader known to have cultivated this text as well as the genre to which it belongs. Yet Jacob Bock was lower ranking than the great lords and ladies who formed the initial readership for ›Die Mörin‹. Would he have been honored to have his name attached to a work that had been composed for a ruler of the Palatinate and his sister?[30] Or was it rather the knightly status of the author Hermann von Sachsenheim that made ›Die Mörin‹ an attractive offering? Adelphus is keenly aware of the knightly standing of the man he is addressing in the dedication and, by implication, his own social status as a member of a profession. He refers to himself as *Johanes adelphus phisicus* in the salutation and promises *allzeit mein willigen dienst* – a formula, to be sure, but one that recognizes social distance (II^{r}). He takes pains to present ›Die Mörin‹ as the disclosures of a man with an elevated social identity, *diser Edel streng Ritter/herr Herman von Sachsenheim,* and thus especially appropriate for the *Ritter* Jacob Bock as well as *allen liephabern/der schrifftlichen tugenden. Dan*

---

27 Peter Strohschneider, Ritterromantische Versepik im ausgehenden Mittelalter, Frankfurt a. M./Bern/New York 1986 (Mikrokosmos 14), p. 27.

28 Schlosser [note 2], p. 19, p. 22.

29 Strohschneider [note 27], p. 28.

30 The dedication in the 1512 printing differs from the edition based on manuscript A in a way that suggests an error in the printing. The gender should be masculine (*Dem edlen fürsten* [...]) and not feminine as follows: *Der edlen fürstin hochgeborn / Vnd darzů einer fůrstin gůt / Sie seind beid von einē blůt / Vß beierland pfaltzgraff bei rein / zů ősterreich ein hertzogein / Hab ich diß red zů dienst gemacht* (LIII^{r}).

billich ist/was ritterlich beschriben ist/das es auch ritterlichen vßgang habe (III$^{r/v}$). This envoi in the final sentence of the dedication emphatically links Hermann von Sachsenheim's social world to that of the dedicatee.

The epistolary dedication guides the reader in what Adelphus believed to be the most beneficial understanding of the text; by examining it we can, as it were, read Adelphus reading ›Die Mörin‹ as the confessions of the knight Hermann von Sachsenheim concerning the missteps of his youth in pursuit of lustful love. ›Die Mörin‹ is presented as a species of conduct literature in which the young in particular are given guidance, offered through the narrator's disclosure of moral failure, that is, by negative example. As Adelphus sees it, Hermann's disclosures are intended to dissuade the reader from similar errors. This pedagogical approach is noteworthy because it assumes that knowledge of foolishness can engender virtue and bring about personal betterment. It is consistent with the moral reform program of the followers of Geiler von Kaysersberg, men from varied backgrounds who – like Adelphus – edited, translated, and published Geiler's works after his death in 1510. »If men were made aware of the consequences of their evil ways and were led to repent«, they believed, »then true order would be restored to the Christian commonwealth«.[31] Adelphus emphasizes his conviction that one can not possibly avoid vice if one does not know what it looks like: *wan boͤß mag niemant meiden/es werde dann gezoͤget vnnd eroͤffnet* (II^{r}). Morality requires knowledge of evil as well as of good; ignorance of corruption is no excuse and never desirable.

In ›Die Mörin‹ the narrator, Hermann, confides in his defender, the knight Eckhart, during private conversations that take place outside the law court, passages of self-examination and self-exposure that interested Adelphus.[32] Ironically, Hermann's disclosures about his youthful affairs, though understated, tend to support the prosecution's allegations concerning his unscrupulous tactics as a seducer

---

[31] Chrisman [note 7], p. 41.

[32] In point of fact the trial is held in the open air and the conversations are held in the intimate living space of Eckhart's tent and dining area. One of his admissions is in Schlosser [note 2], lines 2324–2332. Hermann speaks with characteristic self-justification in this passage, minimizing the scope of his actions.

of women. In the forensic narrative framework, Eckhart advances the line of argument that most if not all men are guilty of Hermann's faults; the defendant does not deserve the death penalty for doing what all men do, or all men would face the gallows. The narrator's faults do not therefore constitute crimes.[33] The legal issue of Hermann's guilt or innocence is not Adelphus's concern, however, but rather the moral problem of unbridled lust that threatens the community. Adelphus accepts that the narrator, an exemplary figure, is guilty and takes seriously Eckhart's contention that all men do the same. In his construction, Hermann is humiliated, tortured, and nearly deprived of life by the vengeful Lady Venus, *aller liephabenden můter*, because he has been venereal (and not because he has violated the code of fidelity in love, also a possible reading) (LIIII^r^). Venus, the literal bad mother who destroys her children, is counterbalanced by Eckhart, the symbolic good father, who succeeds in saving the narrator's life by rescuing him from Venus, her followers, and especially her Moorish prosecutor. The trial in this construction stands for the mental anguish, public humiliation, and loss of control over one's destiny – literally, being put in Venus's stocks – that result from the erotic adventurism to which Hermann admits. The two images in the 1512 edition of the narrator Hermann in a pillory reinforce this central notion of lust leading to bondage (VI^v^ and VIII^r^).

The epistolary dedication would work well as a spoken text, as a kind of secular sermon on *die liebe der gestalt vnd schonheit allein* (II^r^), also called *die bo̊se vppige liebe* (III^r^) – lustful love that is infatuated with alluring female flesh. Adelphus expands on what he sees as the main message of the text, bringing his erudition and rhetorical brilliance to bear on the topic through citation of ancient authorities. Although he intends his message to be universal, his most immediate concern is young men and boys who are made *weich weibisch* [...] *niemant nutz noch fruchtbar* by lust (II^r^). The young are particularly susceptible because of the *angebornner hitz des geblütes*, an explanation touching on medical theory through which we glimpse Adelphus's professional training (II^r^). This love is

33 Schlosser [note 2], lines 584–586. On gender in ›Die Mörin‹, see Sarah Westphal, Bad Girls in the Middle Ages. Gender, Law, and German Literature, Essays in Medieval Studies 19 (2002), pp. 109–116.

the kind that burns, he claims; it is oblivious to virtue and honor, and close to raging insanity; it will plunge you into poverty and misery, and open the door to all the other vices. The lover's moodiness makes people dislike him; his lamenting and crying are a waste of time. Adelphus debunks the traditional medieval notion that love makes the lover more noble and courageous. Instead, it drives its victims into poverty, social exile, and despair. His depictions of the economic and social disasters brought on by love of the flesh are both admonitory and entertaining. They culminate in this exhortation to the lover to rip himself from his girl friend's door where he is pinned by the arrow of Venus: *Owe liephaber gedenck wie dein sin / hertz mů̊t vn̄ gedanck gehefft ist / mitt dem pfeil veneris / an die thür der liebsten / vnd reiß dich ab* (II^{v}).

Die bősen weiber come in for their share of the blame, of course, even though Adelphus insists that in reality, fools inflict harm on themselves. He reveals his view on women in a passage concerning the economic self-destruction of lovers. Adelphus tells us that he is paraphrasing the Roman playwright Plautus, one of his favorite classical authors (and a probable self-advertisement, since he himself had edited Plautus for Grüninger in 1508):[34]

> Wann als Plautus schreibt / so hat der liebhaber sein gů̊t für kat. Er heißt außtragen was er im hauß hatt / vnnd verlürt gern williglich alle ding / dan er sich selbs verloren hatt / vnnd kan sich nimmer finden. So seind die bősen weiber / also freuel fürwar / das da kein end ist des heischen / vnd wann du yn schon ietzund gibst / was sie begeren / an statt so wend sie anders haben / so lange er dann hat / das er gibt / so lang stond im die thüren offen. Vnd zalt man in mit gů̊ten worten / vß falschem hertzen. Wa er aber des beraubt würt / vnd nymme hatt zů̊ geben / wyßt man in zů̊ dem hauß hinauß / Nimmer gelt / nimer lieb (II$^{r/v}$).

These evil women who embody the perils of lust are the presumed agents of Queen Venus. They also resemble the evil wives in texts such as ›Stiefmutter und Tochter‹, a *Minnerede* with an urban circulation in which a mother teaches her daughter the economic advantages and deceptive tactics of freelance prostitution.[35] In their greedy compulsion to take a man's goods until he is destitute, evil women use sex to control their victims. The proverb-like conclusion

---

34 Chrisman [note 11], p. 78.

35 Brandis [note 1], no. 351.

»no money, no love« conveys their economic point of view.[36] Adelphus blends classical depictions by Plautus with ones from popular urban texts to show the universality of the problem of evil women.

The epistolary dedication also praises the opposite of lust, the love *die iren liebhabern heil zů̊bringet / vnd vns fründ gottes machet* (II^v). Adelphus distributes his rhetorical gifts equally, moving rapidly from one topic to the other and thus achieving a kind of balance through equal representation of extremes. What is the good love that makes its devotees friends of God rather than victims of the demonic Queen? Adelphus defines good love as a principal of cosmic, natural, and social harmony whose most significant expression is friendship. Beneficial love is the opposite of anger and strife in human relations; it is the goodness that stills the winds and calms the seas, binds the elements in harmony, and unites all living creatures in friendship. Beneficial love can exist in relations of hierarchy; it is not essentially a principal of equality. Adelphus expresses its hierarchical aspect in striking analogies drawn from ship navigation and city governance, areas of experience that reflect his Straßburg location and perhaps also that of his readership: *Wan was der gubernator vnd regierer ist im schiff / der burgermeister in der statt / vnnd die sonn in der welt / das ist vnder den menschen die liebe* (II^v). Without a navigator the ship is lost, without rulers a city is in danger, the world grows dark without the sun, and human life is »a dead thing« without love. His central message, though, is the similarity – indeed, equation – between human friendship and beneficial love, a point made by means of a linguistic play on Latin *amor / amicitia*: *Dann lieb ist der lieplichest knopff der früntschafft / vnd der fürst alle gů̊twillikeit zů̊ verbinden / darumb dann die Rō̊mer der früntschafft iren nomen in latein / von der liebe geben haben* (II^v).

Although he may seem to have drifted far from the plot of ›Die Mörin‹, Adelphus continues to comment on the text. His focus is clear when he names Hermann von Sachsenheim as the last in a series of wise men – Plautus, Origenes, Socrates – who teach us that al-

36 In their ruthless contempt for men they are perhaps less comparable to the wives of *Mären* tradition who merely try to reverse the marital hierarchy by dominating their husbands with *list* or cleverness and verbal acumen, although a strict division of the literary modes of anti-feminism is really not possible, given their fluidity.

though love is a virtue, lack of moderation in love is a vice. Socrates, *ein brunn aller tugend bei den Athenern* and thus a man of the city, is the most significant predecessor (III^{r}). Adelphus's comparison of Hermann von Sachsenheim and Socrates as intellectual peers is explicit and pointed, creating an intellectual genealogy to demonstrate that morality suited to the urban environment of Athens (and Straßburg) also could be found in the literature of the aristocratic territorial court. This may seem an unlikely constellation, but it is earnestly intended and entirely in character for Adelphus, whose interests included all the projects of contemporary Straßburg humanism. The comparison between Socrates and ›Die Mörin‹'s author involves both the message and the form of its delivery. Adelphus explains how Socrates, in an oration on love, covered his head in shame with a cloak when he rebuked lust but spoke with his head uncovered when he praised love. Following Socrates, Hermann von Sachsenheim does the same: *Vnnd diser vnser Streng edel Ritter/als er in gegenwertigem wreck/die rechte lieb vnderstadt zů loben vnd riemen dem Socrate nachuolgende/das thůt er mit offnem haupt/ vnuerschempt Vnnd gibt vns harinn/ein clůge vnderweisung/wie wir vns in der liebe sollē halten* (III^{r}).

It is not immediately obvious where Adelphus finds support in ›Die Mörin‹ for his claim that Hermann, like Socrates, reveals »with head uncovered« how to comport ourselves morally in love. The dominant aspects of the story concern immoderate lust and the narrator's shameful humiliation before a law court, acts he narrates »with head covered« (to continue the Socratic metaphor). Upon reflection the answer lies in Adelphus's definition of proper loving as a relationship to others expressed through friendship. In this paradigm, Eckhart, the elderly kinght who saves the narrator from the gallows with his skills as a lawyer and as a courtier, must be the model of amicable love toward which Adelphus gestures. Eckhart is very suggestive in this role: his support for the narrator is unconditional from the moment they meet; he assumes the narrator's essential innocence and goodness even after he has admitted to being a seducer; he shares the narrator's unwavering faith in a Christian God and the Virgin Mary in a realm where the majority are followers of Islam or a pagan faith; and he cultivates a pragmatic tolerance of the Islamic members of the narrator's defense team because it is the only way to reach their mutual goals. If one were to restate in abstract terms what Eckhart's actions as a character signify, they would include: love as unconditional friendship; love that puts Christianity to practice in the world; and love that assumes the perseverance of human goodness in the face of moral corruption and religious difference. It also finds its model in a relationship between men and thus tends to restrict male heterosexual desire as the luxurious, destructive passion for evil women whose consequences harm the individual and the community. Eckhart's actions are an apt referent for Adelphus's comment: *Selig ist der es* [= *wie wir vns in der liebe sollē halten*] *begreifft / vnnd im treuwlich nach kommet / das mittel vnd die maß der liebe triffet* (III^r^).[37]

The narrator's wife, whose existence is revealed only in the closing lines of ›Die Mörin‹, also embodies amicable love. Upon his return from Venus's island the narrator is greeted by his wife, who assumes that he has been up to his old tricks despite his advanced age, but she grants his request to put her anger aside. This example of the forgiving wife is too undeveloped in ›Die Mörin‹ to sustain Adelphus's claim that Hermann von Sachsenheim is the peer of Socrates in moral reasoning. Yet it fills the important function of creating a link to the poem that follows, in which Adelphus moves beyond the model of friendship between men to focus on the benefits of marriage. The couplet text ›Von dem Elichen stat‹ in the 1512 edition builds from the brief, closing scene of ›Die Mörin‹ to expand on a concept of marriage in which the partners are genuine helpmates.

Adelphus originally did not intended to follow ›Die Mörin‹ with ›Von dem Elichen stat‹ nor to build on the closing scene of the forgiving wife in the arrangement of his edition. In the dedication to Jacob Bock, he states that he will incorporate a German translation, surely his own, of *die schőn Egloga / des Edellen Poeten baptiste Mantuani* [...] / *von der bősen weiber natur vnd eigenschafft* (III^r^). This text can be none other than ›Eclogue IV. Alphus. De natura mulierum‹ by Baptista Spagnolo, an impressive example of misogyny

37 The thirty-six line couplet text that follows the dedication on III^v^ summarizes the plot of ›Die Mörin‹ as the narrator's capture by Venus and his subsequent rescue by loyal Eckhart. This stark contrast between Venus and Eckhart reinforces the points in the dedicatory epistle about lust and friendship. Once again Adelphus directs the reader to his reading of ›Die Mörin‹.

that greatly expands on the topos of the evil woman developed by Adelphus in his dedication.[38] The original concept for the 1512 edition thus had the following conceptual syntax: the epistolary dedication offered moderation or friendship in love, derived from classical philosophy, as the alternative to lustful passion for evil women; the brief summary in couplets highlighted Venus and Eckhart as the narrator's opponent and savior respectively; the story of ›Die Mörin‹ demonstrated the consequences of lust in the narrator's trial and modeled amicable love in the saving actions of Eckhart; and Mantuan's ›Eclogue IV‹ condemned evil women and establishes a benchmark for making life choices. Such was the book destined for Jacob Bock.

In most respects, this plan would have been ideal. Baptista Spagnolo was the offspring of a distinguished Spanish family (hence his surname) who had settled in northern Italy. Born in Mantua in 1447, he assumed the name Mantuanus after the city of his birth, although in English usage he has been known since the Renaissance as Mantuan.[39] ›Eclogue IV‹ belongs to a cycle of ten eclogues whose general title, ›Adulescentia‹, reflects the fact that they were initially composed during the author's student days in Padua. This period of study was inconclusive and in 1463, while still a very young man, Mantuan joined the reformed Carmelite monastery at Ferarra. His success as a teacher of rhetoric assured his return to the university to complete his training. He was appointed *baccalarius* in Ferarra in 1469, ordained by 1470, and by 1475 had completed the study of theology in Bologna. Mantuan's vocation with the Carmelites was mystically inspired but practically realized through a brilliant career of institution building and political leadership. He was five times elected Vicar general of the Carmelite congregation, the last time in 1513. He died in 1516.[40]

Adelphus shrewdly observed that ›Adulescentia‹, like ›Die Mörin‹, has elements of an autobiographical confession distributed among several characters and generalized as categories of human, not individual, behavior. Both try to expose the follies of young man-

---

38 Adulescentia. The Eclogues of Mantuan (Baptista [Spagnuoli] Mantuanus), ed./trans. LEE PIEPHO, New York/London 1989, pp. 28–31.

39 Ibid., p. xv.

40 Ibid., pp. xvi-xx.

hood in the hope that the reader (who of course is figured as male) can avoid them. Mantuan's first four eclogues on women, lust, and sexual desire leading to insanity, death, or marriage – a safe but not particularly dignified outcome of youthful infatuation – comment at least in part on his personal experiences during his pre-student days and studies in Padua. In a remarkable letter to his father written shortly after entering the monastery, Mantuan confesses that at that time »he had done things so shameful that [as he puts it] he had been unable to face the paintings in the churches«, falling into poverty and servitude. Returning home only to be banished by his father from the paternal household, he resolved to turn his back on the world since the world had turned its back on him. The decision, however, did not arise from failure but rather at the intervention by the Virgin Mary.[41] The final eclogues of ›Adulescentia‹ narrate a vision of the Virgin granted to a shepherd and the rustic's subsequent mystical vocation as a Carmelite in pastoral costume. These spiritual eclogues, written after Mantuan had entered religious orders, complete the autobiographical design of the ›Adulescentia‹ and help explain the misogyny in ›Eclogue IV‹ as a phase on the way to a vocation higher than marriage. The life narrative in both texts is similar: passion blinds the eye of reason in the narrator's youth, as a result of which he undergoes a severe trial but is aided by a helping figure (Eckhart, the Virgin) and finally succeeds in attaining a respectable maturity.

›Eclogue IV‹, the selection that Adelphus intended to translate from Latin into German and pair with ›Die Mörin‹, is the climax of the section on the sexual infatuations of young men and their outcomes, probably the most engaging part of the entire work. It stages a friendly competition between two shepherds, Alphus and Jannus, who try to outdo each other in songs about *subiecta furori / ista iuventutis levitas rura omnia vexat* (»the frivolity of youth, when ruled by love's rage [...] upsetting the whole countryside«).[42] Jannus begins with a curious story about his serving boy, who is responsible for tending a goat. Its point is that the beast, downcast at being tethered and abandoned, has better sense than the boy who abandoned him. The boy, *sua sperans Galatea aliquando potiri* (»hoping

41 Ibid., p. xxi.

42 Ibid., lines 74–75 and trans. p. 33.

to win his Galatea at some time or other«) and *contempta mercede suos* (»caring little for his wages«), wanders about the countryside looking for birds' nests (a lover's gift) but instead lands in a wolf pit.[43] As the narrator of ›Die Mörin‹ is publicly humiliated in Venus's stocks, so the boy is caught in the trap, to the delight and scorn of the rustic community. The girl, however, *vulpina rem simplicitate gubernat* (»conducted herself with the simplicity of a fox«) and *pudorem / fingit, ut ad formam faciat pudor* (»feigned coyness so that it might add to her beauty«).[44] The serving boy, insanely in love, is lost to constructive labor and Jannus has to abandon more important projects to tend his goats.

Alphus, after relieving his bowels, counters this story with a song that turns out to be a particularly vicious tirade against womankind from which ›Eclogue IV‹ receives its title, ›De natura mulierum‹. Alphus's bowel movement signals that he is about to release something particularly foul with his lyric. Perhaps the most outrageous moment in a text filled with outrage is its scatological climax: *hae immundae Phinei volucres quae ventre soluto / proluvie foeda thalamos, cenacula, mensas, / compita, templa, vias, agros, mare, flumina, montes / incestare solent* [...] (»these creatures [women] are the foul-winged monsters [harpies] known to Phineus that, loosening their bowels, are wont to defile with their filthy flood bedchambers, dining rooms, banqueting tables, crossroads, churches, highways, fields, seas, rivers, and mountains«).[45] Although hyperbolic, the message – women fill the world with filth – is intended to be meaningful. Alphus ascribes his song to a venerated teacher who appears in the eclogues as Umber and who has been identified as an actual mentor of Mantuan, Gregorio Tifernate. Thus misogyny is handed down to impressionable youth as the advice of a *senior longo factus prudentior usu / praeteritos meminit casus aperitque futuri / temporis eventus vitaeque pericula monstrat* (»an older man, made more prudent by great experience, [who] remembers past misfortunes, lays bare their future consequences, and points out the dangers of life«).[46]

43 Ibid., lines 71–72 and trans. p. 33.
44 Ibid., lines 69, 66–67 and trans. pp. 31f.
45 Ibid., lines 236–239 and trans. pp. 38f.
46 Ibid., lines 190–192 and trans. p. 37; on the identification of Umber see ibid., p. 112.

The themes of ›Eclogue IV‹ are almost exactly the ones that Adelphus lays out in the epistolary dedication to ›Die Mörin‹, thereby creating rich possibilities for cross-reading the two works. They are that love cancels the faculty of reason, makes men into animals, and threatens the well-being of the community; that men are the makers of their own folly, but women set off this process of self-betrayal.[47] The misogynist tirade in ›Eclogue IV‹ offers the dire reply to the machinations of Venus and the Moorish woman who plot to execute the narrator for his youthful folly. Hermann von Sachsenheim shows Venus and her friends acting badly, but steers clear of misogynist essentialism. ›Eclogue IV‹ states the essentialist theory of woman's corrupt nature, which Adelphus hoped to restate in German *darnach sich menglich wisse zů richten / vnd halten / vnd niemant sich der vnwissenheit entschuldige / ob er von liebe / in widermůt kommet* (III^r), further advocating this gender theory by means of his own examples of evil women in the epistolary dedication.

The 1512 edition of ›Die Mörin‹, so conceived, probably would have been successful had Adelphus carried it out. »The earliest instance in Latin pastoral of sustained misogynistic satire«, Mantuan's ›Eclogue IV‹ was destined to become the most widely translated of all his eclogues.[48] Moreover, the Latin text of ›Adulescentia‹ was already well known in Straßburg: the humanist Jacob Wimpfeling had edited the text in 1503, combining it with a commentary and a second text by Mantuan on John the Baptist (also a woman's victim). Wimpfeling's collection in turn established itself as a Latin textbook in the grammar schools. A letter that prefaces his edition »stresses the correctness of Mantuan's Latin and his safe treatment of subject matter that, in the case of the first four eclogues [on love, sex, and marriage], was obviously interesting to young students«.[49] ›Eclogue IV‹ subsequently had significant influence, although it was to become controversial in the Early Modern era. In his ›Tischreden‹ Martin Luther quotes a portion of the misogynist tirade, evidently from memory.[50] The ›Adulescentia‹ edited by Wimpfeling was printed by J. Prüss (for whom Adelphus also had worked as a proofreader) and

47 Ibid., p. xxxv.
48 Ibid., pp. 111f.
49 Ibid., p. xxvii.
50 Ibid., p. 112, note 11.

subsequently reprinted by him on eight occasions, the last in 1520. It was also reprinted in Tübingen and in Hagenau.[51] In all of Europe there were 165 printings between 1498 and 1600, all but ten of them north of the Alps.[52] Adelphus's plan to translate ›Eclogue IV‹ may have been geared to a humanistically educated audience in or around Straßburg who had knowledge of the Latin version from their school days. It would have been the common text that made the uncommon ›Mörin‹ more familiar.

Why, then, did Adelphus make the decision to substitute his own couplet poem on marriage for the misogynist ›Eclogue IV‹, thus altering his original concept for the edition and canceling the intention he announces in the already printed epistolary dedication to Jacob Bock? It is possible that the death of Bock circa 1511 was a factor in Adelphus's change of plan. The sequence of events reveals the speed with which the Grüninger print shop worked in preparing the volume, since Adelphus was unable to change the preface after he changed his mind. Adelphus himself offers a rather different reason in ›Die vorred‹ or introduction to ›Von dem Elichen stat‹, explaining that women have shown such virtue between the printing of the ›Mörin‹ dedication and the present moment that good has come of evil in planning the edition: *Dem nach vnd in vorgesetzter vorrede meldūg beschehē / hie bei zuͦ setzen die schoͤn Egloga Baptiste Mātuani / vō der boͤsen weiber natur / als da zuͦmal vnser anschlag wz / so hat sich in mitler zeit erzeuget sollich tugent an weiplicher person / das sich vnser fürnemē hat verwandelt in ein ander gestalt / vnd ist vß dem boͤsen ein guͦtz worden* (LIII[v]). Good wives will replace evil women and a good edition will replace a poorly conceived one. He adds that the new concept includes an encomium on the estate of marriage as well as a brief satire on adultery to be included in the prose introduction to the text on marriage. No dedicatee is named.

This explanation can hardly be taken at face value. Surely Adelphus did not change his mind concerning the virtue of women while editing ›Die Mörin‹. What may have changed, however, is the sense of his readership after the death of Jacob Bock. Woman-hating was

---

51 Ibid., p. xxv, note 58; CHRISMAN [note 11], p. 148.

52 Adulescentia [note 38], p. xxv.

perhaps appropriate rhetoric in the context of Mantuan's turning his back on the world to embrace his Carmelite vocation, or even in the context of a Latin school where young men and boys were taught masculinity through the rejection of all that is feminine (and also imitated femininity through the reproduction of woman's voices and emotions in lessons on rhetoric and grammar). But it works less well for readers in an urban context that depended on the productive contributions of both men and women. The model of a forgiving marriage, briefly sketched at the end of ›Die Mörin‹, would have been far more usable among the lay readership to which many of the German printings were directed.

Although one may doubt Adelphus's stated reason for redesigning the 1512 edition, it is clear that gender was a factor, since he altered his notion of womanhood, discarding the essentialist view of woman's debauched and unchanging nature and examining instead how economic and social factors might influence young women's life choices and options. He is still concerned with their moral corruption, but he now views it as a process driven by bad influences and unconstructive models, not a given in the great scheme of things. This shift is evident in a remarkable passage from the prose introduction to ›Von dem Elichen stat‹. Adelphus has just condemned adultery for undermining not only the dignity of the sacrament of marriage but also the entire Christian religion. He continues with the observation that *ypig leicht personen* (females) are held in such high esteem by their (male) lovers and are raised so high in their pride *das ander frum erber züchtig iungfrauwen vnd dienst / wie die genant sein* decide to follow in their footsteps. Adelphus reproduces the voice of one such young woman giving her reasons for turning her back on honest work to pursue a shady career as an unspecified kind of sex worker. Her goal is material, she says, speaking of herself: *du bist arm vnd hast nichts / kanst vnd magst ouch nit verdienē so vil mit deinem dienst vnd sauren vn̄ schwerē arbeit / dz du vff das wenigst andren frummen leüten gleich tragen magst / was sol ich anfahen. ich denckē zů tůn wie dis vnd die rc. als ich dan mit mein selbs eigen oren von etlichē gehőrt vn̄ vernūmen hab* (LIII[v]). Her »service« and »sour, heavy labor« in her world of work pay less well than other options she can see with her own eyes and hear about with her own ears. The woman, redefined as the perhaps foolish but now sympathetic victim of economic circumstances, is no longer the cause of male lust but its collateral damage. This understanding of the moral corruptibility of serving girls and honorable maidens, induced through negative environmental influences and economic stresses, is far removed from the essentializing, misogynist theory Adelphus had originally intended to print. It requires that both young women and young men be responsible for their futures.

A second key passage suggests that Adelphus also may have anticipated or at least imagined women's participation in the urban community of readers and consumers of his books. The couplet poem ›Von dem Elichen stat‹ extols the benefits of *ein erliche frumme frow/die kan vnd weiß wie wan vñ wo*, who raises her husband's spirits so that he takes joy in his labors and becomes three times more productive than he would have been alone. This argument lays bare the benefits of marriage as an economic partnership. Surprisingly, these benefits extend to intellectual work as well. We learn that the sages of antiquity – Pliny, Hortensius, Tullius (Cicero), Apuleius (but no mention of hen-pecked Socrates!) – would not have been so wise, *noch so vil ob den bůcheren bliben/wan sie darzů nicht hetten triben/Ir weiber vnd bey in gesessen/ietz mit in lesen darnach schwetzen / Ein liecht anzinden frů vff ston/lang wachen vnd spat nidergon/für war die můß vil vnrůg* [sic] *hon/die ein gelerten nympt zů der Ee* (LV[v]). Educated wives make husbands better scholars by driving them to their books in a school-masterly manner. Adelphus pictures the wives of intellectuals, both in antiquity and his own era, sitting with their husbands during their scholarly labors, reading with them or being read to, and chatting afterwards, arguably about the content of the reading. This image of literacy involves more than mere deciphering, and suggests independence of thought and pleasure in ideas. It is carefully framed to present women's interest in books as an extension of their role as helpmate, a safe context through which to imagine female intellectual activity. He sympathizes with the long hours they put in. Interestingly, these imagined wives are reading their husbands' books, an aspect of woman's literacy that one might well suspect but is difficult to prove. Still, Adelphus's perception of the reading wives of educated men coheres with historical evidence from Straßburg that some widows inherited their husbands' books. Clara Eckhart, for example, the widow of a notary for the cathedral chapter, owned four books, two of which had been used by her husband professionally and two of which were her own.[53] Moreover, women in Straßburg from all walks of life, including humble ones, owned books and other printed materials, especially German Bibles or *calendar-tafeln.*[54] Printing itself was a family industry and women played an extraordinary role in the management and continuation of print shops. Straßburg presses were transferred to new owners through the widows or daughters of printers. Printers' daughters »probably had specific skills which were useful to a printer husband«, such as proofreading abilities or knowledge of languages.[55] The documented presence of woman readers as well as book and manuscript owners anchors Adelphus's image of the educated wife in fact and helps explain the changes he made to the 1512 edition of ›Die Mörin‹ in response to a quickly expanding concept of his audience.

This paper has examined the circumstances surrounding ›Die Mörin‹'s transition from manuscript into print as one of a mere handful of *Minnereden* to do so. Johannes Adelphus Muling, an academically trained physician and proofreader at the Grüninger press, was the key figure in this process. STROHSCHNEIDER has suggested that ›Die Mörin‹ was read superficially as a chivalric tale in its print editions.[56] This possibility speaks to the unusual emphasis placed by the Grüninger print shop on German popular literature. Adelphus, however, reveals a different sense of the significance of ›Die Mörin‹ in his prose preface (the epistolary dedication), where he emphasizes the autobiographical dimensions of the story as the narrator's confessions. Praising the author, Hermann von Sachsenheim, as the peer of Socrates in moral reasoning, Adelphus signals his educated understanding of the text and its appropriateness for a readership with humanist tastes.

›Die Mörin‹ made its way into print not as a singleton but as part of a package of texts. ›Die Mörin‹ was by far the longest and most demanding part of the whole, but Adelphus did not intend for it to be read without the framework and guidance he supplied in the pref-

---

53 CHRISMAN [note 7], p. 71.
54 Ibid., pp. 70–73.
55 Ibid., p. 22.
56 STROHSCHNEIDER [note 27], pp. 20f.

ace as well as in the other selections in the 1512 edition. But the book that was completed in 1512 differed significantly from the one Adelphus had originally designed, due probably to the death of the dedicatee, Jacob Bock, in or about 1511. Adelphus's first plan was to translate Mantuan's misogynist ›Eclogue IV‹ as the companion piece to ›Die Mörin‹, and he announced this intention in the ›Mörin‹ preface. But after the preface had been printed, ›Eclogue IV‹ was replaced by a couplet poem in German on the estate of marriage composed by Adelphus himself. It, too, has a preface in which Adelphus explains the substitution as his reaction to a recent increase in virtue among women. Although this explanation obviously can not be taken at face value, it signals that gender was a major consideration in his repackaging of ›Die Mörin‹. Adelphus's further comments show that he discarded essentialist constructions of gender for socially and economically sensitive ones.

I have suggested that the changes to which the edition was subject are linked to changing notions of the character of the audience. The edition that was directed to Jacob Bock (and readers like him) capitalized on the popularity of Mantuan's ›Adulescentia‹ as a school text for learning Latin. MARJORIE CURRIE WOODS has argued that Chaucer's ›Legend of Good Women‹ appealed to adult male readers because of their familiarity with the female martyrs from Latin school texts they had studied in their youth.[57] Perhaps Adelphus hoped for a similar reaction to his German version of a text that had already been published in Straßburg for Latin school use. But his own educational philosophy, which resembled the reform program of the followers of Geiler von Keysersberg, was limited by a notion of love that prizes friendship between men, reviles all heterosexual desire, and places women in the category of the morally decadent. Thus ›Eclogue IV‹ was replaced with an encomium on marriage whose implications are more useful toward the goal of a Christian commonwealth. His praise for the reading wives of educated men in the encomium on marriage shows that he could envision women among his readership and he may have altered the selection of texts for his ›Mörin‹ package edition with them in mind.

57 MARJORIE CURRY WOODS, Boys Will Be Women. Musings on Classroom Nostalgia and the Chaucerian Audience(s), in: Speaking Images. Essays in Honor of V. A. Kolve, ed. R. F. YEAGER/CHARLOTTE C. MORSE, Ashville, North Carolina, 2001, pp. 143–166.